历史学基础课系列教材配套用书

U0866979

历史学理论与方法资料汇编

LISHIXUE LILUN YU FANGFA ZILIAO HUIBIAN

李 帆 主编

北京师范大学出版集团
BEIJING NORMAL UNIVERSITY PUBLISHING GROUP
北京师范大学出版社

图书在版编目(CIP)数据

历史学理论与方法资料汇编/李帆主编. —北京：北京师范大学出版社，2021.10

(历史学基础课系列教材配套用书)

ISBN 978-7-303-27152-8

Ⅰ.①历… Ⅱ.①李… Ⅲ.①史学－研究生－入学考试－自学参考资料 Ⅳ.①K0

中国版本图书馆 CIP 数据核字(2021)第 158071 号

营销中心电话 010-58807651
北师大出版社高等教育分社微信公众号 新外大街拾玖号

LISHIXUE LILUN YU FANGFA ZILIAO HUIBIAN

出版发行：北京师范大学出版社 www.bnupg.com
北京市西城区新街口外大街 12-3 号
邮政编码：100088

印　　刷：三河市兴达印务有限公司
经　　销：全国新华书店
开　　本：730 mm×980 mm 1/16
印　　张：22
字　　数：420 千字
版　　次：2021 年 10 月第 1 版
印　　次：2021 年 10 月第 1 次印刷
定　　价：60.00 元

策划编辑：刘东明　　责任编辑：李春生
美术编辑：李向昕　　装帧设计：李向昕
责任校对：段立超　陈　民　　责任印制：马　洁

版权所有　侵权必究

反盗版、侵权举报电话：010-58800697
北京读者服务部电话：010-58808104
外埠邮购电话：010-58808083
本书如有印装质量问题，请与印制管理部联系调换。
印制管理部电话：010-58805079

编者说明

作为高校历史学基础课教材配套用书之一，这部《历史学理论与方法资料汇编》主要是与《历史学理论与方法》《史学概论》《史学导论》等教材相配合而编辑成书的。

此一资料集的编辑，是为了适应历史学专业本科生学习"历史学理论与方法""史学概论""史学导论"等课程的需要。力求由此入手，促使学生从基本史料出发，更为准确而深刻地理解这类课程的精义，并进而养成查阅和利用原始资料的良好习惯，逐渐完成从历史学习向历史研究的过渡。

本书的章节内容，基本依照马卫东主编的《历史学理论与方法》(北京师范大学出版社 2009 年版)而设。每章之首均有简短的"编者导语"，介绍该章资料的主要内容；每节依据教材内容选编相应资料；章后设有"相关论著目录"和"材料解析题"，以方便学生进一步研读和思考。

参加本书编选工作的是郑林、徐娜、郭娜，其中，郑林编选第一、二章，徐娜编选第三章，郭娜编选第四章。笔者在他们所编基础上，从事统稿和进一步完善的工作。

作为历史学专业基础课程，"历史学理论与方法""史学概论""史学导论"的重要性不言而喻，但时至今日，很少见到相应的教学参考资料公开出版。在这种情形下，本书实为一种尝试，编选时遇到不少困难，特别是在一些资料的取舍把握上，掌控尤难。以是之故，本书必然存在诸多不妥之处，尚望识者批评指正。

李　帆

2021 年 5 月于北京师范大学历史学院

目 录

第一章　历史学的基本特征

【编者导语】

历史学是研究和阐述人类社会历史发展过程及其规律的实证科学。探讨历史学的特征，首先要明确“历史”“历史学”这两个基本概念，还需要了解史学研究的基本过程和特点以及史学的社会功能。对于这些问题，哲学家、史学家等都从各自的立场出发提出了自己的观点。本章所选资料，涵盖马克思主义经典作家以及其他中外学者对历史、历史学的论述。

第一节　史学研究的对象——历史

一、马列著作中的历史

我们仅仅知道一门唯一的科学，即历史科学。历史可以从两方面来考察，可以把它划分为自然史和人类史。但这两方面是不可分割的；只要有人存在，自然史和人类史就彼此相互制约。自然史，即所谓自然科学，我们在这里不谈；我们需要深入研究的是人类史，因为几乎整个意识形态不是曲解人类史，就是完全撇开人类史。意识形态本身只不过是这一历史的一个方面。

——《马克思恩格斯选集》第1卷，66页，北京，人民出版社，1995。

这样，自然界也被承认为历史发展过程了。而适用于自然界的，同样适用于社会历史的一切部门和研究人类的（和神的）事物的一切科学。在这里，历史哲学、法哲学、宗教哲学等等也都是以哲学家头脑中臆造的联系来代替应当在事变中去证实的现实的联系，把全部历史及其各个部分都看作观念的逐渐实现，而且当然始终只是哲学家本人所喜爱的那些观念的逐渐实现。这样看来，历史是不自觉地、但必然是为了实现某种预定的理想目的而努力，例如在黑格尔那里，是为了实现他的绝对观念而努力，而力求达到这个绝对观念的坚定不移的意向就构成了历史事变中的内在联系。这样，人们就用一种新的——不自觉的或逐渐自觉的——神秘的天意来代替现实的、尚未知道的联系。因此，在这里也完全像在自然领域里一样，应该通过发现现实的联系来清除这种臆造的人为的联系；这一任务，归根到底，就是要发现那些作为支配规律在人类社会的历史上起作用的一般运动规律。

但是，社会发展史却有一点是和自然发展史根本不相同的。在自然界中（如果我们把人对自然界的反作用撇开不谈）全是没有意识的、盲目的动力，这些动力彼此发生作用，而一般规律就表现在这些动力的相互作用中。在所发生的任何事情中，无论在外表上看得出的无数表面的偶然性中，或者在可以证实这些偶然性内部的规律性的最终结果中，都没有任何事情是作为预期的自觉的目的发生的。相反，在社会历史领域内进行活动的，是具有意识的、经过思虑或凭激情行动的、追求某种目的的人；任何事情的发生都不是没有自觉的意图，没有预期的目的的。但是，不管这个差别对历史研究，尤其是对各个时代和各个事变的历史研究如何重要，它丝毫不能改变这样一个事实：历史进程是受内在的一般规律支配的。因为在这一领域内，尽管各个人都有自觉预期的目的，总的说来在表面上好像也是偶然性在支配着。人们所预期的东西很少如愿以偿，许多预期的目的在大多数场合都互相干扰，彼此冲突，或者是这些目的的本身一开始就是实现不了的，或者是缺乏实现的手段的。这样，无数的单个愿望和单个行动的冲突，在历史领域内造成了一种同没有意识的自然界中占统治地位的状况完全相似的状况。行动的目的是预期的，但是行动实际产生的结果并不是预期的，或者这种结果起初似乎还和预期的目的相符合，而到了最后却完全不是预期的结果。这样，历史事件似乎总的说来同样是由偶然性支配着的。但是，在表面上是偶然性在起作用的地方，这种偶然性始终是受内部的隐蔽着的规律支配的，而问题只是在于发现这些规律。

无论历史的结局如何，人们总是通过每一个人追求他自己的、自觉预期的目的来创造他们的历史，而这许多按不同方向活动的愿望及其对外部世界的各种各样作用的合力，就是历史。

——《马克思恩格斯选集》第4卷，246～248页，北京，人民出版社，1995。

发现唯物主义历史观，或更确切地说，彻底发挥唯物主义，把唯物主义运用于社会现象，就消除了以往一切历史理论的两个主要缺点。第一、以往一切历史理论，至多是考察了人们历史活动的思想动机，而没有考究产生这些动机的原因，没有发现社会关系体系发展的客观规律性，没有看出物质生产发展程度是这种关系的根源；第二、过去的历史理论恰恰没有说明人民群众的活动，只有历史唯物主义才第一次使我们能以自然历史的精确性去考察群众生活的社会条件以及这些条件的变更。马克思以前的“社会学”和历史学，至多是搜集了片段的未加分析的事实，描述了历史过程的个别方面。马克思主义则指出了对各种社会经济形态的产生、发展和衰落的过程进行全面而周密的研究的途径，它考察了一切矛盾趋向的总和，并把这些趋向归结为可以确切判明的社会各阶级的生活和生产条件，排除了人们选择某一“主导”思想或解释这个思想时所抱的主观态度和武断态度，揭示了物质生产力的状况是所有一切思想和各种趋向的根源。人们自己创造自己的历史，但人们即人民群众的动机由什么决定，各种矛盾思想或意向间的冲突由什么引起，人类社会中所有这些冲突的总和究竟怎样，造成人们全部历史活动基础的物质生产生活的客观条件究竟怎样，这些条件的发展规律又是怎样，——马克思对这一切问题都注意到了，并指出以科学态度研究历史的途径，即把历史当做一个十分复杂并充满矛盾但毕竟是有规律的统一过程来研究的途径。

——《列宁全集》第21卷，38～39页，北京，人民出版社，1959。

二、中国学者论历史

史也者，则所以叙累代人相续作业之情状者也。率此以谈，则凡人类活动在空际含孤立性，在时际含偶现性断灭性者，皆非史的范围；其在空际有周遍性，在时际有连续性者，乃史的范围也。

——梁启超：《中国历史研究法》，2页，北京，人民出版社，2008。

历史这样东西，是人类生活的行程，是人类生活的联续，是人类生活的变迁，是人类生活的传演，是有生命的东西，是活的东西，是进步的东西，是发展的东西，是周流变动的东西；他不是些陈编，不是些故纸，不是僵石，不是枯骨，不是死的东西，不是印成呆板的东西。我们所研究的，应该是活的历史，不是死的历史；活的历史，只能在人的生活里去得，不能在故纸堆里去寻。

……从前许多人为历史下定义，都是为历史的纪录下定义，不是为历史下定义；这种定义，只能告我们以什么构成历史的纪录，历史的典籍；不能告我们以什么是历史。我们当于此类纪录以外，另找真实的历史，生活的历史。

什么是活的历史，真的历史呢？简明一句话，历史就是人类的生活并为其产物的文化。因为人类的生活并为其产物的文化，是进步的，发展的，常常变动的；所以换一句话，亦可以说历史就是社会的变革。这样说来，把人类的生活整个的纵着去看，便是历史；横着去看，便是社会。历史与社会，同其内容，同其实质，只是观察的方面不同罢了。今欲把历史与社会的概念弄得明明白白，最好把马克思的历史观略述一述。马克思述他的历史观，常把历史和社会关联在一起；纵着看人间的变迁，便是历史；横着看人间的现在，便是社会。马克思的历史观，普通称为唯物史观，又称为经济的历史观……

依上所述，历史既是整个的人类生活，既是整个的社会的变革；那么凡是社会生活所表现的各体相，均为历史的内容所涵括。因为文化是一个整个的，不容片片段段的割裂。文化生活的各体态，各方面，都有相互结附的关系；不得一部分一部分的割裂着看，亦不得以一部分的生活为历史内容的全体。普通一说历史，便令人想是说社会上的政治、法律和经济；其实道德、学术、宗教、伦理等等，所谓文化的理想，亦莫不应包含在历史以内……

这样讲来，我们所谓活的历史，不是些写的纪的东西，乃是些进展的行动的东西。写的纪的，可以任意始终于一定的范围内；而历史的事实的本身，则永远生动无已。不但这整个的历史是活的东西，就是这些写入纪录的历史的事实，亦是生动的，进步的，与时俱变的。只有纪录的卷帙册籍，是印版的，定规的。纪录可以终结的，纪入纪录的历史事实则没有终结；纪录是可以完全的（在理论上是可以完全的，在事实上则完全的亦极少），纪入纪录的历史事实，则没有完全。不但那全个的历史正在那里生动，就是一个一个的历史的事实亦天天在那里翻新。有实在的事实，有历史的事实：实在的事实，虽是一趟过去，不可复返的，但是吾人对于那个事实的解喻，是生动无已的，随时变迁的，这样子成了历史的事实。所谓历史的事实，便是解喻中的事实。解喻是活的，是含有进步性的；所以历史的事实，亦是活的，含有进步性的。只有充分的纪录，不算历史的真实；必有充分的解喻，才算历史的真实。历史的真实，亦只是暂时的，要时时定的，要时时变的，不是一成不变的。历史的真实有二意义：一是说曾经遭遇过的事的纪录是正确的，一是说关于曾经遭遇过的事的解喻是正确的。前者比较的变动少，后者则时时变动。解喻是对于事实的知识，知识是天天增长的，天天扩大的，所以解喻是天天变动的。有实在的过去，有历史的过去：实在的过去，是死了，去了；过去的事，是做了，完了；过去的人，是一瞑长逝，万劫不返了；在他们有何变动，是永不可能了；可以增长扩大的，不是过去的本身，乃是吾人关于过去的知识。过去的人或事的消亡，成就了他们的历史的存在；自从他们消亡的那一俄顷，吾人便已发见之于吾人想象中，保藏之于吾人记忆中；他们便已生存于吾人的记忆中想象中了。吾人保藏之愈益恒久，即发见之愈益完全，即解喻之愈益真切……没有一个历史事实，能有他的完满的历史，即没有一个历史事实，不要不断的改作。这不是因为缺乏充分的材料与特殊的天才，乃是因为历史的事实本身，便是一个新史产生者。一时代有一时代比较进步的历史观，一时代有一时代比较进步的知识；史观与知识不断的进步，人们对于历史事实的解喻自然要不断的变动。去年的真理，到了今年，便不是真理了；昨日的真理，到了今日，又不成为真理了。同一历史事实，昔人的解释与今人的解释不同；同一人也对于同一的史实，昔年的解释与今年的解释亦异。此果何故？即以吾人对于史实的知识与解喻，日在发展中，日在进步中故……我们可以用几句最明了的话，说出什么是历史：

"历史不是只纪过去事实的纪录，亦不是只纪过去的政治事实的纪录。历史是亘过去，现在，未来的整个的全人类生活。换句话说，历史是社会的变革。再换句话说，历史是在不断的变革中的人生及为其产物的文化。那些只纪过去事实的纪录，必欲称之为历史，只能称为记述历史，绝不是那生活的历史。"

——李大钊：《李大钊史学论集》，197～204页，石家庄，河北人民出版社，1984。

然自然与历史，乃一种事物之两方面，固无绝对之界限。空间与时间，其本身本相关联，自然与历史之关系尤切。依近代科学家之学说，天地万物，无日不在变化之中，即无物不在历史范围之内。同一事物也，自其现象言之，自然也；自其迁化言之，史也。如人身之构造，自其构造言之，属于自然科学范围；自其演化方面言之，即属于历史范围内。又如吾人之观察此宇宙，如偏重空间方面，吾人所见者即为自然；如偏重时间方面，吾人所见者即为历史。一指普通之现象，一指古今之流变。一横一纵，其理至明也。

——齐思和：《齐思和史学概论讲义》，5页，天津，天津古籍出版社，2007。

历史者，人类留存之重要活动记录，足以参酌而资以了解过去与未来者也。

——王尔敏：《史学方法》，84页，桂林，广西师范大学出版社，2005。

什么是历史？语言中的"历史"有多重含义。因为历史既有客观存在的，又有经人们记录反映出来的；既有包括一切方面的，又有个别方面的；既有全过程的，又有个别阶段的。日常语言中的"历史"一词综合地反映了历史的多种形式的存在。但我们是史学工作者，以历史为研究对象，必须给它以明确的说明。

历史，就其本身而言，是客观世界的发展过程。

——白寿彝：《史学概论》，1页，银川，宁夏人民出版社，1983。

历史，广义地说，是指一切事物以往的运动发展过程，它可分为自然发展史与人类社会发展史。自然发展史较人类社会发展史时间久远，范围亦较广，只是我们通常并不广义地使用历史这一概念，我们所说的历史是指发展、发生于人类社会的历史，亦即与自然界相互依赖、互相制约的人类社会以往的运动发展过程。

……

历史，是人类的历史，它既是由人们有声有色的活动所构成，又是在各色各样的社会关系中实现的。横看，它由人们经济的、政治的、思想的等等关系所构成，有无限丰富的内容；竖看，它波浪起伏，前呼后拥，永不停止地向前。

——郑樑生：《史学入门》，7～9页，北京，北京大学出版社，2008。

“历史”的特点或属性可以概括出好多，但最基本的是两点：一是历史的客观性。历史事实一经发生，就成了不可能更改的既定存在。不管我们现在认识到它，还是认识不到它，也不管它本身在历史长河中留下痕迹与否，它在无限的时间和空间里存在过则是不以我们主观意志为转移的客观事实。二是历史的一度性。作为在时间中的存在，历史有与时间共同的属性即一度性，也就是一去不复返的性质。历史事实一经发生，就不会复现。后来的历史现象无论怎样与以前发生的历史现象相似，但终究不是过去的翻版，总有它的独特性。

——周文玖：《史学史导论》，29页，北京，学苑出版社，2006。

“历史”一是指“实实在在发生过的往事”，二是指“对这种往事所作的记录、陈述和对这种往事真相的追究”。前者可称为“实在的历史”，后者可称为“描述的历史”。

……

所谓“实在的历史”就是上文所说的历史本身，亦即那种已经离我们而去、消逝的无影无踪、但确实存在过且又不为后人的意图所左右的过去，是“确有其人”“确有其事”中的“人”与“事”……

1. 从纯粹时间的角度看，凡是过去的都是历史……

2. 从与现实相对的意义上看，历史是过去的现实，现实是将来的历史，或者说，“历史是稳定凝固了的现实，现实是流动变化着的历史”……

3. 从内容构成的角度看，若下个宽泛的定义，只能是李大钊说的：“历史就是人类的生活并为其产物的文化。”……

4. 从与自然史的比较来看，通常所说的“历史”指的是“追求着自己的目的的人的活动"，但这种活动的总体特征又有与盲目的无意识的自然界相似之处……

史学家依据一定的理论预设、一定的参照框架、一定的价值准则，为达到某种特定的意图，采用一定的方法，对零散、杂乱、众多的历史事实进行选择、取舍、整理、强调、归纳、组合而勾画出的一定区域、一定时间内的人类社会的变迁过程，就是这里所说的描述的历史。

……

1. 这种历史实质上体现的是一种过去观，而不是过去本身，因此，这种历史可以而且应该因人而异……

2. 这种历史可以随时翻新，不断重构，因此，这种历史又可以因时而异。

——王学典：《史学引论》，5～13页，北京，北京大学出版社，2008。

我们可以说，"历史"一词在实际运用中的含义实际上包含着这样三个方面：

第一、它指以往人类社会的客观历史过程，或过去发生过的事情的历史，即作为历史研习者认识对象的客观存在的历史；

第二、它指人们的历史认识或作为历史认识集中成果的历史著作，即作为认识主体对客观历史过程进行重建的主体化的历史；

第三、它指历史学这门学科，从马克思主义观点来说，就是研究人类社会发生过的各种历史现象并探寻其发生发展规律的科学。

——杜经国等：《历史学概论》，2～3页，北京，高等教育出版社，1990。

一般来讲，所谓历史，不外是以往实际发生的事件（简言之为往事），或者是以往实际发生的事件的记录（往事的记录）。就前者而言，如公元前5世纪波斯的入侵希腊。就后者而言，如西方历史之父希罗多德（Herodotus, c. 484—c. 425 B. C.）所写的《历史》（*History of the Persian Wars*）。前者实际上已经过去了，以往实际发生的事件，早已消逝于天地之间，谁能让波斯战争再重演一次呢？所以以往实际发生的事件，不等于是历史。历史与往事之间，有很大的距离。后者大体上讲是正确的，古今中外的史学家，谁也无法完全否认历史是往事的记录。惟有待进一步的分析与讨论。

以往实际发生的事件的留存，靠几种情况，一为当事人的亲记，二为当代人的传述，三为文献与实体物的遗存。文献与实体物的遗存，不是历史，无待繁言。当事人的亲记与当代人的传述，其中有亲身经历，有亲自"所见"（eyewitness），有亲自"所闻"，也有极为间接的"所传闻"，在广义上，皆可视为历史。但是严格来讲，其中绝大部分只是往事的证据（evidence），亦即所谓事实（facts）或史料，与文献及实体物的遗存相同，不是所谓历史。历史的珍贵，在其具有真实性与富有意义（truthful and significant）。当事人与当代人对往事的记录，是否真实与有意义，难以得到保证。亲身参与某事，亲自看到某事发生，未必能道出某事的真相。有意的曲解与不自觉的偏见，都将使真相隐没。在无谓的枝节上，喋喋不休，尤其是常见的现象。所以历史不能止于是往事的记录，止于往事的记录，历史将真是“断烂朝报”，“一堆杂乱混在一起的事实”，难言崇高的价值。

历史于往事的记录以外，应是研究往事的学术……

历史是在史学家与事实交互作用下形成的，二者有相依为命的关系……史学家与事实二者是形成历史的必要条件，缺一不可。散于各处寂无声息的事实，经过史学家的组织运用，不期然而变成历史。如此说来，历史既不是往事（亦即不是过去），也不止于是往事的记录，而是史学家研究往事的成果，认为它是“研究往事的学术”，应该是极为适当了。

——杜维运：《史学方法论》，17～20页，北京，北京大学出版社，2006。

三、西方学者论历史

在这里发表出来的，乃是哈利卡尔那索斯人希罗多德的研究成果，他之所以要把这些研究成果发表出来，是为了保存人类的功业，使之不致由于年深日久而被人们遗忘，为了使希腊人和异邦人的那些值得赞叹的丰功伟绩不致失去它们的光采，特别是为了把他们发生纷争的原因给记载下来。

——［古希腊］希罗多德：《历史》（上册），王以铸译，1页，北京，商务印书馆，1959。

在我们德国语言文字里，历史这一名词联合了客观的和主观的两方面，而且意思是指拉丁文所谓“发生的事情”本身，又指那“发生的事情的历史”。

——［德］黑格尔：《历史哲学》，王造时译，61页，上海，上海世纪出版集团、上海书店出版社，2001。

历史是历史学家与历史事实之间连续不断的、互为作用的过程，就是现在与过去之间永无休止的对话。

——［英］E. H. 卡尔：《历史是什么?》，陈恒译，115页，北京，商务印书馆，2007。

观察者和被观察事物之间的互动、社会科学家和其资料之间的互动、历史学家和其事实之间的互动是持续不断，而且也是不断发生变化的；这似乎是历史学的一个显著特征，也是社会科学的一个显著特征。

——［英］E. H. 卡尔：《历史是什么?》，陈恒译，167 页，北京，商务印书馆，2007。

历史是一个斗争的过程，其结果——不管我们把这些结果判断为是好还是坏——是一些群体直接地或间接地，通常是直接多于间接，以牺牲另外一些群体获得的。失败者买单。苦楚是历史本身所固有的。历史上的每一个伟大时代有灾难，也有胜利。这是一个极端复杂的问题，因为我们没有办法可以使我们在得到较大好处的人与做出牺牲的人之间进行权衡，然而又必须找到一些这样的权衡方法。

——［英］E. H. 卡尔：《历史是什么?》，陈恒译，175 页，北京，商务印书馆，2007。

当今几乎没有什么科学——尤其是社会科学——会要求彻底的独立。但是，历史对外在于其自身的事物没有什么必然的依赖，这就决定了历史不同于任何其他科学。

——［英］E. H. 卡尔：《历史是什么?》，陈恒译，181 页，北京，商务印书馆，2007。

历史中绝对的东西并不是过去的、我们从那里开始的某种东西，也不是当下的某种东西，因为所有当下的想法都必定是相对的。它仍旧是某种还没有完成的事情、正在形成过程中的某些事情——我们的未来正在朝向前进的某种东西，只有当我们向它前进的时候，它才开始成形，而且当我们前进时，我们是根据它逐渐形成我们对过去的解释的。

——［英］E. H. 卡尔：《历史是什么?》，陈恒译，225 页，北京，商务印书馆，2007。

历史存在我们每一个人身上，它的资料就在我们自己的胸中。因为，只有在我们自己的胸中才能找到那种熔炉，使确凿的东西变为真实的东西，使语文学与哲学携手去产生历史。

——［意］贝奈戴托·克罗齐：《历史学的理论和实际》，傅任敢译，14 页，北京，商务印书馆，1982。

自然与历史是两个最广泛的概念，人们借着这两个概念，掌握世间一切现象。人们是把世界上变化无穷的现象，及其无止休的运动，照它们的时间及空间的特性分别开来；人是这样理解它们的。

世上的现象，并非客观地自行区分为时间性的及空间性的现象；区分它们的是人们的理解力，照着它们倾向于时间性还是空间性而区分它们。

同一时间下存有现象（das Seiende）之间的相互关系，以及不同时间中演变现象（das Gewordene）之间的前后关系，研究出来以及被认识之后，空间及时间这两个概念才有它们具体的内容。

世上各个现象永无止休的运行，吾人不得不把一切事物视为是不断变化（Werden）；可是有些变化是按周期重复的，而有些变化却是在重复中不断地积累生长，以及自我提升。

这些对我们而言，能在变化中不断自我提升而且跃进的，是所谓有前后关系的现象；时间是它的特色；我们称这些现象为历史。

——［德］德罗伊森：《历史知识理论》，胡昌智译，7～8页，北京，北京大学出版社，2006。

世界历史是什么？当然是对过去的一种有秩序的表述，是一种内在的陈述，是感受形式的能力的表现。但是，对形式的感受，不论多么确定，终归和形式本身不是一回事。毫无疑问，我们感觉世界历史，体验世界历史，相信世界历史能像一幅地图一样去阅读。然而，直到今天，我们所知道的还只是它的各种形式，而不是它的形式本身——这形式本身乃是我们自己的内在生命的镜像。

每一个人如果被问到，当然会说，他可以十分清晰地和确切地看到历史的内在形式。这种幻觉之所以存在，是因为没有一个人严肃地深思过它，更少有人对自己的知识有过怀疑，因为，对于怀疑的范围究竟有多么的广阔，没有人有一丁点的概念。事实上，世界历史的编排是一种没有得到证实的、主观的、世代相传的（不仅是门外汉的，而且是专业的历史学家的）想法，因此迫切地需要一点点怀疑精神，这种怀疑精神自伽利略以来就在调节和加深我们有关自然的天生观念。

由于把历史再细分为“古代史”、“中古史”和“近代史”——这是一种令人难以置信的、空洞的和没有意义的框架，然而它整个地主宰了我们的历史思维——使得我们已无法认识高级人类在通史中的真正地位……

——［德］奥斯瓦尔德·斯宾格勒：《西方的没落》（第一卷·形式与现实），吴琼译，14～15页，上海，上海三联书店，2006。

第二节 史学——人们对历史的认识

一、马、恩、毛著作中的史学

全部人类历史的第一个前提无疑是有生命的个人的存在。因此，第一个需要确认的事实就是这些个人的肉体组织以及由此产生的个人对其他自然的关系。

——《马克思恩格斯选集》第1卷，67页，北京，人民出版社，1995。

在思辨终止的地方，在现实生活面前，正是描述人们实践活动和实际发展过程的真正的实证科学开始的地方。关于意识的空话将终止，它们一定会被真正的知识所代替。对现实的描述会使独立的哲学失去生存环境，能够取而代之的充其量不过是从对人类历史发展的考察中抽象出来的最一般的结果的概括。这些抽象本身离开了现实的历史就没有任何价值。它们只能对整理历史资料提供某些方便，指出历史资料的各个层次的顺序。

——《马克思恩格斯选集》第1卷，73～74页，北京，人民出版社，1995。

人们在自己生活的社会生产中发生一定的、必然的、不以他们的意志为转移的关系，即同他们的物质生产力的一定发展阶段相适合的生产关系。这些生产关系的总和构成社会的经济结构，即有法律的和政治的上层建筑竖立其上并有一定的社会意识形式与之相适应的现实基础。物质生活的生产方式制约着整个社会生活、政治生活和精神生活的过程。不是人们的意识决定人们的存在，相反，是人们的社会存在决定人们的意识。社会的物质生产力发展到一定阶段，便同它们一直在其中运动的现存生产关系或财产关系（这只是生产关系的法律用语）发生矛盾。于是这些关系便由生产力的发展形式变成生产力的桎梏。那时社会革命的时代就到来了。随着经济基础的变更，全部庞大的上层建筑也或慢或快地发生变革。在考察这些变革时，必须时刻把下面两者区别开来：一种是生产的经济条件方面所发生的物质的、可以用自然科学的精确性指明的变革，一种是人们借以意识到这个冲突并力求把它克服的那些法律的、政治的、宗教的、艺术的或哲学的，简言之，意识形态的形式。我们判断一个人不能以他对自己的看法为根据，同样，我们判断这样一个变革时代也不能以它的意识为根据；相反，这个意识必须从物质生活的矛盾中，从社会生产力和生产关系之间的现存冲突中去解释。无论哪一个社会形态，在它所能容纳的全部生产力发挥出来以前，是绝不会灭亡的；而新的更高的生产关系，在它的物质存在条件在旧社会的胎胞里成熟以前，是绝不会出现的。所以人类始终只提出自己能够解决的任务，因为只要仔细考察就可以发现，任务本身，只有在解决它的物质条件已经存在或者至少是在生成过程中的时候，才会产生。大体说来，亚细亚的、古代的、封建的和现代资产阶级的生产方式可以看作是经济的社会形态演进的几个时代。资产阶级的生产关系是社会生产过程的最后一个对抗形式，这里所说的对抗，不是指个人的对抗，而是指从个人的社会生活条件中生长出来的对抗；但是，在资产阶级社会的胎胞里发展的生产力，同时又创造着解决这种对抗的物质条件。因此，人类社会的史前时期就是以这种社会形态而告终。

——《马克思恩格斯选集》第2卷，32～33页，北京，人民出版社，1995。

认识的真正任务在于经过感觉而到达于思维，到达于逐步了解客观事物的内部矛盾，了解它的规律性，了解这一过程和那一过程间的内部联系，即到达于论理的认识。重复地说，论理的认识所以和感性的认识不同，是因为感性的认识是属于事物之片面的、现象的、外部联系的东西，论理的认识则推进了一大步，到达了事物的全体的、本质的、内部联系的东西，到达了暴露周围世界的内在的矛盾，因而能在周围世界的总体上，在周围世界一切方面的内部联系上去把握周围世界的发展。

——《毛泽东选集》第1卷，286页，北京，人民出版社，1991。

二、中国学者论史学

欲创新史学，不可不先明史学之界说。欲知史学之界说，不可不先明历史之范围。今请析其条理而论述之。

第一，历史者，叙述进化之现象也……

第二，历史者，叙述人群进化之现象也……

第三，历史者，叙述人群进化之现象而求得其公理公例者也……

——梁启超：《梁启超史学论著四种》，247～250页，长沙，岳麓书社，1985。

活动必有成绩，然后可记，不待言也。然成绩云者，非一个人一事业成功失败之谓，实乃簿录全社会之作业而计其总和。质言之，即算总账也。是故成绩有彰显而易见者，譬犹澍雨降而麦苗茁，烈风过而林木摧；历史上大圣哲大英雄之出现，大战争大革命之经过，是其类也。亦有微细而难见者，譬犹退潮刷江岸而成淤滩，宿茶浸陶壶而留陈渍；虽聪察者，犹不之觉，然其所演生之迹，乃不可磨灭。一社会一时代之共同心理，共同习惯，不能确指其为何时何人所造，而匹夫匹妇日用饮食之活动皆与有力焉，是其类也。吾所谓总成绩者，即指此两类之总和也。

——梁启超：《中国历史研究法》，2 页，北京，人民出版社，2008。

今日所需之史，当分为专门史与普遍史之两途。专门史如法制史、文学史、哲学史、美术史……等等；普遍史即一般之文化史也。治专门史者，不惟须有史学的素养，更须有各该专门学的素养。此种事业，与其责望诸史学家，毋宁责望诸各该专门学者。

——梁启超：《中国历史研究法》，33 页，北京，人民出版社，2008。

史学所以至今未能完成一科学者，盖其得资料之道，视他学为独难。

——梁启超：《中国历史研究法》，34 页，北京，人民出版社，2008。

分论的部分，因为注重各种专史的作法，所以较复杂，更丰富；其内容又可分为五项：

（一）人的专史　即旧史的传记体、年谱体，专以一个人为主。例如《孔子传》、《玄奘传》、《曾国藩年谱》等。

（二）事的专史　即旧史的纪事本末体，专以重大事情为主。例如晚明流寇、复社本末、洪杨之乱、辛亥革命等。

（三）文物的专史　即旧史的书志体，专以文物典章社会状况为主。如我去年在本校（清华）所讲《文化史》即属此项性质，此在专史中最为重要。

（四）地方的专史　即旧史之方志体；因中国幅员太广，各地发展之经过多所悬殊，旧史专以帝都所在为中心，实不能提挈全部文化之真相，所以应该分为若干区域，以观其各时代发达之迹。其边地如滇、黔、西域、关东……等，尤当特别研究。

（五）断代的专史　即旧史的断代史体，专以一个时代为主，但不必以一姓兴亡划分。例如《春秋史》《战国史》《晚唐藩镇及五代十国史》《宋辽金夏时代史》等。

——梁启超：《中国历史研究法》，119～120 页，北京，人民出版社，2008。

史学非就一般事物而历史的考察者，乃专就人事而研究其生成变化者。史学有一定的对象。对象为何？即是整个的人类生活，即是社会的变革，即是在不断的变革中的人类生活及为其产物的文化。换一句话说，历史学就是研究社会的变革的学问，即是研究在不断的变革中的人生及为其产物的文化的学问。

……

今日的历史学，即是历史科学，亦可称为历史理论。史学的主要目的，本在专取历史的事实而整理之，记述之；嗣又更进一步，而为一般关于史的事实之理论的研究，于已有的记述历史以外，建立历史的一般理论。严正一点说，就是建立历史科学。此种思想，久已广布于世间，这实是史学界的新曙光。

……

史学原以历史的事实即是组成人类经历的诸般事实为研究的对象，故调查特殊的历史的事实而确定之，整理之，记述之，实为史学的重要职分。就历史的事实为科学的研究，诚不可不基于就特殊情形所为事实的观察与征验；故特殊史实的精查，乃为史学家的要务。然史学家固不是仅以精查特殊史实而确定之，整理之，即为毕乃能事；须进一步，而于史实间探求其理法。

……

史学的要义有三：（一）社会随时代的经过发达进化，人事的变化推移，健行不息。就他的发达进化的状态，即不静止而不断的移动的过程以为考察，是今日史学的第一要义。（二）就实际发生的事件，一一寻究其证据，以明人事发展进化的真相，是历史的研究的特色。（三）今日历史的研究，不仅以考证确定零零碎碎的事实为毕乃能事；必须进一步，不把人事看作片片段段的东西；要把人事看作一个整个的，互为因果，互有连锁的东西去考察他。于全般的历史事实的中间，寻求一个普遍的理法，以明事实与事实间的相互的影响与感应。在这种研究中，有时亦需要考证或确定片片段段的事实，但这只是为于全般事实中寻求普遍理法的手段，不能说这便是史学的目的。

……

依上所述，我们知道史学的目的，不仅在考证特殊史实，同时更宜为一般的理论的研究；于专以记述论究特殊史实的记述历史以外，尚有讨论一般的性质理法的历史理论，亦不可不成立。历史理论与记述历史，都是一样要紧。史学家固宜努力以求记述历史的整理，同时亦不可不努力于历史理论的研求。

——李大钊：《李大钊史学论集》，206～212 页，石家庄，河北人民出版社，1984。

最广义的历史学，可大别为二大部分：一是记述的历史；一是历史理论，即吾人之所谓历史学。严正的历史科学，乃是指此历史理论一部分而言。在记述的历史中，又可分为个人史（即传记），氏族史，社团史，国民史，民族史，人类史六大部分。在历史理论中，亦可分为个人经历论（即比较传记学），氏族经历论，社团经历论，国民经历论，民族经历论，人类经历论六大部分。

——李大钊：《李大钊史学论集》，214 页，石家庄，河北人民出版社，1984。

史之初义为史官而非指史书。在这一点上，与欧西史字出自希腊文“Historia”者不同。希腊文初义为“真理的寻求”，所指为史书。在中国，史书是后起之义，由史官而引申成史官所写之史书。

——李宗侗：《中国史学史》，1页，北京，中国友谊出版公司，1984。

修史之所凭藉者在于史料，史料固不能谓即史书；然无史料则何从修撰，又何从考证事迹之真伪，则谓无史料则无史书，亦从而无史学可也。史学与史料之密切可知矣……

将来史学的趋势既注重通史的研究，又注重专门史的分类。所谓通史性质与前略有不同，以前通史对断代史而言，所包括不只一朝而系数百年或数千年的史迹；现今所谓通史，除此种意义以外，尚有横通之义，即所包括者不只若以前之政治史，并且包括所有社会之一切动态，若社会史、学术史、文化史等。除通史以外，更研究各种专门史……

因现在史学中所包括的科目既如此之繁，以及所凭藉史料既如此之富，遂使现今著史者，若以一身之力，皓首而汗青无日，因此不能不集众力合作以成……因此旧式史馆固然可被反对，而新式之集体合作修史，则集众专家之长而共成巨大的著作，既善且便。其事在欧美久已行之，成效皆著，则我国将来史书之修纂，亦必用此种方式也。

总之，并用通史及专门史之体裁，为集体撰述之方式，此中国史学将来之新途径，而二千余年绵绵不绝之史学行将发挥而更光大，可预卜也。

——李宗侗：《中国史学史》，221～224页，北京，中国友谊出版公司，1984。

历史究竟是怎样一种学问？我可以简单回答说：

历史者，研究人类社会之沿革，而认识其变迁进化之因果关系者也。

原来宇宙之间无论哪一种现象，都是常动不息的，都是变迁不已的，这个变迁，就叫做“进化”。

因此，无论什么事情，都有个因果关系，明白了他的原因就可以预测他的结果，而且可以谋“改良”“补救”的法子。

要明白事情的因果关系，所以要“经验”，一个人的经验有限，要借助于别时代、别地方的人，就要有“记载”，“记载”就是“历史”。

所以历史是各种学问都有的。但是从前的人，研究学问的方法粗，常把许多现象，混合在一起。后来的人，知道这种法子是不行。就把宇宙间的现象，分析做若干部分。各人研究其一部分，就各部分研究所得，再行想法子合拢起来。这个便唤做“科学”。研究社会进化现象的一部分，就唤做“历史学”。

从前的人，研究学问的方法粗，以为“史者，记事者也”，宇宙间什么现象，都该记载在里头。所以《史记》的八书，《汉书》的十志，什么专门的学问（譬如天文律历），奇怪的事情（譬如五行）都有。现在的宗旨，却不是这样了。

“社会现象”，也是“宇宙现象”之一，他的“变迁进化”，也脱不了“因果关系”的。虽然这种因果关系，不像自然现象那么简单，因而“断定既往”，“推测将来”，也不能如自然科学那么正确（譬如断定既往，不如矿物学；推测将来，不如天文学），然而绝不能说他没有因果关系。研究历史之学，就是想要“认识这种因果关系”。这便是历史学的定义。

——吕思勉：《历史研究法》，3～5页，台北，五南图书出版公司，1995。

历史所研究者盖以往人群之活动也。人群活动之方面大体有五：即经济，政治，教育，美术，宗教是也。然历史所述者，非人群各种活动之静止状态也，乃其变化之情形也。史家所致意者，即此种空前绝后之变化也，非重复之事实也。故历史者，研究人群活动特异演化之学也，即人类特异生活之记载也。夫人类之特异生活，日新月异，变化无穷。故凡属前言往行，莫不此往彼来，新陈代谢。此历史上所以不能有所谓定律也。盖定律以通概为本，通概以重复为基。以往人事，既无复现之情，古今状况，又无一辙之理。通概难施，何来定律乎。

——何炳松：《通史新义 历史研究法》，172页，长春，时代文艺出版社，2009。

历史学不是著史：著史每多多少少带点古世中世的意味，且每取伦理家的手段，作文章家的本事。近代的历史学只是史料学，利用自然科学供给我们的一切工具，整理一切可逢着的史料，所以近代史学所达到的范域，自地质学以至目下新闻纸，而史学外的达尔文论，正是历史方法之大成……

为什么在中国的历史学和语言学开了一个好的端绪以后，不能随时发展，到了现在这样落后呢？这原故本来显然，我们可以把一句很平实的话作一个很概括的标准：（一）凡能直接研究材料，便进步。凡间接的研究前人所研究或前人所创造之系统，而不繁丰细密的参照所包含的事实，便退步。上项正是所谓科学的研究，下项正是所谓书院学究的研究……（二）凡一种学问能扩张他研究的材料便进步，不能的便退步……西洋人作学问不是去读书，是动手动脚到处寻找新材料，随时扩大旧范围，所以这学问才有四方的发展，向上的增高……（三）凡一种学问能扩充他作研究时应用的工具的，则进步；不能的，则退步……

由上列的三项看来，除几个例外算，近几世中中国语言学和历史学实不大进步，其所以如此自是必然的事实。在中国的语言学和历史学当年之所以有光荣的历史，正因为能开拓的用材料，后来之衰歇，正因为题目固定了，材料不大扩充了，工具不添新的了……

我们反对疏通，我们只是要把材料整理好，则事实自然显明了。一分材料出一分货，十分材料出十分货，没有材料便不出货。两件事实之间，隔着一大段，把他们联络起来的一切涉想，自然有些也是多多少少可以容许的，但推论是危险的事，以假设可能为当然是不诚信的事。所以我们存而不补，这是我们对于材料的态度；我们证而不疏，这是我们处置材料的手段。材料之内使他发见无遗，材料之外我们一点也不越过去说。果然我们同人中也有些在别处发挥历史哲学或语言泛想，这些都仅可以当作私人的事，不是研究所的工作……总而言之，我们不是读书的人，我们只是上穷碧落下黄泉，动手动脚找东西！

——傅斯年：《傅斯年选集》，174～182 页，天津，天津人民出版社，1996。

史一名词，在中文中，实含三义：一作史之人，二事迹之本身，三事迹之记载。

——齐思和：《齐思和史学概论讲义》，1 页，天津，天津古籍出版社，2007。

自最初之星球之形成，以至于现代，自其变化观之，无事无物，不在历史范围之中也，然此种历史之考订，乃自然科学家之所有事，非史家所谓之历史也。史家既洞悉于知识范围之浩博，故不得不择其中一极小部分为己任。至于其余，自有待于各科专家之研究矣。

——齐思和：《齐思和史学概论讲义》，5 页，天津，天津古籍出版社，2007。

什么是史学？史学是通过史料研究历史发展过程本身的学科。如果说，客观的历史是一个有机的发展过程，史料只是历史过程留下的一些残骸或遗迹，那末，史学的任务却是要从历史的遗骸或残迹中去重认那曾经活生生的历史，并以文字为主要手段将它重现出来……因此，从史料到史学，是历史表现自身的形式的一种飞跃，是人类对于历史的认识的一次升华。

……

史学本身就包含着矛盾：史学就其内容而言是客观的，就其表述而言是主观的；史书的首要要求是如实，是符合客观历史，而要达到这个要求的条件却在于史学家的主观，在于史学家的治史能力的性质和限度。在一定的意义上甚至可以说，史学本身就是在这种矛盾不断展开的过程中发展起来的。不同时代、不同阶级的历史学家以不同的立场、观点和方法研究历史，写出不同的历史作品。他们之间，有沿袭，有变革，逐渐使史学有所发展。但是，只有到了无产阶级的马克思主义的唯物史观的出现，人们才真正获得了如实认识和重现客观的有规律的历史的可能性。

我们研究史学，有必要正确认识和对待史学发展的过程。这个问题也就是正确认识和对待史学遗产的问题。

——白寿彝：《史学概论》，7～9页，银川，宁夏人民出版社，1983。

通常我们所使用的“历史”一词包含有两层意思，一是指过去发生过的事件，一是指我们对过去事件的理解和叙述。前者是史事，后者是历史学，有关前者的理论是历史理论，有关后者的理论是史学理论。历史理论是历史的形而上学，史学理论是历史学的知识论。两者虽然都可以用“历史哲学”一词来概括，但大抵前者即相当于所谓的“思辨的历史哲学”，而后者则相当于所谓“分析的历史哲学”。

我们通常说的“一部中国史”，可以是指中国过去所发生过的种种事件，也可以是指对这些事件的阐述和解说。史实并不等于我们对史实的理解。事实本身并不能自行给出理解，否则的话就没有进行任何历史学研究的必要了。我们可以认为有如此这般的事件发生过，它就是历史。这个历史是客观存在着的；但我们对这个历史的认识和理解，则是仅只能在我们的思想之中进行的。它本身并不存在于客观世界之中。如果说史实作为材料乃是客观给定的，那么有关它的理论，或者说其中的道理，归根到底都是我们思想构造出来的产物。它不是现成摆在那里的，而是我们思想劳动的结果。

……

我们历史认识的进步或改变，是受到三个方面条件的制约的。正由于这三方面条件本身都在不断地发展和变化，所以历史学本身也就在不断发展和变化，而不可能是一旦达到某一点就停留下来不再前进。三个方面的条件如下：一是新材料的发现。这一点的重要性是不言而喻的，无待多说。二是已往的历史事实并非就已经死去了。它们在尔后的历史发展中仍然在起作用。我们往往要根据它们的后来的效果去理解和评论它们。历史是个不断的长流，以往的史实（例如孔子）对后来直迄今天和今后的作用和影响都是不断在变化着的。从而我们对历史事实的理解和看法也就随之而变。盖棺并不能就论定。三是历史学家作为已往历史事件的解说者，要受其本人思想认识的制约。一个历史学家永远不可能超出自己的思想水平之上和感受能力之外去理解历史。或者说，一个历史学者之理解历史，要取决于他自己的水平和能力……

任何科学或学科都包括材料与理论二者的统一。历史事实一旦如此就永远如此而无可更改，但历史学（即对历史事实的理解和诠释）却必然不断地在更新。一旦我们的思想观念更新了，原来的史料就被转化为新史料并被给予新的诠释而获得新的意义……历史学所研究的，一是人性所扫描的轨迹，二是历史学本身。历史学可以说是对人性的行程——那是一场永不休止的实验——的反思，在这种反思中它也必须反思这种反思本身。这里需要的是历史的一种觉醒或者警觉性，同时也就是历史学的一种觉醒或者警觉性，是历史学家对于历史以及历史学的一种灵心善感。缺少了这一点，死材料就永远不可能呈现为真正具有生命的活历史。并不是有了活生生的历史，就会有活生生的历史学；而是只有有了活生生的历史学，然后才会有活生生的历史。

——何兆武：《历史与历史学》，1～10页，武汉，湖北人民出版社，2007。

史学是研究人类社会的发展过程及其规律的学问。人类社会中的一切现象都有自身发生、发展的过程，史学不仅要分门别类地对这些过程进行研究，而且还要从它们的相互联系中去探求整个社会的发展规律。因此，它所涉及的范围极其广泛。在史学领域中，既有以研究某时、某地、某事的分支学科，如以时代分的断代史，以地域分的国别史，以事类分的政治、经济、法学、文学、宗教等各种专门史，也有从总的方面来考察人类社会发展全过程的通史。

历史研究所包含的内容如此丰富多样，然而，它们都是人类的一种认识活动，因此必然受到时代的局限、阶级的局限、史料的局限，存在着认识的主体和客体的矛盾。

——吴泽：《史学概论》，1～2页，合肥，安徽教育出版社，1985。

历史，包括自然史与人类史。历史学，研究的是自然界和人类社会活动的变迁过程。随着史学的发展，历史认识的深化，历史研究的多元化和方法的多样化，随着史学在社会生活与科学进步中的作用日益增大，地位日益重要，人们开始对人类认识历史的主体活动本身进行审视，于是形成了历史文献学、历史编纂学、史学方法论、历史认识论、史学史等许多个分支学科。

——姜义华等：《史学导论》，1页，西安，陕西人民教育出版社，1989。

历史不仅是指过去的事实本身，更是指人们对过去事实的有意识、有选择的记录。面对历史的专门性研究，就是历史学，简称为史学，也可以称之为历史科学，它不仅包括历史本身，还应该包括在历史事实的基础上研究和总结历史发展的规律，以及总结研究历史的方法和理论。

——葛剑雄、周筱赟：《历史学是什么？》，72页，北京，北京大学出版社，2002。

可以根据不同的标准将历史分为几个系列，主要有这么几种：

时间系列：通史、断代史、阶段史等；

空间（地域）系列：世界史、国别史、地区史等；

内容系列：综合史（总史）、专门史、资料汇编、年表、历史地图等；

人物系列：个人、血缘群体、地域群体、专门群体等；

另类历史：文学、艺术、宗教、神话、音乐、戏剧、影视、民间故事等。

——葛剑雄、周筱赟：《历史学是什么?》，77页，北京，北京大学出版社，2002。

历史是一门揭示社会进步形式的多样性的科学，是一门为弄清人类在其发展过程中所走过各种复杂道路的科学。它也像任何一门科学似的，如不把客观知识加以系统化，不将经验资料进行理论概括，如不从揭示所研究的那些现象背后的内在规律着手，从而深入到那些现象的实质中，它便不能存在。

——郑樑生：《史学入门》，1页，北京，北京大学出版社，2008。

中国历史学的科学性，除它具备了一门学科的科学性所必须符合的一般性要求以外，根本的根据就在于它是归属于马克思主义历史科学范畴的一门学科。就是说，马克思主义历史学的科学性，从根本上决定了中国历史学的科学性。

……

历史学是一门整合型的社会科学，是作为历史研究主体的历史学家在一定的历史理论指导下，运用一定的思维认识方式和手段，在与历史客体发生互动作用的过程中，通过对历史客体的分析研究，以理解其特殊规律的一种精神生产实践活动及其创造出来的产品——历史知识。

——周祥森：《史学的批评与批评的史学》，23页，开封，河南大学出版社，2007。

三、西方学者论史学

观察历史的方法，大概可以分为三种：

（一）原始的历史。

（二）反省的历史。

（三）哲学的历史。

——［德］黑格尔：《历史哲学》，王造时译，1页，上海，上海世纪出版集团、上海书店出版社，2001。

历史学家所拥有的知识并不是其个人独有的私人财产：是人，或许是世世代代的、许多不同国家的人共同参与了这一知识的积累过程。历史学家所研究的人物行为不是真空中的与世隔绝的个体行为：他们的行为是过去社会背景下的行为，是过去社会推动下的行为。

——［英］E. H. 卡尔：《历史是什么?》，陈恒译，122～123页，北京，商务印书馆，2007。

伟人在历史上所起的作用究竟是什么？伟人是个人，一个特别杰出的个人，也是一个特别重要的社会现象……伟人不是现存力量的代表，就是以向现存权威挑战，并协同创造那股力量的代表。更高程度的创造性或许应该赋予克伦威尔或列宁之类协助铸造历史从而也使自己伟大的伟人，而不应该赋予拿破仑或俾斯麦这样的人，他们是依靠现存的力量而获得伟大的人。我们也不应该忘记这些伟人：他们的言行远远地超越了他那个时代，只是后人才认识他们的伟大。就我而言，重要的似乎是要认识到伟人是一个杰出的个人，他既是历史进程的产物，也是历史进程的推动者，他既是社会力量的代表，也是社会力量的创造者，这些社会力量改变了世界的面貌，也改变了人类的思想。

——［英］E. H. 卡尔：《历史是什么?》，陈恒译，144～146页，北京，商务印书馆，2007。

就历史一词两个方面的意义而言——一方面意味着历史学家所进行的研究行为，另一方面意味着历史学家所研究的历史事实——都是一种社会进程，个人在这个进程中是作为社会人而从事研究的；社会与个人之间那种想象的对立，只不过是以不相干的东西转移我们的注意力来扰乱我们的思想而已。历史学家与历史事实之间相互作用的进程——我曾经将之称为现在与过去之间的对话——不是一场抽象的、孤立的个人之间的对话，而是今日社会与昨日社会之间的对话。

——［英］E. H. 卡尔：《历史是什么?》，陈恒译，146页，北京，商务印书馆，2007。

只有未来能够为解释过去提供钥匙；也只有在这个意义上我们能够说历史中的根本客观性。过去阐释未来，未来说明过去，这不但是历史的辩护，也是历史的解释。

——［英］E. H. 卡尔：《历史是什么?》，陈恒译，226～227页，北京，商务印书馆，2007。

历史的客观性不依靠于也不能依靠于某些固定的、不可转移的当下存在的判断标准，只能依靠在将来积累的、随着历史前进而进化的那种标准。只有在过去与未来之间建立起一种持续不断的连贯时，历史才获得意义与客观性。

——［英］E. H. 卡尔：《历史是什么?》，陈恒译，234页，北京，商务印书馆，2007。

我们所已达成的历史观是，历史的文件不在本身之外而在本身之内，历史的究竟方面的和原因方面的说明不在本身之外而在本身之内，历史在本身以外无哲学，它和哲学是重合的，历史的确切形式和节奏的原由不在本身之外而在本身之内；这种历史观把历史和思想活动本身等同起来，思想活动永远兼是历史和哲学。

……

历史虽则进行辨别与统一，它却从不进行划分，即分割；已被作出的和正被作出的历史划分只有一个起源，就是我们所已说过的同一实际的和抽象的做法的结果，那种做法分裂活历史的现实，去收集死材料，并把死材料安顿在成了外在的东西的时间体系中。已经产生的历史因为已经产生，所以是过去的，它们就这样得到了名称（任何思想实际上都是“没有名称”的，即，它只有自己作名称），它们彼此被分割，而被分割之后就大体在一般经验论的概念下被分类，用那些多少有些重叠的类别去分类。我们可以在方法论者的书本中大量地看到这类目录，那些方法论者全都不可避免地采用下列一般标准中的这一个或那一个，就是，以对象的性质为标准（宗教史、风俗史、观念史、制度史等等），或以时间空间的排列为标准（欧洲史、亚洲史、美洲史、古代史、中古史、近代史、古希腊史、古罗马史、近代希腊史、中世纪罗马史等等）；这和抽象的做法是一致的，那种做法分割概念时，一方面要假定精神的抽象形式（对象），另方面又要假定抽象的直觉（空间与时间）。我不想说那些名称和划分是无用的，甚至也不想说那些表式是无用的，我只想说，哲学史、艺术史或任何其他一种在观念上有差别的历史一旦被理解为一册确定的书或论文时，它就变成了经验论性质的，理由在前面已经说过了，就是，真正的差别是观念性质的，一篇具体的论文或一册具体的书不仅包含差别，而且包含统一与整体，把统一或整体看作只是组成真实的东西的一个方面是武断的。我还想说，既然有经验论意义的哲学史和艺术史，那就谁也不禁止我们就同一意义去谈有别于专门史的一般史，甚至并不禁止我们去谈进步的历史和衰落的历史，去谈善与恶，去谈真理与谬误。

——［意］贝奈戴托·克罗齐：《历史学的理论和实际》，傅任敢译，90～97页，北京，商务印书馆，1982。

如果我们想要懂得真是历史的历史跟因被称为自然科学的东西而得名的历史之间的差别，我们就必须终止刚才所说的那种分类，也必须终止那种与此有关的自然主义的错觉；通过那种分类与错觉，抽象作用所造出的想象性实体就变成了史实，分类体系就变成了历史。由于自然科学而得名的历史也叫作历史，即“自然史”，但它只是一种名义上的历史。

……

历史是当代史而编年史是过去史。我们利用这一观念，同时借助这一观念解决了那真是“历史”的历史及“自然史”之间的对立，同时证实了那一真理；“自然史”虽然是历史，但它所服从的法则和唯一的历史的法则是大不相同的。它解决这一对立的办法是把“自然史”放在假历史的低一级的地位。

——［意］贝奈戴托·克罗齐：《历史学的理论和实际》，傅任敢译，99～105页，北京，商务印书馆，1982。

a）历史学的定义。我认为，每一个历史学家都会同意：历史学是一种研究或探讨。它是什么样的探讨，我暂不过问。问题在于，总地说来它属于我们所称的科学，也就是我们提出问题并试图作出答案所依靠的那种思想形式。重要之点在于认识，一般地说，科学并不在于把我们已经知道的东西收集起来并用这种或那种方式加以整理，而在于把握我们所不知道的某些东西，并努力去发现它。耐心地对待我们已经知道的事物，对于这一目的可能是一种有用的手段，但它并不是目的本身。它充其量也只不过是手段。它仅仅在新的整理对我们已经决定提出的问题能给我们以答案的限度内，才在科学上是有价值的。这就是为什么一切科学都是从知道我们自己的无知而开始的：不是我们对一切事物的无知，而是对某种确切事物的无知，——如国会的起源、癌症的原因、太阳的化学成分、不用人或马或某种其他家畜的体力而抽水的方法。科学是要把事物弄明白；在这种意义上，历史是一门科学。

b）历史学的对象。一门科学与另一门之不同，在于它要把另一类不同的事物弄明白。历史学要弄明白的是哪一类事物呢？我的答案是 res gestae〔活动事迹〕：即人类在过去的所做所为。虽然这个答案提出了各种各样的进一步的问题，其中许多会引起争论；但不管对它们可能做出怎样的答案，这些答案都不会推翻这一命题，即历史学是关于 res gestae 的科学，即企图回答人类在过去的所做所为的问题。

c）历史学是如何进行的？历史学是通过对证据的解释而进行的：证据在这里是那些个别地就叫做文献的东西的总称；文献是此时此地存在的东西，它是那样一种东西，历史学家加以思维就能够得到对他有关过去事件所询问的问题的答案。这里，关于证据的特征是什么以及如何加以解释，又会有大量的困难问题提出来。但是在这个阶段，我们没有必要提这些问题。不管它们的答案如何，历史学家们都会同意历史学的程序或方法根本上就在于解释证据。

——［英］柯林武德：《历史的观念》，何兆武、张文杰译，36～38页，北京，商务印书馆，1997。

今天的历史学家们都认为历史学应当是：a）一门科学，或者说回答问题；

b）与人类过去的活动有关；c）通过解释证据来进行；d）为了人类的自我认识。

——［英］柯林武德：《历史的观念》，何兆武、张文杰译，39 页，北京，商务印书馆，1997。

这个时期历史研究中最突出的成果当推《剑桥近代史》。这套多卷本的巨著是阿克顿勋爵计划的。虽然它的第一卷在 1902 年问世时，阿克顿勋爵已经溘然长逝，但它意义重大，这不仅因为它被认为是国际通力合作的事业，而且还因为受过德国式教育并有日耳曼人血统的阿克顿才具备弥合唯心主义和实证主义差距的特殊资格，因为它把德国和西欧的历史思想和实践的成果融为一体。《剑桥近代史》的写作主旨是企图把十九世纪已经取得的进展确立下来；同时，按照阿克顿自己的说法也是“为来到的世纪指明方向，制定规划”。

阿克顿几乎无保留地接受了历史主义的基本理论。与此同时，他也无疑地认为历史学是“向前进的科学”。“终极的”历史学和“完善的”历史学的时代虽然尚未到来，但已经为期不远。因为欧洲档案的开放，“全部资料”都“可以获得”，“一切问题”都“变得可以解决”。在阿克顿看来，“批判的可靠性”是历史学家的基本素质。有了这样的素质，对滑铁卢战役的叙述便能够同时让法国人、英国人、德国人和荷兰人看了都觉得满意，他毫不怀疑这是可以办得到的（举他自己的例子）。《剑桥近代史》的撰写人得到告诫，说他们的任务既不是描述自己那个国家和宗教的历史，也不是自己的党派的历史，他们的唯一目标是“积累准确的知识”。这些话表达了阿克顿历史哲学的主旨。在他看来，历史是“经验所揭示的记录或事实”。历史学的目的是“非常实际的”。他把历史学看作“创造未来的行动和力量的工具”。他的这一观点代表了他那一代的看法。

站在今天的立场上来批判这种对待历史学的坚定然而却过分简单化的信念，当然是极其容易的，却也是不公允和缺乏远见的。我们绝不应当忘记，在当时，历史学的批判技术还是那么新颖，（正象阿克顿的经历所证明的）对愚昧主义的斗争才刚刚赢得胜利，学者们能够获得档案资料的时间还是那么短。“准确知识的积累”并非阿克顿时代的产物，但是，事实上那个时代的知识以无可比拟的速度增长。从历史著作的纯数量来看，二十世纪初是大幅度增长的时期，低估那个时期所取得的成就将是大错特错。只是在第二代历史学家——指生活在第一次世界大战前后的那些历史学家——中，在 1919 年至 1939 年的这一时期的前半阶段而不是后半阶段中怀疑才开始产生。不过，这种怀疑与其说是产生于哲学的探索或第一次世界大战以后已经发生变化的世界形势——虽然这些因素都起了一定的作用，还不如说是来自于历史学研究成果本身的发展速度和性质。

这里有必要简略地叙述一下削弱——如果不是完全摧毁的话——历史学信念的主要因素，对历史学抱有坚定的信念是二十世纪初十分明显的特征。其中最重要的一个因素是历史学界在自己的实践过程中对自己的工作方向产生了与日俱增的怀疑。第二代历史学家在阿克顿的继承者、剑桥大学教授 J. B. 布里的鼓励下，相信“人类历史中全部最细微事实的集合终将说话”。他们埋头于深奥的探索，穷究细枝末节。他们深信，不管他们的工作多么专门化，都会自动地产生实际成果。在他们的工作中注入了高水平的渊博学识以及艰苦的努力和勤奋，对此谁也不会抱有丝毫的怀疑。但问题在于得失是否相当，因为这些成果的取得往往经过了数量极大而且难以综合处理的资料积累。到二十世纪三十年代，不满情绪开始增长，这种类型的历史研究开始被认为是“枯燥无味的职业作风”，“缺乏洞察力”，而且只不过是“迂腐穷酸地追逐细枝末节”。此外，在这一代历史学家的许多著作中还包含了对老一辈历史学家工作的批判、否定或修正。这些工作本身也许是有价值的，但却与阿克顿所主张的那种积累可靠的真实知识的观点相抵触。相反，它表明历史研究象狗追逐自己的尾巴一样，尽在原地打圈圈。这必然导致对阿克顿的“终极历史学”理想的怀疑。历史知识增长所带来的结果与十九、二十世纪之交历史研究的状况相反，不但没有为历史研究起廓清推动作用，反而使历史学复杂化，更纠缠不清。这些历史学家似乎记住了布里教导的一方面，却丢掉了另一方面，那就是他所告诫的：除非我们能够“确定它们与整个现实体系的本质联系，事实的集合或事实的罗列在理论上毫无意义”。

阿克顿对“向前进的”历史学所抱有的信念之所以渐渐削弱，除了上述这些实际原因外，还有其他方面的一些原因。其中之一是第一次世界大战阴云密布。1914 年以后，历史学家纷纷转变为主战派，都从本民族传统的角度来解释历史“事实”。很难设想，这样一个史学界怎么会是无偏见地追求“客观”真理的国际性学者团体呢？陶特曾认为：“自从我们开始一步步地回溯了若干个世纪的历史以来，现在已经走到解决问题的半道。”这种令人欢欣的自信在战后凡尔赛合约和特里亚农条约中就象被戳破了的气球一样消失了。这样的信心面对的是东欧各国民族之间难以弄清的混杂状态。然而，更重要的基本事实是：那种依靠分工来调和唯心主义和实证主义观点的试图注定要失败。德国历史主义的唯心主义观点很快就被发现它不仅限于历史学家工作的后一个阶段，将唯心主义的批判应用于处理历史资料，并作为历史学研究的方法论，必然会给历史学家所自诩的所谓实事求是和客观性以致命的打击。菲士泰尔·德·库朗热曾经写道：“不是我在说话，而是历史在借我的口说话。”但是，狄尔泰的主张打击了兰克所说的，并为阿克顿所赞同的关于历史学家在理解历史时有可能“排除自我”的信念，就象里克特就历史学和自然科学之间在逻辑和方法论上的差别所作的批判分析打击了布里的著名宣言“历史学是科学，而且是不折不扣的科学”一样。狄尔泰坚持说，历史学家对过去的任何理解都必然地受到自己心理的影响。“历史事实”经过验证表明根本不是什么“事实”，而是一系列被认可的判断。历史中真正存在着真实性，这是老一辈历史学家认为理所当然的，但现在显然变成了一个未曾解决的——而且在另一些人看来是无法解决的——认识论问题。

我们接着要讨论的另一个因素是历史学领域的扩大。一方面，考古学和人类学等新兴科学将历史学家的眼光向前推移了若干个世纪，迫使他们扩大视野，增广视角。另一方面，对探索“事实”的那些旧方法是否合适所抱的怀疑态度日益增强使历史学家得到了很大的提高。从兰克时代到阿克顿时代，历史学家们对于历史学的主线是政治史这一点极少怀疑，因为国家是历史演变中的主角。历史学家的任务就是叙述国家演变的事实。1917 年以后，马克思主义成为历史思想中的重要成分，政治史的重要地位开始动摇。实际上，政府的行为难道不正是对更深一层的经济潜流的反应或反映吗？不考虑经济力量的冲突，无视经济体系形态的模式，难道能够理解历史进程吗？还有一个推动力来自德国的历史主义。正像西梅尔和狄尔泰所论证的那样，历史学家必须用先验主义的方法去认识“事实”。这一点如果是确信无疑的话，历史学家要理解过去的唯一希望仅在于在自己的头脑中将它“复活”，那么，为什么非要把自己局限在政治事件中不可呢？譬如说，巴尔扎克的小说不也是象布满灰尘的档案一样充分地展示了法国复辟时期的社会状况吗？然而，更重要的还在于，相对于关心原始的历史事实或纯粹的过去的事实，历史学家难道不是更加关心人们的生活所依据的思想，尤其是政治家们活动所依据的思想背景吗？德国的弗里德里希·迈纳克是这个强大的思想史学派的创始人，他的影响立即扩展到英国和美国。

依照这种方式，历史学的重点转移到经济、社会、文化、思想和心理等方面，历史学家的工作范围也相应地扩大了。但结果却增加了历史学的复杂性。对“实际”成果所抱的殷切期望曾经鼓舞着阿克顿那一代历史学家，这时却被推到了遥遥无期的未来。事实上，那个时期的许多历史学家否认历史学有任何“实际”用途，相反声称自己的任务是“为研究过去”而研究过去。英国历史学家 T. E. 陶特在 1920 年曾写道：“我们研究过去并不是为了归纳实际的政治教训，而是为了寻找过去真正发生过什么事情。”这是对老一辈历史学家的含蓄批评，同时也表达了同一时代历史学家的共同信念。

只要比较一下 1902—1912 年出版的《剑桥近代史》和 1957 年开始陆续出版的《新编剑桥近代史》，历史学在二十世纪上半叶走过的历程——至少在西欧——便一目了然。最明显的是，阿克顿的信心和目的感经过五十年的激烈动荡后几乎全部化为乌有。《新编剑桥近代史》的主编所撰写的导言，其基本精神已经同过去截然相反。在涉及历史学家的工作这一核心问题时，这位主编操着一副无可奈何的不可知论的腔调。而在涉及“历史学家的目的”这个中心问题时，这位主编又是用一套缺乏哲理的老生常谈来表达的。阿克顿信仰的“终极历史学”被当作空想抛弃了。乔治·克拉克爵士指出：

> 晚一代历史学家并不憧憬这样的远景。他们希望别人一次次地超过自己的工作。他们认识到，关于过去的知识是通过某个人或某些人的脑子，即经过了他们的“加工”才传下来的。因此，其中不可能包含不可变更的基本元素或与人无关的原子……探索似乎是无止境的，一些缺乏耐心的学者躲避到怀疑论里去，或者至少用下列原理来作为遁辞：既然一切历史判断都掺杂着人和他们的观点，那么，它们彼此都是一样正确的，而且不存在什么“客观的”“历史真理”。

假使可以把《新编剑桥近代史》当作历史写作和研究主流的典范来看待，那么它给人们造成了这样的印象：历史学在二十世纪中叶已经跨入亚历山大的“白银时代”，可信、有责任感、多产——或许生产过剩——但缺乏目的感和方向感，仅仅在为积累知识而积累知识。这个转变是巧妙的学究式的转变，而不是有勇气的反思。它抱有的希望充其量不过是“简单地说明现在知道了什么，从各种立场来检验这些知识，并且将这些知识同其他知识联系起来”。这也许可以当作令人赞许的目标，但很难说是挑战。到1957年，历史学被当作一门工艺学，而不是科学，并且把五十年代划定为历史学家能力的最高极限。结果，历史学陷入了专业性质的狭隘的技术问题中去了，这些问题只有其他专业历史学家才感兴趣。有些批评家把二十世纪上半叶说成“大多数历史学家迷惘的时代”，这样的批评被指责为过甚其词，但很难说完全是无的放矢。它至少值得人们从反面去思考。正如英国的一位历史学家在1964年所说的，在一个这样引人注目的成长时期的终结，历史学家自己“对这门学科的怀疑和不满”比以往任何时代都更加广泛了。

——［英］杰弗里·巴勒克拉夫：《当代史学主要趋势》，杨豫译，8～15页，上海，上海译文出版社，1987。

第三节　史学研究的基本过程与特点

一、马恩著作中的史学研究

人体解剖对于猴体解剖是一把钥匙。反过来说，低等动物身上表露的高等动物的征兆，只有在高等动物本身已被认识之后才能理解。因此，资产阶级经济为古代经济等等提供了钥匙。但是，绝不是像那些抹杀一切历史差别、把一切社会形式都看成资产阶级社会形式的经济学家所理解的那样。人们认识了地租，就能理解代役租、什一税等等。但是不应当把它们等同起来。

——《马克思恩格斯选集》第 2 卷，23 页，北京，人民出版社，1995。

即使只是在一个单独的历史事例上发展唯物主义的观点，也是一项要求多年冷静钻研的科学工作，因为很明显，在这里只说空话是无济于事的，只有靠大量的、批判地审查过的、充分地掌握了的历史资料，才能解决这样的任务。二月革命把我们党推上了政治舞台，因此使它不可能进行纯科学的探讨。虽然如此，这个基本观点却像一根红线贯穿着党的一切文献。在所有这些文献中，每个场合都证明，每次行动怎样从直接的物质动因产生，而不是从伴随着物质动因的词句产生，相反地，政治词句和法律词句正像政治行动及其结果一样，倒是从物质动因产生的。

——《马克思恩格斯选集》第 2 卷，39 页，北京，人民出版社，1995。

研究必须充分地占有材料，分析它的各种发展形式，探寻这些形式的内在联系，只有这项工作完成以后，现实的运动才能适当地叙述出来。这点一旦做到，材料的生命一旦观念地反映出来，呈现在我们面前的就好像是一个先验的结构了。

——《马克思恩格斯选集》第 2 卷，111 页，北京，人民出版社，1995。

新的事实迫使人们对以往的全部历史作一番新的研究，结果发现：以往的全部历史，除原始状态外，都是阶级斗争的历史；这些互相斗争的社会阶级在任何时候都是生产关系和交换关系的产物，一句话，都是自己时代的经济关系的产物；因而每一时代的社会经济结构形成现实基础，每一个历史时期的由法的设施和政治设施以及宗教的、哲学的和其他的观念形式所构成的全部上层建筑，归根到底都应由这个基础来说明。

——《马克思恩格斯选集》第 3 卷，739 页，北京，人民出版社，1995。

以下各章，在某种程度上是实现遗愿。不是别人，正是卡尔·马克思曾打算联系他的——在某种限度内我可以说是我们两人的——唯物主义的历史研究所得出的结论来阐述摩尔根的研究成果，并且只是这样来阐明这些成果的全部意义。原来，摩尔根在美国，以他自己的方式，重新发现了40年前马克思所发现的唯物主义历史观，并且以此为指导，在把野蛮时代和文明时代加以对比的时候，在主要点上得出了与马克思相同的结果。正如德国的职业经济学家多年来热心地抄袭《资本论》同时又顽强地抹煞它一样，英国“史前史”科学的代表对摩尔根的《古代社会》，也用了同样的办法。我这本书，只能稍稍补偿我的亡友未能完成的工作。不过，我手中有他写在摩尔根一书的详细摘要中的批语，这些批语我在本书中有关的地方就加以引用。

根据唯物主义观点，历史中的决定性因素，归根结蒂是直接生活的生产和再生产。但是，生产本身又有两种。一方面是生活资料即食物、衣服、住房以及为此所需的工具的生产；另一方面是人自身的生产，即种的蕃衍。一定历史时代和一定地区内的人们生活于其下的社会制度，受着两种生产的制约：一方面受劳动的发展阶段的制约，另一方面受家庭的发展阶段的制约。劳动越不发展，劳动产品的数量、从而社会的财富越受限制，社会制度就越在较大程度上受血族关系的支配。然而，在以血族关系为基础的这种社会结构中，劳动生产率日益发展起来；与此同时，私有制和交换、财产差别、使用他人劳动力的可能性，从而阶级对立的基础等等新的社会成分，也日益发展起来；这些新的社会成分在几个世代中竭力使旧的社会制度适应新的条件，直到两者的不兼容性最后导致一个彻底的变革为止。以血族团体为基础的旧社会，由于新形成的各社会阶级的冲突而被炸毁；代之而起的是组成为国家的新社会，而国家的基层单位已经不是血族团体，而是地区团体了。在这种社会中，家庭制度完全受所有制的支配，阶级对立和阶级斗争从此自由开展起来，这种阶级对立和阶级斗争构成了直到今日的全部成文史的内容。

摩尔根的伟大功绩，就在于他在主要特点上发现和恢复了我们成文史的这种史前的基础，并且在北美印第安人的血族团体中找到了一把解开希腊、罗马和德意志上古史上那些极为重要而至今尚未解决的哑谜的钥匙。而他的著作也并非一日之功。他研究自己所得的材料，到完全掌握为止，前后大约有40年。然而也正因为如此，他这本书才成为今日划时代的少数著作之一。

——《马克思恩格斯选集》第4卷，1～3页，北京，人民出版社，1995。

如果不把唯物主义方法当作研究历史的指南，而把它当作现成的公式，按照它来剪裁各种历史事实，那它就会转变为自己的对立物。

——《马克思恩格斯选集》第4卷，688页，北京，人民出版社，1995。

二、中国学者论史学研究

罔罗天下放失旧闻，王迹所兴，原始察终，见盛观衰，论考之行事，略推三代，录秦汉，上记轩辕，下至于兹，著十二本纪，既科条之矣。并时异世，年差不明，作十表。礼乐损益，律历改易，兵权山川鬼神，天人之际，承敝通变，作八书。二十八宿环北辰，三十辐共一毂，运行无穷，辅拂股肱之臣配焉，忠信行道，以奉主上，作三十世家。扶义俶傥，不令己失时，立功名于天下，作七十列传。凡百三十篇，五十二万六千五百字，为《太史公书》。序略，以拾遗补艺，成一家之言，厥协《六经》异传，整齐百家杂语，藏之名山，副在京师，俟后世圣人君子。

——《史记·太史公自序》。

古者富贵而名摩灭，不可胜记，唯俶傥非常之人称焉。盖西伯拘而演《周易》；仲尼厄而作《春秋》；屈原放逐，乃赋《离骚》；左丘失明，厥有《国语》；孙子膑脚，《兵法》修列；不韦迁蜀，世传《吕览》；韩非囚秦，《说难》《孤愤》。《诗》三百篇，大氐贤圣发愤之所为作也。此人皆意有所郁结，不得通其道，故述往事，思来者。及如左丘明无目，孙子断足，终不可用，退论书策以舒其愤，思垂空文以自见。仆窃不逊，近自托于无能之辞，网罗天下放失旧闻，考之行事，稽其成败兴坏之理，凡百三十篇，亦欲以究天人之际，通古今之变，成一家之言。草创未就，适会此祸，惜其不成，是以就极刑而无愠色。仆诚已著此书，藏之名山，传之其人，通邑大都，则仆偿前辱之责，虽万被戮，岂有悔哉！然此可为智者道，难为俗人言也。

——《汉书·司马迁传》。

臣光言：先奉敕编集历代君臣事迹，又奉圣旨赐名《资治通鉴》，今已了毕者。

伏念臣性识愚鲁，学术荒疏，凡百事为，皆出人下，独于前史，粗尝尽心，自幼至老，嗜之不厌……

伏遇英宗皇帝，资睿智之性，敷文明之治，思历览古事，用恢张大猷，爰诏下臣，俾之编集。臣夙昔所愿，一朝获伸，踊跃奉承，惟惧不称。先帝仍命自选辟官属，于崇文院置局，许借龙图、天章阁、三馆、秘阁书籍，赐以御府笔墨缯帛及御前钱以供果饵，以内臣为承受，眷遇之荣，近臣莫及。不幸书未进御，先帝违弃群臣。陛下绍膺大统，钦承先志，宠以冠序，锡之嘉名，每开经筵，常令进读。臣虽顽愚，荷两朝知待如此其厚，陨身丧元，未足报塞，苟智力所及，岂敢有遗！会差知永兴军，以衰疾不任治剧，乞就冗官。陛下俯从所欲，曲赐容养，差判西京留司御史台及提举西京嵩山崇福宫，前后六任，仍听以书局自随，给之禄秩，不责职业。臣既无他事，得以研精极虑，穷竭所有，日力不足，继之以夜。遍阅旧史，旁采小说，简牍盈积，浩如烟海，抉擿幽隐，校计豪厘。上起战国，下终五代，凡一千三百六十二年，修成二百九十四卷；又略举事目，年经国纬，以备检寻，为《目录》三十卷；又参考群书，评其同异，俾归一涂，为《考异》三十卷：合三百五十四卷。自治平开局，迨今始成，岁月淹久，其间抵牾，不敢自保，罪负之重，固无所逃。臣光诚惶诚惧，顿首顿首。

——《资治通鉴·进书表》。

凡史迹皆人类过去活动之僵迹也，史家能事，乃在将僵迹变为活化——因其结果以推得其情态，使过去时代之现在相，再现于今日也。

——梁启超：《中国历史研究法》，1～2 页，北京，人民出版社，2008。

良史固所以促国民之自觉，然真自觉者绝不自欺，欲以自觉觉人者尤不宜相蒙。故吾以为今后作史者，宜于可能的范围内，裁抑其主观而忠实于客观，以史为目的而不以为手段。夫然后有信史，有信史然后有良史也。

——梁启超：《中国历史研究法》，31 页，北京，人民出版社，2008。

史料者何？过去人类思想行事所留之痕迹，有证据传留至今日者也。

——梁启超：《中国历史研究法》，34 页，北京，人民出版社，2008。

尤有一种消极性质的史料，亦甚为重要：某时代有某种现象，谓之积极的史料；某时代无某种现象，谓之消极的史料……此等史料，其重要之程度，殊不让积极史料。盖后代极普通之事象，何故前此竟不能发生，前代极普通之事象，何故逾时乃忽然灭绝，其间往往含有历史上极重大之意义，倘忽而不省，则史之真态未可云备也。

——梁启超：《中国历史研究法》，60～61 页，北京，人民出版社，2008。

史料以求真为尚。真之反面有二：一曰误，二曰伪。正误辨伪，是谓鉴别。

——梁启超：《中国历史研究法》，65 页，北京，人民出版社，2008。

研究历史也同做电影一样：吾人将许多死的事实组织好，予以意义及价值，使之活动，活动的结果，就是供给现代人应用。

——梁启超：《中国历史研究法》，122 页，北京，人民出版社，2008。

有的哲学家说，时间但有“过去”与“未来”，并无“现在”。有的又说，“过去”、“未来”皆是“现在”。我以为“过去未来皆是现在”的话倒有些道理。因为“现在”就是所有“过去”流入的世界，换句话说，所有“过去”都埋没于“现在”的里边。故一时代的思潮，不是单纯在这个时代所能凭空成立的。不晓得有几多“过去”时代的思潮，差不多可以说是由所有“过去”时代的思潮一（起）凑合而成的。吾人投一石子于时代潮流里面，所激起的波澜声响，都向永远流动传播，不能消灭。屈原的“离骚”，永远使人人感泣。打击林肯头颅的枪声，呼应于永远的时间与空间。一时代的变动，绝不消失，仍遗留于次一时代，这样传演，至于无穷，在世界中有一贯相联的永远性。昨日的事件与今日的事件，合构成数个复杂事件。此数个复杂事件与明日的数个复杂事件，更合构成数个复杂事件。势力结合势力，问题牵起问题。无限的“过去”都以“现在”为归宿，无限的“未来”都以“现在”为渊源。“过去”、“未来”的中间全仗有“现在”以成其连续，以成其永远，以成其无始无终的大实在。一掣现在的铃，无限的过去未来皆遥相呼应。这就是过去未来皆是现在的道理。这就是“今”最可宝贵的道理。

——李大钊：《李大钊选集》，93～94页，北京，人民出版社，1959。

历史要随着他的延长，发展，不断的修补，不断的重作。他同他的前途发展的愈长，他的过去的真实为人们所认识的，愈益明确。中国古人有句话，叫做“温故知新”。普通的解释，就是一面来温故，一面去知新。温故是一事，知新又是一事。但这句话要应用在史学上，便是一件事，温故是知新的手段，知新是温故的目的。改作历史，重新整理历史的材料，都是温故的工夫。在这温的工作中，自然可以得到许多的新知。我们还可以把这句（话）倒装过来说，“知新温故”。这就是说拿我们日新月异所进步的知识，去重作历史。“故”的是事实，“新”的是知识。人们对于实在的事实的认识，终不能完全，所以要不断的温；人们对于事实的认识，是一天一天的进步，所以以此去不断的温故的事实，亦必不断的有些新见解涌现出来。

——李大钊：《李大钊史学论集》，203～204页，石家庄，河北人民出版社，1984。

我二年以来，蓄意要辨论中国的古史，比崔述更进一步。崔述的《考信录》确是一部极伟大又极细密的著作，我是望尘莫及的。我自知要好好的读十几年书，才可追得上他。但他的著作有二点我觉得不满意。第一点，他著书的目的是要替古圣人揭出他们的圣道王功，辨伪只是手段。他只知道战国以后的话足以乱古人的真，不知道战国以前的话亦足以乱古人的真。他只知道杨、墨的话是有意装点古人，不知道孔门的话也是有意装点古人。所以他只是儒者的辨古史，不是史家的辨古史。第二点，他要从古书上直接整理出古史迹来，也不是妥稳的办法。因为古代的文献可征的已很少，我们要否认伪史是可以比较各书而判定的，但要承认信史便没有实际的证明了。崔述相信经书即是信史，拿经书上的话做标准，合的为真，否则为伪，所以整理的结果，他承认的史迹亦颇楚楚可观。但这在我们看来，终究是立脚不住的：因为经书与传记只是时间的先后，并没有截然不同的真伪区别；假使在经书之前还有书，这些经书又要降作传记了。我们现在既没有“经书即信史”的成见，所以我们要辨明古史，看史迹的整理还轻，而看传说的经历却重。凡是一件史事，应当看它最先是怎样的，以后逐步逐步的变迁是怎样的。我们既没有实物上的证明，单从书籍上入手，只有这样做才可以得一确当的整理，才可尽我们整理的责任。

我很想做一篇《层累地造成的中国古史》，把传说中的古史的经历详细一说。这有三个意思。第一，可以说明“时代愈后，传说的古史期愈长”。如这封信里说的，周代人心目中最古的人是禹，到孔子时有尧、舜，到战国时有黄帝、神农，到秦有三皇，到汉以后有盘古等。第二，可以说明“时代愈后，传说中的中心人物愈放愈大”。如舜，在孔子时只是一个“无为而治”的圣君，到《尧典》就成了一个“家齐而后国治”的圣人，到孟子时就成了一个孝子的模范了。第三，我们在这上，即不能知道某一件事的真确的状况，但可以知道某一件事在传说中的最早的状况。我们即不能知道东周时的东周史，也至少能知道战国时的东周史；我们即不能知道夏、商时的夏、商史，也至少能知道东周时的夏、商史。

——顾颉刚：《顾颉刚选集·与钱玄同先生论古史书》，101～102页，天津，天津人民出版社，1988。

在历史研究工作中，必须把史和论结合起来。所谓史就是史料，所谓论就是理论。我们所说的理论，就是马克思列宁主义。要做到史与论的结合，必须先掌握史料与理论。掌握史料与理论，是做好史与论结合的前提条件。

……

“以论带史”的提法，必须废除，正确的提法应该是“观点与史料的统一”。

我曾经说过，写历史不要用写一段史料再写一段理论的办法，来体现史论的结合。这种办法实际上还是史论分家。正确的办法是让读者能够从史实的叙述中得出作者所要得出的结论。

——翦伯赞：《翦伯赞史学论文选集》第三辑，78～80页，北京，人民出版社，1980。

人类过去的社会已经过去，而且无法使之重现。我们的史学研究必须凭借史料，亦即人类社会历史在发展过程中所遗留下来的痕迹。史料包括史迹遗存与文字记录或历史文献两类，它们各有特点，难以互相代替，但可以互相补充。

——白寿彝：《史学概论》，4 页，银川，宁夏人民出版社，1983。

历史研究必须使用史迹遗存的材料，不过这类的材料也有很大的局限性，因此在有文字记载的情况下，一般地还必须以历史文献为主。

我国文献史料数量极多……《二十四史》还不过是史部诸史中的所谓正史。此外，尚有种类繁多、体裁不一的史书。甲骨文、金文、简牍、敦煌古籍及近年在湖南长沙汉墓出土的大量帛书、山东临沂银雀山汉墓出土的大批竹简等等，都提供了重要的历史资料。此外，如政府的档案，地方志，私人信札、笔记，碑铭、墓志，道书、佛典，谱牒，契约，账簿，报纸杂志，传单广告，一切具有历史意义的文字记录，无一不是史料或包含有史料。还有外国人有关中国的著述及流散到国外的书籍和史料，也是不能忽视的。

——白寿彝：《史学概论》，5～6 页，银川，宁夏人民出版社，1983。

民族学的材料对于史学研究是十分重要的，因为民族学的内容具有其他学科难以代替的特点。第一，民族学工作者调查研究一些落后地区的民族，可以提供出在先进地区早已绝迹、从而也很难被人理解的材料。如果说，考古学也能提供现代人所不知的很多材料，那末，它所提供的只是古代的遗物，或者说是古代社会的“遗骸”，而不是（也不可能是）古代社会的活体。而民族学所能提供的却是我们的古代社会的活生生的模型。考古学材料所难以说明的各种抽象关系，从这种模型里都可以窥见一斑……第二，民族学材料除了可以提供单个的生动的“模型”，还可以提供一定程度上的“模型”的有机序列。由于历史发展的不平衡，在近代世界上的不同地区里，不同的民族还处于不同的历史发展阶段上。因此，经过民族学家的调查研究，本来只有在不同的时间里才能见到各社会发展阶段，竟然可以在不同的空间里同时向我们展示出“模型”来。

……

民族学在十九世纪从史学中分离出来，也就从这个世纪开始，它对史学作出了极大的贡献，并跟史学保持密切的联系。

……

当然，民族学材料对于史学研究来说也有其局限性。因为，到近现代还处于原始社会或奴隶制社会阶段的民族，必有其不同于世界其他民族的条件，所以不能忽视其特殊性，而径与其他先进民族的古代无区别地等量齐观；同时，这样的民族已处于其他先进民族之间，不能绝对不受外来影响，这也与其他民族的古代社会不能完全等同。因此，我们在使用民族学的材料作为史学上比较研究的时候，不能不作慎重的选择和具体的分析。

——白寿彝：《史学概论》，259～262 页，银川，宁夏人民出版社，1983。

然吾人对于过去之此等丰富广博之知识，果何由来耶？哲学家可以凭藉推理，小说家可以凭藉想象，而史家之工作则须有所根据，其所根据者为何，则史料是已。史料者，乃历史知识之来源也。

——齐思和：《齐思和史学概论讲义》，102 页，天津，天津古籍出版社，2007。

历史认识按照认识范围的不同，大体形成微观、中观、宏观等几种类型。一般说来，微观研究将个别的历史事件和情节作为自己的研究对象，以就事论事弄清事实真相为自己的任务；中观研究将一组历史事件和历史过程作为自己的研究对象，以根据时间、空间、内容等弄清它们之间的外部联系为自己的任务；宏观研究将历史发展的全局与整体作为自己的研究对象，以发掘历史的内在联系、掌握历史发展的客观规律与发展趋向为自己的任务。三种类型近似于历史认识的感性、知性、理性三个不同的阶段。

……

对历史作微观的、中观的、宏观的不同研究，从本质上说，是基于历史实际本身在微观、中观与宏观的范围内有着各自的特征，是由于历史发展的偶然性与必然性、局部性与整体性、个别性与联系性、静止性与运动性等等特征在微观、中观、宏观等不同范围内，有着不同的表现，因而在不同的范围内，各自有着特定的彼此不能替代的研究任务，同时，又各自有着既互相联系、互相贯通又有着明显区别的认识方法、认识途径。

……

事实充分表明，微观、中观、宏观的历史考察，代表了历史认识、历史思维发展的不同层次、不同阶段，它们也正是历史实际自身不同特征逐一被用不同方式加以认识的客观需要的产物。事实同时又表明，无论是微观的历史考察，还是中观的历史考察，包括宏观的历史考察在内，毕竟都只是有限的思维。历史考察的对象历史实际具有无限性，但被具体考察时，终究是有限的；历史考察所借助的中介物历史资料不会被穷尽，但在被实际利用时，又始终是有限的；历史考察者本身，认识能力将有无穷的潜力，但是，每一个时代、每一个具体的人，认识能力又不可避免地要受到各种因素的限制；正因为如此，微观、中观、宏观的历史考察，都只能在一个又一个、一代又一代有限的历史思维中得到充实、修正与发展。

——姜义华等：《史学导论》，119～128 页，西安，陕西人民教育出版社，1989。

三、西方学者论史学研究

历史学家的困境就是人性的反映。人除了最早的幼儿阶段和很老的晚年阶段外，一般不完全受囿于生活环境，也不是无条件地顺从于这一环境。另一方面，他也从不是完全独立于生活环境，并成为环境的绝对控制者。人与环境的关系就是历史学家与研究主题的关系。历史学家在事实面前既不是卑微的奴隶，也不是专制的暴君。历史学家与历史事实之间的关系是一种平等的、互动的关系。就像任何正在从事研究的历史学家知道的一样，当他在思考和写作时，假如他停下来想想他正从事的一切，就会意识到历史学家从事的工作是一个不断地让事实适合解释，让解释适合事实的过程。让一方处于比另一方更重要的地位，这是不可能的。

历史学家在开始选择事实时具有临时的性质，因而，根据这种选择——不仅别人的选择也是自己的选择——的解释也具有临时的性质。随着研究的进展，事实的解释、事实的选择、事实的秩序通过彼此之间相互作用经历着微妙的，也许部分是没有意识到的变化。并且这种相互作用由于历史学家是现在的一部分，而事实属于过去的这一情况而使现在与过去之间发生互动作用。历史学家与历史事实之间彼此互为依存。没有事实的历史学家是无本之木，没有前途；没有历史学家的事实是死水一潭，毫无意义。

——［英］E. H. 卡尔：《历史是什么?》，陈恒译，114～115 页，北京，商务印书馆，2007。

和科学家不同的是，历史学家因使用材料的特性而陷入道德判断这类主题，难道这一事实不正暗示历史屈从于一个超历史的价值标准吗？我认为并不是这样……目前我想特别强调的是，要建立一个抽象的、超历史的标准，通过这一标准来判断历史行动，这是不可能的。争执的双方都不可避免地把这样的标准理解为适合他们自己历史条件与愿望的特定内容。

——［英］E. H. 卡尔：《历史是什么?》，陈恒译，178～179 页，北京，商务印书馆，2007。

他们提出许多事物来教导新就职的首领，其中有一些古老的贝珠带，按照他们的说法，关于联盟的组织和原则已“传述给”这些贝珠带，因此便把这些贝珠带加以宣读或解释一番。一位巫师（不一定是首领中的一人）将这些贝珠带一条接着一条拿起来，在两组首领们之间来回踱着，同时宣读这些贝珠带上所记录的事迹。按照印第安人的观念，这些贝珠带通过一位讲解人就能把当年传述给它的章程、条规和事例原原本本复述出来，只有贝珠带是这些章程等等的唯一记录。他们把紫贝珠串和白贝珠串合股编成一条绳，或者用各种颜色不同的贝珠织成有图案的带子，其运用的原则就是把某一件特殊的事情同某一串特殊的贝珠或某一个特殊的图案联系起来；这样，就能对事件作出有系统的排列，也能记得准确了。这种贝珠绳和贝珠带是易洛魁人唯一可以目睹的史册；但是，它们需要一些训练有素的讲解人，那些讲解人能够根据各串或各种图案将其所隐含的记录表白出来。鄂农达加部有一位首领（霍-诺-韦-纳-托）被任职为"贝珠带的守护者"，另外还给他推举了两名助手，这两人也需要同这位首领一样熟悉讲解贝珠记录。这位巫师在讲解这些贝珠带和贝珠绳的时候，就把联盟形成的历史原原本本地讲出来了。他把历史传说从头到尾全部复述一遍，遇到其中重要的部分就要引用这些贝珠带中所包含的记录来加以证实。因此，推举首领的会议也就成了一次教导民众的会议；它使联盟的组织、原则及其形成的历史在易洛魁人的心中保持常新的概念。

——［美］刘易斯·亨利·摩尔根：《古代社会》，杨东莼等译，137～138页，北京，商务印书馆，1977。

四、其他相关资料

乙丑，赵穿攻灵公于桃园。宣子未出山而复。大史书曰："赵盾弑其君。"以示于朝。宣子曰："不然。"对曰："子为正卿，亡不越竟，反不讨贼，非子而谁？"宣子曰："乌呼，'我之怀矣，自诒伊戚'，其我之谓矣！"孔子曰："董狐，古之良史也，书法不隐。赵宣子，古之良大夫也，为法受恶。惜也，越竟乃免。"

——《左传·宣公二年》。

叔孙宣伯之在齐也，叔孙还纳其女于灵公。嬖，生景公。丁丑，崔杼立而相之。庆封为左相。盟国人于大宫，曰："所不与崔、庆者。"晏子仰天叹曰："婴所不唯忠于君利社稷者是与，有如上帝。"乃歃。辛巳，公与大夫及莒子盟。大史书曰："崔杼弑其君。"崔子杀之。其弟嗣书而死者二人。其弟又书，乃舍之。南史氏闻大史尽死，执简以往。闻既书矣，乃还。

——《左传·襄公二十五年》。

孔子谓季氏："八佾舞于庭，是可忍也，孰不可忍也？"

三家者以《雍》彻。子曰："'相维辟公，天子穆穆'，奚取于三家之堂？"

子曰："人而不仁，如礼何？人而不仁，如乐何？"

林放问礼之本。子曰："大哉问！礼，与其奢也，宁俭；丧，与其易也，宁戚。"

子曰："夷狄之有君，不如诸夏之亡也。"

季氏旅于泰山。子谓冉有曰："女弗能救与？"对曰："不能！"子曰："呜呼！曾谓泰山不如林放乎？"

子曰："君子无所争，必也射乎！揖让而升，下而饮，其争也君子。"

子夏问曰："'巧笑倩兮，美目盼兮，素以为绚兮。'何谓也？"子曰："绘事后素。"曰："礼后乎？"子曰："起予者商也，始可与言《诗》已矣！"

子曰："夏礼，吾能言之，杞不足徵也；殷礼，吾能言之，宋不足徵也。文献不足故也，足，则吾能徵之矣。"

子曰："禘，自既灌而往者，吾不欲观之矣。"

或问禘之说。子曰："不知也。知其说者之于天下也，其如示诸斯乎！"指其掌。

祭如在，祭神如神在。子曰："吾不与祭，如不祭。"

王孙贾问曰："'与其媚于奥，宁媚于灶'，何谓也？"子曰："不然，获罪于天，无所祷也。"

子曰："周监于二代，郁郁乎文哉！吾从周。"

子入太庙，每事问。或曰："孰谓鄹人之子知礼乎？入太庙，每事问。"子闻之曰："是礼也。"

子曰："射不主皮，为力不同科，古之道也。"

子贡欲去告朔之饩羊。子曰："赐也，尔爱其羊，我爱其礼。"

子曰："事君尽礼，人以为谄也。"

定公问："君使臣，臣事君，如之何？"孔子对曰："君使臣以礼，臣事君以忠。"

子曰："《关雎》乐而不淫，哀而不伤。"

哀公问社于宰我。宰我对曰："夏后氏以松，殷人以柏，周人以栗，曰使民战栗。"子闻之，曰："成事不说，遂事不谏，既往不咎。"

子曰："管仲之器小哉！"或曰："管仲俭乎？"曰："管氏有三归，官事不摄，焉得俭？""然则管仲知礼乎？"曰："邦君树塞门，管氏亦树塞门；邦君为两君之好，有反坫，管氏亦有反坫。管氏而知礼，孰不知礼？"

子语鲁大师乐。曰："乐其可知也：始作，翕如也；从之，纯如也，皦如也，绎如也，以成。"

仪封人请见。曰："君子之至于斯也，吾未尝不得见也。"从者见之。出，曰："二三子何患于丧乎？天下之无道也久矣，天将以夫子为木铎。"

子谓《韶》："尽美矣，又尽善也。"谓《武》："尽美矣，未尽善也。"

子曰："居上不宽，为礼不敬，临丧不哀，吾何以观之哉？"

——《论语·八佾》。

清代档案则浩如烟海，从清入关前天命九年（1607）至宣统三年（1911）清代中央机关和一些地方机关的官文书，乃至清亡后废帝溥仪暂居故宫和天津张园、静园时期的文件，皆有收存，计约九百余万件册。其文件种类名目繁多，诸如下行的制、诏、诰、敕，上行的题、奏、表、笺，平行的咨、移、关文，以及各种类型的函、电、照、单、图、册、札、片等等，在百种以上。其文字则大多数是汉文或满汉合璧，一部分是满文，并有一些蒙、藏等少数民族文字以及英、法、俄、日、拉丁等外国文字。就档案的内容而言，大凡有清一代的政治、经济、军事、文教、刑名、外交、天文气象、山川河流、地震荒灾以及宫廷生活，皇族事务，无不囊括其中，实为研究明清历史和近代史的资料宝库。

——单士魁：《中国第一历史档案馆》，载《历史档案》，1981（1）。

第四节 史学的社会功能

一、史鉴

我不可不监于有夏，亦不可不监于有殷。我不敢知曰有夏服天命，惟有历年。我不敢知曰不其延，惟不敬厥德，乃早坠厥命。我不敢知曰有殷受天命，惟有历年。我不敢知曰不其延，惟不敬厥德，乃早坠厥命。今王嗣受厥命，我亦惟兹二国命，嗣若功。

——《尚书·召诰》。

子张问："十世可知也？"子曰："殷因于夏礼，所损益可知也。周因于殷礼，所损益可知也。其或继周者，虽百世可知也。"

——《论语·为政》。

陆生时时前说称《诗》《书》。高帝骂之曰："乃公居马上而得之，安事《诗》《书》!"陆生曰："居马上得之，宁可以马上治之乎？且汤武逆取而以顺守之，文武并用，长久之术也。昔者吴王夫差、智伯极武而亡；秦任刑法不变，卒灭赵氏。乡使秦已并天下，行仁义，法先圣，陛下安得而有之？"高帝不怿而有惭色，乃谓陆生曰："试为我著秦所以失天下，吾所以得之者何，及古成败之国。"陆生乃粗述存亡之征，凡著十二篇。每奏一篇，高帝未尝不称善，左右呼万岁，号其书曰《新语》。

——《史记·郦生陆贾列传》。

太宗后尝谓侍臣曰："夫以铜为镜，可以正衣冠；以古为镜，可以知兴替；以人为镜，可以明得失。朕常保此三镜，以防己过。今魏徵殂逝，遂亡一镜矣！"因泣下久之。乃诏曰："昔惟魏徵，每显予过。自其逝也，虽过莫彰。朕岂独有非于往时，而皆是于兹日？故亦庶僚苟顺，难触龙鳞者欤！所以虚己外求，披迷内省。言而不用，朕所甘心。用而不言，谁之责也？自斯已后，各悉乃诚。若有是非，直言无隐。"

——（唐）吴兢：《贞观政要·任贤》，上海，上海古籍出版社，2008。

夫人寓形天地，其生也若蜉蝣之在世，如白驹之过隙，犹且耻当年而功不立，疾没世而名不闻。上起帝王，下穷匹庶，近则朝廷之士，远则山林之客，谅其于功也名也，莫不汲汲焉孜孜焉。夫如是者何哉？皆以图不朽之事也。何者而称不朽乎？盖书名竹帛而已。向使世无竹帛，时阙史官，虽尧、舜之与桀、纣，伊、周之与莽、卓，夷、惠之与跖、蹻，商、冒之与曾、闵，但一从物化。坟土未干，则善恶不分，妍媸永灭者矣。苟史官不绝，竹帛长存，则其人已亡，杳成空寂，而其事如在，皎同星汉。用使后之学者，坐披囊箧，而神交万古，不出户庭，而穷览千载，见贤而思齐，见不贤而内自省。若乃《春秋》成而逆子惧，南史至而贼臣书，其记事载言也则如彼，其劝善惩恶也又如此。由斯而言，则史之为用，其利甚博，乃生人之急务，为国家之要道。有国有家者，其可缺之哉！故备陈其事，编之于后。

盖史之建官，其来尚矣。昔轩辕氏受命，仓颉、沮诵实居其职。至于三代，其数渐繁。案《周官》《礼记》，有大史、小史、内史、外史、左史、右史之名。大史掌国之六典，小史掌邦国之志，内史掌书王命，外史掌书使乎四方，左史记言，右史记事。《曲礼》曰："史载笔，大事书之于策，小事简牍而已。"《大戴礼》曰："太子既冠成人，免于保傅，则有司过之史。"《韩诗外传》云："据法守职而不敢为非者，太史令也。"斯则史官之作，肇自黄帝，备于周室，名目既多，职务咸异。至于诸侯列国，亦各有史官，求其位号，一同王者。

至如孔甲、尹逸，名重夏、殷，史佚、倚相，誉高周、楚，晋则伯黡司籍，鲁则丘明受经，此并历代史臣之可得言者。降及战国，史氏无废。盖赵鞅，晋之一大夫尔，有直臣书过，操简笔于门下。田文，齐之一公子尔，每坐对宾客，侍史记于屏风。至若秦、赵二主渑池交会，各命其御史书某年某月鼓瑟、鼓缶。此则《春秋》“君举必书”之义也。

然则官虽无阙，而书尚有遗，故史臣等差，莫辨其序。案《吕氏春秋》曰：“夏太史终古见桀惑乱，载其图法出奔商。商太史向挚见纣迷乱，载其图法出奔周。晋太史屠黍见晋之乱，亦以其图法归周。”又《春秋》晋、齐太史书赵、崔之弑；郑公孙黑强与于盟，使太史书其名，且曰七子。昭二年，晋韩宣子来聘，观书于太史氏，见《易象》与《鲁春秋》，曰：“周礼尽在鲁矣。”然则诸史之任，太史其最优乎？至秦有天下，太史令胡毋敬作《博学章》。此则自夏迄秦，斯职无改者矣。

——（唐）刘知幾：《史通·外篇第一·史官建置》，上海，上海古籍出版社，2008。

世之论者率曰：“经以载道，史以记事，史与经不可同日语也。”夫道无不在，散于事为之间，因事之得失成败，可以知道之万世亡弊，史可少欤！为人君而不知《通鉴》，则欲治而不知自治之源，恶乱而不知防乱之术。为人臣而不知《通鉴》，则上无以事君，下无以治民。为人子而不知《通鉴》，则谋身必至于辱先，作事不足以垂后。乃如用兵行师，创法立制，而不知迹古人之所以得，鉴古人之所以失，则求胜而败，图利而害，此必然者也。

——（元）胡三省：《新注资治通鉴序》，见《资治通鉴》，北京，中华书局，1956。

止斋自序曰：本朝国书有日历，有实录，有正史，有会要，有敕令，有御集，又有司专行指挥典故之类；三朝以上，又有实训；而百家小说私史，与士大夫行状志铭之类，不可胜计。自李焘作《续通鉴》，起建隆元年，尽靖康元年，而一代之书萃见于此，可谓备矣。然篇帙浩繁，文字重并，未为成书，难以观览。今略依司马迁《年表》大事记、温公司马光《稽古录》与焘《举要》，撮取其要，系以年月，其上谱将相大臣除罢，而记其政事因革于下方。夫学之为王事，非若书生务多而求博，虽章句言语，皆不忍舍也。诚能考大臣之除罢，而识君子小人进退消长之际；考政事之因革，而识取士养民治军理财之方，其后治乱成败，效出于此，斯足以成孝敬广聪明矣。故今所节略《通鉴》，如群臣奏疏，与其他年行与一时诰令，出于代言之臣，苟非关于当年治道之大端，即不抄录。或见于他书，实系治体，不可不闻，而《通鉴》偶遗，即据某书添入。至于《通鉴》登载，万一有小小遗误，亦略附著其说于下。若夫列圣深仁厚泽，垂裕后人，传之万世，尤当循守者，必为之论。但存本指，不加文采，深有冀于省察也。

——（元）马端临：《文献通考·经籍考》，北京，中华书局，1986。

二、资治

长庆二年二月，谏议大夫殷侑奏："谨按《春秋》二百四十二年行事，王道之正，人伦之纪备矣。故先师仲尼称志在《春秋》。历代立学，莫不崇尚其教。伏以《左传》卷轴文字，比《礼记》多校一倍，《公羊》《穀梁》比《尚书》《周易》多校五倍。是以国朝旧制，明经授散，若大经中能习一传，即放冬集。然明经为传学者，犹十不一二。今明经一例冬集，人之常情，趍少就易，《三传》无复学者。伏恐周公之微旨，仲尼之新意，史官之旧章，将坠于地。伏请置《三传》科以劝学者。《左传》问大义五十条，《公羊》《穀梁》各问大义三十条，策三道。义通七以上，策通二以上，与及第。其白身应者，请同《五经》例处分。其先有出身及前资官应者，请准学究一经例处分。"又奏："历代史书，皆记当时善恶，系以褒贬，垂裕劝戒。其司马迁《史记》，班固、范晔《两汉书》，音义详明，惩恶劝善，亚于《六经》，堪为世教。伏惟国朝故事，国子学有文史直者，弘文馆弘文生，并试以《史记》《两汉书》《三国志》，又有一史科。近日以来，史学都废。至于有身处班列，朝廷旧章，昧而莫知，况乎前代之载，焉能知之？伏请置前件史科，每史问大义一百条，策三道。义通七，策通二以上，为及第。能通一史者，请同《五经》《三传》例处分。其有出身及前资官应者，请同学究一经例处分。有出身及前资官，优稍与处分。其三史皆通者请录奏闻，特加奖擢。仍请颁下两都国子监，任生徒习读。"

敕旨："宜依，仍付所司。"

——（宋）王溥：《唐会要·贡举中》，上海，上海古籍出版社，1991。

臣闻王者建州域，物土疆，观次于星躔，察法于地理。考中国山河之象，求二仪险阻之情，天汉萌而两界分，南官正而五均叙。自黄帝之方制万国，夏禹之分别九州，辨方经野，因人纬俗，其揆一矣。及秦皇并六国，则罢侯而置守。汉武讨百蛮，则穷兵而黩武。虽裂为郡县者远过于殷、周，而教令之所行，威怀之所服，亦不越于三代。失天地作限之意，非皇王尚德之仁，夸志役心，久而后悔。由此观之，则圣人疆理之制，固不在荒远矣。吾国家肇自贞观，至于开元，兼夏、商之职贡，掩秦、汉之文轨，梯航累乎九译，厩置通乎万里，然后分疆以辨之，置吏以康之，任所有而差贡赋，因所宜而制名物，守其要害，险其走集，经理之道，冠乎百王，巍巍乎，无得而称矣！《易》曰天险不可升，地险山川丘陵。王公设险以守其国，险之时用大矣哉。然则圣人虽设险，而未尝恃险。施于有备之内，措于立德之中，其用常存，其机不显，驰张开阖，因变制权，所以财成二仪，统理万物。故汉祖入关，诸将争走金帛之府，惟萧何收秦图书，高祖所以知山川阨塞，户口虚实。厥后受命汜水，定都洛阳，留侯演委辂之谋，田肎贺入关之策，事关兴替，理切安危，举斯而言，断可识矣。伏惟睿圣文武皇帝陛下，握枢秉圣，承祧立极，祖尧、舜之道，宪文、武之程，皇王之遐踪行之必至，祖宗之耿光寝而复耀。天宝之季，王途暂艰，由是坠纲解而不纽，强侯傲而未肃。逮至兴运，尽为驱除，故蜀有险隘之夫，吴有凭江之卒，虽完保聚，缮甲兵，莫不手足裂而异处，封疆一乎四海，故墉、卫风偃，朔塞砥平，东西南北，无思不服。臣吉甫当元圣抚运之初，从内庭视草之列，寻备衮职，久尘台阶，每自循省，赧然收汗。谟明弼谐，诚浅智之不及，簿书期会，亦散材之不工，久而伏思，方得所效，以为成当今之务，树将来之势，则莫若版图地理之为切也。所以前上《元和国计簿》，审户口之丰耗；续撰《元和郡县图志》，辨州域之疆理。时获省阅，或裨聪明，岂欲希酂侯之规模，庶乎尽朱赣之条奏。况古今言地理者凡数十家，尚古远者或搜古而略今，采谣俗者多传疑而失实，饰州邦而叙人物，因丘墓而征鬼神，流于异端，莫切根要。至于丘壤山川，攻守利害，本于地理者，皆略而不书，将何以佐明王扼天下之吭，制群生之命，收地保势胜之利，示形束壤制之端，此微臣之所以精研，圣后之所以宜周览也。谨上《元和郡县图志》，起京兆府，尽陇右道，凡四十七镇，成四十卷。每镇皆图在篇首，冠于叙事之前，并目录两卷，总四十二卷。臣学非博闻，识愧经远，驰骛虽久，漏略犹多，轻渎宸严，退增战越。谨上。

——（唐）李吉甫：《元和郡县图志·序》，北京，中华书局，1983。

每患迁、固以来，文字繁多，自布衣之士，读之不遍，况于人主，日有万机，何暇周览！臣常不自揆，欲删削冗长，举撮机要，专取关国家盛衰，系生民休戚，善可为法，恶可为戒者，为编年一书，使先后有伦，精粗不杂，私家力薄，无由可成。

……臣之精力，尽于此书。伏望陛下宽其妄作之诛，察其愿忠之意，以清闲之宴，时赐省览，监前世之兴衰，考当今之得失，嘉善矜恶，取是舍非，足以懋稽古之盛德，跻无前之至治，俾四海群生，咸蒙其福，则臣虽委骨九泉，志愿永毕矣。

——《资治通鉴·进书表》。

旨深哉！司马氏之名是编也。曰“资治”者，非知治知乱而已也，所以为力行求治之资也。览往代之治而快然，览往代之乱而愀然，知其有以致治而治，则称说其美；知其有以召乱而乱，则诟厉其恶；言已终，卷已掩，好恶之情已竭，颓然若忘，临事而仍用其故心，闻见虽多，辨证虽详，亦程子所谓“玩物丧志”也。

夫治之所资，法之所著也。善于彼者，未必其善于此也。君以柔嘉为则，而汉元帝失制以酿乱；臣以戆直为忠，而刘栖楚碎首以藏奸。攘夷复中原，大义也，而梁武以败；含怒杀将帅，危道也，而周主以兴。无不可为治之资者，无不可为乱之媒。然则治之所资者，一心而已矣。以心驭政，则凡政皆可以宜民，莫匪治之资；而善取资者，变通以成乎可久。设身于古之时势，为己之所躬逢；研虑于古之谋为，为己之所身任。取古人宗社之安危，代为之忧患，而己之去危以即安者在矣；取古昔民情之利病，代为之斟酌，而今之兴利以除害者在矣。得可资，失亦可资也；同可资，异亦可资也。故治之所资，惟在一心，而史特其鉴也。

"鉴"者，能别人之妍媸，而整衣冠、尊瞻视者，可就正焉。顾衣冠之整，瞻视之尊，鉴岂能为功于我哉！故论鉴者，于其得也，而必推其所以得；于其失也，而必推其所以失。其得也，必思易其迹而何以亦得，其失也，必思就其偏而何以救失；乃可为治之资，而不仅如鉴之徒县于室、无与炤之者也。

其曰"通"者，何也？君道在焉，国是在焉，民情在焉，边防在焉，臣谊在焉，臣节在焉，士之行己以无辱者在焉，学之守正而不陂者在焉。虽扼穷独处，而可以自淑，可以诲人，可以知道而乐，故曰"通"也。

引而伸之，是以有论；浚而求之，是以有论；博而证之，是以有论；协而一之，是以有论；心得而可以资人之通，是以有论。道无方，以位物于有方；道无体，以成事之有体。鉴之者明，通之也广，资之也深，人自取之，而治身治世、肆应而不穷。抑岂曰此所论者立一成之例，而终古不易也哉！

——（清）王夫之：《读通鉴论·叙论四》，北京，中华书局，1975。

唐穆宗长庆三年二月，谏议大夫殷侑言："司马迁、班固、范晔三史为书，劝善惩恶，亚于六经。比来史学废绝，至有身处班列，而朝廷旧章莫能知者。"于是立三史科及三传科。《通典》"举人条例"："其史书，《史记》为一史，《汉书》为一史，《后汉书》并刘昭所注《志》为一史，《三国志》为一史，《晋书》为一史，李延寿《南史》为一史，《北史》为一史。习《南史》者兼通宋、齐《志》，习《北史》者通后魏、隋书《志》。自宋以后，史书烦碎冗长，请但问政理成败所因，及其人物损益关于当代者，其余一切不问。国朝自高祖以下及睿宗《实录》并《贞观政要》共为一史。"今史学废绝，又甚唐时，若能依此法举之，十年之间，可得通达政体之士，未必无益于国家也。

宋孝宗淳熙十一年十月，太常博士倪思言："举人轻视史学。今之论史者独取汉、唐混一之事，三国、六朝、五代以为非盛世而耻谈之。然其进取之得失，守御之当否，筹策之疏密，区处兵民之方，形势成败之迹，俾加讨究，有补国家。请谕春宫，凡课试命题，杂出诸史，无所拘忌。考核之际，稍以论策为重，毋止以初场定去留。”从之。

史言“薛昂为大司成，寡学术，士子有用《史记》《西汉》语，辄黜之。在哲宗时，尝请罢史学，哲宗斥为俗佞”。吁，何近世俗佞之多乎！

——（清）顾炎武：《日知录集释·卷十六·史学》，（清）黄汝成集释，上海，上海古籍出版社，2006。

三、惩劝

公都子曰：“外人皆称夫子好辩，敢问何也？”

孟子曰：“予岂好辩哉！予不得已也。天下之生久矣，一治一乱。当尧之时，水逆行，泛滥于中国，蛇龙居之。民无所定，下者为巢，上者为营窟。《书》曰：‘洚水警余。’——洚水者，洪水也。——使禹治之。禹掘地而注之海，驱蛇龙而放之菹。水由地中行，江、淮、河、汉是也。险阻既远，鸟兽之害人者消，然后人得平土而居之。

“尧、舜既没，圣人之道衰，暴君代作。坏宫室以为污池，民无所安息。弃田以为园囿，使民不得衣食。邪说暴行又作。园囿污池，沛泽多而禽兽至。及纣之身，天下又大乱。周公相武王，诛纣伐奄，三年讨其君，驱飞廉于海隅而戮之，灭国者五十，驱虎豹犀象而远之，天下大悦。《书》曰：‘丕显哉！文王谟。丕承哉！武王烈。佑启我后人，咸以正无缺。’

“世衰道微，邪说暴行有作，臣弑其君者有之，子弑其父者有之。孔子惧，作《春秋》。《春秋》，天子之事也。是故孔子曰：‘知我者其惟《春秋》乎！罪我者其惟《春秋》乎！’

“圣王不作，诸侯放恣，处士横议，杨朱、墨翟之言盈天下。天下之言，不归杨，则归墨。杨氏为我，是无君也。墨氏兼爱，是无父也。无父无君，是禽兽也。公明仪曰：‘庖有肥肉，厩有肥马，民有饥色，野有饿莩。此率兽而食人也。’杨墨之道不息，孔子之道不著，是邪说诬民、充塞仁义也。仁义充塞，则率兽食人，人将相食。吾为此惧，闲先圣之道，距杨墨，放淫辞，邪说者不得作。——作于其心，害于其事；作于其事，害于其政。——圣人复起，不易吾言矣。

“昔者禹抑洪水而天下平，周公兼夷狄、驱猛兽而百姓宁，孔子成《春秋》而乱臣贼子惧。《诗》云：‘戎狄是膺，荆舒是惩，则莫我敢承。’无父无君，是周公所膺也。我亦欲正人心，息邪说，距诐行，放淫辞，以承三圣者。岂好辩哉？予不得已也。能言距杨、墨者，圣人之徒也。”

——《孟子·滕文公下》。

窃惟载籍之兴，其来尚矣，左史右史，记事记言，皆所以昭德塞违，劝善惩恶。故作而可纪，熏风扬乎百代；动而不法，炯戒垂乎千祀。是以历观前圣，抚运膺期，莫不懔乎御朽、自强不息，朝乾夕惕，义在兹乎。近古皇王，时有撰述，并皆包括天地，牢笼群有，竞采浮艳之词，争驰迂诞之说，骋末学之传闻，饰雕虫之小技，流宕忘反，殊涂同致。虽辩周万物，愈失司契之源；术总百端，乖得一之旨。皇上以天纵之多才，运生知之睿思，性与道合，动妙几神。玄德潜通，化前王之所未化；损己利物，行列圣所不能行。瀚海龙庭之野，并为郡国；扶桑若木之域，咸袭缨冕。天地成平，外内禔福，犹且为而不恃，虽休勿休，俯协尧、舜，式遵稽古。不察貌乎止水，将取鉴乎哲人。以为六籍纷纶，百家踳驳。穷理尽性，则劳而少功；周览泛观，则博而寡要。故爰命臣等采摭群书，翦截淫放，光昭训典。圣思所存，务乎政术，缀叙大略，咸发神衷，雅致钩深，规摹宏远，网罗治体，事非一目。若乃钦明之后，屈己以救时，无道之君，乐身以亡国。或临难而知惧，在危而获安；或得志而骄居，业成以致败者，莫不备其得失，以著为君之难。其委质策名，立功树惠，贞心直道，亡躯殉国，身殒百年之中，声驰千载之外。或大奸巨猾，转日回天；社鼠城狐，反白仰黑，忠良由其放逐，邦国因以危亡者，咸亦述其终始，以显为臣不易。其立德立言，作训垂范，为纲为纪，经天纬地，金声玉振，腾实飞英，雅论徽猷，嘉言美事，可以宏奖名教，崇太平之基者，固亦片善不遗，将以丕显皇极。至于母仪嫔则，懿后良妃，参徽猷于十乱，著深诫于辞辇。或倾城哲妇，亡国艳妻，候晨鸡以先鸣，待举烽而后笑者，时有所存，以备劝戒。爰自六经，讫乎诸子，上始古帝，下尽晋年，凡为五表，合五十卷。本求治要，故以治要为名。但《皇览》遍略，随方类聚，名目互显，首尾淆乱，文义断绝，寻究为难。今之所撰，异乎先作，总立新名，各全旧体，欲令见本知末，原始要终，并弃彼春华，采兹秋实。一书之内，牙角无遗；一事之中，羽毛咸尽。用之当今，足以殷鉴前古；传之来叶，可以贻厥孙谋。引而申之，触类而长，盖亦言之者无罪，闻之者足以戒。庶宏兹九德，简而易从；观彼百王，不疾而速。崇巍巍之盛业，开荡荡之王道。可久可大之功，并天地之贞观；日用日新之德，将金镜以长悬。其目录次第编之如左。

——（唐）魏徵：《群书治要·序》，北京，中华书局，1985。

四、经世

所贵乎史者，述往以为来者师也。为史者，记载徒繁，而经世之大略不著，后人欲得其得失之枢机以效法之无由也，则恶用史为？

光武之始徇河北，铜马诸贼几数百万；及破之也，溃散者有矣，而受其降者数十万人。斯时也，光武之众未集，犹资之以为用也。已而刘茂集众十余万而降之于京、密；朱鲔之众且三十万而降之于雒阳；吴汉、王梁击檀乡于漳水，降其众十余万于邺东；五校之众五万人降之于蒲阳；余贼之拥立孙登者五万人，降之于河北；赤眉先后降者无算，其东归之余尚十余万人，降之于宜阳；吴汉降青犊，冯异降延岑、张邯之众，盖延降刘永之余，王常降青犊四万余人，耿弇降张步之卒十余万；盖先后所受降者，指穷于数。战胜矣，威立矣，乃几千万不逞之徒听我羁络，又将何以处之邪？高帝之兴也，恒患寡而亟夺人之军，光武则兵有余而抚之也不易，此光武之定天下所以难于高帝也。

夫民易动而难静，而乱世之民为甚。当其舍耒而操戈，或亦有不得已之情焉，而要皆游惰骄桀者也。追乎相习于戎马之间，掠食而饱，掠妇而妻，驰骤喧呶，行歌坐傲，则虽有不得已之情而亦忘之矣。尽编之于伍，而耕夫之粟不给于养也，织妇之布不给于衣也，县官宵夜以持筹不给于馈饷也。尽勒之归农，而田畴已芜矣，四肢已惰矣，恣睢狂荡、不能受屈于父兄乡党之前矣。故一聚一散，倾耳以听四方之动而随风以起，诚无如此已动而不复静之民气何矣！而光武处之也，不十年而天下晏然，此必有大用存焉。史不详其所以安辑而镇抚之者何若，则班固、荀悦徒为藻帨之文、而无意于天下之略也，后起者其何征焉？

——（清）王夫之：《读通鉴论·卷六·光武十》，北京，中华书局，1975。

史学切用之大端有二：一事实，一典制。事实择其治乱大端，有关今日鉴戒者考之，无关者置之；典制择其考见世变，可资今日取法者考之，无所取者略之。事实求之《通鉴》。《通鉴》之学，约之以读《纪事本末》。典制求之正史、二《通》。正史之学，约之以读志及列传中奏议。二《通》之学，《通典》《通考》约之以节本，不急者乙之。《通考》取十之三，《通典》取十之一，足矣。《通志》二十略，知其义例可也。考史之书约之以读赵翼《廿二史札记》。史评约之以读《御批通鉴辑览》。若司马公《通鉴论》，义最纯正而专重守经，王夫之《通鉴论》《宋论》，识多独到，而偏好翻案，惟御批最为得中而切于经世之用。凡此皆为通今致用之史学，若考古之史学不在此例。

——（清）张之洞：《劝学篇·内篇·守约第八》，上海，上海书店出版社，2002。

五、明道

上大夫壶遂曰："昔孔子何为而作《春秋》哉"？太史公曰："余闻董生曰：'周道衰废，孔子为鲁司寇，诸侯害之，大夫壅之。孔子知言之不用，道之不行也，是非二百四十二年之中，以为天下仪表，贬天子，退诸侯，讨大夫，以达王事而已矣。'子曰：'我欲载之空言，不如见之于行事之深切著明也。'夫《春秋》，上明三王之道，下辨人事之纪，别嫌疑，明是非，定犹豫，善善恶恶，贤贤贱不肖，存亡国，继绝世，补敝起废，王道之大者也。《易》著天地阴阳四时五行，故长于变；《礼》经纪人伦，故长于行；《书》记先王之事，故长于政；《诗》记山川谿谷禽兽草木牝牡雌雄，故长于风；《乐》乐所以立，故长于和；《春秋》辩是非，故长于治人。是故《礼》以节人，《乐》以发和，《书》以道事，《诗》以达意，《易》以道化，《春秋》以道义。拨乱世反之正，莫近于《春秋》。《春秋》文成数万，其指数千。万物之散聚皆在《春秋》。《春秋》之中，弑君三十六，亡国五十二，诸侯奔走不得保其社稷者不可胜数。察其所以，皆失其本已。故《易》曰'失之豪厘，差以千里'。故曰'臣弑君，子弑父，非一旦一夕之故也，其渐久矣'。故有国者不可以不知《春秋》，前有谗而弗见，后有贼而不知。为人臣者不可以不知《春秋》，守经事而不知其宜，遭变事而不知其权。为人君父而不通于《春秋》之义者，必蒙首恶之名。为人臣子而不通于《春秋》之义者，必陷篡弑之诛，死罪之名。其实皆以为善，为之不知其义，被之空言而不敢辞。夫不通礼义之旨，至于君不君，臣不臣，父不父，子不子。夫君不君则犯，臣不臣则诛，父不父则无道，子不子则不孝。此四行者，天下之大过也。以天下之大过予之，则受而弗敢辞。故《春秋》者，礼义之大宗也。夫礼禁未然之前，法施已然之后；法之所为用者易见，而礼之所为禁者难知。"

壶遂曰："孔子之时，上无明君，下不得任用，故作《春秋》，垂空文以断礼义，当一王之法。今夫子上遇明天子，下得守职，万事既具，咸各序其宜，夫子所论，欲以何明？"

太史公曰："唯唯，否否，不然。余闻之先人曰：'伏羲至纯厚，作《易》八卦。尧舜之盛，《尚书》载之，礼乐作焉。汤武之隆，诗人歌之。《春秋》采善贬恶，推三代之德，褒周室，非独刺讥而已也。'汉兴以来，至明天子，获符瑞，封禅，改正朔，易服色，受命于穆清，泽流罔极，海外殊俗，重译款塞，请来献见者，不可胜道。臣下百官力诵圣德，犹不能宣尽其意。且士贤能而不用，有国者之耻；主上明圣而德不布闻，有司之过也。且余尝掌其官，废明圣盛德不载，灭功臣世家贤大夫之业不述，堕先人所言，罪莫大焉。余所谓述故事，整齐其世传，非所谓作也，而君比之于《春秋》，谬矣。"

——《史记·太史公自序》。

六、启迪与反省

这里必须特别注意那种道德的反省——人们常从历史中希望求得的道德的

教训，因为历史家治史常常要给人以道德的教训。不消说得，贤良方正的实例足以提高人类的心灵，又可以做儿童的道德教材，来灌输善良的品质。但是各民族和国家的命运，它们的利益、情况和纠纷复杂，却又当别论了。人们惯以历史上经验的教训，特别介绍给各君主、各政治家、各民族国家。但是经验和历史所昭示我们的，却是各民族和各政府没有从历史方面学到什么，也没有依据历史上演绎出来的法则行事。每个时代都有它特殊的环境，都具有一种个别的情况，使它的举动行事，不得不全由自己考虑、自己来决定。当重大事变纷乘交迫的时候，一般的笼统的法则，毫无裨益。回忆过去的同样情形，也是徒劳无功。一个灰色的回忆不能抗衡“现在”的生动和自由。从这一点看起来，法国大革命期间，人们时常称道希腊罗马的前例，真是浅薄无聊之极了。希腊和罗马时代的风气，比较我们时代的风气，相差很大。约翰·米勒在他的《普通史》和他的《瑞士史》中，曾经抱有上述那种道德的旨趣。他拟具了若干政治信条，作为各君主、各政府和各民族的教训（他编成了一部垂训和自省专集，——他常在他的信札里，说起他在一星期中所编箴言的确实数目），但是他不能够把他这部分的写作，算做他最好的成就。只有对于历史局面彻底的、开通的、广泛的眼光和对于观念深刻的意识（例如孟德斯鸠的《法意》），才能够给予这一类的反省以真理和兴趣。因此，“反省的历史”一再出现，前后相继。任何著史的人都可以利用各种资料，各人都自信有能力去整理这些资料，而且每个人大概都把他自己的精神，算是那时代的精神。读者们读厌了这类反省的历史，每每喜欢回读不具任何特殊观点的一类记述。这类记述，当然有它们的价值，但是它们大多数只提供历史资料。我们德意志人是以这类记述为满足的。法国人就不是如此，他们显出卓越的天才，使往昔的时代重新复活，使过去和现状发生联系。

——［德］黑格尔：《历史哲学》，王造时译，6～7页，上海，上海世纪出版集团、上海书店出版社，2001。

前面已经说过，我们也非常重视反对当代不稳定性、内在空虚、精神委靡和不真诚的斗争；我们也和卡莱尔一样，同这一切进行着殊死的斗争，但我们取得胜利的可能性比他要大得多，因为我们知道我们要求什么。我们要推翻卡莱尔描述的那种无神论，我们要把宗教夺去的内容——人的内容，不是什么神的内容——归还给人，所谓归还就是唤起他的自觉。我们消除一切自命为超自然和超人的事物，从而消除虚伪，因为人和大自然的事物妄想成为超人和超自然的野心就是一切虚伪和谎话的根源。正因为如此，我们才永远向宗教和宗教观念宣战，毫不顾及别人会给我们扣上什么无神论或者别的帽子。同时，假如卡莱尔对无神论下的泛神论定义是正确的，那末真正的无神论者就不是我们，而是反对我们的基督徒。我们根本没有想到要进攻“宇宙的永恒内在事实”；相反地，只有我们才认真地论证了这些事实，证明它们是永恒的，使其不受自相矛盾的上帝的万能任性的危害。我们根本没有想到要宣布“世界、人和人的生活是谎话”；而是反对我们的基督徒搞这种不道德的勾当，使世界和人依附于某种神的恩典，其实神不过是由于人在自己不发达的意识的混乱材料中的反映而创造出来的。我们根本没有想到要怀疑或轻视“历史的启示”；历史就是我们的一切，我们比任何一个哲学学派，甚至比黑格尔，都更重视历史；在黑格尔看来，历史不过是检验他的逻辑结论的工具。

轻视历史，无视人类的发展，这完全是对方的罪过，仍然又是基督徒的罪过；他们编造了一部奇特的“天国史”，否认真实的历史具有任何内在意义，只承认彼岸的抽象的而且是杜撰出来的历史具有这种意义。他们硬说人类是基督创造的，说历史有一个虚幻的最终目的，而且这个目的已经由基督所实现；他们割断了历史，因此为了自圆其说，他们声言后来的18个世纪完全是胡说八道。我们要求把历史的内容还给历史，但我们认为历史不是“神”的启示，而是人的启示，并且只能是人的启示。为了认识人类本质的伟大，了解人类在历史上的发展，了解人类一往直前的进步，了解人类对个人的非理性的一贯有把握的胜利，了解人类战胜一切似乎超人的事物，了解人类同大自然进行的残酷而又顺利的斗争，直到具备自由的人的自觉，明确认识到人和大自然的统一，自由地独立地创造建立在纯人类道德生活关系基础上的新世界，为了了解这一切，我们没有必要首先求助于什么“神”的抽象概念，把一切美好的、伟大的、崇高的、真正的人的事物归在它的名下。为了了解这一切的伟大，我们没有必要采取这种迂回办法，为了相信人的事物的重要和伟大，没有必要给真正的人的事物打上“神的”烙印。相反地，任何一种事物，越是“神的”即非人的，我们就越不能称赞它。只是由于一切宗教的内容是以人为本源，所以这些宗教在某一点上还有某些理由受到人的尊重；只有意识到，即使是最荒谬的迷信，其根基也是反映了人类本质的永恒本性，尽管反映得很不完备，有些歪曲；只有意识到这一点，才能使宗教的历史，特别是中世纪宗教的历史，不致被全盘否定，永远忘记；不然的话，这种“有神的”历史自然要落到这样的下场。

——《马克思恩格斯全集》第1卷，649～651页，北京，人民出版社，1956。

七、自我认识

历史学是作什么用的？……我的答案是：历史学是“为了”人类的自我认识。大家都认为对于人类至关重要的就是，他应该认识自己：这里，认识自己意味着不仅仅是认识个人的特点，他与其他人的区别所在，而且也要认识他之作为人的本性。认识你自己就意味着，首先，认识成其为一个人的是什么；第二，认识成为你那种人的是什么；第三，认识成为你这个人而不是别的人的是什么。认识你自己就意味着认识你能做什么；而且既然没有谁在尝试之前就知道他能做什么，所以人能做什么的唯一线索就是人已经做过什么。因而历史学的价值就在于，它告诉我们人已经做过什么，因此就告诉我们人是什么。

——［英］柯林武德：《历史的观念》，何兆武、张文杰译，38页，北京，商务印书馆，1997。

社会科学当前最明显的缺点是缺乏时间元，缺乏深度，这种深度不可能产生于对社会作静止的研究。只有研究社会在连续不断的变化中呈现自己的各种力量的动态格局，才有可能达到一定的深度。马克·布洛赫敏锐地看到这是历史学家的机会和挑战。如果没有历史学——也就是说，如果仅仅简单地从现在的状况去对人类进行思考（因为现在毕竟只是过去投在未来之上的阴影），而不是从人类全部时代的各个不同时期的生存状况去对人类进行思考，社会科学就不完整。只有历史学才能为我们提供理解各个时期的社会进程和社会制度如何发挥作用所需要的认识能力。

——［英］杰弗里·巴勒克拉夫：《当代史学主要趋势》，杨豫译，342页，上海，上海译文出版社，1987。

【相关论著目录】

1.《马克思恩格斯选集》第1～4卷，北京，人民出版社，1995。
2.《马克思恩格斯全集》第1卷，北京，人民出版社，1956。
3.《列宁全集》第1卷，北京，人民出版社，1955。
4.《列宁全集》第21卷，北京，人民出版社，1959。
5.《毛泽东选集》第1、3卷，北京，人民出版社，1991。
6.《论语》。
7.《孟子》。
8.《史记·太史公自序》。
9.《汉书·司马迁传》。
10.《史通》。
11.《资治通鉴·进书表》。
12. 白寿彝：《史学概论》，银川，宁夏人民出版社，1983。
13. 杜经国等：《历史学概论》，北京，高等教育出版社，1990。
14. 杜维运：《史学方法论》，北京，北京大学出版社，2006。

15. 葛剑雄、周筱赟：《历史学是什么》，北京，北京大学出版社，2002。
16. 何炳松：《通史新义 历史研究法》，长春，时代文艺出版社，2009。
17. 何兆武：《历史与历史学》，武汉，湖北人民出版社，2007。
18. 姜义华等：《史学导论》，西安，陕西人民教育出版社，1989。
19. 梁启超：《中国历史研究法》，北京，人民出版社，2008。
20. 李大钊：《李大钊史学论集》，石家庄，河北人民出版社，1984。
21. 李宗侗：《中国史学史》，北京，中国友谊出版公司，1984。
22. 齐思和：《齐思和史学概论讲义》，天津，天津古籍出版社，2007。
23. 王学典：《史学引论》，北京，北京大学出版社，2008。
24. 吴泽：《史学概论》，合肥，安徽教育出版社，2000。
25. 郑樑生：《史学入门》，北京，北京大学出版社，2008。
26. ［德］奥斯瓦尔德·斯宾格勒：《西方的没落》（一、二卷），吴琼译，上海，上海三联书店，2006。
27. ［德］德罗伊森：《历史知识理论》，胡昌智译，北京，北京大学出版社，2006。
28. ［德］黑格尔：《历史哲学》，王造时译，上海，上海世纪出版集团、上海书店出版社，2001。
29. ［意］贝奈戴托·克罗齐：《历史学的理论和实际》，傅任敢译，北京，商务印书馆，1982。
30. ［英］E. H. 卡尔：《历史是什么？》，陈恒译，北京，商务印书馆，2007。
31. ［英］杰弗里·巴勒克拉夫：《当代史学主要趋势》，杨豫译，上海，上海译文出版社，1987。
32. ［英］柯林武德：《历史的观念》，何兆武、张文杰译，北京，商务印书馆，1997。

【材料解析题】

1. 阅读下列材料并回答问题。

史者何？记述人类社会赓续活动之体相，校其总成绩，求得其因果关系，以为现代一般人活动之资鉴者也……

人类为生存而活动，亦为活动而生存。活动休止，则人道或几乎息矣。凡活动，以能活动者为体，以所活动者为相。史也者，综合彼参与活动之种种体，与其活动所表现之种种相，而成一有结构的叙述者也。是故非活动的事项——例如天象、地形等，属于自然界现象者，皆非史的范围；反之，凡活动的事项——人类情感理智意志所产生者，皆活动之相，即皆史的范围也。

——梁启超：《中国历史研究法》，1页，北京，人民出版社，2008。

（1）材料中“史”指的是什么？包括哪些方面？

（2）怎样理解梁启超所说“史的范围”？

参考答案：

（1）“史”指的是“史学”。史学要做的工作包括记叙人类社会活动，探究历史的因果关系，并为现代人提供借鉴。

（2）梁启超认为，“史”研究的是人类的活动。人类情感理智意志所产生的活动都是史学研究的范围。而自然界的现象如天象、地形等，则不属于史学研究范畴。

2. 阅读下列材料并回答问题。

实际上，历史事实就是关于个人的事实，不过，不是关于孤立状态下的个人行为，不是关于一些真实的或想象的动机，个人依据这样的动机想象自己曾经采取的行动。历史事实是关于社会之中个人之间彼此关系的事实，是关于个人活动结果所产生的那些社会力量的事实，这些结果跟那些个人自己所打算的结果时常不一致，有时恰恰相反。

——［英］E. H. 卡尔：《历史是什么？》，陈恒译，142页，北京，商务印书馆，2007。

（1）这段材料要表达的主要观点是什么？

（2）怎样理解“这些结果跟那些个人自己所打算的结果时常不一致，有时恰恰相反”？

参考答案：

（1）这段材料阐述了作者对历史事实的看法。作者认为历史事实是生活在社会中人的活动所产生的事实，而不是孤立的人的个人行为。这种历史事实建立在人与人之间相互关系的基础之上。

（2）社会力量是各种个人活动合力所产生的结果，与每个人自己最初的意愿、动机不一致。人是社会性的，是在相互作用的过程中行动，不可能完全按照自己的最初意愿行动。行动的结果也不会完全是自己预想的那样。

3. 阅读下列材料并回答问题。

人们自己创造自己的历史，但是他们并不是随心所欲地创造，并不是在他们自己选定的条件下创造，而是在直接碰到的、既定的、从过去承继下来的条件下创造。一切已死的先辈们的传统，像梦魇一样纠缠着活人的头脑。当人们好像刚好在忙于改造自己和周围的事物并创造前所未闻的事物时，恰好在这种革命危机时代，他们战战兢兢地请出亡灵来为他们效劳，借用它们的名字、战斗口号和衣服，以便穿着这种久受崇敬的服装，用这种借来的语言，演出世界历史的新的一幕。

——《马克思恩格斯选集》第1卷，585页，北京，人民出版社，1995。

（1）概括这段材料的主要观点。

（2）这段材料的观点与第 2 题材料中的观点有哪些相似之处？

参考答案：

（1）这段材料阐述了这样一个观点：人们在一定的条件制约下自己创造自己的历史。人们创造历史的时候既要受现实条件的制约，又要受历史条件的制约，不可能随心所欲，完全按照自己的意愿行动。

（2）两段材料所述观点的相似之处是：历史由人创造，但不是由孤立的个人创造，而是由社会的、历史的人创造。

第二章　历史学理论的基本特征

【编者导语】

历史学理论是在历史学发展的基础上逐渐产生的，系统的史学理论的形成是一个动态的发展过程。在不同国家、不同的历史发展阶段，史学理论的表现形式、内容都有所不同。在中国，早在唐代就出现了专门的史学理论著作。而在西方，直到近代才形成独立的史学理论体系，出现专门的史学理论专著。本章所选资料，力图体现这一渐进的过程。所选内容包括早期的历史记录和历史叙述中隐含的史学思想萌芽、中国古代史学理论的成型、近代以来西方的史学流派以及马克思主义史学理论等。

第一节　史学理论产生的基础

一、史诗的出现

文王在上，於昭于天。周虽旧邦，其命维新。有周不显，帝命不时。文王陟降，在帝左右。

亹亹文王，令闻不已。陈锡哉周，侯文王孙子。文王孙子，本支百世。凡周之士，不显亦世。

世之不显，厥犹翼翼。思皇多士，生此王国。王国克生，维周之桢。济济多士，文王以宁。

穆穆文王，於缉熙敬止。假哉天命，有商孙子。商之孙子，其丽不亿。上帝既命，侯于周服。

侯服于周，天命靡常。殷士肤敏，裸将于京。厥作裸将，常服黼冔。王之荩臣，无念尔祖。

无念尔祖，聿修厥德。永言配命，自求多福。殷之未丧师，克配上帝。宜鉴于殷，骏命不易！

命之不易，无遏尔躬。宣昭义问，有虞殷自天。上天之载，无声无臭。仪刑文王，万邦作孚！

——《诗经·大雅·文王》。

二、史学的萌芽

大史，掌建邦之六典，以逆邦国之治。掌法以逆官府之治，掌则以逆都鄙之治。凡辨法者考焉，不信者刑之。凡邦国都鄙及万民之有约剂者，藏焉，以贰六官，六官之所登。若约剂乱，则辟法，不信者刑之。正岁年以序事，颁之于官府及都鄙，颁告朔于邦国。闰月，诏王居门终月。大祭祀，与执事卜日，戒卑宿之日，与群执事读礼书而协事。祭之日，执书以次位常，辨事者考焉，不信者诛之。大会同、朝觐，以书协礼事。及将币之日，执书以诏王。大师，抱天时，与大师同车。大迁国，抱法以前。大丧，执法以莅劝防。遣之日，读诔。凡丧事，考焉。小丧，赐谥。凡射事，饰中，舍筭，执其礼事。

小史，掌邦国之志，奠系世，辨昭穆。若有事，则诏王之忌讳。大祭祀，读礼法，史以书叙昭穆之俎簋。大丧、大宾客、大会同、大军旅，佐大史。凡国事之用礼法者，掌其小事。卿大夫之丧，赐谥，读诔。

……

内史，掌王之八枋之法，以诏王治。一曰爵，二曰禄，三曰废，四曰置，五曰杀，六曰生，七曰予，八曰夺。执国法及国令之贰，以考政事，以逆会计。掌叙事之法，受纳访，以诏王听治。凡命诸侯及孤卿、大夫，则策命之。凡四方之事书，内史读之。王制禄，则赞为之，以方出之。赏赐亦如之。内史掌书王命，遂贰之。

外史，掌书外令，掌四方之志，掌三皇五帝之书，掌达书名于四方。若以书使于四方，则书其令。

御史，掌邦国、都鄙及万民之治令，以赞冢宰。凡治者受法令焉。掌赞书。凡数从政者。

——《周礼·春官宗伯》。

三、史书的出现

禹别九州，随山浚川，任土作贡。禹敷土，随山刊木，奠高山大川。

冀州：既载壶口，治梁及岐。既修太原，至于岳阳。覃怀厎绩，至于衡漳。厥土惟白壤，厥赋惟上上错，厥田惟中中。恒、卫既从，大陆既作。岛夷皮服，夹右碣石，入于河。

济、河惟兖州。九河既道，雷夏既泽，灉、沮会同。桑土既蚕，是降丘宅土。厥土黑坟，厥草惟繇，厥木惟条。厥田惟中下，厥赋贞。作十有三载，乃同。厥贡漆、丝，厥篚织文。浮于济、漯，达于河。

海、岱惟青州。嵎夷既略，潍、淄其道。厥土白坟，海滨广斥。厥田惟上下，厥赋中上。厥贡盐、𫄨，海物惟错。岱畎丝、枲、铅、松、怪石，莱夷作牧。厥篚檿丝。浮于汶，达于济。

海、岱及淮惟徐州。淮、沂其乂，蒙羽其艺。大野既猪，东原厎平。厥土赤埴坟，草木渐包。厥田惟上中，厥赋中中，厥贡惟土五色。羽畎夏翟，峄阳孤桐，泗滨浮磬，淮夷蠙珠暨鱼。厥篚玄纤缟。浮于淮、泗，达于河。

淮、海惟扬州。彭蠡既猪，阳鸟攸居。三江既入，震泽厎定，篠簜既敷。厥草惟夭，厥木惟乔。厥土惟涂泥，厥田唯下下，厥赋下上上错，厥贡惟金三品。瑶、琨、篠簜，齿、革、羽、毛惟木。岛夷卉服。厥篚织贝，厥包橘、柚，锡贡。沿于江海，达于淮、泗。

荆及衡阳惟荆州。江、汉朝宗于海，九江孔殷，沱、潜既道，云土梦作乂。厥土惟涂泥，厥田惟下中，厥赋上下。厥贡羽、毛、齿、革，惟金三品，杶、榦、栝、柏，砺、砥、砮、丹，惟箘、簵、楛，三邦厎贡，厥名。包，匦、菁、茅。厥篚玄纁、玑组。九江纳锡大龟。浮于江、沱、潜、汉，逾于洛，至于南河。

荆、河惟豫州。伊、洛、瀍、涧，既入于河，荥波既猪，导菏泽，被孟猪。厥土惟壤，下土坟垆。厥田惟中上，厥赋错上中。厥贡漆、枲，𫄨、纻，厥篚纤纩。锡贡磬错。浮于洛，达于河。

华阳、黑水惟梁州。岷、嶓既艺，沱、潜既道，蔡、蒙旅平，和夷厎绩。厥土青黎，厥田惟下上，厥赋下中三错。厥贡璆、铁、银、镂、砮、磬，熊、罴、狐、狸，织皮、西倾因桓是来，浮于潜，逾于沔，入于渭，乱于河。

黑水、西河惟雍州。弱水既西，泾属渭汭，漆沮既从，沣水攸同。荆、岐既旅，终南、惇物，至于鸟鼠。原隰厎绩，至于猪野。三危既宅，三苗丕叙。厥土惟黄壤，厥田惟上上，厥赋中下，厥贡惟球、琳、琅、玕。浮于积石，至于龙门西河，会于渭汭。织皮昆仑、析支、渠搜，西戎即叙。

导岍及岐，至于荆山，逾于河。壶口、雷首，至于太岳；厎柱、析城，至于王屋。太行、恒山，至于碣石，入于海。

西倾、朱圉、鸟鼠，至于太华；熊耳、外方、桐柏，至于陪尾。

导嶓冢，至于荆山。内方，至于大别。岷山之阳，至于衡山。过九江，至于敷浅原。

导弱水，至于合黎，余波入于流沙。

导黑水，至于三危，入于南海。

导河积石，至于龙门。南至于华阴，东至于底柱，又东至于孟津。东过洛汭，至于大伾，北过降水，至于大陆；又北，播为九河，同为逆河，入于海。

嶓冢导漾，东流为汉。又东，为沧浪之水。过三澨，至于大别，南入于江。东汇泽为彭蠡，东为北江，入于海。

岷山导江，东别为沱。又东至于澧；过九江，至于东陵，东迆，北会于汇。东为中江，入于海。

导沇水，东流为济，入于河，溢为荥。东出于陶丘北，又东至于菏，又东北会于汶，又北东入于海。

导淮自桐柏，东会于泗、沂，东入于海。

导渭自鸟鼠同穴，东会于沣，又东会于泾，又东过漆、沮，入于河。

导洛自熊耳，东北会于涧、瀍，又东会于伊，又东北入于河。

九州攸同，四隩既宅，九山刊旅，九川涤源，九泽既陂，四海会同，六府孔修，庶土交正，厎慎财赋，咸则三壤，成赋中邦。锡土姓，祗台德先，不距朕行。

五百里甸服。百里赋纳緫，二百里纳铚，三百里纳秸服，四百里粟，五百里米。

五百里侯服。百里采，二百里男邦，二百里诸侯。

五百里绥服。三百里揆文教，二百里奋武卫。

五百里要服。三百里夷，二百里蔡。

五百里荒服。三百里蛮，二百里流。

东渐于海，西被于流沙，朔、南暨声教。讫于四海，禹锡玄圭，告厥成功。

——《尚书·禹贡》。

四、私人撰述历史的出现与发展

【经】十年春，王正月，公败齐师于长勺。

二月，公侵宋。

三月，宋人迁宿。

夏六月，齐师、宋师次于郎。公败宋师于乘丘。

秋九月，荆败蔡师于莘，以蔡侯献舞归。

冬十月，齐师灭谭，谭子奔莒。

【传】十年春，齐师伐我。公将战，曹刿请见。其乡人曰："肉食者谋之，又何间焉。"刿曰："肉食者鄙，未能远谋。"乃入见。

问何以战。公曰："衣食所安，弗敢专也，必以分人。"对曰："小惠未遍，民弗从也。"公曰："牺牲玉帛，弗敢加也，必以信。"对曰："小信未孚，神弗福也。"公曰："小大之狱，虽不能察，必以情。"对曰："忠之属也，可以一战。战则请从。"

公与之乘。战于长勺，公将鼓之。刿曰："未可。"齐人三鼓，刿曰："可矣。"齐师败绩。公将驰之。刿曰："未可。"下视其辙，登轼而望之，曰："可矣。"遂逐齐师。

既克，公问其故。对曰："夫战，勇气也。一鼓作气，再而衰，三而竭。彼竭我盈，故克之。夫大国难测也，惧有伏焉。吾视其辙乱，望其旗靡，故逐之。"

夏六月，齐师、宋师次于郎。公子偃曰："宋师不整，可败也。宋败，齐必还，请击之。"公弗许。自雩门窃出，蒙皋比而先犯之。公从之，大败宋师于乘丘。齐师乃还。

蔡哀侯娶于陈，息侯亦娶焉。息妫将归，过蔡。蔡侯曰："吾姨也。"止而见之，弗宾。息侯闻之，怒，使谓楚文王曰："伐我，吾求救于蔡而伐之。"楚子从之。秋九月，楚败蔡师于莘，以蔡侯献舞归。

齐侯之出也，过谭，谭不礼焉。及其入也，诸侯皆贺，谭又不至。冬，齐师灭谭，谭无礼也。谭子奔莒，同盟故也。

——《左传·庄公十年》。

武灵王平昼间居，肥义侍坐，曰："王虑世事之变，权甲兵之用，念简、襄之迹，计胡、狄之利乎？"王曰："嗣立不忘先德，君之道也；错质务明主之长，臣之论也。是以贤君静而有道民便事之教，动而有明古先世之功。为人臣者，穷有弟长辞让之节，通有补民益主之业。此两者，君臣之分也。今吾欲继襄主之业，启胡、翟之乡，而卒世不见也。敌弱者，用力少而功多，可以无尽百姓之劳，而享往古之勋。夫有高世之功者，必负遗俗之累；有独知之虑者，必被庶人之恐。今吾将胡服骑射以教百姓，而世必议寡人矣。"

肥义曰："臣闻之，疑事无功，疑行无名。今王即定负遗俗之虑，殆毋顾天下之议矣。夫论至德者，不和于俗；成大功者，不谋于众。昔舜舞有苗，而禹袒入裸国，非以养欲而乐志也，欲以论德而要功也。愚者暗于成事，智者见于未萌，王其遂行之。"王曰："寡人非疑胡服也，吾恐天下笑之。狂夫之乐，智者哀焉；愚者之笑，贤者戚焉。世有顺我者，则胡服之功未可知也。虽驱世以笑我，胡地中山吾必有之。"

王遂胡服。使王孙绁告公子成曰："寡人胡服，且将以朝，亦欲叔之服之也。家听于亲，国听于君，古今之公行也；子不反亲，臣不逆主，先王之通谊也。今寡人作教易服，而叔不服，吾恐天下议之也。夫制国有常，而利民为本；从政有经，而令行为上。故明德在于论贱，行政在于信贵。今胡服之意，非以养欲而乐志也。事有所出，功有所止。事成功立，然后德且见也。今寡人恐叔逆从政之经，以辅公叔之议。且寡人闻之，事利国者行无邪，因贵戚者名不累。故寡人愿募公叔之义，以成胡服之功。使渫谒之叔，请服焉。"

公子成再拜曰："臣固闻王之胡服也，不佞寝疾，不能趋走，是以不先进。王今命之，臣固敢竭其愚忠。臣闻之，中国者，聪明睿知之所居也，万物财用之所聚也，贤圣之所教也，仁义之所施也，诗书礼乐之所用也，异敏技艺之所试也，远方之所观赴也，蛮夷之所义行也。今王释此，而袭远方之服，变古之教，易古之道，逆人之心，畔学者，离中国，臣愿大王图之。"

使者报王。王曰："吾固闻叔之病也。"即之公叔成家，自请之曰："夫服者，所以便用也；礼者，所以便事也。是以圣人观其乡而顺宜，因其事而制礼，所以利其民而厚其国也。被发文身，错臂左衽，瓯越之民也。黑齿雕题，鳀冠秫缝，大吴之国也。礼服不同，其便一也。是以乡异而用变，事异而礼易。是故圣人苟可以利其民，不一其用；果可以便其事，不同其礼。儒者一师而礼异，中国同俗而教离，又况山谷之便乎？故去就之变，知者不能一；远近之服，贤圣不能同。穷乡多异，曲学多辨，不知而不疑，异于己而不非者，公于求善也。今卿之所言者，俗也。吾之所言者，所以制俗也。今吾国东有河、薄洛之水，与齐、中山同之，而无舟楫之用。自常山以至代、上党，东有燕、东胡之境，西有楼烦、秦、韩之边，而无骑射之备。故寡人且聚舟楫之用，求水居之民，以守河、薄洛之水；变服骑射，以备其参胡、楼烦、秦、韩之边。且昔者简主不塞晋阳，以及上党，而襄王兼戎取代，以攘诸胡，此愚知之所明也。先时中山负齐之强兵，侵掠吾地，系累吾民，引水围鄗，非社稷之神灵，即鄗几不守。先王忿之，其怨未能报也。今骑射之服，近可以备上党之形，远可以报中山之怨。而叔也顺中国之俗以逆简、襄之意，恶变服之名，而忘国事之耻，非寡人所望于子！"

公子成再拜稽首曰："臣愚不达于王之议，敢道世俗之间。今欲继简、襄之意，以顺先王之志，臣敢不听令。"再拜。乃赐胡服。

——《战国策·赵策二》。

五、史观的出现

凡帝王者之将兴也，天必先见祥乎下民。黄帝之时，天先见大螾大蝼。黄帝曰："土气胜！"土气胜、故其色尚黄，其事则土。及禹之时，天先见草木，秋冬不杀，禹曰："木气胜！"木气胜、故其色尚青，其事则木。及汤之时，天先见金刃生于水，汤曰："金气胜！"金气胜、故其色尚白，其事则金。及文王之时，天先见火赤乌衔丹书集于周社，文王曰："火气胜！"火气胜、故其色尚赤，其事则火。代火者必将水，天且先见水气胜。水气胜、故其色尚黑，其事则水。水气至而不知，数备，将徙于土，天为者时，而不助农于下。

类固相召，气同则合，声比则应，鼓宫而宫动，鼓角而角动。平地注水，水流湿；均薪施火，火就燥，山云草莽，水云鱼鳞，旱云烟火，雨云水波，无不皆类其所生以示人。故以龙致雨，以形逐影，师之所处，必生棘楚。祸福之所自来，众人以为命，安知其所由。

——《吕氏春秋·有始览·应同篇》。

六、史学著作的成熟

项王军壁垓下，兵少食尽，汉军及诸侯兵围之数重。夜闻汉军四面皆楚歌，项王乃大惊曰："汉皆已得楚乎？是何楚人之多也！"项王则夜起，饮帐中。有美人名虞，常幸从；骏马名骓，常骑之。于是项王乃悲歌慷慨，自为诗曰："力拔山兮气盖世，时不利兮骓不逝。骓不逝兮可奈何，虞兮虞兮奈若何！"歌数阕，美人和之。项王泣数行下，左右皆泣，莫能仰视。

于是项王乃上马骑，麾下壮士骑从者八百余人，直夜溃围南出，驰走。平明，汉军乃觉之，令骑将灌婴以五千骑追之。项王渡淮，骑能属者百余人耳。项王至阴陵，迷失道，问一田父，田父绐曰"左。"左，乃陷大泽中。以故汉追及之。项王乃复引兵而东，至东城，乃有二十八骑。汉骑追者数千人。项王自度不得脱。谓其骑曰："吾起兵至今八岁矣，身七十余战，所当者破，所击者服，未尝败北，遂霸有天下。然今卒困于此，此天之亡我，非战之罪也。今日固决死，愿为诸君快战，必三胜之，为诸君溃围，斩将，刈旗，令诸君知天亡我，非战之罪也。"乃分其骑以为四队，四向。汉军围之数重。项王谓其骑曰："吾为公取彼一将。"令四面骑驰下，期山东为三处。于是项王大呼驰下，汉军皆披靡，遂斩汉一将。是时，赤泉侯为骑将，追项王，项王瞋目而叱之，赤泉侯人马俱惊，辟易数里，与其骑会为三处。汉军不知项王所在，乃分军为三，复围之。项王乃驰，复斩汉一都尉，杀数十百人，复聚其骑，亡其两骑耳。乃谓其骑曰："何如？"骑皆伏曰："如大王言。"

于是项王乃欲东渡乌江。乌江亭长舣船待，谓项王曰："江东虽小，地方千里，众数十万人，亦足王也。愿大王急渡。今独臣有船，汉军至，无以渡。"项王笑曰："天之亡我，我何渡为！且籍与江东子弟八千人渡江而西，今无一人还，纵江东父兄怜而王我，我何面目见之？纵彼不言，籍独不愧于心乎？”乃谓亭长曰：“吾知公长者。吾骑此马五岁，所当无敌，尝一日行千里，不忍杀之，以赐公。”乃令骑皆下马步行，持短兵接战。独籍所杀汉军数百人。项王身亦被十余创。顾见汉骑司马吕马童，曰：“若非吾故人乎？”马童面之，指王翳曰：“此项王也。”项王乃曰：“吾闻汉购我头千金，邑万户，吾为若德。”乃自刎而死。王翳取其头，余骑相蹂践争项王，相杀者数十人。最其后，郎中骑杨喜，骑司马吕马童，郎中吕胜、杨武，各得其一体。五人共会其体，皆是。故分其地为五：封吕马童为中水侯，封王翳为杜衍侯，封杨喜为赤泉侯，封杨武为吴防侯，封吕胜为涅阳侯。

项王已死，楚地皆降汉，独鲁不下。汉乃引天下兵欲屠之，为其守礼义，为主死节，乃持项王头视鲁，鲁父兄乃降。始，楚怀王初封项籍为鲁公，及其死，鲁最后下，故以鲁公礼葬项王穀城。汉王为发哀，泣之而去。

诸项氏枝属，汉王皆不诛。乃封项伯为射阳侯。桃侯、平皋侯、玄武侯皆项氏，赐姓刘。

太史公曰：吾闻之周生曰“舜目盖重瞳子”，又闻项羽亦重瞳子。羽岂其苗裔邪？何兴之暴也！夫秦失其政，陈涉首难，豪杰蜂起，相与并争，不可胜数。然羽非有尺寸，乘势起陇亩之中，三年，遂将五诸侯灭秦，分裂天下，而封王侯，政由羽出，号为“霸王”，位虽不终，近古以来未尝有也。及羽背关怀楚，放逐义帝而自立，怨王侯叛己，难矣。自矜功伐，奋其私智而不师古，谓霸王之业，欲以力征经营天下，五年卒亡其国，身死东城，尚不觉寤而不自责，过矣。乃引“天亡我，非用兵之罪也”，岂不谬哉！

——《史记·项羽本纪》。

吕不韦者，阳翟大贾人也。往来贩贱卖贵，家累千金。

秦昭王四十年，太子死。其四十二年，以其次子安国君为太子。安国君有子二十余人。安国君有所甚爱姬，立以为正夫人，号曰华阳夫人。华阳夫人无子。安国君中男名子楚，子楚母曰夏姬，毋爱。子楚为秦质子于赵。秦数攻赵，赵不甚礼子楚。

子楚，秦诸庶孽孙，质于诸侯，车乘进用不饶，居处困，不得意。吕不韦贾邯郸，见而怜之，曰“此奇货可居”。乃往见子楚，说曰：“吾能大子之门。”子楚笑曰：“且自大君之门，而乃大吾门！”吕不韦曰：“子不知也，吾门待子门而大。”子楚心知所谓，乃引与坐，深语。吕不韦曰：“秦王老矣，安国君得为太子。窃闻安国君爱幸华阳夫人，华阳夫人无子，能立嫡嗣者独华阳夫人耳。今子兄弟二十余人，子又居中，不甚见幸，久质诸侯。即大王薨，安国君立为王，则子毋几得与长子及诸子旦暮在前者争为太子矣。”子楚曰：“然，为之奈何？”吕不韦曰：“子贫，客于此，非有以奉献于亲及结宾客也。不韦虽贫，请以千金为子西游，事安国君及华阳夫人，立子为嫡嗣。”子楚乃顿首曰：“必如君策，请得分秦国与君共之。”

吕不韦乃以五百金与子楚，为进用，结宾客；而复以五百金买奇物玩好，自奉而西游秦，求见华阳夫人姊，而皆以其物献华阳夫人。因言子楚贤智，结诸侯宾客遍天下，常曰“楚也以夫人为天，日夜泣思太子及夫人”。夫人大喜。不韦因使其姊说夫人曰：“吾闻之，以色事人者，色衰而爱弛。今夫人事太子，甚爱而无子，不以此时蚤自结于诸子中贤孝者，举立以为嫡而子之，夫在则重尊，夫百岁之后，所子者为王，终不失势，此所谓一言而万世之利也。不以繁华时树本，即色衰爱弛后，虽欲开一语，尚可得乎？今子楚贤，而自知中男也，次不得为嫡，其母又不得幸，自附夫人，夫人诚以此时拔以为嫡，夫人则竟世有宠于秦矣。”华阳夫人以为然，承太子闲，从容言子楚质于赵者绝贤，来往者皆称誉之。乃因涕泣曰：“妾幸得充后宫，不幸无子，愿得子楚立以为嫡嗣，以托妾身。”安国君许之，乃与夫人刻玉符，约以为嫡嗣。安国君及夫人因厚馈遗子楚，而请吕不韦傅之，子楚以此名誉益盛于诸侯。

吕不韦取邯郸诸姬绝好善舞者与居，知有身。子楚从不韦饮，见而说之，因起为寿，请之。吕不韦怒，念业已破家为子楚，欲以钓奇，乃遂献其姬。姬自匿有身，至大期时，生子政。子楚遂立姬为夫人。

秦昭王五十年，使王齮围邯郸，急，赵欲杀子楚。子楚与吕不韦谋，行金六百斤予守者吏，得脱，亡赴秦军，遂以得归。赵欲杀子楚妻子，子楚夫人赵豪家女也，得匿，以故母子竟得活。秦昭王五十六年，薨，太子安国君立为王，华阳夫人为王后，子楚为太子。赵亦奉子楚夫人及子政归秦。

秦王立一年，薨，谥为孝文王。太子子楚代立，是为庄襄王。庄襄王所母华阳后为华阳太后，真母夏姬尊以为夏太后。庄襄王元年，以吕不韦为丞相，封为文信侯，食河南洛阳十万户。

庄襄王即位三年，薨，太子政立为王，尊吕不韦为相国，号称“仲父”。秦王年少，太后时时窃私通吕不韦。不韦家僮万人。

当是时，魏有信陵君，楚有春申君，赵有平原君，齐有孟尝君，皆下士喜宾客以相倾。吕不韦以秦之强，羞不如，亦招致士，厚遇之，至食客三千人。是时诸侯多辩士，如荀卿之徒，著书布天下。吕不韦乃使其客人人著所闻，集论以为八览、六论、十二纪，二十余万言。以为备天地万物古今之事，号曰《吕氏春秋》。布咸阳市门，悬千金其上，延诸侯游士宾客有能增损一字者予千金。

始皇帝益壮，太后淫不止。吕不韦恐觉祸及己，乃私求大阴人嫪毐以为舍人，时纵倡乐，使毐以其阴关桐轮而行，令太后闻之，以啗太后。太后闻，果欲私得之。吕不韦乃进嫪毐，诈令人以腐罪告之。不韦又阴谓太后曰："可事诈腐，则得给事中。"太后乃阴厚赐主腐者吏，诈论之，拔其须眉为宦者，遂得侍太后。太后私与通，绝爱之。有身，太后恐人知之，诈卜当避时，徙宫居雍。嫪毐常从，赏赐甚厚，事皆决于嫪毐。嫪毐家僮数千人，诸客求宦为嫪毐舍人千余人。

始皇七年，庄襄王母夏太后薨。孝文王后曰华阳太后，与孝文王会葬寿陵。夏太后子庄襄王葬芷阳，故夏太后独别葬杜东，曰"东望吾子，西望吾夫。后百年，旁当有万家邑"。

始皇九年，有告嫪毐实非宦者，常与太后私乱，生子二人，皆匿之。与太后谋曰"王即薨，以子为后"。于是秦王下吏治，具得情实，事连相国吕不韦。九月，夷嫪毐三族，杀太后所生两子，而遂迁太后于雍。诸嫪毐舍人皆没其家而迁之蜀。王欲诛相国，为其奉先王功大，及宾客辩士为游说者众，王不忍致法。

秦王十年十月，免相国吕不韦。及齐人茅焦说秦王，秦王乃迎太后于雍，归复咸阳，而出文信侯就国河南。

岁余，诸侯宾客使者相望于道，请文信侯。秦王恐其为变，乃赐文信侯书曰："君何功于秦？秦封君河南，食十万户。君何亲于秦？号称仲父。其与家属徙处蜀！"吕不韦自度稍侵，恐诛，乃饮酖而死。秦王所加怒吕不韦、嫪毐皆已死，乃皆复归嫪毐舍人迁蜀者。

始皇十九年，太后薨，谥为帝太后，与庄襄王会葬芷阳。

太史公曰：不韦及嫪毐贵，封号文信侯。人之告嫪毐，毐闻之。秦王验左右，未发。上之雍郊，毐恐祸起，乃与党谋，矫太后玺发卒以反蕲年宫。发吏攻毐，毐败亡走，追斩之好畤，遂灭其宗。而吕不韦由此绌矣。孔子之所谓"闻"者，其吕子乎？

——《史记·吕不韦列传》。

七、正史格局的形成——《汉书》

固以为唐虞三代，《诗》《书》所及，世有典籍，故虽尧舜之盛，必有典谟之篇，然后扬名于后世，冠德于百王，故曰："巍巍乎其有成功，焕乎其有文章也！"汉绍尧运，以建帝业，至于六世，史臣乃追述功德，私作本纪，编于百王之末，厕于秦、项之列。太初以后，阙而不录，故探纂前记，缀辑所闻，以述《汉书》，起元高祖，终于孝平王莽之诛，十有二世，二百三十年，综其行事，旁贯《五经》，上下洽通，为春秋考纪、表、志、传，凡百篇。其叙曰：

皇矣汉祖，纂尧之绪，实天生德，聪明神武。秦人不纲，罔漏于楚，爰兹发迹，断蛇奋旅。神母告符，朱旗乃举，粤蹈秦郊，婴来稽首。革命创制，三章是纪，应天顺民，五星同晷。项氏畔换，黜我巴、汉，西土宅心，战士愤怒。乘衅而运，席卷三秦，割据河山，保此怀民。股肱萧、曹，社稷是经，爪牙信、布，腹心良、平，龚行天罚，赫赫明明。述《高纪》第一。

孝惠短世，高后称制，罔顾天显，吕宗以败。述《惠纪》第二，《高后纪》第三。

太宗穆穆，允恭玄默，化民以躬，帅下以德。农不供贡，罪不收孥，宫不新馆，陵不崇墓。我德如风，民应如草，国富刑清，登我汉道。述《文纪》第四。

孝景莅政，诸侯方命，克伐七国，王室以定。匪怠匪荒，务在农桑，著于甲令，民用宁康。述《景纪》第五。

世宗晔晔，思弘祖业，畴咨熙载，髦俊并作。厥作伊何？百蛮是攘，恢我疆宇，外博四荒。武功既抗，亦迪斯文，宪章六学，统壹圣真。封禅郊祀，登秩百神；协律改正，飨兹永年。述《武纪》第六。

孝昭幼冲，冢宰惟忠。燕、盖诪张，实睿实聪，罪人斯得，邦家和同。述《昭纪》第七。

中宗明明，夤用刑名，时举傅纳，听断惟精。柔远能迩，焯耀威灵，龙荒幕朔，莫不来庭。丕显祖烈，尚于有成。述《宣纪》第八。

孝元翼翼，高明柔克，宾礼故老，优繇亮直。外割禁囿，内损御服，离宫不卫，山陵不邑。阉尹之疵，秽我明德。述《元纪》第九。

孝成煌煌，临朝有光，威仪之盛，如圭如璋。壶闱恣赵，朝政在王，炎炎燎火，亦允不阳。述《成纪》第十。

孝哀彬彬，克揽威神，雕落洪支，底剧鼎臣。婉娈董公，惟亮天功，《大过》之困，实桡实凶。述《哀纪》第十一。

孝平不造，新都作宰，不周不伊，丧我四海。述《平纪》第十二。

——《汉书·叙传》。

古之王者世有史官，君举必书，所以慎言行，昭法式也。左史记言，右史记事，事为《春秋》，言为《尚书》，帝王靡不同之。周室既微，载籍残缺，仲尼思存前圣之业，乃称曰："夏礼吾能言之，杞不足征也；殷礼吾能言之，宋不足征也。文献不足故也，足则吾能征之矣。"以鲁周公之国，礼文备物，史官有法，故与左丘明观其史记，据行事，仍人道，因兴以立功，就败以成罚，假日月以定历数，借朝聘以正礼乐。有所褒讳贬损，不可书见，口授弟子，弟子退而异言。丘明恐弟子各安其意，以失其真，故论本事而作传，明夫子不以空言说经也。《春秋》所贬损大人当世君臣，有威权势力，其事实皆形于传，是以隐其书而不宣，所以免时难也。及末世口说流行，故有《公羊》《穀梁》《邹》《夹》之《传》。四家之中，《公羊》《穀梁》立于学官，邹氏无师，夹氏未有书。

《论语》古二十一篇。出孔子壁中，两《子张》。

《齐》二十二篇。多《问王》《知道》。

《鲁》二十篇，《传》十九篇。

《齐说》二十九篇。

《鲁夏侯说》二十一篇。

《鲁安昌侯说》二十一篇。

《鲁王骏说》二十篇。

《燕传说》三卷。

《议奏》十八篇。石渠论。

《孔子家语》二十七卷。

《孔子三朝》七篇。

《孔子徒人图法》二卷。

凡《论语》十二家，二百二十九篇。

《论语》者，孔子应答弟子时人及弟子相与言而接闻于夫子之语也。当时弟子各有所记。夫子既卒，门人相与辑而论篹，故谓之《论语》。汉兴，有齐、鲁之说。传《齐论》者，昌邑中尉王吉、少府宋畸、御史大夫贡禹、尚书令五鹿充宗、胶东庸生，唯王阳名家。传《鲁论语》者，常山都尉龚奋、长信少府夏侯胜、丞相韦贤、鲁扶卿、前将军萧望之、安昌侯张禹，皆名家。张氏最后而行于世。

……

儒家者流，盖出于司徒之官，助人君顺阴阳明教化者也。游文于六经之中，留意于仁义之际，祖述尧舜，宪章文武，宗师仲尼，以重其言，于道最为高。孔子曰："如有所誉，其有所试。"唐虞之隆，殷周之盛，仲尼之业，已试之效者也。然惑者既失精微，而辟者又随时抑扬，违离道本，苟以哗众取宠。后进循之，是以《五经》乖析，儒学浸衰，此辟儒之患。

……

道家者流，盖出于史官，历记成败存亡祸福古今之道，然后知秉要执本，清虚以自守，卑弱以自持，此君人南面之术也。合于尧之克攘，《易》之嗛嗛，一谦而四益，此其所长也。及放者为之，则欲绝去礼学，兼弃仁义，曰独任清虚可以为治。

……

阴阳家者流，盖出于羲和之官，敬顺昊天，历象日月星辰，敬授民时，此其所长也。及拘者为之，则牵于禁忌，泥于小数，舍人事而任鬼神。

……

法家者流，盖出于理官，信赏必罚，以辅礼制。《易》曰“先王以明罚饬法”，此其所长也。及刻者为之，则无教化，去仁爱，专任刑法而欲以致治，至于残害至亲，伤恩薄厚。

……

名家者流，盖出于礼官。古者名位不同，礼亦异数。孔子曰：“必也正名乎！名不正则言不顺，言不顺则事不成。”此其所长也。及警者为之，则苟钩𫓧析乱而已。

……

墨家者流，盖出于清庙之守。茅屋采椽，是以贵俭；养三老五更，是以兼爱；选士大射，是以上贤；宗祀严父，是以右鬼；顺四时而行，是以非命；以孝视天下，是以上同：此其所长也。及蔽者为之，见俭之利，因以非礼，推兼爱之意，而不知别亲疏。

……

纵横家者流，盖出于行人之官。孔子曰：“诵《诗》三百，使于四方，不能专对，虽多亦奚以为?”又曰：“使乎，使乎!”言其当权事制宜，受命而不受辞，此其所长也。及邪人为之，则上诈谖而弃其信。

……

杂家者流，盖出于议官。兼儒、墨，合名、法，知国体之有此，见王治之无不贯，此其所长也。及荡者为之，则漫羡而无所归心。

……

农家者流，盖出于农稷之官，播百谷，劝耕桑，以足衣食，故八政一曰食，二曰货。孔子曰“所重民食”，此其所长也。及鄙者为之，以为无所事圣王，欲使君臣并耕，悖上下之序。

……

小说家者流，盖出于稗官。街谈巷语，道听涂说者之所造也。孔子曰：“虽小道，必有可观者焉，致远恐泥，是以君子弗为也。”然亦弗灭也。闾里小知者之所及，亦使缀而不忘。如或一言可采，此亦刍荛狂夫之议也。

凡诸子百八十九家，四千三百二十四篇。出蹴鞠一家，二十五篇。

诸子十家，其可观者九家而已。皆起于王道既微，诸侯力政，时君世主，好恶殊方，是以九家之术蜂出并作，各引一端，崇其所善，以此驰说，取合诸侯。其言虽殊，辟犹水火，相灭亦相生也。仁之与义，敬之与和，相反而皆相成也。《易》曰：“天下同归而殊涂，一致而百虑。”今异家者各推所长，穷知究虑，以明其指，虽有蔽短，合其要归，亦《六经》之支与流裔。使其人遭明王圣主，得其所折中，皆股肱之材已。仲尼有言：“礼失而求诸野。”方今去圣久远，道术缺废，无所更索，彼九家者，不犹愈于野乎？若能修六艺之术，而观此九家之言，舍短取长，则可以通万方之略矣。

——《汉书·艺文志》。

八、编年皇朝史——《汉纪》

凡《汉纪》十二世，十一帝，通王莽二百四十二年。一祖三宗。高祖定天下，孝惠、高后值国家无事，百姓安集。太宗升平，世宗建功，中宗治平，昭、景称治。元、成、哀、平历世陵迟，莽遂篡国也。凡祥瑞：黄龙见，凤凰集，麒麟臻，神马出，神鸟翔，神雀集，白虎仁兽获，宝鼎升，宝磬神光见，山称万岁，甘露降，芝草生，嘉禾茂，玄稷降，醴泉涌，木连理。凡灾异大者：日蚀五十六，地震十六，天开地裂、五星集于东井各一，太白再经天，星孛二十四，山崩三十四，陨石十一，星陨如雨二，星昼见三，火灾二十四，河、汉水大泛溢为人害十，河泛一，冬雷五，夏雪三，冬无冰二，天雨血，雨草，雨鱼，死人复生，男子化为女子嫁为人妇生子，枯木更生，大石自立。建安元年，上巡省幸许昌，以镇万国。外命亢辅征讨不庭，内齐七政允亮圣业，综练典籍，兼览传记。其三年，诏给事中秘书监荀悦抄撰《汉书》，略举其要，假以不直，尚书给纸笔，虎贲给书吏。悦于是约集旧书，撮序《表》《志》总为《帝纪》，通比其事，例系年月。其祖宗功勋、先帝事业、国家纲纪、天地灾异、功臣名贤、奇策善言、殊德异行、法式之典，凡在《汉书》者，本末体殊，大略粗举；其经传所遗阙者差少而求志，势有所不能尽繁重之语，凡所行之事，出入省要，删略其文。凡为三十卷，数十余万言，作为《帝纪》，省约易习，无妨本书，有便于用，其旨云尔。会悦迁为侍中，其五年书成乃奏，记云四百有一十六载，谓书奏之岁，岁在庚辰。昔晋之《乘》，楚之《梼杌》，鲁之《春秋》，虞、夏、商、周之《书》，其揆一也。皆古之令典，立之则成其法，弃之则坠于地，瞻之则存，忽焉则废，故君子重之，《汉书纪》其义同矣。凡《汉纪》有法式焉，有监戒焉；有废乱焉，有持平焉；有兵略焉，有政化焉；有休祥焉，有灾异焉；有华夏之事焉，有四夷之事焉；有常道焉，有权变焉；有策谋焉，有诡说焉；有术艺焉，有文章焉：斯皆明主贤臣，命世立业，群后之盛勋，髦俊之遗事。是故质之事实而不诬，通之万方而不泥。可以兴，可以治；可以动，可以静；可以言，可以行。惩恶而劝善，奖成而惧败。兹亦有国之常训，典籍之渊林。虽云撰之者陋浅，而本末存焉尔。故君子可观之矣。

——《汉纪·序》。

九、官修史书

经典存言，史官纪事，考论得失，究尽变通。所以裁成义类，惩恶劝善，多识前古，贻鉴将来。伏羲以降，周、秦斯及，两汉继绪，三国并命，迄于晋、宋，记载备焉。自晋南徙，魏乘机运，周、隋禅代，历代相仍。梁氏称邦，跨据淮海，齐迁龟鼎，陈建宗枋，莫不自命正朔，绵历岁祀，各殊徽号，删定礼仪。至于发迹开基，受终告代，嘉谋善政，名臣奇士，立言著绩，无乏于时。然而简牍未修，纪传咸缺，炎凉已积，谣俗还讹，余烈遗风，泯焉将坠！朕握图御宇，长世字民，方立典谟，永垂宪则。顾彼湮落，用深叹悼，有怀撰录，实资良直。中书令萧瑀，给事中王敬业，著作郎殷闻礼，可修魏史；侍中陈叔达，秘书丞令狐德棻，太史令庾俭，可修周史；兼中书令封德彝，中书舍人颜师古，可修隋史；大理卿崔善，中书舍人孔绍安，太子洗马萧德言，可修梁史；太子詹事裴矩，兼吏部郎中祖孝孙，前秘书丞魏徵，可修齐史；秘书监窦琎，给事中欧阳询，秦王文学姚思廉，可修陈史。务加详核，博采旧闻，义不在刊，书法无隐。

——（宋）宋敏求：《唐大诏令集·卷八一·命萧瑀等修六代史诏》，上海，学林出版社，1992。

十、“史学三长”说

开元初，迁左散骑常侍，修史如故。九年，长子贶为太乐令，犯事配流。子玄诣执政诉理，上闻而怒之，由是贬授安州都督府别驾。子玄掌知国史，首尾二十余年，多所撰述，甚为当时所称。礼部尚书郑惟忠尝问子玄曰：“自古已来，文士多而史才少，何也?”对曰：“史才须有三长，世无其人，故史才少也。三长：谓才也，学也，识也。夫有学而无才，亦犹有良田百顷，黄金满籝，而使愚者营生，终不能致于货殖者矣。如有才而无学，亦犹思兼匠石，巧若公输，而家无楩楠斧斤，终不果成其宫室者矣。犹须好是正直，善恶必书，使骄主贼臣，所以知惧，此则为虎傅翼，善无可加，所向无敌者矣。脱苟非其才，不可叨居史任。自敻古已来，能应斯目者，罕见其人。”时人以为知言。

——《旧唐书·刘子玄传》。

十一、《史通》——划时代的史学批评著作

三、五之代，书有《典》《坟》，悠哉邈矣，不可得而详。自唐、虞已下迄于周，是为《古文尚书》。然世犹淳质，文从简略，求诸备体，固已阙如。既

而丘明传《春秋》，子长著《史记》，载笔之体，于斯备矣。后来继作，相与因循，假有改张，变其名目，区域有限，孰能逾此！盖荀悦、张璠，丘明之党也；班固、华峤，子长之流也。惟此二家，各相矜尚。必辨其利害，可得而言之。

夫《春秋》者，系日月而为次，列时岁以相续，中国外夷，同年共世，莫不备载其事，形于目前。理尽一言，语无重出。此其所以为长也。至于贤士贞女，高才俊德，事当冲要者，必盱衡而备言；迹在沉冥者，不枉道而详说。如绛县之老，杞梁之妻，或以酬晋卿而获记，或以对齐君而见录。其有贤如柳惠，仁若颜回，终不得彰其名氏，显其言行。故论其细也，则纤芥无遗；语其粗也，则丘山是弃。此其所以为短也。

《史记》者，纪以包举大端，传以委曲细事，表以谱列年爵，志以总括遗漏，逮于天文、地理、国典、朝章，显隐必该，洪纤靡失。此其所以为长也。若乃同为一事，分在数篇，断续相离，前后屡出，于《高纪》则云语在《项传》，于《项传》则云事具《高纪》。又编次同类，不求年月，后生而擢居首帙，先辈而抑归末章，遂使汉之贾谊将楚屈原同列，鲁之曹沫与燕荆轲并编。此其所以为短也。

考兹胜负，互有得失。而晋世干宝著书，乃盛誉丘明而深抑子长，其义云：能以三十卷之约，括囊二百四十年之事，靡有遗也。寻其此说，可谓劲挺之词乎？按春秋时事，入于左氏所书者，盖三分得其一耳。丘明自知其略也，故为《国语》以广之。然《国语》之外，尚多亡逸，安得言其括囊靡遗者哉？向使丘明世为史官，皆仿《左传》也，至于前汉之严君平、郑子真，后汉之郭林宗、黄叔度，晁错、董生之对策，刘向、谷永之上书，斯并德冠人伦，名驰海内，识洞幽显，言穷军国。或以身隐位卑，不预朝政；或以文烦事博，难为次序。皆略而不书，斯则可也。必情有所吝，不加刊削，则汉氏之志传百卷，并列于十二纪中，将恐碎琐多芜，阑单失力者矣。故班固知其若此，设纪传以区分，使其历然可观，纲纪有别。荀悦厌其迂阔，又依左氏成书，翦裁班史，篇才三十，历代褒之，有逾本传。

然则班、荀二体，角力争先，欲废其一，固亦难矣。后来作者，不出二途。故晋史有王、虞，而副以干《纪》，《宋书》有徐、沈，而分为裴《略》。各有其美，并行于世。异夫令升之言，唯守一家而已。

——（唐）刘知幾：《史通·二体》，上海，上海古籍出版社，2008。

子曰："吾犹及史之阙文。"是知史文有阙，其来尚矣。自非博雅君子，何以补其遗逸者哉？盖珍裘以众腋成温，广厦以群材合构。自古探穴藏山之士，怀铅握椠之客，何尝不征求异说，采摭群言，然后能成一家，传诸不朽。观夫丘明受经立传，广包诸国，盖当时有《周志》《晋乘》《郑书》《楚杌》等篇，遂乃聚而编之，混成一录。向使专凭鲁策，独询孔氏，何以能殚见洽闻，若斯之博也？马迁《史记》，采《世本》《国语》《战国策》《楚汉春秋》。至班固《汉书》，则全同太史。自太初已后，又杂引刘氏《新序》《说苑》《七略》之辞。此并当代雅言，事无邪僻，故能取信一时，擅名千载。

但中古作者，其流日烦，虽国有册书，杀青不暇，而百家诸子，私存撰录，寸有所长，实广闻见。其失之者，则有苟出异端，虚益新事，至如禹生启石，伊产空桑，海客乘槎以登汉，姮娥窃药以奔月。如斯踳驳，不可殚论，固难以污南、董之片简，沾班、华之寸札。而嵇康《高士传》，好聚七国寓言；玄晏《帝王纪》，多采《六经》图谶，引书之误，其萌于此矣。

至范晔增损东汉一代，自谓无惭良直，而王乔凫履，出于《风俗通》，左慈羊鸣，传于《抱朴子》。朱紫不别，秽莫大焉。沈氏著书，好诬先代，于晋则故造奇说，在宋则多出谤言，前史所载，已讥其谬矣。而魏收党附北朝，尤苦南国，承其诡妄，重以加诸。遂云马睿出于牛金，刘骏上淫路氏。可谓助桀为虐，幸人之灾。寻其生绝胤嗣，死遭剖斫，盖亦阴过之所致也。

晋世杂书，谅非一族，若《语林》《世说》《幽明录》《搜神记》之徒，其所载或恢谐小辩，或神鬼怪物。其事非圣，扬雄所不观；其言乱神，宣尼所不语。皇朝新撰《晋史》，多采以为书。夫以干、邓之所粪除，王、虞之所糠秕，持为逸史，用补前传，此何异魏朝之撰《皇览》，梁世之修《遍略》，务多为美，聚博为功，虽取说于小人，终见嗤于君子矣。

夫郡国之记，谱谍之书，务欲矜其州里，夸其氏族。读之者安可不练其得失，明其真伪者乎？至如江东"五俊"，始自《会稽典录》；颍川"八龙"，出于《荀氏家传》。而修晋、汉史者，皆征彼虚誉，定为实录。苟不加以研核，何以详其是非？

又讹言难信，传闻多失，至如曾参杀人，不疑盗嫂，翟义不死，诸葛犹存，此皆得之于行路，传之于众口，傥无明白，其谁曰不然。故蜀相薨于渭滨，《晋书》称呕血而死；魏君崩于马圈，《齐史》云中矢而亡；沈炯骂书，河北以为王伟；魏收草檄，关西谓之邢邵。夫同说一事，而分为两家，盖言之者彼此有殊，故书之者是非无定。

况古今路阻，视听壤隔，而谈者或以前为后，或以有为无，泾、渭一乱，莫之能辨。而后来穿凿，喜出异同，不凭国史，别讯流俗。及其记事也，则有师旷将轩辕并世，公明与方朔同时；尧有八眉，夔唯一足；乌白马角，救燕丹而免祸；犬吠鸡鸣，逐刘安以高蹈。此之乖滥，往往有旃。

故作者恶道听途说之违理，街谈巷议之损实。观夫子长之撰《史记》也，殷、周已往，采彼家人；安国之述《阳秋》也，梁、益旧事，访诸故老。夫以刍荛鄙说，刊为竹帛正言，而辄欲与《五经》方驾，《三志》竞爽，斯亦难矣。呜呼！逝者不作，冥漠九泉；毁誉所加，远诬千载。异辞疑事，学者宜善思之。

——（唐）刘知幾：《史通·采撰》，上海，上海古籍出版社，2008。

夫人禀五常，士兼百行，邪正有别，曲直不同。若邪曲者，人之所贱，而小人之道也；正直者，人之所贵，而君子之德也。然世多趋邪而弃正，不践君子之迹，而行由小人者，何哉？语曰："直如弦，死道边；曲如钩，反封侯。"故宁顺从以保吉，不违忤以受害也。况史之为务，申以劝诫，树之风声。其有贼臣逆子，淫君乱主，苟直书其事，不掩其瑕，则秽迹彰于一朝，恶名被于千载。言之若是，吁可畏乎！

夫为于可为之时则从，为于不可为之时则凶。如董狐之书法不隐，赵盾之为法受屈，彼我无忤，行之不疑，然后能成其良直，擅名今古。至若齐史之书崔弑，马迁之述汉非，韦昭仗正于吴朝，崔浩犯讳于魏国，或身膏斧钺，取笑当时；或书填坑窖，无闻后代。夫世事如此，而责史臣不能申其强项之风，励其匪躬之节，盖亦难矣。是以张俨发愤，私存《嘿记》之文；孙盛不平，窃撰辽东之本。以兹避祸，幸获两全。足以验世途之多隘，知实录之难遇耳。

然则历考前史，征诸直词，虽古人糟粕，真伪相乱，而披沙拣金，有时获宝。案金行在历，史氏尤多。当宣、景开基之始，曹、马构纷之际，或列营渭曲，见屈武侯，或发仗云台，取伤成济。陈寿、王隐咸杜口而无言，陆机、虞预各栖毫而靡述。至习鉴齿，乃申以死葛走生达之说，抽戈犯跸之言。历代厚诬，一朝如雪。考斯人之书事，盖近古之遗直欤？次有宋孝王《风俗传》、王劭《齐志》，其叙述当时，亦务在审实。案于时河朔王公，箕裘未陨；邺城将相，薪构仍存。而二子书其所讳，曾无惮色。刚亦不吐，其斯人欤？

盖烈士徇名，壮夫重气，宁为兰摧玉折，不作瓦砾长存。若南、董之仗气直书，不避强御；韦、崔之肆情奋笔，无所阿容。虽周身之防有所不足，而遗芳余烈，人到于今称之。与夫王沈《魏书》，假回邪以窃位，董统《燕史》，持谄媚以偷荣，贯三光而洞九泉，曾未足喻其高下也。

——（唐）刘知幾：《史通·直书》，上海，上海古籍出版社，2008。

十二、编年、纪传之争

论曰：古史编年，至汉史司马迁始更其制，而为纪传，相承至今，无以移之。历代论者以迁为率私意，荡古法，纪传烦漫不如编年。予以为合圣人之经者，以心不以迹；得良史之体者，在适不在同。编年纪传，系于时之所宜，才之所长者耳，何常之有？故是非与众人同辩，善恶得圣人之中，不虚美，不隐恶，则为纪为传，为编年，是皆良史矣。若论不足以析星极，辞不足以杜无穷，虽为纪传编年，斯皆罪人。且编年之作，岂非以事系日、以日系月、以月系时、以时系年者哉？司马氏作纪，以项羽承秦，以吕后接之，亦以历年不可中废，年不可阙，故书也。观其作传之意，将以包该事迹，参贯话语，纤悉百代之务，成就一家之说，必新制度而驰才力焉。又编年纪事，束于次第，牵于浑并，必举其大纲而简于叙事。是以多阙载，多逸文，乃别为著录，以备时之语言，而尽事之本末。故《春秋》之作，则为《尚书》《左传》之外，又为《国语》，可复省左史于右，合外传与于内哉！故合之则繁，离之则异，削之则阙。子长病其然也，于是革旧典，开新程，为纪为传，为表、为志，首尾具叙录，表里相发明，庶为得中，以是无愧。太初以来，千有余岁，史臣接躅，文人比踵，卒不能有所改张，奉而遵行，传以相授，斯亦奇矣。唯荀氏为《汉纪》，斐氏为《宋略》，强欲复古，皆为编年。然其善语嘉言，细事详说，所遗多矣。如览正史，方能备明，则褒贬得失，章章于是矣。今之作者，苟能遵纪传之体裁，同《春秋》之是非，文敌迁、固，直踪南、董，亦无上矣。倘谬乎此，则虽服仲尼之服，手握绝麟之笔，等古人之章句，署王正之月日，谓之好古则可矣，顾其书何如哉！

——（宋）李昉等：《文苑英华·编年纪传论》，北京，中华书局，1966。

十三、典章制度史——《通典》

佑少尝读书，而性且蒙固，不达术数之艺，不好章句之学。所纂《通典》，实采群言，征诸人事，将施有政。夫理道之先在乎行教化，教化之本在乎足衣食。《易》称聚人曰财。《洪范》八政，一曰食，二曰货。《管子》曰："仓廪实知礼节，衣食足知荣辱。"夫子曰："既富而教。"斯之谓矣。夫行教化在乎设职官，设职官在乎审官才，审官才在乎精选举，制礼以端其俗，立乐以和其心，此先哲王致治之大方也。故职官设然后兴礼乐焉，教化隳然后用刑罚焉，列州郡俾分领焉，置边防遏戎敌焉。是以食货为之首，十二卷。选举次之，六卷。职官又次之，二十二卷。礼又次之，百卷。乐又次之，七卷。刑又次之，大刑用甲兵，十五卷。其次五刑，八卷。州郡又次之，十四卷。边防末之，十六卷。或览之者庶知篇第之旨也。本初纂录，止于天宝之末，其有要须议论者，亦便及以后之事。

食货

第一，田制上

第二，田制下　水利田　屯田

第三，乡党 土断、版籍并附

第四，赋税上

第五，赋税中

第六，赋税下

第七，历代盛衰户口 丁中

第八，钱币上

第九，钱币下

第十，漕运 盐铁

第十一，鬻爵 榷酤 算缗 杂税 平准均输附

第十二，轻重

食货一

田制上 唐 周 秦 汉 后汉 晋 宋 后魏

谷者，人之司命也；地者，谷之所生也；人者，君之所治也。有其谷则国用备，辨其地则人食足，察其人则徭役均。知此三者，谓之治政。夫地载而不弃也，一著而不迁也，安固而不动，则莫不生殖。圣人因之设井邑，列比闾，使察黎民之数，赋役之制，昭然可见也。自秦孝公用商鞅计，乃隳经界，立阡陌。虽获一时之利，而兼并逾僭兴矣。降秦以后，阡陌既弊，又为隐核，隐核在乎权宜，权宜凭乎簿书。簿书既广，必藉众功，藉众功则政由群吏，政由群吏则人无所信矣。夫行不信之法，委政于众多之胥，欲纪人事之众寡，明地利之多少，虽申商督刑，挠首总算，亦不可得而详矣。不变斯道而求理者，未之有也。夫《春秋》之义，诸侯不得专封，大夫不得专地。若使豪人占田过制，富等公侯，是专封也；卖买由己，是专地也。欲无流粤，不亦难乎！

——（唐）杜佑：《通典》卷一，北京，中华书局，1988。

十四、史家自觉意识的增强

正月二十一日，某顿首十八丈退之侍者前：获书言史事，云具《与刘秀才书》，及今乃见书稿，私心甚不喜，与退之往年言史事甚大谬。

若书中言，退之不宜一日在馆下，安有探宰相意，以为苟以史荣一韩退之耶？若果尔，退之岂宜虚受宰相荣已，而冒居馆下，近密地，食奉养，役使掌固，利纸笔为私书，取以供子弟费？古之至于道者，不若是。

且退之以为记录者有刑祸，避不肯就，尤非也。史以名为褒贬，犹且恐惧不敢为；设使退之为御史中丞大夫，其褒贬成败人愈显，其宜恐惧尤大也，则又扬扬入台府，美食安坐，行呼唱于朝廷而已耶？在御史犹尔，设使退之为宰相，生杀出入升黜天下士，其敌益众，则又将扬扬入政事堂，美食安坐，行呼

唱于内廷外衢而已耶？何以异不为史而荣其号、利其禄也？

又言“不有人祸，且有天刑”。若以罪夫前古之为史者，然亦甚惑。凡居其位，思直其道。道苟直，虽死不可回也；如回之，莫若亟去其位。孔子之困于鲁、卫、陈、宋、蔡、齐、楚者，其时暗，诸侯不能行也。其不遇而死，不以作《春秋》故也。当其时，虽不作《春秋》，孔子犹不遇而死也。若周公、史佚，虽纪言书事，犹遇且显也。又不得以《春秋》为孔子累。范晔悖乱，虽不为史，其宗族亦赤。司马迁触天子喜怒，班固不检下，崔浩沽其直以斗暴虏，皆非中道。左丘明以疾盲，出于不幸。子夏不为史亦盲，不可以是为戒。其余皆不出于此。是退之宜守中道，不忘其直，无以他事自恐。退之之恐，唯在不直、不得中道，刑祸非所恐也。

凡言二百年文武士多有诚如此者。今退之曰：我一人也，何能明？则同职者又所云若是，后来继今者又所云若是，人人皆曰我一人，则卒谁能纪传者之耶？如退之但以所闻知孜孜不敢怠，同职者、后来继今者，亦各以所闻知孜孜不敢怠，则庶几不坠，使卒有明也。不然，徒信人口语，每每异辞，日以滋久，则所云“磊磊轩天地”者决必沉没，且乱杂无可考，非有志者所忍恣也。果有志，岂当待人督责迫蹙然后为官守耶？

又凡鬼神事，渺茫荒惑无可准，明者所不道。退之之智而犹惧于此。今学如退之，辞如退之，好议论如退之，慷慨自谓正直行行焉如退之，犹所云若是，则唐之史述其卒无可托乎？明天子贤宰相得史才如此，而又不果，甚可痛哉！退之宜更思，可为速为；果卒以为恐惧不敢，则一日可引去，又何以云“行且谋”也？今人当为而不为，又诱馆中他人及后生者，此大惑已。不勉己而欲勉人，难矣哉！

——（唐）柳宗元：《柳宗元集·卷三一·与韩愈论史官书》，北京，中华书局，1979。

十五、编年体通史——《资治通鉴》

周纪一

威烈王

二十三年

初命晋大夫魏斯、赵籍、韩虔为诸侯。

臣光曰：臣闻天子之职莫大于礼，礼莫大于分，分莫大于名。何谓礼？纪纲是也。何谓分？君、臣是也。何谓名？公、侯、卿、大夫是也。

夫以四海之广，兆民之众，受制于一人，虽有绝伦之力，高世之智，莫不奔走而服役者，岂非以礼为之纪纲哉！是故天子统三公，三公率诸侯，诸侯制卿大夫，卿大夫治士庶人。贵以临贱，贱以承贵。上之使下犹心腹之运手足，根本之制支叶，下之事上犹手足之卫心腹，支叶之庇本根。然后能上下相保而国家治安。故曰天子之职莫大于礼也。

文王序《易》，以乾、坤为首。孔子系之曰："天尊地卑，乾坤定矣。卑高以陈，贵贱位矣。"言君臣之位犹天地之不可易也。《春秋》抑诸侯，尊王室，王人虽微，序于诸侯之上，以是见圣人于君臣之际未尝不惓惓也。非有桀、纣之暴，汤、武之仁，人归之，天命之，君臣之分当守节伏死而已矣。是故以微子而代纣则成汤配天矣；以季札而君吴则太伯血食矣，然二子宁亡国而不为者，诚以礼之大节不可乱也。故曰礼莫大于分也。

夫礼，辨贵贱，序亲疏，裁群物，制庶事，非名不著，非器不形；名以命之，器以别之，然后上下粲然有伦，此礼之大经也。名器既亡，则礼安得独在哉！昔仲叔于奚有功于卫，辞邑而请繁缨，孔子以为不如多与之邑。惟器与名，不可以假人，君之所司也；政亡则国家从之。卫君待孔子而为政，孔子欲先正名，以为名不正则民无所措手足。夫繁缨，小物也，而孔子惜之；正名，细务也，而孔子先之：诚以名器既乱则上下无以相保故也。夫事未有不生于微而成于著，圣人之虑远，故能谨其微而治之，众人之识近，故必待其著而后救之；治其微则用力寡而功多，救其著则竭力而不能及也。《易》曰："履霜坚冰至"，《书》曰："一日二日万几"，谓此类也。故曰分莫大于名也。

呜呼！幽、厉失德，周道日衰，纲纪散坏，下陵上替，诸侯专征，大夫擅政，礼之大体什丧七八矣。然文、武之祀犹绵绵相属者，盖以周之子孙尚能守其名分故也。何以言之？昔晋文公有大功于王室，请隧于襄王，襄王不许，曰："王章也。未有代德而有二王，亦叔父之所恶也。不然，叔父有地而隧，又何请焉！"文公于是惧而不敢违。是故以周之地则不大于曹、滕，以周之民则不众于邾、莒，然历数百年，宗主天下，虽以晋、楚、齐、秦之强不敢加者，何哉？徒以名分尚存故也。至于季氏之于鲁，田常之于齐，白公之于楚，智伯之于晋，其势皆足以逐君而自为，然而卒不敢者，岂其力不足而心不忍哉，乃畏奸名犯分而天下共诛之也。今晋大夫暴蔑其君，剖分晋国，天子既不能讨，又宠秩之，使列于诸侯，是区区之名分复不能守而并弃之也。先王之礼于斯尽矣！

或者以为当是之时，周室微弱，三晋强盛，虽欲勿许，其可得乎！是大不然。夫三晋虽强，苟不顾天下之诛而犯义侵礼，则不请于天子而自立矣。不请于天子而自立，则为悖逆之臣，天下苟有桓、文之君，必奉礼义而征之。今请于天子而天子许之，是受天子之命而为诸侯也，谁得而讨之！故三晋之列于诸侯，非三晋之坏礼，乃天子自坏之也。

呜呼！君臣之礼既坏矣，则天下以智力相雄长，遂使圣贤之后为诸侯者，社稷无不泯绝，生民之类糜灭几尽，岂不哀哉！

——《资治通鉴·周纪一》。

十六、纪事本末体通史——《通鉴纪事本末》

初，予与子袁子同为太学官，子袁子录也，予博士也，志同志，行同行，言同言也。后一年，子袁子分教严陵。后一年，予出守临漳，相见于严陵，相劳苦，相乐，且相楙以学。子袁子因出书一编，盖《通鉴》之本末也。予读之，大抵搴事之成以后于其萌，提事之微以先于其明，其情匿而泄，其故悉而约，其作窕而槬，其究遐而迩，其于治乱存亡，盖病之源医之方也。予每读《通鉴》之书，见事之肇于斯。则惜其事之不竟于斯，盖事以年隔，年以事析，遭其初莫绎其终，揽其终莫志其初，如山之峨，如海之茫，盖编年系日，其体然也。今读子袁此书，如生乎其时，亲见乎其事，使人喜，使人悲，使人鼓舞未既而继之以叹且泣也。嗟乎！由周秦以来，曰诸侯，曰大盗，曰女主，曰外戚，曰宦官，曰权臣，曰夷狄，曰藩镇，国之病亦不一矣，而其源不一哉。盖安史之乱则林甫之为也，藩镇之乱则令孜之为也，其源不一哉。得其病之源，则得其医之方矣，此书是也。有国者不可以无此书，前有奸而不察，后有邪而不悟。学者不可以无此书，进有行而无征，退有蓄而无宗。此书也，其入《通鉴》之户欤！虽然，观人之病，戚人之病，理人之病，得人之病，至于身之病，不懵焉，不讳焉，不医之距焉，不医而缪其医焉，古亦稀矣。彼暗而此昭，宜也。切于人，纾于身，可哀也夫。

淳熙元年三月戊子，庐陵杨万里叙。

——（宋）杨万里：《通鉴纪事本末叙》，见（宋）袁枢：《通鉴纪事本末》，北京，中华书局，1964。

十七、以“会通”为主的《通志》

百川异趣，必会于海，然后九州无浸淫之患。万国殊途，必通诸夏，然后八荒无壅滞之忧。会通之义大矣哉！自书契以来，立言者虽多，惟仲尼以天纵之圣，故总《诗》《书》《礼》《乐》而会于一手，然后能同天下之文，贯二帝三王而通为一家。然后能极古今之变。是以其道光明百世之上，百世之下不能及。

仲尼既没，百家诸子兴焉，各效《论语》，以空言著书。至于历代实迹，无所纪系。迨汉建元、元封之后，司马氏父子出焉。司马氏世司典籍，工于制作，故能上稽仲尼之意，会《诗》《书》《左传》《国语》《世本》《战国策》《楚汉春秋》之言，通黄帝、尧、舜至于秦、汉之世，勒成一书，分为五体。本纪纪年，世家传代，表以正历，书以类事，传以著人，使百代而下，史官不能易其法，学者不能舍其书，六经之后，惟有此作。故谓：“周公五百岁而有孔子，孔子五百岁而在兹乎。”是其所以自待者已不浅。然大著述者必深于博雅，而尽见天下之书，然后无遗恨。当迁之时，挟书之律初除，得书之路未广，亘三千年之史籍，而跼蹐于七八种书。所可为迁恨者，博不足也。凡著书者，虽采前人之书，必自成一家言。左氏，楚人也，所见多矣，而其书尽楚人之辞。公羊，齐人也，所闻多矣，而其书皆齐人之语。今迁书全用旧文，间以俚语，良由采摭未备，笔削不遑。故曰：“予不敢堕先人之言，乃述故事，整齐其传，非所谓作也。”刘知幾亦讥其多聚旧记，时插杂言。所可为迁恨者，雅不足也。

大抵开基之人不免草创，全属继志之士为之弥缝。晋之《乘》，楚之《梼杌》，鲁之《春秋》，其实一也。《乘》《梼杌》，无善后之人，故其书不行。《春秋》得仲尼挽之于前，左氏推之于后，故其书与日月并传。不然，则一卷事目，安能行于世？自《春秋》之后，惟《史记》擅制作之规模，不幸班固非其人，遂失会通之旨，司马氏之门户自此衰矣。班固者，浮华之士也，全无学术，专事剽窃。肃宗问以制礼作乐之事，固对以在京诸儒必能知之，傥臣邻皆如此，则顾问何取焉。及诸儒各有所陈，固惟窃叔孙通十二篇之仪以塞白而已。傥臣邻皆如此，则奏议何取焉。肃宗知其浅陋，故语窦宪曰：“公爱班固，而忽崔骃，此叶公之好龙也。”固于当时已有定价，如此人材，将何著述。《史记》一书，功在十表，犹衣裳之有冠冕，木水之有本原。班固不通旁行邪上，以古今人物强立差等，且谓汉绍尧运，自当继尧，非迁作《史记》厕于秦、项，此则无稽之谈也。由其断汉为书，是致周、秦不相因，古今成间隔。自高祖至武帝，凡六世之前，尽窃迁书，不以为惭。自昭帝至平帝，凡六世，资于贾逵、刘歆，复不以为耻。况又有曹大家终篇，则固之自为书也几希。往往出固之胸中者，古今人表耳，他人无此谬也。后世众手修书，道傍筑室，掠人之文，窃钟掩耳，皆固之作俑也。固之事业如此，后来史家，奔走班固之不暇，何能测其浅深。迁之于固，如龙之于猪，奈何诸史弃迁而用固，刘知幾之徒尊班而抑马。且善学司马迁者莫如班彪，彪续迁书自孝武至于后汉，欲令后人之续己，如己之续迁，既无衍文，又无绝绪，世世相承，如出一手，善乎其继志也。其书不可得而见，所可见者，元、成二帝赞耳，皆于本纪之外，别记所闻，可谓深入太史公之阃奥矣。凡《左氏》之有“君子曰”者，皆经之新意。《史记》之有“太史公曰”者，皆史之外事，不为褒贬也，间有及褒贬者，褚先生之徒杂之耳。且纪传之中既载善恶，足为鉴戒，何必于纪传之后更加褒贬？此乃诸生决科之文，安可施于著述，殆非迁、彪之意，况谓为赞，岂有贬辞？后之史家，或谓之论，或谓之序，或谓之铨，或谓之评，皆效班固，臣不得不剧论固也。司马谈有其书，而司马迁能成其父志。班彪有其业，而班固不能读父之书。固为彪之子，既不能保其身，又不能传其业，又不能教其子，为人如此，安在乎言为天下法。范晔、陈寿之徒继踵，率皆轻薄无行，以速罪辜，安在乎笔削而为信史也。

孔子曰："殷因于夏礼，所损益可知也。周因于殷礼，所损益可知也。"此言相因也。自班固以断代为史，无复相因之义，虽有仲尼之圣，亦莫知其损益，会通之道，自此失矣。语其同也，则纪而复纪，一帝而有数纪；传而复传，一人而有数传；天文者，千古不易之象，而世世作《天文志》；《洪范五行》者，一家之书，而世世序《五行传》。如此之类，岂胜繁文？语其异也，则前王不列于后王，后事不接于前事；郡县各为区域，而昧迁革之源；礼乐自为更张，遂成殊俗之政。如此之类，岂胜断绠。曹魏指吴、蜀为寇，北朝指东晋为僭，南谓北为索虏，北谓南为岛夷。《齐史》称梁军为义军，谋人之国，可以为义乎？《隋书》称唐兵为义兵，伐人之君，可以为义乎？房玄龄董史册，故房彦谦擅美名。虞世南预修书，故虞荔、虞寄有嘉传。甚者桀犬吠尧，吠非其主。《晋史》党晋而不有魏，凡忠于魏者目为叛臣，王凌、诸葛诞、毋丘俭之徒，抱屈黄壤。《齐史》党齐而不有宋，凡忠于宋者目为逆党，袁粲、刘秉、沈攸之之徒，含冤九原。噫！天日在上，安可如斯。似此之类，历世有之，伤风败义，莫大乎此。

迁法既失，固弊日深，自东都至江左，无一人能觉其非。惟梁武帝为此慨然，乃命吴均作《通史》，上自太初，下终齐室，书未成而均卒。隋杨素又奏令陆从典续《史记》，讫于隋，书未成而免官。岂天之靳斯文而不传与？抑非其人而不佑之与？自唐之后，又莫觉其非，凡秉史笔者，皆准《春秋》，专事褒贬。夫《春秋》以约文见义，若无传释，则善恶难明。史册以详文该事，善恶已彰，无待美刺。读萧、曹之行事，岂不知其忠良？见莽、卓之所为，岂不知其凶逆？夫史者，国之大典也，而当职之人不知留意于宪章，徒相尚于言语，正犹当家之妇不事饔飧，专鼓唇舌，纵然得胜，岂能肥家？此臣之所深耻也。

江淹有言，修史之难，无出于志。诚以志者宪章之所系，非老于典故者不能为也，不比纪、传，纪则以年包事，传则以事系人，儒学之士皆能为之。惟有志难，其次莫如表。所以范晔、陈寿之徒，能为纪、传，而不敢作表、志。志之大原，起于《尔雅》，司马迁曰书，班固曰志，蔡邕曰意，华峤曰典，张勃曰录，何法盛曰说，余史并承班固谓之志，皆详于浮言，略于事实，不足以尽《尔雅》之义。臣今总天下之大学术而条其纲目，名之曰略，凡二十略，百代之宪章，学者之能事，尽于此矣。其五略，汉、唐诸儒所得而闻；其十五略，汉、唐诸儒所不得而闻也。

——（宋）郑樵：《通志·总序》，北京，中华书局，1987。

十八、典制体通史的扩大——《文献通考》

昔荀卿子曰："欲观圣王之迹，则于其粲然者矣，后王是也。君子审后王之道，而论于百王之前，若端拜而议。"然则考制度，审宪章，博闻而强识之，固通儒事也。《诗》《书》《春秋》之后，惟太史公号称良史，作为纪、传、书、表。纪、传以述理乱兴衰，八书以述典章经制，后之执笔操简牍者，卒不易其体。然自班孟坚而后，断代为史，无会通因仍之道，读者病之。至司马温公作《通鉴》，取千三百余年之事迹，十七史之纪述，萃为一书，然后学者开卷之余，古今咸在。然公之书，详于理乱兴衰，而略於典章经制，非公之智有所不逮也，编简浩如烟埃，著述自有体要，其势不能以两得也。

窃尝以为理乱兴衰，不相因者也。晋之得国异于汉，隋之丧邦殊乎唐，代各有史，自足以该一代之始终，无以参稽互察为也。典章经制，实相因者也，殷因夏，周因殷，继周者之损益百世可知，圣人盖已预言之矣。爰自秦汉以至唐宋，礼乐兵刑之制，赋敛选举之规，以至官名之更张，地理之沿革，虽其终不能以尽同，而其初亦不能以遽异。如汉之朝仪官制，本秦规也；唐之府卫租庸，本周制也。其变通张弛之故，非融会错综，原始要终而推寻之，固未易言也。其不相因者，犹有温公之成书，而其本相因者，顾无其书，独非后学之所宜究心乎？

唐杜岐公始作《通典》，肇自上古，以至唐之天宝，凡历代因革之故，粲然可考。其后宋白尝续其书至周显德。近代魏了翁又作《国朝通典》。然宋之书成而传习者少，魏尝属稿而未成书，今行于世者，独杜公之书耳。天宝以后盖阙焉。有如杜书，纲领宏大，考订该洽，固无以议为也。然时有古今，述有详略，则夫节目之间，未为明备，而去取之际，颇欠精审，不无遗憾焉。盖古者因田制赋，赋乃米粟之属，非可析之于田制之外也。古者任土作贡，贡乃包篚之属，非可杂之于税法之中也。乃若叙选举则秀、孝与铨选不分，叙典礼则经文与传注相汩，叙兵则尽遗赋调之规，而姑及成败之迹。诸如此类，宁免小疵。至于天文、五行、艺文，历代史各有志，而《通典》无述焉。马、班二史各有诸侯王、列侯表，范晔《东汉书》以后无之，然历代封建王侯未尝废也。王溥作唐及五代《会要》，首立《帝系》一门，以叙各帝历年之久近，传授之始末，次及后妃、皇子、公主之名氏、封爵，后之编《会要》者仿之，而唐以前则无其书。凡是二者，盖历代之统纪，典章系焉，而杜书亦复不及，则亦未为集著述之大成也。

愚自蚤岁盖尝有志于缀缉，顾百忧薰心，三余少暇，吹竽已涩，汲绠不修，岂复敢以斯文自诡？昔夫子言夏、殷之礼，而深慨文献之不足征，释之者曰："文，典籍也。献，贤者也。"生乎千百载之后，而欲尚论千百载之前，非史传之实录具存，何以稽考？儒先之绪言未远，足资讨论，虽圣人亦不能臆为之说也。窃伏自念，业绍箕裘，家藏坟索，插架之收储，趋庭之问答，其于文献盖庶几焉。尝恐一旦散轶失坠，无以属来哲，是以忘其固陋，辄加考评，旁搜远绍，门分汇别，曰田赋，曰钱币，曰户口，曰职役，曰征榷，曰市籴，曰土贡，曰国用，曰选举，曰学校，曰职官，曰郊社，曰宗庙，曰王礼，曰乐，曰兵，曰刑，曰舆地，曰四裔，俱效《通典》之成规。自天宝以前，则增益其事迹之所未备，离析其门类之所未详；自天宝以后，至宋嘉定之末，则续而成之。曰经籍，曰帝系，曰封建，曰象纬，曰物异，则《通典》元未有论述，而采摭诸书以成之者也。凡叙事则本之经史，而参之以历代《会要》，以及百家传记之书，信而有证者从之，乖异传疑者不录，所谓"文"也。凡论事则先取当时臣僚之奏疏，次及近代诸儒之评论，以至名流之燕谈、稗官之纪录，凡一话一言，可以订典故之得失，证史传之是非者，则采而录之，所谓"献"也。其载诸史传之纪录而可疑，稽诸先儒之论辨而未当者，研精覃思，悠然有得，则窃著己意，附其后焉。命其书曰《文献通考》，为门二十有四，为卷三百四十有八。而其每门著述之成规，考订之新意，则各以小序详之。

——（元）马端临：《文献通考·序》，北京，中华书局，1986。

十九、中国古代史学理论的终结——《文史通义》

《易》曰："蓍之德圆而神，卦之德方以智。"间尝窃取其义，以概古今之载籍，撰述欲其圆而神，记注欲其方以智也。夫智以藏往，神以知来，记注欲往事之不忘，撰述欲来者之兴起，故记注藏往似智，而撰述知来拟神也。藏往欲其赅备无遗，故体有一定，而其德为方；知来欲其抉择去取，故例不拘常，而其德为圆。《周官》三百六十，天人官曲之故可谓无不备矣。然诸史皆掌记注，而未尝有撰述之官；则传世行远之业，不可拘于职司，必待其人而后行；非圣哲神明，深知二帝三王精微之极致，不足以与此。此《尚书》之所以无定法也。

《尚书》《春秋》，皆圣人之典也。《尚书》无定法，而《春秋》有成例。故《书》之支裔，折入《春秋》，而《书》无嗣音。有成例者易循，而无定法者难继，此人之所知也。然圆神方智，自有载籍以还，二者不偏废也。不能究六艺之深耳，未有不得其遗意者也。史氏继《春秋》而有作，莫如马、班，马则近于圆而神，班则近于方以智也。

《尚书》一变而为左氏之《春秋》，《尚书》无成法而左氏有定例，以纬经也。左氏一变而为史迁之纪传，左氏依年月而迁书分类例，以搜逸也。迁书一变而为班氏之断代，迁书通变化，而班氏守绳墨，以示包括也。就形貌而言，迁书远异左氏，而班史近同迁书，盖左氏体直，自为编年之祖，而马、班曲备，皆为纪传之祖也。推精微而言，则迁书之去左氏也近，而班史之去迁书也远；盖迁书体圆用神，多得《尚书》之遗；班氏体方用智，多得官礼之意也。

迁书纪、表、书、传，本左氏而略示区分，不甚拘拘于题目也。《伯夷列传》，乃七十篇之序例，非专为伯夷传也。《屈贾列传》所以恶绛、灌之谗，其叙屈之文，非为屈氏表忠，乃吊贾之赋也。《仓公》录其医案，《货殖》兼书物产，《龟策》但言卜筮，亦有因事命篇之意，初不沾沾为一人具始末也。《张耳陈馀》，因此可以见彼耳。《孟子荀卿》，总括游士著书耳。名姓标题，往往不拘义例，仅取名篇，譬如《关雎》《鹿鸣》，所指乃在嘉宾淑女，而或且讥其位置不伦，或又摘其重复失检，不知古人著书之旨，而转以后世拘守之成法，反訾古人之变通，亦知迁书体圆而用神，犹有《尚书》之遗者乎！

迁《史》不可为定法，固《书》因迁之体，而为一成之义例，遂为后世不祧之宗焉。三代以下，史才不世出，而谨守绳墨，待其人而后行，势之不得不然也。然而固《书》本撰述而非记注，则于近方近智之中，仍有圆且神者，以为之裁制，是以能成家，而可以传世行远也。后史失班史之意，而以纪表志传，同于科举之程式，官府之簿书，则于记注撰述，两无所似，而古人著书之宗旨，不可复言矣。史不成家，而事文皆晦，而犹拘守成法，以谓其书固祖马而宗班也，而史学之失传也久矣！

历法久则必差，推步后而愈密，前人所以论司天也。而史学亦复类此。《尚书》变而为《春秋》，则因事命篇，不为常例者，得从比事属辞为稍密矣。《左》《国》变而为纪传，则年经事纬，不能旁通者，得从类别区分为益密矣。纪传行之千有余年，学者相承，殆如夏葛冬裘，渴饮饥食，无更易矣。然无别识心裁，可以传世行远之具，而斤斤如守科举之程式，不敢稍变；如治胥吏之簿书，繁不可删。以云方智，则冗复疏舛，难为典据；以云圆神，则芜滥浩瀚，不可诵识。盖族史但知求全于纪表志传之成规，而书为体例所拘，但欲方圆求备，不知纪传原本《春秋》，《春秋》原合《尚书》之初意也。《易》曰：“穷则变，变则通，通则久。”纪传实为三代以后之良法，而演习既久，先王之大经大法，转为末世拘守之纪传所蒙，曷可不思所以变通之道欤？

左氏编年，不能曲分类例，《史》《汉》纪表传志，所以济类例之穷也。族史转为类例所拘，以致书繁而事晦；亦犹训诂注疏，所以释经，俗师反溺训诂注疏而晦经旨也。夫经为解晦，当求无解之初；史为例拘，当求无例之始。例自《春秋》左氏始也，盍求《尚书》未入《春秋》之初意欤？

神奇化臭腐，臭腐复化为神奇，解《庄》书者，以谓天地自有变化，人则从而奇腐云耳。事屡变而复初，文饰穷而反质，天下自然之理也。《尚书》圆而神，其于史也，可谓天之至矣。非其人不行，故折入左氏，而又合流于马、班，盖自刘知幾以还，莫不以谓书教中绝，史官不得衍其绪矣。又自《隋·经籍志》著录，以纪传为正史，编年为古史，历代依之，遂分正附，莫不甲纪传而乙编年。则马、班之史，以支子而嗣《春秋》，荀悦、袁宏，且以左氏大宗，而降为旁庶矣。司马《通鉴》病纪传之分，而合之以编年。袁枢《纪事本末》又病《通鉴》之合，而分之以事类。按本末之为体也，因事命篇，不为常格；非深知古今大体，天下经纶，不能网罗隐括，无遗无滥。文省于纪传，事豁于编年，决断去取，体圆用神，斯真《尚书》之遗也。在袁氏初无其意，且其学亦未足与此，书亦不尽合于所称。故历代著录诸家，次其书于杂史。自属纂录之家，便观览耳。但即其成法，沉思冥索，加以神明变化，则古史之原，隐然可见。书有作者甚浅，而观者甚深，此类是也。故曰：神奇化臭腐，而臭腐复化为神奇，本一理耳。

夫史为记事之书。事万变而不齐，史文屈曲而适如其事，则必因事命篇，不为常例所拘，而后能起讫自如，无一言之或遗而或溢也。此《尚书》之所以神明变化，不可方物。降而左氏之传，已不免于以文徇例，理势不得不然也。以上古神圣之制作，而责于晚近之史官，岂不悬绝欤！不知经不可学而能，意固可师而仿也。且《尚书》固有不可尽学者也，即《纪事本末》，不过纂录小书，亦不尽取以为史法，而特以义有所近，不得以辞害意也。斟酌古今之史，而定文质之中，则师《尚书》之意，而以迁《史》义例，通左氏之裁制焉，所以救纪传之极弊，非好为更张也。

纪传虽创于史迁，然亦有所受也。观于《太古年纪》《夏殷春秋》《竹书纪年》，则本纪编年之例，自文字以来，即有之矣。《尚书》为史文之别具，如用左氏之例，而合于编年，即传也。以《尚书》之义，为《春秋》之传，则左氏不致以文徇例，而浮文之刊落者多矣。以《尚书》之义，为迁《史》之传，则八书三十世家，不必分类，皆可仿左氏而统名曰传。或考典章制作，或叙人事终始，或究一人之行，或合同类之事，或录一时之言，或著一代之文，因事命篇，以纬本纪。则较之左氏翼经，可无局于年月后先之累；较之迁《史》之分列，可无歧出互见之烦。文省而事益加明，例简而义益加精，岂非文质之适宜，古今之中道欤？至于人名事类，合于本末之中，难于稽检，则别编为表，以经纬之；天象地形，舆服仪器，非可本末该之，且亦难以文字著者，别绘为图，以表明之。盖通《尚书》《春秋》之本原，而拯马《史》、班《书》之流弊，其道莫过于此。至于创立新裁，疏别条目，较古今之述作，定一书之规模，别具《圆通》之篇，此不具言。

邵氏晋涵云："纪传史裁，参仿袁枢，是貌同心异。以之上接《尚书》家言，是貌异心同。是篇所推，于六艺为支子，于史学为大宗；于前史为中流砥柱，于后学为蚕丛开山。”

——（清）章学诚：《文史通义校注·书教下》，叶瑛校注，北京，中华书局，1985。

才、学、识三者，得一不易，而兼三尤难，千古多文人而少良史，职是故也。昔者刘氏子玄，盖以是说谓足尽其理矣。虽然，史所贵者义也，而所具者事也，所凭者文也。孟子曰：“其事则齐桓、晋文，其文则史，义则夫子自谓窃取之矣。”非识无以断其义，非才无以善其文，非学无以练其事，三者固各有所近也，其中固有似之而非者也。记诵以为学也，辞采以为才也，击断以为识也，非良史之才、学、识也。虽刘氏之所谓才、学、识，犹未足以尽其理也。夫刘氏以谓有学无识，如愚估操金，不解贸化。推此说以证刘氏之指，不过欲于记诵之间，知所决择，以成文理耳。故曰：古人史取成家，退处士而进奸雄，排死节而饰主阙，亦曰一家之道然也。此犹文士之识，非史识也。能具史识者，必知史德。德者何？谓著书者之心术也。夫秽史者所以自秽，谤书者所以自谤，素行为人所羞，文辞何足取重。魏收之矫诬，沈约之阴恶，读其书者，先不信其人，其患未至于甚也。所患夫心术者，谓其有君子之心，而所养未底于粹也。夫有君子之心，而所养未粹，大贤以下，所不能免也。此而犹患于心术，自非夫子之《春秋》，不足当也。以此责人，不亦难乎？是亦不然也。盖欲为良史者，当慎辨于天人之际，尽其天而不益以人也。尽其天而不益以人，虽未能至，苟允知之，亦足以称著述者之心术矣。而文史之儒，竞言才、学、识，而不知辨心术以议史德，乌乎可哉？

夫是尧、舜而非桀、纣，人皆能言矣。崇王道而斥霸功，又儒者之习故矣。至于善善而恶恶，褒正而嫉邪，凡欲托文辞以不朽者，莫不有是心也。然而心术不可不虑者，则以天与人参，其端甚微，非是区区之明所可恃也。夫史所载者事也，事必藉文而传，故良史莫不工文，而不知文又患于为事役也。盖事不能无得失是非，一有得失是非，则出入予夺相奋摩矣。奋摩不已，而气积焉。事不能无盛衰消息，一有盛衰消息，则往复凭吊生流连矣。流连不已，而情深焉。凡文不足以动人，所以动人者，气也。凡文不足以入人，所以入人者，情也。气积而文昌，情深而文挚；气昌而情挚，天下之至文也。然而其中有天有人，不可不辨也。气得阳刚，而情合阴柔。人丽阴阳之间，不能离焉者也。气合于理，天也；气能违理以自用，人也。情本于性，天也；情能汩性以自恣，人也。史之义出于天，而史之文，不能不藉人力以成之。人有阴阳之患，而史文即忤于大道之公，其所感召者微也。夫文非气不立，而气贵于平。人之气，燕居莫不平也。因事生感，而气失则宕，气失则激，气失则骄，毗于阳矣。文非情不深，而情贵于正。人之情，虚置无不正也。因事生感，而情失则流，情失则溺，情失则偏，毗于阴矣。阴阳伏沴之患，乘于血气而入于心知，其中默运潜移，似公而实逞于私，似天而实蔽于人，发为文辞，至于害义而违道，其人犹不自知也。故曰心术不可不慎也。

夫气胜而情偏，犹曰动于天而参于人也。才艺之士，则又溺于文辞，以为观美之具焉，而不知其不可也。史之赖于文也，犹衣之需乎采，食之需乎味也。采之不能无华朴，味之不能无浓淡，势也。华朴争而不能无邪色，浓淡争而不能无奇味。邪色害目，奇味爽口，起于华朴浓淡之争也。文辞有工拙，而族史方且以是为竞焉，是舍本而逐末矣。以此为文，未有见其至者。以此为史，岂可与闻古人大体乎？

韩氏愈曰："仁义之人，其言蔼如。"仁者情之普，义者气之遂也。程子尝谓："有《关雎》《麟趾》之意，而后可以行《周官》之法度。"吾则以谓通六艺比兴之旨，而后可以讲春王正月之书。盖言心术贵于养也。史迁百三十篇，《报任安书》，所谓"究天地之际，通古今之变，成一家之言"。自序以谓"绍名世，正《易传》，本《诗》《书》《礼》《乐》之际"，其本旨也。所云发愤著书，不过叙述穷愁，而假以为辞耳。后人泥于发愤之说，遂谓百三十篇，皆为怨诽所激发，王允亦斥其言为谤书。于是后世论文，以史迁为讥谤之能事，以微文为史职之大权，或从羡慕而仿效为之；是直以乱臣贼子之居心，而妄附《春秋》之笔削，不亦悖乎！今观迁所著书，如《封禅》之惑于鬼神，《平准》之算及商贩，孝武之秕政也。后世观于相如之文，桓宽之论，何尝待史迁而后著哉？《游侠》《货殖》诸篇，不能无所感慨，贤者好奇，亦洵有之。余皆经纬古今，折衷六艺，何尝敢于讪上哉？朱子尝言，《离骚》不甚怨君，后人附会有过。吾则以谓史迁未敢谤主，读者之心自不平耳。夫以一身坎坷，怨诽及于君父，且欲以是邀千古之名，此乃愚不安分，名教中之罪人，天理所诛，又何著述之可传乎？夫《骚》与《史》，千古之至文也。其文之所以至者，皆抗怀于三代之英，而经纬乎天人之际者也。所遇皆穷，固不能无感慨。而不学无识者流，且谓诽君谤主，不妨尊为文辞之宗焉，大义何由得明，心术何由得正乎？夫子曰："《诗》可以兴。"说者以谓兴起好善恶恶之心也。好善恶恶之心，惧其似之而非，故贵平日有所养也。《骚》与《史》，皆深于《诗》者也。言婉多风，皆不背于名教，而梏于文者不辨也。故曰必通六艺比兴之旨，而后可以讲春王正月之书。

——（清）章学诚：《文史通义校注·史德》，叶瑛校注，北京，中华书局，1985。

二十、荷马史诗《伊利亚特》

言罢，他抽出胯边的利剑，宽厚、沉重，
鼓起全身的勇力，直奔扑击，
像一只搏击长空的雄鹰，
穿出浓黑的乌云，对着平原俯冲，
逮住一只嫩小无助的羊羔或嗦嗦发抖的野兔，
赫克托耳奋勇出击，挥舞着利剑，而阿基琉斯
亦迎面扑来，心中腾烧着粗野的狂烈，
胸前挡着一面盾牌，盾面绚丽，铸工
精湛，摇动闪亮的盔盖，顶着四支
硬角，漂亮的冠饰，摇摇晃晃，纯金做就，
赫法伊斯托斯的手艺，嵌显在冠角的边旁。
怀着杀死卓越的赫克托耳的凶念，阿基琉斯
右手挥舞枪矛，枪尖射出熠熠的寒光，
像一颗明星，穿行在繁星点缀的夜空，
赫斯裴耳，黑夜之星，天空中最亮的星座。
他用眼扫瞄赫克托耳魁伟的身躯，寻找最好的
攻击部位，但见他全身铠甲包裹，那副璀璨的
铜甲，杀死强壮的帕特罗克洛斯后剥抢到手的战礼——
尽管如此，他还是找到一个露点，锁骨分接脖子和肩膀的部
位，裸露的咽喉，人体中死之最捷达的通径。对着这个部位，
卓越的阿基琉斯捅出枪矛，在对手挟着狂烈，向他扑来之际，
枪尖穿透松软的脖子，然而，粗重的
梣木杆枪矛，挑着铜尖，却不曾切断气管，
所以，他还能勉强张嘴应对。赫克托耳
瘫倒泥尘，卓越的阿基琉斯高声炫耀，对着他的躯体：
“毫无疑问，赫克托耳，你以为杀了帕特罗克洛斯后仍可
平安无事，因为你不用怕我，我还远离你们战斗的地点。
你这个笨蛋！你忘了，有一个，一个远比他强健的
复仇者，等在后面，深旷的海船边——此人便是我，阿基琉斯，
我已毁散了你的勇力！狗和秃鹫会撕毁
你的皮肉，脏污你的躯体；和你相比，而帕特罗克洛斯将收受
阿开亚人厚重的葬仪！”
听罢这番话，头盔闪亮的赫克托耳用虚弱的声音说道：

"求求你，求求你看在你的生命、你的膝盖和你双亲的份上，
不要让狗群撕食我的躯体，在这阿开亚人的海船边！
你可收取大量的青铜和黄金，从我们丰盈的库藏中，
大堆的赎礼，我父亲和高贵的母亲会塞送到你的手里。
把我的遗体交还我的家人吧——人已死了，
也好让特洛伊男人和他们的妻子为我举行火焚的礼仪。"

捷足的阿基琉斯恶狠狠地盯着他，答道：
"不要再哀求了，你这条恶狗——说什么看在我的膝盖和双亲
的份上！我真想挟着激情和狂烈，就此
割下你的皮肉，生吞暴咽——你给我
带来了多少苦痛！谁也休想阻止狗群
扑食你的尸躯，哪怕给我送来十倍
二十倍的赎礼，哪怕答应给我更多的东西，
哪怕达耳达诺斯之子普里阿摩斯愿意给我
和你等重的黄金。不！一切都已无济于事。生你养你的母亲，
那位高贵的夫人，不会有把你放上尸床，为你举哀的机会；
狗和兀鸟会把你连皮带肉，吃得干干净净！"

——［古希腊］荷马：《伊利亚特 奥德赛》，陈中梅译，562～564页，上海，上海译文出版社，1998。

二十一、西方古典史学

在这里发表出来的，乃是哈利卡尔那索斯人希罗多德的研究成果，他所以要把这些研究成果发表出来，是为了保存人类的功业，使之不致由于年深日久而被人们遗忘，为了使希腊人和异邦人的那些值得赞叹的丰功伟绩不致失去它们的光采，特别是为了把他们发生纷争的原因给记载下来。

根据有学识的波斯人的说法，最初引起了争端的是腓尼基人。他们说，以前住在红海沿岸的这些人，在迁移到我们的海这边来并在这些人现在还居住着的地方定居下来以后，立刻便开始走上远途的航程；他们载运着埃及和亚述的货物，曾在许许多多地方，就中也在阿尔哥斯这样一个地方登陆。阿尔哥斯在今天通称为希腊的地区中，是在任何方面都优于其他国家的。他们来到阿尔哥斯这里，便陈设出他们的货物来进行交易。到第五、六天，等几乎所有的货物都卖完的时候，又有许多妇女来到海岸这里；其中有国王的一个女儿。他们说她的名字和希腊人的名字一样，叫做伊奥，她的父亲就是国王伊那柯斯。妇女

们站在船尾的地方挑选他们最称心的物品，但这时腓尼基人却相互激励着向她们扑过去。大部分的妇女跑开了，伊奥和其他一些妇女却给腓尼基人捉住，放到船上并给带到埃及去了。

和希腊人的说法不同，根据波斯人的说法，伊奥就是这样地来到了埃及，而从这件事开始，也就惹下了祸端。他们说，在后来，又有某些希腊人（他们说不出这些希腊人的名字）在腓尼基的推罗登陆并把国王的女儿欧罗巴劫了去。在我看来，这些人多半是克里地人。这样一来，他们就报复了先前所受的损害。可是后来，他们说，希腊人又犯下了第二次的不义之行。原来他们（指希腊人——译者）乘着一只长船到科尔启斯的埃阿城和帕希斯河那里去；在他们把到那里去应办的事情办完以后，却从那里劫走了当地国王的女儿美地亚。科尔启斯的国王派了一名使者到希腊去，要求赔偿损失并送回公主，但是希腊人回答说，既然阿尔哥斯的伊奥被劫后，他们都不曾从对方得到赔偿，故而这次他们也不准备给科尔启斯人任何赔偿了。

他们还说，后来，临到下面的一代，普利亚莫斯的儿子亚力山大这个人知道了这件事之后，就想从希腊给自己强夺一个妻子，因为他深信，希腊人过去既不曾赔偿，他自己当然同样是不会赔偿的了。因此他便劫走了海伦。希腊人起先决定把使者派出去，要求送回海伦并赔偿因掠夺而引起的损失。但是在希腊人提出了这个要求时，对方却提到了美地亚被劫的事情作为口实；他们提醒希腊人说，希腊人只是要求别人赔偿，而自己却不赔偿别人，又不在别人要求时把自己劫走的人送还。

直到现在为止，问题只不过是在于双方相互进行掠夺而已。但是到后来，波斯人认为希腊人应受到的指责可就大了，因为在他们侵略欧罗巴之先，希腊人就率领着一支军队入寇亚细亚了。他们说，劫夺妇女，那是一件坏人干的勾当，可是事情很明显，如果不是妇女她们自己愿意的话，她们是绝不会硬给劫走的，因此在被劫以后，想处心积虑地进行报复，那却未免愚蠢了，明白事理的人是丝毫不会对这样的妇女介意的。波斯人说，在希腊人把妇女拐跑时，他们亚细亚人根本就不把这当作一回事，可是希腊人却仅仅为了拉凯戴孟的一个妇女而纠合了一支大军，侵入亚细亚并打垮了普利亚莫斯的政权。自此以后，他们就把希腊人看成是自己的仇敌了。原来在波斯人眼里看来，亚细亚和在这个地方居住的所有异邦民族都是隶属于自己的，但他们认为欧罗巴和希腊民族跟他们却是两回事。

——［古希腊］希罗多德：《历史》（上册），王以铸译，1～3页，北京，商务印书馆，1959。

在这次战争刚刚爆发的时候，我就开始写我的历史著作，相信这次战争是一个伟大的战争，比过去曾经发生的任何战争更有叙述的价值。我的这种信念是根据下列的事实得来的：双方都竭尽全力来准备；同时，我看见希腊世界中其余的国家不是参加了这一边，就是参加了那一边；就是那些现在还没有参加战争的国家，也正在准备参加。这是希腊人的历史中最大的一次骚动，同时也影响到大部分非希腊人的世界，可以说，影响到几乎整个人类。虽然对于远古时代，甚至对于我们当代以前的历史，由于时间的遥远，我不能完全明确地知道了，但是尽我的能力所及，回忆过去，所有的证据使我得到一个结论：过去的时代，无论在战争方面，或在其他方面，都不是伟大的时代。

……

在研究过去的时代而得到我的结论时，我认为我们不能相信传说中的每个细节。普通人常常容易不用批判的方式去接受所有古代的故事——就是对于那些和他们本国的故事，他们也是这样。例如，多数雅典人以为被哈摩狄阿斯和阿利斯托斋吞所刺杀的希帕库斯是当时的僭主，而不知道希比亚是庇西斯特拉图的儿子中的最长者和支配者，而希帕库斯和帖撒拉斯只是他的弟弟。

其他希腊人也同样地不但对于记忆模糊的过去，而且对于当代的历史，有许多不正确的猜想。例如，一般人相信斯巴达国王每人有两个表决权，而事实上他们每人只有一个表决权；也有人相信斯巴达人有一个名叫“彼塔那”团的军队。这样一队兵士是根本没有的。事实上，大多数人不愿意找麻烦去寻求真理，而很容易听到一个故事就相信它了。

但是，我相信，我根据上面的证据而得到的结论是不会有很大的错误的。这比诗人的证据更好些，因为诗人常常夸大他们的主题的重要性；也比散文编年史家的证据更好些，因为他们所关心的不在于说出事情的真相而在于引起听众的兴趣，他们的可靠性是经不起检查的；他们的题材，由于时间的遥远，迷失于不可信的神话境界中。如果我们考虑到我们是研究古代历史的话，我们可以要求只用最明显的证据，得到合乎情理的正确结论。至于目前这次战争，纵或普通人很容易想到他们所正在进行的战争是所有的战争中最伟大的；同时，当战争完结的时候，他们又回转来对于更古远的事迹感叹欣赏了；但是任何人，只要看到事实的本身，就会知道这次战争是所有战争中最伟大的一次战争了。

在这部历史著作中，我利用了一些现成的演说词，有些是在战争之前发表的；有些是在战争时期中发表的。我亲自听到的演说词中的确实词句，我很难记得了，从各种来源告诉我的人也觉得有同样的困难；所以我的方法是这样的：一方面尽量保持实际上所讲的话的大意；同时使演说者说出我认为每个场合所要求他们说出的话语来。

关于战争事件的叙述，我确定了一个原则：不要偶然听到一个故事就写下来，甚至也不单凭我自己的一般印象作为根据；我所描述的事件，不是我亲自看见的，就是我从那些亲自看见这些事情的人那里听到后，经过我仔细考核过了的。就是这样，真理还是不容易发现的：不同的目击者对于同一个事件，有不同的说法，由于他们或者偏袒这一边，或者偏袒那一边，或者由于记忆的不完全。我这部历史著作很可能读起来不引人入胜，因为书中缺少虚构的故事。但是如果那些想要清楚了解过去所发生的事件和将来也会发生类似的事件（因为人性总是人性）的人，认为我的著作还有一点益处的话，那么，我就心满意足了。我的著作不是只想迎合群众一时的嗜好，而是想垂诸永远的。

——［古希腊］修昔底德：《伯罗奔尼撒战争史》，谢德风译，1～18页，北京，商务印书馆，1960。

倘若我详述自城开创以来罗马人民的业绩，我能否算是完成了一件值得做的事，我不太清楚，即使清楚，也不敢肯定；因为我觉察到，这一主题不仅陈旧，而且变得寻常了：新史家总是相信，他们或者在这一方面要提供更为确凿的东西，或者在写作技巧上会超过文风朴实的前辈。然而，无论如何，我也尽我个人之能置身于世界上最优秀民族业绩的记述，那将是一种乐趣；而且即使我的声誉在这么大的史家群体中默默无闻，我也会以湮没我名声的那些人的卓越和伟大慰藉自己。况且，这一主题需要浩繁之功，因为要追溯到700多年以前，还因为始于蕞尔的罗马，如今竟已发展到苦于自身宏大的程度；同时，我也不怀疑起源前后的情形将给大多数读者提供较少的乐趣，因为他们急于接触的是一个异常强大民族的威力长期以来自行毁灭的新事物。与此相反，我还对我的工作寻求这样一种酬劳：至少在我一心一意地追溯往事时，我可以避而不见我们时代多年来目睹的弊端，并免去即使不能使史家离开真实，也会使他心绪不宁的忧虑。

那些建城前或即将建城时所流传下来的，与其说适合于纯粹的史记，还不如说适合于富有诗意的故事，对此，我既不想肯定，也不想驳斥。我们允许先人通过神人结合以使城的开创更具威严；而且，如果可以允许哪个民族把自己的起源神圣化，并称他们的缔造者与神有关，罗马人民就有着如此大的军事声威——当其宣传他们和他们的缔造者之父是马尔斯时——以至于世上各民族以忍受罗马帝国的同样耐心来忍受这一点。但是，对于这些事物和与之相似的事物，无论怎样看待或评价它们，我个人并不予以特别的重视。在我看来，每个人都应当密切地注意这些问题：曾有过什么样的生活，什么样的道德；在和平与战争时期，通过哪些人以及运用哪些才能建立和扩大帝国；然后应注意到，随着纲纪逐渐废弛，道德可以说先是倾斜，继而愈加下滑，最终开始倾覆，直至我们既不能忍受我们的罪过，亦不能忍受补救措施的今日。在认识往事时，尤其有利而有益的在于：你可以注意到载于昭昭史册中各种例子的教训，从中为你和你的国家吸取你所应当效仿的东西，从中吸取你所应当避免的开端恶劣与结局不光彩的东西。此外，没有哪个国家这样晚地受到贪婪和奢侈的侵袭，没有哪个国家的清贫和节俭在那里如此持久地受到如此大的推崇，而这或许是对所承担工作的热爱蒙蔽了我，或许是从来没有哪个国家更伟大、更富有好的例证。的确，财产越少，贪欲越少。晚近，财富带来了贪婪，泛滥的逸乐带来了因奢靡、纵欲而毁灭自身与毁坏一切的欲望。但是，怨言即使在所难免，也不令人愉快，它们从这样大的事业伊始就不应存在。假如我们也有诗人的习惯，我们会更情愿带着美好的希翼、许愿以及对神明的祈祷开始，以便他们赐予承担如此伟大工作的人们所期望的成功。

——［古罗马］李维：《建城以来史·前言》，穆启乐等译，19～21页，上海，世纪出版集团、上海人民出版社，2005。

我的这部著作是从谢尔维乌斯·伽尔巴第二次出任执政官的时候开始的，他的同僚是提图斯·维尼乌斯。从罗马建城以来的八百二十年间的事情，已经有很多历史学家写过了；关于罗马人民的历史，他们写得同样雄辩有力而又真诚坦率。但是在阿克提乌姆一役之后，当和平的利益要求把全部权力集中到一人之手的时候，具有这种才能的大师就再也看不到了。同时，历史的真相在很多方面受到了损害。首先这是因为人们认为政治与自己毫无关系，从而也就对政治一无所知；其次，则是因为他们热中于逢迎谄媚，或是因为对他们的专制主子的憎恨。一批人卑躬屈节地讨好，另一批人又在咬牙切齿地痛恨，这样一来，他们就置后世子孙于不顾了。然而当人们很快地对那些趋时讨好的历史家感到厌恶的时候，他们却又喜欢倾听那些诽谤和怨恨的话了。阿谀谄媚被斥责为奴隶根性的可耻表现，但是恶意却又在人们心目中造成独立不倚的假象。至于我本人，我同伽尔巴、奥托或维提里乌斯都没有任何恩怨可言。我不能否认，我是由维斯帕西亚努斯的关系而开始了政治生活的；这一事业后来经提图斯加以促进，多米提安又帮了忙；但是自称始终不渝地忠于真理的人们，在写到任何人时都不应存个人爱憎之见。如果我能够活得长久的话，那么我就要把圣涅尔瓦的统治时期和图拉真的统治时期保留到我老年的时候再去写，这是一段内容比较丰富而且危险性较小的时期，因为在这段时期里，我们享有这样一种稀有的幸福：我们在这一时期里可以按照愿望去想，按照心里想的去说。

我正要写的这段历史，是充满了灾难的历史，在这里面有恐怖的战争、激烈的内哄，这些内哄即使没有大动干戈也是恐怖的。有四个皇帝被杀；发生了三次内战，更多的对外战争，常常是国内与国外的战争同时进行。在东方成功了，在西方却遇到不幸。伊里利库姆受到骚扰，高卢诸行省动荡不安，不列颠被征服之后很快地又失掉了。撒尔玛塔伊人和苏埃比人起来反对我们。达奇人由于在对我们的战争中互有胜负而取得了荣誉；甚至帕尔提亚人由于一个冒称尼禄的人的诡计，也几乎拿起武器来反对我们。此外，意大利还被一些灾难折磨着，这些灾难都是前所未有，或是多年未有、最近才又发生的。康帕尼亚的十分肥沃富庶的海岸上的城市都被吞没或是被毁了；罗马遭到大火的浩劫，它的最古老的神殿烧掉了，连卡披托里乌姆神殿也被市民烧毁了。神圣仪节遭人亵渎；名门大族常常发生奸情，海上到处是亡命者，临海的悬崖上沾满了死者的血迹。在罗马则是更加可怕的暴行。高贵的出身、财富、拒绝或是接受官职，这一切都会成为进行控诉的理由，而德行则会引起货真价实的毁灭。控告者所得到的报酬和他们所犯的罪行是同样令人憎恨的东西；因为他们中间的某些人取得了祭司职位和执政官职位作为赃物，另一些人则取得了皇帝代理官的地位和宫廷中的潜在势力，他们到处为非作歹，引起了憎恨和恐怖。奴隶们受贿陷害他们的主人，被释奴隶受贿陷害他们的保护人。那些没有仇人的人结果却毁在自己的朋友的手里。

然而，在这个时代，道德并没有沦丧到连一点崇高的典范都见不到的地步。母亲陪同自己的孩子们一同逃跑，妻子跟着自己的丈夫一道被流放；亲族们表现了勇气，女婿们表现了坚定，奴隶们表现了甚至严刑拷问都不能动摇的忠诚。一些著名的人物以刚毅不屈的精神迎接他们不可避免的死亡，他们在临死时的气概可以与古人的光辉的死亡并列而无愧。在人类遭到的多次不幸的打击之外，人们还看到了出现在天空和地上的一些怪异的事物，听到了雷声的示警，关于未来的欢乐的和阴暗的预言，暧昧的和明确的预言。诸神不关心保护我们的安全，却很注意我们所受的惩罚，这一点可以从罗马人民身受的可怕灾难或不容怀疑的朕兆得到最充分的证明。

但是在我开始按计划执笔写作之前，我认为我们应当回过头去，考虑一下罗马的情况、军队的情绪、行省的态度、整个世界上有利的和不利的因素，这样我们不仅可以理解多半出于偶然的事件及其结局，而且可以理解它们的来龙去脉。虽然尼禄的死亡在开头时受到人们的热烈欢迎，但是这一事件却不单单在罗马的元老、人民和卫戍士兵中间，而且也在所有的军团和将领中间都引起了各种不同的反应。由于帝国的秘密现在已被揭露出来：在外地可以同在罗马一样地拥立皇帝。元老们皆大欢喜，他们自然立刻便充分利用了他们的自由，因为他们必须对付还没有到来的一个新皇帝。骑士阶级中的首要人物几乎和元老感到同样的高兴。普通人民中间有身份的那一部分，以及依附名门大族的人，那些被判罪和被流放的人的食客和被释奴隶，又都有了希望。沉湎于赛马和看戏的最下层的阶级以及跟他们在一起的最卑贱的奴隶，还有浪费掉自己的财产之后、竟然可耻地仰仗尼禄的赏赐为生的那些人，则感到垂头丧气，并且急不可待地打听着每一个消息。

——［古罗马］塔西佗：《历史》，王以铸、崔妙因译，1～5页，北京，商务印书馆，1981。

据说，当恺撒看见某些富有的外国人在罗马抱着小狗和小猕猴在怀中玩弄爱抚的时候，他就问，是不是他们国家的妇女不能生育，他极威严地斥责他们不应该把本来应该用在人类身上的天生的温情和慈爱滥用在动物身上。既然我们的心灵具有好求知、爱观看的天性，那么，对于那些把这种天性滥用于不值一听、不值一看的事物上而不去注意美好的和有用的事物的人们，加以指责就是理所当然的。诚然，我们的感官是碰到什么就得接受什么，也不管是有用的还是无用的，只要它在面前出现，我们就不得不看一眼。然而，每一个人的心灵在活动的时候，只要自己愿意，在任何情况下都有避而不视的能力，都可以毫不费力地转向自己决定要观看的事物。这对于他追求最佳事物的目的颇为适宜，因为他不仅能观看这一事物，而且能从观看的过程中得到教益。譬如，一种颜色，它的鲜艳，它的悦目的色调，如果能使视觉变好、变强，它就是有益的。由此可见，我们心灵的目光应该专注于，凭借本身的魅力能将我们的心目引向完善境界的事物。

这种事物存在于良好的德行之中，它在研究它的人的心目中，能够激发模仿它的很大热情。但是，另有一类情况是，当我们爱慕一件事物时，随之产生的并不是一种想要模仿它的冲动。恰恰相反，情况往往是，我们喜欢一件工作，却看不起做这种工作的人。譬如说，我们喜欢香水和染料，但是对于制造香水的人和染布的人，我们却认为是粗鄙而缺少教养的家伙。安提斯特涅斯说得好，当他听说伊斯墨尼阿斯是个极好的吹笛手的时候，他就说道："这是一个没有出息的人。否则他就不会吹笛子吹得这么好了。"在一次宴会上，腓力的儿子弹琴弹得非常好，腓力也对儿子说到："你弹得这么好，不觉得惭愧吗？"因为，一位国王如果能在闲暇中听听别人弹琴，已经足够了；一位国王如果能作为一个观众听听别人比赛音乐，已经是对缪斯致以极大的敬意了。

去做一件低级的工作，在无用的事情上花费心血，正好说明，这是对崇高的事情漠不关心。出身高贵的青年，绝没有哪一个会因为在比萨看了宙斯像，就一心想当斐狄亚斯的，也没有哪一个在亚哥斯看了赫拉像，就一心想当波吕克勒托斯的，也没有哪一个会因为喜欢诗人的诗歌，就一心想当阿那克瑞昂、菲勒塔斯和阿基洛科斯的。因为，一件作品虽然完美，使你喜欢，作者并不一定就值得尊敬。某些事物对于观看者来说，既不能产生模仿它的热情，又不能激起赶上或超过它的志向和冲动，这样的事物就是没有益处的。然而，有道德的行为则不然，它能立即对人产生影响，使一个人在赞美它的同时，马上就希望成为做这件行为的那个人。幸运所赐与的东西，我们都愿意拥有它，享受它，而出自美德的事情，我们却喜欢身体力行。前者我们希望从别人得到，后者我们则希望别人能从我们获益。美德是有吸引力的，它能使人立即产生身体力行的冲动，不仅模仿它能使观看者的性格得以形成，就连研究它也能提供行为的准则。

因此，我决定继续写这些传记；这第十卷包括伯里克利的生平和那位对汉尼拔长期作战的费边·马克西穆斯的生平。他们二人的秉性很相似，特别是都温和公正，都有忍受民众和同僚误会的耐性，都对祖国作出最大贡献。但我的目标能否真正实现，须根据我的文章来判断。

——［古希腊］普鲁塔克：《希腊罗马名人传·伯里克利传》（上册），水建馥译，462～463页，北京，商务印书馆，1990。

二十二、基督教史学

我写作本书的意图在于记述：

> 圣使徒统绪的传承以及我们救主所处的时代直到我们自己所处的时代的事情；
>
> 教会历史上发生的重要事件；
>
> 几处最著名基督徒群体的杰出领袖；
>
> 历世历代藉着口传或书写宣扬上帝之道的人；
>
> 如下一些人的名字、数目和所处时代：这些人喜欢标新立异，不仅已走入错误极端，而且自称是知识的源头（这是误称），他们如同饿狼般残忍掳掠基督的羊群；
>
> 整个犹太民族在密谋杀害我们救主后的命运；
>
> 异教徒对圣道（divine Word，或译“圣言”）的攻击行径和努力捍卫圣道之人的英勇事迹，其中有些人为之饱受折磨甚至付出生命；
>
> 我们自己所处时代的殉道事迹及满有恩典的拯救，这拯救来自我们的救主、主耶稣基督（our Savior and Lord，Jesus the Christ of God），他正是我开始记述的出发点。

对我来说，承担这样的记述任务，不啻为一种冒险；在前无古人的冒险旅程中，只有孑然一身的我。所以，我在此特地恳请读者原谅我的缺乏与不足。我祈求上帝引领我，主的力量扶持我。在旅途中，我找不到前人的清晰脚印，最多只能偶尔看到他们留下的蛛丝马迹，即他们关于自身所处时代的各种记载。这些前人如同在远方的高塔上向我扬声高呼，告诉我当走的路，叫我不至于犯错。我从古代作家留下的零星回忆中选取一些合适的资料，这就好像是我从前人的文献园地中采集一些花朵一般。我将把这些资料融入到一种历史性的叙述当中，并且乐于看到：至于有一些人可以避免被遗忘，这些人就是救主的众使徒在各大著名教会的杰出传承者。我深信，既然没有其他任何一位基督徒作家对这样的记述产生过兴趣，那么这项工作就显得特别必要。与此同时，我也希望，对于那些认识到历史之价值的人来说，这样的记述会有一些价值。在以前的《编年史》中，我概述过这些资料；然而，在眼前的这部作品中，我将给出详尽叙述。

首先，我将会处理一个崇高无比、超乎人类理解范围之外的概念，即［上帝］的安排和基督的神性。无论是谁，如果他想写一部教会史的话，他就必须从基督开始写起。正是因为基督的缘故，我们得到了［基督徒］这个名称；这是上帝的安排（a dispensation，或译“天意”），它远比绝大多数人认识到的更为神圣。

——［古罗马］优西比乌：《教会史》，瞿旭彤译，19～22页，北京，生活·读书·新知三联书店，2009。

两种爱造就了两个城。爱自己而轻视上帝，造就了地上之城，爱上帝而轻视自己，造就了天上之城。地上之城荣耀自己，天上之城荣耀上主。地上之城在人当中追求光荣；在天上之城中，最大的光荣是上帝，我们良知的见证。地上之城在自己的光荣中昂头，天上之城则对自己的上帝说，你“是我的荣耀，又是叫我抬起头来的”。在地上之城，君主们追求统治万国，就像自己被统治欲统治一样；在天上之城，人们相互慈爱，统治者用政令爱，在下者用服从爱。地上之城热爱她的强人中的勇力，天上之城则这样对她的上帝说：“耶和华我的力量啊，我爱你。”在地上之城，智慧者按照人的方式生活，保证身体、心灵，或二者兼有的安全，哪怕那些能认识上帝的，“却不当作神荣耀他，也不感谢他。他们的思念变为虚妄，无知的心就昏暗了。自称为聪明［即，用高傲统治了自己，用自己的智慧抬高自己］，反成了愚拙，将不能朽坏之神的荣耀变为偶像，仿佛必朽坏的人，和飞禽走兽昆虫的样式。［即，他们通过服侍偶像，或成为民众的领袖，或成为民众的追随者］……他们将神的真实变为虚谎，去敬拜事奉受造之物，不敬奉那造物的主”。在天上之城里，没有虔敬就没有人的智慧。人们靠虔敬正确地服侍上帝，希望与圣徒甚至圣天使在一起，得到奖赏，“神在万物之上，为万物之主”。

——［古罗马］奥古斯丁：《上帝之城：驳异教徒》（中），吴飞译，225～226页，上海，上海三联书店，2008。

二十三、马基雅维里《佛罗伦萨史》

关于意大利的概况，我们接连说到这里，已经接近我们最初想要说到的时期。未曾提到的情况都不重要。只有佛罗伦萨人和威尼斯人联合反对米兰公爵菲利波的战争可算例外。这件事我们准备在专门叙述佛罗伦萨时再说，在这里暂时略过；只把我们现在已说到的这个时代意大利诸君王和武装部队的情况概括几笔如下：约安二世占有那不勒斯、马尔凯区、教会领地和罗马尼阿；这些地区有的服从教会，有的被教区主教或暴君占有。象费拉拉、摩德纳和勒佐就是由伊斯特家族统治；曼弗雷德家族占有法恩扎；阿利多西家族占有伊莫拉；奥尔德拉菲家族占有富尔利；马拉泰斯塔家族占有里米尼和佩扎罗；瓦拉诺家族占有卡梅里诺。伦巴第一部分属于菲利波公爵，一部分属威尼斯；那些只占有一个地区的暂撇开不说，只有贡扎加一家例外，他们统治着曼图亚地区。托斯卡纳大部属于佛罗伦萨。卢卡和锡耶纳是仅有的按照自己的法律治理的两个地区——卢卡受圭尼吉家族统治；锡耶纳实行自治。热那亚人有时独立自主，有时受治于法国或维斯康蒂家族；被人瞧不起，可列入小邦一类。

主要邦国的武装力量都不是靠自己的力量。菲利波公爵成天关在自己的房子里不见人，他打仗时都是派雇佣兵去打。当威尼斯人把注意力转向大陆时，就抛弃曾经使他们在海上称霸的武装力量，也采用意大利惯例，把自己的武装部队交给别人指挥。教士和女人不适于带兵，因此，教皇和那不勒斯女王约安也被迫采用别人因考虑欠周而采用的办法。佛罗伦萨人也采用同样惯例，这是因为他们经常发生分裂，已经把贵族阶级消灭；他们的共和制完全掌握在从事商业活动的人们手中，因此也只好按别人的习惯和方式办事。

这样，意大利的武装力量或是掌握在较小的王公手中，或者由不拥有城邦的人控制。这是因为，较小的王公带兵打仗并不是为了荣耀，而是为了获得财产或安全。那些不拥有城邦的人，从小练武长大，除武功外不懂其他任何技艺，他们打仗只是为了得到报酬或为个人捞得一官半职。后一类人当中最出名的有卡尔米尼约拉、弗兰切斯科・斯福查、布拉乔的门徒尼科洛・皮奇尼诺、安戈洛・德拉・佩尔戈拉、洛伦佐・迪・米凯莱托、阿滕杜利・伊尔・塔尔塔利亚、贾科帕乔、切科利诺・达・佩鲁贾、尼科洛・达・托伦蒂诺、圭多・托雷洛、安托尼奥・达尔・蓬泰・阿德・埃拉以及其他等人。和这些人同属一类的，还有已经提到过的那些君主，还可以加上罗马的几位贵族，科隆纳家族和奥尔西诺家族，以及那不勒斯王国和伦巴第其他一些王公和贵人。这些人既然经常保持武装，互相之间又常常动武，而且想方设法使一切事情都有利于己；结果这些打仗的人，差不多都是两败俱伤。他们把武装行动搞到如此荒谬透顶，以致一名极其普通的将领，只要真有胆量，就能使全意大利很不慎地尊敬崇拜的那些人蒙受羞辱。

因此，在我写的这部历史中，必然会充满这类昏庸的君主和如此卑劣的军队。在叙述这些事情以前，象我在开始时就已指出的那样，有必要先把佛罗伦萨的起源说一说，以便把当时这个城市的情况弄清楚；应该弄清楚的是，经过一千年的辛勤劳苦之后，佛罗伦萨竟然变得这么衰微孱弱，其原因究竟何在。

——［意］尼科洛·马基雅维里：《佛罗伦萨史》，李活译，49～51页，北京，商务印书馆，1982。

二十四、历史哲学的出现

钱袋附近的天平用意在显示继贵族政府即英雄的政府之后，就出现了人类的政府，开始在性质上是人民群众的。人民终于达到能懂得：在一切人之中理性的人性（这才是真正的人性）是平等的。按照这种生性的平等（在理想的永恒历史里有时被人们构思到，而在罗马史里确实是遇见到的），人们逐渐把英雄们纳入民众的共同体里行使民政方面的平等。这种民政平等就是用天平来象征的，因为，像希腊人说过的，在民众政体里一切事务都是凭抽签和天平来进行的。但是到了后来，由于强者们的内讧，频繁的内战使他们遭致倾家荡产，自由的人民就无法通过法律来维持住民政的平等，因此就自然而然地发生这样一种情况：人民于是服从一种自然的王法，或则无宁说，人类各族的一种自然的习俗，他们就在君主专制下寻求保护，君主专制于是形成了另一类型的人类政府。（这种自然的王法在一切民族每逢民众政府遭到腐化的时期都是通用的。不过据说罗马人曾凭民政方面的王法使罗马人拥戴奥古斯都大帝为独裁，因而使罗马的君主专制政体合法化了。我们在《普遍法律的原则》那部书里已经证实这是一个虚构的故事。我们的这项证实，以及对罗马法典来自雅典一说的虚构性的证实这两个片段使我们沾沾自喜上述那部书并没有白写。）在我们今天的人类之中，上述民众政府和君主专制政府，都是人类政府的两种类型，有时互相交替，但是按它们的本性，都不会变成只有贵族们专权而其他的人都要服从的那种贵族政府。因此在今天世界上贵族政体（邦国）还留存下来的只有稀稀疏疏的少数：在德国有纽伦堡，在达尔马提亚（Dalmatia）有拉古萨（Ragusa），在意大利有威尼斯，热那亚和卢卡（Lucca）。总之，只有三种国家政权才是天神意旨通过各民族的自然习俗使其在世界上出现的。这两种政体是顺自然的次序一个接着一个来的。因为，此外，其他类型的政府（即由人类意旨安排的三种类型的混合）都是各民族的本性所不容许的，所以史学家塔西佗把这些混合政权描绘为“可赞许的理由多于可实行的理由，如果它们偶然出现，也不会持久”。（塔西佗只理解到我们在下文还要谈得较详细的那些原因的结果。）我们的这种发现向政治理论提供了一些新的原则，和前此人们所猜想的不仅不同而且相反。

最后一个象形符号是节杖（caduceus），显示出最初的各民族，处在英雄时期，横行无阻的还是强力的自然律，彼此相视为永恒的仇敌，抢劫和侵犯经常发生，他们之间战争是永恒的，所以不需要预先宣战。（实际上正如在最早的野蛮时代英雄们以被称为盗贼为荣；到了第二次野蛮时代，强者也以被称为海盗而欢欣鼓舞。）但是到人道（性）的政权机构既已建立了，无论是民众型还是君主专制型的，就按照人道的部落法律设立了传令的使者，预先发出宣战的警告，而敌对时期的结束也以通过和平条约开始。这也是天神意旨的崇高谋虑，其目的在于使在野蛮时期世界上还是新起的、还需要扎根的各族人民限制在他们自己的疆界之内，他们既然还是性情暴戾未经驯服的，就不应该越出自己的疆界，用战争来互相灭绝。但是等到他们成长起来了，彼此也渐相熟悉了，因而每方能容忍对方的习俗了，这时战胜的民族就容易按照战胜时的公道法律，赦宥战败者的生命。

因此这门新科学就成了玄学，从天神意旨的角度去研究各异教民族的共同本性，发现到诸异教民族中神和人的两类制度的起源，从而建立了一套部落自然法体系。这种体系经过三个时代都以最大限度的一致性和经常性在继续发生效力。这三个时代的划分是由埃及人传给我们的，埃及人把世界从开始到他们的那个时代所经历的时间分为三个时代：（1）神的时代，其中诸异教民族相信他们在神的政权统治下过生活，神通过预兆和神谕来向他们指挥一切，预兆和神谕是世俗史中最古老的制度；（2）英雄时代，其时英雄们到处都在贵族政体下统治着，因为他们自以为比平民具有某种自然的优越性；（3）人的时代，其时一切人都承认自己在人性上是平等的，因此首次建立了一种民众（或民主）的政体，后来又建立了君主专政政体，这两种都是人道政权的不同形式，如上文已说过的。

……

但是在距离我们那么远的最早的古代文物沉浸在一片漆黑的长夜之中，毕竟毫无疑问地还照耀着真理的永远不褪色的光辉，那就是：民政社会的世界确实是由人类创造出来的，所以它的原则必然要从我们自己的人类心灵各种变化中就可找到。任何人只要就这一点进行思索，就不能不感到惊讶，过去哲学家们竟倾全力去研究自然世界，这个自然界既然是由上帝创造的，那就只有上帝才知道；过去哲学家们竟忽视对各民族世界或民政世界的研究，而这个民政世界既然是由人类创造的，人类就应该希望能认识它。这种过失是上述第236节那些公理中所提到的人类心灵弱点的后果，由于这种弱点，沉埋在肉体里的心灵就自然偏向于注意肉体方面的事物，感到注意心灵本身太费力了；正如肉体的眼睛能看见本身以外的一切事物，要看见眼睛本身，就要用一把镜子。

这个民族世界既然是由人类创造的，就让我们来看一看在哪些制度上全人类都是一致赞同的而且向来就是一致赞同的。因为这些制度就会向我们提供一些普遍永恒的原则（每门科学都必须有这样的原则），根据这些原则，一切民族才被创建出来，而且现在还保持下去。

我们观察到一切民族，无论是野蛮的还是文明的，尽管是各自分别创建起来的，彼此在时间和空间上都隔很远，却都保持住下列三种习俗：(1) 它们都有某种宗教，(2) 都举行隆重的结婚仪式，(3) 都埋葬死者。无论哪一个民族，不管多么粗野，在任何人类活动之中没有哪一种比起宗教、结婚和埋葬还更精细，更隆重，根据第〔144〕条公理："起源于互不相识的各民族之间的一致的观念必有一个共同的真理基础"，一定就是这种共同真理基础支配了一切民族，指使他们都要从这三种制度开始去创建人类，所以都要最虔诚地遵守这三种制度，以免使世界又回到野兽般的野蛮状态。因此，我们把这三种永恒的普遍的习俗当作本科学的三个头等重要的原则。

——［意］维柯：《新科学》，朱光潜译，24～26、134～135页，北京，人民文学出版社，1986。

这次演讲的题目叫做"哲学的世界历史"。那就是说，并不是从世界历史作出一些普遍的观察，再从世界历史的内容举例来阐明这一些观察，而是世界历史的本身。为了对于本讲的性质从开始就能有一种明白的观念起见，我们必须先行检查关于研究历史的其他各种方法。观察历史的方法，大概可以分为三种：

（一）原始的历史。

（二）反省的历史。

（三）哲学的历史。

（一）关于第一种历史，只要举出一两位著名的历史家，便可以给人一个确定的典型。例如希罗多德斯、修昔的底斯和其他同样的历史家们。他们的叙述大部分是他们亲眼看见的行动、事变和情况，而且他们跟这些行动、事变和情况的精神，有着休戚与共的关系。他们简单地把他们周围的种种演变，移到了精神观念的领域里去，这种外在的现象便演成了内在的观念。诗人以同样的方式，运用他感觉中的资料造成他的观念。当然，这些原始的历史家也利用别人的报告和叙述，因为一个人绝不能耳闻目见一切的事情。不过他们只把这些资料当作是一种组合的元素，这和诗人受赐于已经成立的语言文字的遗产，又是同样的情形。历史著作家把飘忽的片段联系在一起，然后把它们宝藏在泥摩息尼神庙之中，使它们不朽。各种稗史、民歌、传说都不能列在这种原始的历史里面。这些稗史、民歌、传说所表现的历史的意识还在朦胧的状态，所以它们属于观念朦胧的民族。这里我们要研究的民族，是已经知道他们是什么，和他们在做什么的民族。当真看见的和可以当真看见的现实，是有坚实的基础的，而产生这些稗史和诗歌的那个飘忽模糊的成分，它是没有坚实的基础的，等到各民族的个性发达成熟，这些稗史和诗歌在历史上的权威就不能存在了。

……

（二）第二种历史可称为反省的历史。这种历史的范围是不限于它所叙述的那个时期，相反地，它的精神是超越现时代的。在这第二类历史之中，可以分出各种显然不同的门类。

1. 研究历史的人大都目的在于对于一个民族，或者一个国家，或者整个世界的全部历史——简单的来说，就是对于我们所谓普遍的历史，考查它的梗概。在这里，最主要的一点，就是历史资料的整理。进行工作的人用了他自己的精神来从事这种整理工作，他这一种精神和材料内容的精神不同。因此，那位作家在叙述各种行动和事变的意义和动机时，他所依据的若干原则，以及决定他的叙事方式的若干原则，是特别重要的……

2. 第二类的"反省的历史"可以称为实验的历史。当我们研究"过去"的历史，研究遥远的世界，这时候一种"现在"便涌现在我们心头——这是精神自己活动后产生的，作为它自己劳苦的报酬。历史上的事变各个不同，但是普遍的、内在的东西和事变的联系只有一个。这使发生的史迹不属于"过去"而属于"现在"。所以实验的反省，它们的本质虽然是非常抽象的，但是它们属于"现在"是确确实实的。它们使"过去"的叙述赋有"现在"的生气。这些反省是不是真有兴趣、真有生气，当然全看著史的人自己的精神如何……

3. 第三类的"反省的历史"是批评的历史。它有在这里申述的必要，因为它正是德国如今通行的治史方法。它并不是我们这里所提出的历史的本身，而是一种历史的历史。它是对于各种历史记述的一种批判，和对于它们的真实性、可靠性的一种检查。它在事实上和旨趣上的特质，在于著史的人的锐利的眼光，他能从史料的字里行间寻出一些记载里没有的东西来……

4. 末一类的"反省的历史"，开宗明义，就显出它是一种局部的东西。它自然是分划的，但是因为它的观点是普遍的（如像艺术的历史、法律的历史、宗教的历史），它形成了达到哲学的世界历史的一种过渡……

（三）第三种历史——哲学的历史。前述的两种历史是无须解释的，它们的观念是不言而喻的。但是这最后一种则并非如此，它在实际上似乎需要一番阐明或者辩护。我们所能订立的最普遍的定义是，"历史哲学"只不过是历史的思想的考察罢了。"思想"确是人类必不可少的一种东西，人类之所以异于禽兽者以此。所有在感觉、知识和认识方面，在我们的本能和意志方面，只要是属于人类的，都含有一种“思想”。但是只凭这层理由，就说历史必须和思想发生联系，还是不能令人满意。就历史来说，“思想”似乎隶属于已存的事物——实际的事物，并且以这种事实为它的基础和指南针。同时哲学的范围却是若干自生的观念，和实际的存在是无关的。抱了这样的思想来治理历史，不免把历史当作是一种消极的材料。不许它保存本来的面目，逼迫它去适合一种思想，就如像一般人所说，以“先天论”来解释历史了。然而历史的职责，既然不外乎把现在和过去确实发生过的事变和行动收入它的记载之中，并且越是不离事实就越是真实。哲学事业的努力似乎和历史家的努力恰好相反。对于这一个矛盾，和因此而加在哲学思辨上的指摘，我们将加以解释，加以驳斥。至于通常所提到的治史的目的、兴趣和处理方式，以及历史同哲学的关系所发生的不可胜数的特殊误解，有的是陈腐的，有的是新起的，我们可不能一一予以纠正了。

——［德］黑格尔：《历史哲学》，王造时译，1～8页，上海，上海世纪出版集团、上海书店出版社，2001。

第二节　史学理论呈现的基本状态

一、中国古代历史理论的特点

中国古代史学的理论遗产包含两人部分，一个部分是人们关于对客观历史的理性认识，这就是本文所说的历史理论；还有一个部分是人们关于历史学的理论性认识，我们称之为史学理论。由于这两个部分所要考察的对象不同，故有必要分别加以研究，以推进对它们的认识。同时，由于史学活动也是一种历史活动，所以在讨论关于认识历史时，也必然会涉及史学；而史学家是史学活动的主体，所以在讨论史学家时，也一定不能避开史学家的历史认识，可见历史理论与史学理论又是有密切联系的。本文就是在这个认识的前提下，试就中国古代历史理论的特点作一初步的探讨。

中国古代史学有没有历史理论？这是自 20 世纪 80 年代以来长期困扰许多史学工作者的一个问题。有不少同行认为，中国古代史学长于记述而理论贫乏。对中国古代史学产生这种看法，原因是多方面的。第一，许多史学工作者研究的领域是客观历史的某些方面，一般不甚关注作为一个学科的史学本身的问题，因而不熟悉史学自身的发展情况。第二，史学是一门年轻的学科，而中国史学史研究者因历史条件和自身的原因，长期以来也未曾对中国史学上的理论遗产作深入的和有系统的历史考察和理论说明。第三，20 世纪 80 年代以来，西方的一些历史理论与史学理论著作大量被介绍到中国来，引起人们的兴趣和关注；有些同行甚至以此为标准来反观中国古代史学，于是“理论贫乏”之感油然而生。第四，对于东西方史学在表现其理论的内容和形式上，未能充分考察到各自的特点；换言之，在“理论”的探讨上，尚未能着眼于从本民族的遗产出发。总之，这种情况的出现，有历史上的原因，也是专业工作者在研究上存在的不足所致。需要说明的是，此种情况，近年逐渐有所改变，前景是令人鼓舞的。

笔者从 20 世纪 80 年代中期起步，开始对中国古代史学的理论遗产作探索性的研究，于 1992 年发表的《中国古代史学理论发展大势》一文；1994 年出版了《中国古代史学批评纵横》；1998 年出版了《史学志》，其中有“历史观念”和“史学理论”的专章。当然，这些研究所得都是极初步的，它们只是表明：这方面的研究是必要的，也是可以继续研究下去的。

一、多种存在形式

中国古代史学拥有厚重的历史理论遗产，它主要表现为三种存在形式。第一种形式，是作为史书之构成的一个部分的“史论”；第二种形式，是独立的历史评论专篇；第三种形式，是历史评论专书。多种存在形式，这是中国古代历史理论的一个特点……

二、深入探索的连续性

这是中国古代历史理论的又一个特点。中国古代历史理论遗产的厚重，自然有自成体系的著作传世，显示出理论上的分量。然而，它的厚重还表现在另一个方面，即人们对重大历史问题的关注和探索的累代相传，历时即久而探讨愈深，从而形成了一些理论的“重心”。以往我们对于中国古代历史理论在发展上的这一特点未曾十分关注，以为中国古代史学在历史理论方面谈不上有什么理论体系，这是因为我们没有用连贯的和发展的眼光来看待这一领域所致。现在，我们改变一下视角，就不难发现，前人对一些重大历史问题的理论探讨是带有连贯性的；而这种连贯性的生成和发展，把历史理论不断推向深入……

三、未尝离事而言理

“未尝离事而言理”，即“事”中有“理”，“理”不离“事”，在阐明事实的基础上论述道理，这是中国古代历史理论的另一个鲜明特点……

四、名篇名著的魅力

中国古代历史理论还有一个特点，这就是它的名篇、名著极具魅力，故能传之久远，为历代学人所重视。在中国古代历史理论领域中，名篇以数百计，名著以数十计，这个估计当不为过。这里，于名篇，举贾谊《过秦论》为例；于名著，举刘邵《人物志》、王夫之《读通鉴论》为例，以窥其理论上的魅力。……

中国古代历史理论的名篇与名著所论述的问题，范围恢宏，内容丰富，如对其有条理地进行整理，正确地加以解释，则其理论的魅力定会进一步显示出来，从而对今人的启发所能产生的影响，也一定更加有力。当然，关于这件有意义的工作，人们只有认清了中国古代历史理论的特点之后，才有可能自觉地去研究、去发掘，并在此基础上进行新的创造，促进当今中国史学的理论建设。

——瞿林东：《略论中国古代历史理论的特点》，载《学术研究》，2004 (1)。

中国的史学理论的主要特点之一是“道不离器”，其中许多内容都是经学的，如讲历史的动力问题等。中国的史书中讲各代的成败兴亡，有各种各样的解释，这就是理论问题了。中国的史学理论问题在抽象方面不发达。中国的史学理论大多都是史学家讲的，西方的史学理论主要是哲学家讲的。西方的史学理论撇开了具体的历史。可以阅读何兆武先生翻译的《历史理性批判文集》中有康德《一个世界公民观点之下的普遍历史观念》等文章。中国史学不能说没有理论，如唐君毅先生讲王夫之的《读通鉴论》时就强调过，贺麟先生也在一篇文章谈到过。《史通》里讲太史公写《魏世家》时说，信陵君窃虎符救赵以后，打败了秦兵。可是魏王不信任信陵君，很快秦灭了魏。司马迁说：“说者皆曰魏以不用信陵君故，国削弱至于亡，余以为不然。天方令秦平海内，其业未成，魏虽得阿衡之佐，曷益乎?”刘知幾批判了司马迁的观点，认为历史要讲人事，讲天意就是错的。实际情况呢？司马迁已经讲得很清楚，据《六国年表序》可知，六国为了各自的利益，相互之间战斗不休，结果不是实现了六国的利益，而是在客观上为秦灭六国扫清了道路，这正合了孟子所说的“莫之为而为者，天也；莫之致而至者，命也”。“岂非大哉，岂非天哉!”秦灭六国，废诸侯，本是为了巩固自己的统治，结果却为后来者扫清了道路，这也是莫之为而为、莫之致而至的天命啊。这正是对历史的理论总结。

——张越、何佳岭：《史学·史学理论及史学史·比较史学——访刘家和教授》，载《山东社会科学》，2007 (5)。

二、西方古代历史理论的特点

古代西方的循环史观反映了古代希腊人和罗马人对人类历史发展变化的认知，是西方历史理论的一份遗产。此后，从西方历史理论发展史来看，公元5世纪奠定的基督教神学史观，颠覆了古典史学中的循环论，一度独步西方，历史第一次被解释为一个由固定的起点（上帝创世）到终点（末日审判）的线性运动，指出了历史是一种向着既定目标前进的运动，这种历史理论可以说是以前不曾有过的，对后世影响不小。把西方史学重新引出“迷宫”，那是要等到西方文艺复兴运动曙光的来临，自此西方历史理论中的进步观念不断上扬，以至成为彼得·伯克所说的“西方历史思想最重要和最明显的一个特征”。

个人认为，历史理论研究的一个核心内容，也许就是对历史路径的发展轨迹做出的种种思考。举其大者，这些思考的理论表述不外就是倒退史观、循环史观和进步史观。在我看来，上述这几种历史理论，都可以从神话与史诗中找到它们的思想源头，寻找出人类最初的历史意识。“史学史从神开始，人们最早认为神创造了世界和历史，而跟神交通的人，即那些宗教家，是最早的历史学家。”因而祭神巫祝、行吟诗人，他们就是人类最初的“历史学家”了，荷马不就是吗？其后赫西俄德的“时序论”更是从中滋生出古代西方占支配地位的历史理念。

在我看来，古代西方历史理论占支配地位的当然是循环史观，但倒退史观却紧紧地与前者牵缠，因此学界有时把这两者合称为“倒退循环史观”。我这里只说及进步史观的缘起问题。对此，中外学界显然是有不同意见的，这里不再细说。笔者认为，近代意义的进步史观，当从西方的文艺复兴运动为发端，那时的新兴的人文主义思想家表现了一种与日俱增的历史发展变化中的进步观念，从波丹到培根，无不如此。但倘说这种历史发展变化中的进步观念与古代无关，恐怕也是欠妥的。比如，在西方古代史家波里比阿那里，历史理论的主体虽然是他的循环史观，但他“已充分认识到历史走向一统的进步趋势，虽然这种进步趋势的顶点仍只是罗马帝国这个特殊社会，并且他的看法又受到了永恒循环思想的束缚”。从这种杂沓牵缠的情况，我们可以约略看出古代西方历史理论中也有进步观念，但同时也看出它与近代文艺复兴以来进步史观的相异性。由此，进而言之，人类思想遗产中的历史理论，在各个时代都有其主流的理论派系，如古代的循环史观，中世纪西方的基督教神学史观，近世以来的进步史观，但在这些历史阶段占主流的派系外，都还有小派支流，它或者旁出于主流，或者叛逆于主流，或者接壤于主流，共同构成了色彩斑斓的历史理论光谱。这是因为历史是多彩的，多面的，那么反映在人们头脑中的观念（历史理论）又怎能是素色的与单一的呢？

——张广智：《“异中之同”和“同中之异”——由古代西方历史理论说开去》，载《北方论丛》，2008（2）。

第三节　史学理论的体系

一、史学本体论

史学本体论，是对史学研究活动进行本体论反思的理论产物，它把人们的史学研究实践作为一种“存在”去研究，弄清这一人类认识活动的目的、性质及其意义，从本体论的角度回答“什么是历史科学”的问题，规定整个史学认识活动的方向和任务，对整体历史科学的发展起指导作用；历史认识论，是对史学研究成果作知识性反思的理论产物，它集中回答历史知识如何形成、何以可能的问题，即要研究历史知识的性质。这种研究论证历史知识的可靠性及其限制，从更深的层次上论证历史知识形态的特性，从而把对历史认识规律的研究推向一个更高的层次；史学方法论，是对史学研究的经验程序、思想方法、研究途径进行反思的理论产物，是对史学研究的思维活动程序作抽象化、形式化、相对固定化的研究，它解决历史认识手段、方法、途径的合理性、科学性问题，为如何获得正确的历史认识提供方法论指导。这三者的结合，构成一个完整的理论体系，是谓史学理论系统，对整个历史科学的繁荣和进步，发挥广泛的指导作用。

——李振宏：《历史学的理论与方法》，7 页，开封，河南大学出版社，1989。

史学家的历史观，每渊源于哲学。社会现象，史学家可以拿自己的历史观来考察之，解释之。譬如现在的女权运动和打破大家庭的运动，是从什么地方来的，都可以一种历史观观察之。马克思的唯物史观，是历史观的一种。他以为社会上、历史上种种现象之所以发生，其原动力皆在于经济，所以以经济为主点，可以解释此种现象。此外，圣西门有知识的史观，以为知识可以决定宗教，宗教可以决定政治。此外，还有宗教的史观、算术的史观等等。或谓史学家不应有历史观，应当虚怀若谷的去研究，不可有偏见或成见，以历史附会己说，才可算是好史学家。或者说史学家应有历史观，然后才有准绳去处置史料，不然便如迷离漂荡于洋海之中，茫无把握，很难寻出头绪来。这话是很对的。史学家当有一种历史观，而且自然的有一种历史观，不过不要采了个偏的、差的历史观罢了。

——李大钊：《李大钊文集》(下)，642 页，北京，人民出版社，1984。

在我看来，世界的历史，人类在这个世界上已完成的历史，归根结底是世界上耕耘过的伟人们的历史。他们是人类的领袖，是传奇式的人物，是芸芸众生踵武前贤、竭力效仿的典范和楷模。甚至不妨说，他们是创世主。我们在世界上耳闻目睹的这一切实现了的东西，不过是上天派给这个世界的伟人们的思想的外部物质结果、现实的表现和体现。

——［英］卡莱尔：《英雄和英雄崇拜——卡莱尔讲演集》，张峰、吕霞译，1～2页，上海，上海三联书店，1988。

历史时间像是一座“三层楼的大厦”，其底层是由地理、气候、生物等因素组成，称作“地理时间”，这里有“几乎不发生变化”的历史，是人类同地球表面环境进行斗争的历史。组成第二层次的是长期起作用的因素，如社会结构和经济结构，称作“社会时间”。第三层次是由短暂起作用的因素构成，那些令人眼花缭乱的政治、军事和外交事件等就属于这一类，它们犹如炸弹爆炸所产生的火光一样转瞬即逝，对历史的发展影响甚微，属于“个别时间”。布罗代尔指出，分别与“地理时间”“社会时间”和“个别时间”相对应的是“结构的历史”“势态的历史”和“事件的历史”。布罗代尔认为，对人类社会历史发展起决定性作用的是长时段历史，即结构。地理结构、社会结构、经济结构和思想文化结构支撑或阻碍着人类的历史，因此，只有在长时段中才能把握和解释一切历史。

——陈启能：《西方历史学名著提要》，530～531页，南昌，江西人民出版社，2001。

这种历史观就在于：从直接生活的物质生产出发阐述现实的生产过程，把同这种生产方式相联系的、它所产生的交往形式即各个不同阶段上的市民社会理解为整个历史的基础，从市民社会作为国家的活动描述市民社会，同时从市民社会出发阐明意识的所有各种不同理论的产物和形式，如宗教、哲学、道德等等，而且追溯它们产生的过程。这样当然也能够完整地描述事物（因而也能够描述事物的这些不同方面之间的相互作用）。这种历史观和唯心主义历史观不同，它不是在每个时代中寻找某种范畴，而是始终站在现实历史的基础上，不是从观念出发来解释实践，而是从物质实践出发来解释观念的形成，由此还可得出下述结论：意识的一切形式和产物不是可以通过精神的批判来消灭的，不是可以通过把它们消融在“自我意识”中或化为“幽灵”“怪影”“怪想”等等来消灭的，而只有通过实际地推翻这一切唯心主义谬论所由产生的现实的社会关系，才能把它们消灭；历史的动力以及宗教、哲学和任何其他理论的动力是革命，而不是批判。这种观点表明：历史并不是作为“产生于精神的精神”消融在“自我意识”中而告终的，而是历史的每一阶段都遇到一定的物质结果，一定的生产力总和，人对自然以及个人之间历史地形成的关系，都遇到前一代传给后一代的大量生产力、资金和环境，尽管一方面这些生产力、资金和环境为新的一代所改变，但另一方面，它们也预先规定新的一代本身的生活条件，使它得到一定的发展和具有特殊的性质。由此可见，这种观点表明：人创造环境，同样，环境也创造人。

——《马克思恩格斯选集》第1卷，92页，北京，人民出版社，1995。

德国哲学从天国降到人间；和它完全相反，这里我们是从人间升到天国。这就是说，我们不是从人们所说的、所设想的、所想象的东西出发，也不是从口头说的、思考出来的、设想出来的、想象出来的人出发，去理解有血有肉的人。我们的出发点是从事实际活动的人，而且从他们的现实生活过程中还可以描绘出这一生活过程在意识形态上的反射和反响的发展。甚至人们头中的模糊幻象也是他们的可以通过经验来确认的、与物质前提相联系的物质生活过程的必然升华物。因此，道德、宗教、形而上学和其他意识形态，以及与它们相适应的意识形式便不再保留独立性的外观了。它们没有历史，没有发展，而发展着自己的物质生产和物质交往的人们，在改变自己的这个现实的同时也改变着自己的思维和思维的产物。不是意识决定生活，而是生活决定意识。前一种考察方法从意识出发，把意识看作是有生命的个人。后一种符合现实生活的考察方法则从现实的、有生命的个人本身出发，把意识仅仅看作是**他们**的意识。

这种考察方法不是没有前提的。它从现实的前提出发，它一刻也不离开这种前提。它的前提是人，但不是处在某种虚幻的离群索居和固定不变状态中的人，而是处在现实的、可以通过经验观察到的、在一定条件下进行的发展过程中的人。只要描绘出这个能动的生活过程，历史就不再像那些本身还是抽象的经验论者所认为的那样，是一些僵死的事实的汇集，也不再像唯心主义者所认为的那样，是想象的主体的想象活动。

——《马克思恩格斯选集》第1卷，73页，北京，人民出版社，1995。

人们在自己生活的社会生产中发生一定的、必然的、不以他们的意志为转移的关系，即同他们的物质生产力的一定发展阶段相适合的生产关系。这些生产关系的总和构成社会的经济结构，即有法律的和政治的上层建筑竖立其上并有一定的社会意识形式与之相适应的现实基础。物质生活的生产方式制约着整个社会生活、政治生活和精神生活的过程。不是人们的意识决定人们的存在，相反，是人们的社会存在决定人们的意识。社会的物质生产力发展到一定阶段，便同它们一直在其中运动的现存生产关系或财产关系（这只是生产关系的法律用语）发生矛盾。于是这些关系便由生产力的发展形式变成生产力的桎梏。那时社会革命的时代就到来了。随着经济基础的变更，全部庞大的上层建筑也或慢或快地发生变革。在考察这些变革时，必须时刻把下面两者区别开来：一种是生产的经济条件方面所发生的物质的、可以用自然科学的精确性指明的变革，一种是人们借以意识到这个冲突并力求把它克服的那些法律的、政治的、宗教的、艺术的或哲学的，简言之，意识形态的形式。我们判断一个人不能以他对自己的看法为根据，同样，我们判断这样一个变革时代也不能以它的意识为根据；相反，这个意识必须从物质生活的矛盾中，从社会生产力和生产关系之间的现存冲突中去解释。

——《马克思恩格斯选集》第2卷，32～33页，北京，人民出版社，1995。

根据唯物史观，历史过程中的决定性因素**归根到底**是现实生活的生产和再生产。无论马克思或我都从来没有肯定过比这更多的东西。如果有人在这里加以歪曲，说经济因素是**唯一**决定性的因素，那么他就是把这个命题变成毫无内容的、抽象的、荒诞无稽的空话。经济状况是基础，但是对历史斗争的进程发生影响并且在许多情况下主要是决定着这一斗争的**形式**的，还有上层建筑的各种因素：阶级斗争的政治形式及其成果——由胜利了的阶级在获胜以后建立的宪法等等，各种法的形式以及所有这些实际斗争在参加者头脑中的反映，政治的、法律的和哲学的理论，宗教的观点以及它们向教义体系的进一步发展。这里表现出这一切因素间的相互作用，而在这种相互作用中归根到底是经济运动作为必然的东西通过无穷无尽的偶然事件（即这样一些事物和事变，它们的内部联系是如此疏远或者是如此难于确定，以致我们可以认为这种联系并不存在，忘掉这种联系）向前发展。否则把理论应用于任何历史时期，就会比解一个最简单的一次方程式更容易了。

——《马克思恩格斯选集》第4卷，695～696页，北京，人民出版社，1995。

无论哪一个社会形态，在它所能容纳的全部生产力发挥出来以前，是绝不会灭亡的；而新的更高的生产关系，在它的物质存在条件在旧社会的胎胞里成熟以前，是绝不会出现的。所以人类始终只提出自己能够解决的任务，因为只要仔细考察就可以发现，任务本身，只有在解决它的物质条件已经存在或者至少是在生成过程中的时候，才会产生。大体说来，亚细亚的、古代的、封建的和现代资产阶级的生产方式可以看作是经济的社会形态演进的几个时代。资产阶级的生产关系是社会生产过程的最后一个对抗形式，这里所说的对抗，不是指个人的对抗，而是指从个人的社会生活条件中生长出来的对抗；但是，在资产阶级社会的胎胞里发展的生产力，同时又创造着解决这种对抗的物质条件。因此，人类社会的史前时期就以这种社会形态而告终。

——《马克思恩格斯选集》第2卷，33页，北京，人民出版社，1995。

二、史学认识论

我们已经看到，如果单纯的经验被设想为一种各个相续状态之流，那么思想就必须被设想为能够领会这一洪流的结构和它所显示的各种相续形式的某种东西；那就是说，思想是能够思想过去、也能思想现在的。因此，凡在思想研究思维本身的活动时，它就能够同样地研究思维过去的行动，而且把它们和现在的行动加以比较。但在这两种情形之间却有着一种不同。如果我现在思想到我过去有过的一种感觉，那末很可能真的是，思想着它就造成了那种感觉在现在的一种回声，或者不然的话也是它那可能性有赖于那种感觉在现在的回声的独立出现。例如，我不能思想我曾一度感到的那种愤怒，除非是我目前在我的心灵里至少经验着一种愤怒的微弱振颤。但是无论这一点真确与否，我在思想着的那种实际上的过去愤怒却是过去了并且消逝了；它并没有重新出现，那直接经验的长河已经把它永远席卷走了；至多也只是重新出现了某种与它相像的东西而已。在我现在的思想和它过去的客体之间的这一时间间隙，并不是被客体的存留或者客体的复活所接连起来的，而只是由于思想有跨过这一间隙的能力；而做出这件事的思想就是记忆。

反之，如果我所思想着的是思想的一种过去的活动，例如我自己过去的一种哲学探索；那么这个间隙就是由双方来接连的。要终究思想到思想的那种过去的活动，我就必须在我的心灵里复活它；因为思维行动只有作为一个行动才能加以研究。但是这样被复活的东西，并不是老一套活动的单纯回声，不是属于同一种类的另一个活动；它是再度从事并重演那同样的活动，或许是为了在我自己批判的检验之下把它重做一遍，我就可以在其中探测出批评者所曾谴责过我的那些虚假的步骤了。在这样重行思想我的过去的思想时，我不是单纯在回忆它。我是在构造我的生活中某个阶段的历史；记忆和历史学之间的不同是，在记忆之中过去单纯是一种景观，但在历史学中它却是在现在的思想之中被重演。只要这一思想是单纯的思想，过去就只是单纯地被重演的；只要它是对于思想的思想，过去就是作为被重演而被思想着的，而我对我自己的知识也就是历史知识。

因此我自己的历史并不是记忆本身，而是记忆的一种特例。当然，一个心灵不能回忆，也就不能有历史知识。但是记忆本身仅仅是关于过去经验本身的现在的思想，无论那种经验可能是什么；历史知识乃是记忆的那样一种特例，其中现在思想的客体乃是过去的思想，现在和过去之间的间隙之被连接，并不只是由于现在的思想有能力思想过去，而且也由于过去的思想有能力在现在之中重新唤醒它自己。

——［英］柯林武德：《历史的观念》，何兆武、张文杰译，403～404页，北京，商务印书馆，1997。

我之所以想起这类历史表现形式，目的是想消除“一切真历史都是当代史”这一命题中的看来似乎矛盾的局面。但是如果我们不犯错误，不对一切历史家或某些历史家的著作兼收并蓄，并把它们用于一个抽象的人或被抽象地看待的我们自己，然后再问是什么当前兴趣使人去写或去读这类历史的，例如，叙述伯罗奔尼撒战争或米特拉达梯斯战争的历史的当前兴趣是什么，有关墨西哥艺术或阿拉伯哲学的事件的当前兴趣是什么，那末，这个命题的正当性是容易得到证实的，是在史学著作的实际中有了大量清晰的例证的。我此刻对它们是不感兴趣的，因此，此刻对我说来，那些历史就不是历史，充其量只是一些历史著作的名目而已。而在思索过它们或将要思索它们的人们的心中，它们则曾是或将是历史，当我也思索过它们或将要思索它们并按照我的精神需要去推敲它们的时候，在我的心中，它们也曾是或将是历史。反之，如果我们把自己限制在真历史的范围以内，限制在我们的思想活动所真正加以思索的历史的范围以内，我们就容易看出，这种历史和最亲历的及最当代的历史是完全等同的。当我所处的历史时期的文化发展向我提出（说是向作为一个个人的我自己提出的，这也许是多余的，或许是不确切的）有关希腊文明或柏拉图哲学或某种阿提卡风俗习惯的问题时，那个问题跟我的生活的关系和我所从事的一点工作、或我所沉溺的爱情、或威胁我的某种危险的历史跟我的关系是一样的。我用同样的焦虑去考查它，我同样感到不快，直到把它解决为止。在这种情形下，希腊生活对我就是当前的；它诱惑我、吸引我、折磨我，就像一个人看见了敌人、看见了心爱的人、或看见了他所为之担惊受怕的心爱的儿子时的情形一样。米特拉达梯斯战争、或墨西哥艺术、或我在前面所说过的其他一切事例也都是这样、或曾是这样、或将是这样的。

——［意］贝奈戴托·克罗齐：《历史学的理论和实际》，傅任敢译，2～3页，北京，商务印书馆，1982。

三、史学方法论

要研究精神生产和物质生产之间的联系，首先必须把这种物质生产本身不是当作一般范畴来考察，而是从**一定的历史的形式**来考察。例如，与资本主义生产方式相适应的精神生产，就和与中世纪生产方式相适应的精神生产不同。如果物质生产本身不从它的**特殊的历史**的形式来看，那就不可能理解与它相适应的精神生产的特征以及这两种生产的相互作用。从而也就不能超出庸俗的见解。

——《马克思恩格斯全集》第26卷第1册，296页，北京，人民出版社，1972。

马克思主义要求我们一定要用**历史的态度**来考察斗争形式问题。脱离具体的历史环境来提这个问题，就等于不懂得辩证唯物主义的起码要求。在经济进化的各个不同时期，由于政治、民族文化、风俗习惯等等条件各不相同，也就不免有各种不同的斗争形式提到第一位，成为主要的斗争形式，而各种次要的附带的斗争形式，也就随之发生变化。不详细考察某个运动在它的某一发展阶段的具体环境，要想对一定的斗争手段问题作肯定或否定的回答，就等于完全抛弃了马克思主义的立脚点。

——《列宁选集》第1卷，673页，北京，人民出版社，1972。

要最科学地来看这个问题，至少应该对国家的产生和发展情况作一个概括的历史的考察。为了解决社会科学问题，为了真正获得正确处理这个问题的本领而不被一大堆细节或各种争执意见所迷惑，为了用科学眼光观察这个问题，最可靠、最必需、最重要的就是不要忘记基本的历史联系，考察每个问题都要看某种现象在历史上怎样产生，在发展中经过了哪些主要阶段，并根据它的这种发展去考察这一事物现在是怎样的。

我希望你们在研究国家问题的时候看看恩格斯的著作《家庭、私有制和国家的起源》。这是现代社会主义主要著作之一，其中每一句话都是可以相信的，每一句话都不是凭空说出，而都是根据大量的历史和政治材料写成的……

这个问题也和所有的问题（如资本主义和人剥削人怎样产生的问题，社会主义怎样出现及其产生的条件的问题）一样，要正确地认识它，要有把握地切实地解决它，就必须从历史上把它的全部发展过程加以考察。

——《列宁选集》第4卷，43～44页，北京，人民出版社，1972。

正是马克思最先发现了重大的历史运动规律。根据这个规律，一切历史上的斗争，无论是在政治、宗教、哲学的领域中进行的，还是在其他意识形态领域中进行的，实际上只是或多或少明显地表现了各社会阶级的斗争，而这些阶级的存在以及它们之间的冲突，又为它们的经济状况的发展程度、它们的生产的性质和方式以及由生产所决定的交换的性质和方式所制约。这个规律对于历史，同能量转化定律对于自然科学具有同样的意义，这个规律在这里也是马克思用以理解法兰西第二共和国历史的钥匙。

——《马克思恩格斯选集》第1卷，583页，北京，人民出版社，1995。

我决不用玫瑰色描绘资本家和地主的面貌。不过这里涉及的人，只是经济范畴的人格化，是一定的阶级关系和利益的承担者。我的观点是把经济的社会形态的发展理解为一种自然史的过程。不管个人在主观上怎样超脱各种关系，他在社会意义上总是这些关系的产物。同其他任何观点比起来，我的观点是更不能要个人对这些关系负责的。

——《马克思恩格斯选集》第2卷，101～102页，北京，人民出版社，1995。

至今一切社会的历史都是阶级斗争的历史。

自由民和奴隶、贵族和平民、领主和农奴、行会师傅和帮工，一句话，压迫者和被压迫者，始终处于相互对立的地位，进行不断的、有时隐蔽有时公开的斗争，而每一次斗争的结局都是整个社会受到革命改造或者斗争的各阶级同归于尽。

在过去的各个历史时代，我们几乎到处都可以看到社会完全划分为各个不同的等级，看到社会地位分成多种多样的层次。在古罗马，有贵族、骑士、平民、奴隶，在中世纪，有封建主、臣仆、行会师傅、帮工、农奴，而且几乎在每一个阶级内部又有一些特殊的阶层。

从封建社会的灭亡中产生出来的现代资产阶级社会并没有消灭阶级对立。它只是用新的阶级、新的压迫条件、新的斗争形式代替了旧的。

但是，我们的时代，资产阶级时代，却有一个特点：它使阶级对立简单化了。整个社会日益分裂为两大敌对的阵营，分裂为两大相互直接对立的阶级：资产阶级和无产阶级。

——《马克思恩格斯选集》第1卷，272～273页，北京，人民出版社，1995。

马克思主义给我们指出了一条指导性的线索，使我们能在这种看来迷离混沌的状态中发现规律性。这条线索就是阶级斗争的理论。只有把某一社会或某几个社会的全体成员的意向的总和加以研究，才能对这些意向的结果作出科学的判断。其所以有各种矛盾的意向，是因为每个社会所分成的**各阶级**的生活状况和生活条件不同……从法国大革命时起，欧洲许多国家的历史非常明显地揭示出事变的这种真实内幕，即阶级斗争。法国复辟时代就有一些历史学家（梯叶里、基佐、米涅、梯也尔）在总结当时的事变时，不能不承认阶级斗争是了解全部法国历史的钥匙。现今这个时代，即资产阶级取得完全胜利、设立代议机关、实行广泛的（甚至是普遍的）选举制、创办深入群众的廉价的日报等等的时代，势力强大的、范围不断扩大的工人联合会和企业主联合会等等出现的时代，更加清楚地（虽然有时是用很片面的、“和平的”“宪政的”形式）表明阶级斗争是事变的推动力。

——《列宁选集》第2卷，587～588页，北京，人民出版社，1972。

四、史学本体论、认识论和方法论之间的关系

历史学家怎样、或者根据什么条件才能够知道过去呢？在考虑这个问题时，第一点要注意的就是，过去绝不是一件历史学家通过知觉就可以从经验上加以领会的给定事实。Ex hypothesi〔根据假设〕，历史学家就不是他所希望知道的那些事实的目击者。历史学家也并不幻想自己就是一个目击者。他十分清楚地知道，他对过去唯一可能的知识乃是转手的或推论的或间接的，绝不是经验的。第二点就是，这种转手性并不能由验证来实现。历史学家知道过去，并不是由于单纯地相信有一个目击者看到了所讨论的那些事件，并把他的见证留在记录上。那种转手的东西充其量也只是给人以信念而不是知识，而且是根据极其不足而又非常靠不住的信念。于是历史学家又一次清楚地知道，这并不就是他前进的道路；他察觉到，他对他的那些所谓权威们要做的事，并不是要相信他们，而是要批判他们。如果这时历史学家对他的事实既没有直接的或经验的知识，又没有传递下来的或可验证的知识；那末他还有什么知识呢？换句话说，历史学家为了知道它们，必须做些什么呢？

我对历史的观念所作的历史评论，已经得出了对这个问题的一种答案：那就是，历史学家必须在他自己的心灵中重演过去。现在我们必须做的，就是要更仔细地观察这种观念，明了它本身意味着什么，以及它所蕴涵的进一步后果是什么。

——［英］柯林武德：《历史的观念》，何兆武、张文杰译，388～389页，北京，商务印书馆，1997。

近代历史学的各种研究方法是在它们的长姊自然科学的方法的荫蔽之下成长起来的；在某些方面得到了自然科学范例的帮助，而在别的方面又受到了妨碍。本文始终有必要对于可以称之为实证主义的历史概念，或者不如说是错误的概念，进行不断的斗争。这种概念把历史学当作是对于埋在死掉的过去里面的各种连续事件的研究，要理解这些事件就应该像是科学家理解自然事件那样，把它们加以分类并确立这样加以规定的各个类别之间的关系。这种误解在近代有关历史的哲学思想中不仅是一种瘟疫性的错误，而且对历史思想本身也是一种经常的危险。只要历史学家屈服于它，他们就会忽视他们的本职工作乃是要深入到他们正在研究其行动的那些行动者们的思想里面去，而使自己只满足于决定这些行动的外部情况，——即它们那些能够从统计学上加以研究的事物。统计学研究对于历史学家来说是一个好仆人，但却是一个坏主人。进行统计学上的概括对于他并没有好处，除非他能由此而探测他所进行概括的那些事实背后的思想。在今天，历史思想几乎到处都在使自己挣脱实证主义的谬误的

罗网，并且认识到历史学本身只不过是在历史学家的心灵中重演过去的思想而已；但是如果要收获这种认识的全部成果，却仍需要做更多的工作。各种各样的历史学谬误现在还在流行着，这都是由于混淆了历史过程和自然过程这两者的缘故；不仅有较粗糙的谬误把文化上的和传统上的各种历史事实误认为像是种族和血统那样的生物学事实，而且还有更精致的谬误影响了历史探讨的研究和组织的方法，这里要一一列举它们就会太冗长了。但只有到了这些谬误被根除时，我们才能看到历史思想是怎样终于能达到其固有的形式和高度，并能使长期以来为人性科学所提出的那些主张成为有效。

——［英］柯林武德：《历史的观念》，何兆武、张文杰译，319～320页，北京，商务印书馆，1997。

一个自然的过程是各种事件的过程，一个历史的过程则是各种思想的过程。人被认为是历史过程的唯一主体，又因为人被认为是在想（或者说充分地在想、而且是充分明确地在想）使自己的行动成为自己思想的表现的唯一动物。人类是唯一终究能思想的动物这一信仰，无疑地是一种迷信；但是，人比任何其他的动物思想得更多、更连续而更有效，而且他的行为在任何较大的程度上都是由思想而不是由单纯的冲动和嗜欲所决定的唯一动物，——这一信仰或许是很有根据的，足以证明历史学家的这条单凭经验行事的办法是正当的。

——［英］柯林武德：《历史的观念》，何兆武、张文杰译，304页，北京，商务印书馆，1997。

五、现代西方史学理论的主要流派

（一）斯宾格勒的文化形态理论

世界历史是什么？当然，是对过去的一种有秩序的展示，一种内在的陈述，是感觉形式（feeling-form）的一种可能的表达。但对形式的感觉，不管如何确定，都不是形式本身，无疑地，我们“感觉”到世界历史，经历到世界历史，也相信世界历史可如地图一般地阅读。然而，直到今天，我们所知的仅是世界历史的一部分形态，而非即其形态本身——其本身该是我们自己内在生命的一种“反映影像”（mirror-image）。

……

对于西方文化而言，雅典、佛罗伦萨、或巴黎当然要比洛阳或佩特里巴特（Pataliputra）重要。但是，是否可以用此等价值标准，来建立一个世界历史的架构系统？如果可以的话，则中国历史家，大可建立另一个世界的历史系统，而把十字军、文艺复兴、恺撒与腓特烈大帝一笔带过，丝毫不予重视。从形态学的观点来看，我们的十八世纪，为何要比过去的六十个世纪来的重要？以仅仅包括几个世纪之久，且完全局限在西欧的所谓“现代”历史，来相对于笼盖数千年之久的“古代”历史，而把所有希腊文化的内容，统统杂乱无章地投入“古代”史，作为附录事项，这是否可笑？我这样说，并不是夸张。为了维持此一苍白无力的架构，我们不是已把埃及与巴比伦，列为古典文化的序幕，而根本不顾及它们各是一个独立而自足的历史，比起我们那起自查理曼大帝（charlemagne），终于世界大战的所谓“世界历史”，不惟未遑多让，而是犹有过之？我们不是已以窘涩的态度，把巨大而复杂的印度及中国文化，全放进了历史书的注脚之中？至于伟大的各美洲的先期文化，我们不是已完全视若无睹，忽略过去了？

在这一流行的西欧历史架构中，我们成为所有世界事件假想的中心。各伟大的文化，皆环绕于我们为中心的轨道上运行着，其最适当的称谓，莫若“托勒密式的历史系统”（Ptolemaic System of History）。而在此书中，用来代替此一系统的，是我称之谓历史领域中的“哥白尼式的发明”。在我的系统中，不承认古典文化或西欧文化，相对于印度、巴比伦、中国、埃及、阿拉伯及墨西哥文化而言，有何特殊的地位。因这些分别存在的文化，从物质的观点来看，并不弱于古典文化，而且经常在精神的伟大、及力量的飞腾方面，超越了古典文化。

“古代——中古——现代”的架构，其最初的形式是马日型世界感（Magian World-sense）的产物。它首次出现，是在居鲁士（cyrus）而后的波斯教及犹太教中，乃承受了“但尼尔书”（the Book of Daniel）的“天启感念”（apocalyptic sense）而来，浸假而发展为后期基督教的世界历史概念，尤其是诺斯替系统（Gnostic Systems）。

这一重要的概念，虽然将其心智的基础，局限于一狭隘的限制之中，本身却是不可非难的。印度及埃及的历史都不曾有类似的情形。因为马日的思想家，把“世界历史”视作一幕唯一而至高的戏剧行为，其舞台迤逦于希腊至波斯间的大陆，在这戏剧中，东方那严格的二元世界感，不仅表现在类如当时形而上学中所谓“灵魂与精神”“善与恶”等的两极概念上，而且表现在宗教的“灾异”（Catastrophe）所呈现出的图像上，所谓灾异，即是世界创生与世界毁败间的一个世纪性的大变迁。那些散见的古典文学及圣经之中的二元世界感，皆出现于这一图像之中，它代表了一个极易了解的对抗：——异邦人对犹太人、基督徒对非基督徒、古典对东方、偶像对教条、自然对精神的对抗，可是它赋有一个“时间的暗示”即是：在这戏剧中，其一必胜另一。于是历史的时代变迁，乃披上了宗教“救赎”式的外衣。简单地说，这一“世界历史”是一狭隘而偏私的概念，可是，在其本身的范围之内，却合理而完满。当然，它只能是这一区域及这些人类所特有的，不能有任何自然的扩张。

但是，“古代——中古”这两个时期，由于加上了另一个我们称之为“现代”的时期，乃首次将历史的图像，赋予了一种进化的看法。原先的图像是静止的，它代表一自足的假设，它具有一平衡的外观，且有一个唯一而神圣的行动——“灾异”——作为其转折点。但是，一旦这图像被完全不同的人类选用之后，这图像很快便转换成了一种直线进化的概念：从荷马或亚当——当然，现代人也可以用印欧人、石器时代或直立猿人等，取代他们经耶路撒冷、罗马，而发展至佛罗伦萨、巴黎，任由各别的历史家、思想家或艺术家的胃口来选用，他们可自行对“古代——中古——现代”这一三期的架构，作任何解释，自由得很。

这第三个名词：“现代”，在形式上已表明：它乃是这一系列三个时期的最终名词。而事实上，从十字军时代起，它已一再延伸。即使不多叙述，这一名词，至少也意味着：经过古代及中古以后，仍有某些确实的事情，正在发生，这些事情的完成与全盛，乃是古代与中古的领域之外，且自有其自己的特点。至于特点何在？每一个思想家，从学院派人士，到目下的社会主义者，想必各有自己的发现。

在西方文化正开始之时，出了一个佛洛勒斯（Floris）的主教耶尔琴（Joachim），他是第一位黑格尔式的思想家，他传布了奥古斯汀（Augustine）的二元世界观，他的心智是哥德式的（Gothic），他把他那时代的新基督教，以有别于“旧约”与“新约”宗教的第三名称表示之，他把三个时期分称为“天父的时代、圣子的时代、以及圣神的时代”（the Age of Father, of the Son, of the Holy Chost）。他的传教，感动了法兰西斯教派及多明尼各教派的精华人物：但丁与汤玛斯·阿奎那，他的教义烙进了他们的灵魂深处，并唤起了一个世界观，此一世界观慢慢地，确已取代了我们的文化中的历史感受。近代的莱辛（Lessing）经常把相对于古典时代的他当时那一时代，称之为“后期世界”（After—World），他的基本观念：“人种的教育”分为三个阶段：孩提、青年与成年，即是从十四世纪的神秘教派而来。易卜生也将此一观念，笼统地带进了他的作品“皇帝与加利利人”（Emperor Gand alilean）中。在此书里，他藉巫师马克西蒙之口，直接地展现了诺斯替的世界观，而在1887年，他又发表了有名的“斯德哥尔摩通讯”，更进一步加以发挥。如上可见，在西方人的意识中，似乎总急于要指出一个最终的结局，来承续其目前的现象。

但是，上述那位佛洛勒斯的主教耶尔琴的观念，只是对神圣的世界秩序，作了一些神秘的瞥视而已，一旦将之置于推理的途径中，作科学的思考时，它便失去了所有的意义，不值识者一哂了。而十七世纪以来，科学思想用得越来越多，于是，它也就越来越无法施展其技了。

把世界历史呈现在每个人面前，使每人按其自己的宗教观、政治观及社会观来任意评断，并使这一神圣不可侵犯的三期（上古——中古——现代）历史系统，能让每个人各以其自己的主观立场，来加以估价，这该是一个十分完美的方法了吧！但实际上，这也就是说，以某些事物作为一个基准，来评判整个千百年来的历史，例如："理性时代""人性""最大多数的最大幸福""启蒙运动"、经济的进步、国家的自由、国邦的征服或世界的和平等，都可以作为基准。于是，我们乃据此判定别人都无视于"真理之路"，或不能遵行"真理之路"，因为他们的意愿和目标，竟和我们的不一样。对于这种想以"计划"来解答历史形式之谜的迟钝的企图，歌德的话不啻是一记当头棒："生命中所重要的，乃是生命本身，而不是生命的结果！"

当我们转而注意：研究各种特殊艺术或科学的历史家时，我们发现了与上述情形完全一致的现象，例如：

"绘画"——从埃及人到印象主义者，或

"音乐"——从荷马到贝鲁特（Bayreuth）及以后，或

"社会组织"——从史前时代的穴居野处，直到今日的社会主义，俱各呈现出一种直线进步的图形，其价值一致作着直线的上升。没有人曾认真思考过：艺术可能是生命本身的一种特定的跨越，它可以视作各特定地区，或特定形态的人类，其自我表现的种种形式。所以，任何一种艺术的整个历史，也许仅仅是各种不同的发展，各种特殊的艺术的累积而已，而不能视为整体，而冠以种种名词，赋以种种细节的。

我们知道，每一有机生物，其生命的韵律、形式、持续、以及表现的细节，皆由该一生物的"种类特性"而决定。看着一棵多年老龄的大橡树，没有人敢说，它此刻是否正在真实而正确的生命途径上前进，看到一条一天天长大的小毛虫，也没有人期望它是否还能持续生长两三年。在这些情形中，我们很确实地感觉到一种"极限"（limit），而这种极限的感觉，与我们对内在形式的感觉是颇相一致的。可是，相反的，在高级人类的历史中，我们却以那蔑视一切历史（即生物）经验的、过分的乐观主义，作为我们对未来生命过程的基本看法。于是，每一个人都以为：自己可以在有生之年，投身于某些显著的前进系列之中，而永垂不朽。这种观念，全无科学依据，乃是一厢情愿。

"人类"，事实上，本来既无目标、又无观念、又无计划，全无任何异于蝴蝶或兰花等生物之处，"人类"只有一个动物学上的名词，或竟只是一个空名词而已。可是，当我们驱退妖巫的幻影，打碎魔靥的圈套，便立刻看到了一些惊人的实际形式——"生命"！具有无比的内涵、深度与运动的"重创"！生命的真理，迄今仍被一些口号与标语，被一个枯燥无味的架构及一些妄人的"理

想”掩蔽着，不曾大白于天下。我认为：上述那直线型的历史空壳，只能把人们的眼光，局限在某些声势显赫的往事陈迹之中，不如代之以：注意某些强而有力的文化表现，更能开拓人们的视线。我“看到”每一个文化，从其终身依附的母土之中，以原始的坚韧之性，跳跃而出；每一个文化，在其自己的影响之内，各具有其物质，其“人类”；每一个文化，各有其自己的观念、自己的热情、自己的生命、意志与感受，也各有其自己的死亡。这其中真是轰轰烈烈，有声有色，有光有热，可惜，迄今竟无智者能看破这一奥秘，这其中，文化、民族、语言、真理、神祇、风景，一如橡树与松树，一如花蕊、枝脉与叶子一样，茁盛而后老衰，只是没有老衰的“人类”。每一文化有其各自的自我发展的可能性，它兴起、成熟、腐败，而一去不复返。每一文化既有其各自的自我发展形式，所以世上并不只有一种雕塑、一种绘画、一种数学、一种动物学，而是有许多种，每一种的精纯之处，皆迥异于其他；每一种皆局限于其文化的持继期中，而且自给自足，就如每一种植物，各有其独特的花蕊或果实，各有其独特生长与凋落的方式一样。这些生命的精华——文化，正如田野里的野花一样，漫无目的地生长着。文化，正如植物与动物一样，乃是属于歌德的“活生生的自然”，而非属于牛顿那“死板板的自然”。我把世界历史，视作一幅漫无终止的形成与转变的图像，一幅有机生物的奇妙的成长与萎缩的图像，而一般职业历史家，却相反的，把它视作一种不断地在每一时代里，增加自己长度的绦虫一般。

但是，“古代——中古——现代”这一架构毕竟已经发挥尽了它的用处。作为一种科学的基础，它虽然太偏颇、狭隘、浅薄，可是我们以前没有其他的形式，可以用来排列我们的历史资料，而且多亏了它，世界历史经过了一番过滤，留下了我们可以分类的“残基”（residuds）。可是，这一架构所应存在的时代，早已过去很多世纪了，我们的历史资料增加得甚快（尤其是那些不能塞进这一架构的历史资料），于是，这一架构不得不开始分解，成为一片污泥。

——［德］奥斯瓦尔德·斯宾格勒：《西方的没落》，陈晓林译，12～21页，哈尔滨，黑龙江教育出版社，1988。

（二）汤因比的文化形态史观

当我读着这些充满历史洞见之光的篇章时，我首次怀疑，我的整个探讨，在问题提出之前（更不用说找到答案了）就早已被斯宾格勒处理过了，这一想法在我的脑海中充分明朗起来。我主要的观点之一是：历史研究中最难于理解的领域是所有这些社会，而不是像现代西方的民族国家或古希腊、罗马时期的城邦国家这一类任意分隔的片断。我的另一个观点是：所有被称为文明社会的历史，在某种意义上，都是平行和同时代的。这两个观点也是斯宾格勒体系中的主要的观点。当我在斯宾格勒的书中寻找我的关于文明起源问题的答案时，我发现我仍有工作要做。因为对我来说，在这个观点上，斯宾格勒是最没有启发性的教条加宿命论者。按照他的观点，文明的产生、发展、衰落和衰败一成不变地与一张固定的时间表相一致，并且对此没有提供任何解释。它只是斯宾格勒发现的一条自然法则，你必须把它当作大师亲口表达的话那样深信不疑。这个任意的法令似乎有点令人失望，与斯宾格勒的奇才很不相称；我从此开始明白国家、民族间的差异了。

——［英］汤因比：《文明经受着考验》，沈辉等译，10～11页，杭州，浙江人民出版社，1988。

历史研究的可以自行说明问题的单位既不是一个民族国家，也不是另一极端上的人类全体，而是我们称之为社会的某一群人类。

——［英］汤因比：《历史研究》（上册），曹未风等译，14页，上海，上海人民出版社，1966。

我们的研究迄今为止让我们看见了二十个社会，其中大部分都是另一个社会或几个社会的亲体或子体：现在总述一遍，计有西方社会、东正教社会、伊朗社会、阿拉伯社会（伊朗社会和阿拉伯社会现在合为一个伊斯兰教社会）、印度社会、远东社会、古代希腊社会、叙利亚社会、古代印度社会、古代中国社会、米诺斯社会、印度河流域文化、苏末社会、赫梯社会、巴比伦社会、埃及社会、安第斯社会、墨西哥社会、尤卡坦社会和玛雅社会。我们不知道巴比伦社会是否能够脱离苏末社会而独立存在，另外也可能有两个社会实际上合而为一，象埃及社会结束时期的社会那样。但是在没有更多更好的理由出现以前，我们还是把它们当作独立的社会来看。也许还可以把东正教社会分为拜占庭东正教社会和俄罗斯东正教社会；把远东社会分为中国社会和朝鲜—日本社会。这样就把社会的总数增加到二十二个；自从写作本书以来，又发现了第二十三个，即黄河流域古代中国文明以前的商代文化。

——［英］汤因比：《历史研究》（上册），曹未风等译，42～43页，上海，上海人民出版社，1966。

时间的长短是相对的，在已知的文明最初出现之日起到今天，其间还不足六千年。研究我们现在的这个问题应该用同这个问题有关的时间表来计算，就是说用文明社会本身的寿命来计算。如果是这样，那么从文明社会之间的前后关系来看，历史上的文明社会才不过有三代，而每一个有三代历史的文明社会加在一起才不过六千年，因为第三代现在都还活着。

我们纵观各个文明社会的情况是无论哪一个也没有超过第三代。这件事实说明，这一个品种从它的时间指标来说还是很年轻的。除此之外，它的绝对年龄迄今为止如果同原始社会那个姊妹品种来比较的话，可以说是很短的，因为原始社会是同人类同年的，它的存在时间，就平均的估算数字来说也有三十万年了。我们平常说有些文明社会是属于“历史的黎明时期”，这个说法是指“文明”社会的人类历史；如果我们说的是地球上人类的全部历史的话，那么我们就会发现产生文明的时间，同人类全部历史的时间实在差得远。它仅仅只占人类全部时间的百分之二，或五十分之一。根据这种情况，我们可以承认，为了我们的研究目的，所有的这些文明社会都可以说完全是同时代的。

即使我们的批评家们放弃了他们的时间长短论，他们还可以用价值不同论来反对文明是可以比较的。有不少的所谓文明可以说是毫无价值的，事实上是非常“不文明”的，拿它们的经验来同“真正”文明（当然是指我们的文明）的经验来相比，岂不是浪费脑力？关于这个问题，我请求读者们暂时不作结论，先看看这种脑力会产生什么结果。同时我还要请他不要忘了，所谓价值，同时间一样，也是个相对的概念；所有的我们这二十一个社会，如果同原始社会相比，都可以说是有很大成就的；如果同任何理想的标准相比，它们全部都还是非常不够，其中任何一个都没有资格瞧不起别人。

事实上，我们认为所有的二十一个社会都可以假定在哲学上是属于同一时代的，在哲学上是价值相等的。

——［英］汤因比：《历史研究》（上册），曹未风等译，52～53页，上海，上海人民出版社，1966。

我们已经证明文明诞生的环境是一个非常艰难的环境而不是一个非常安逸的环境，这件事实引使我们提出一个问题，是不是有某种社会法则可以表述为这样一个公式：“挑战愈强，刺激就愈大”。我们已经逐一检查过对于五种类型刺激的应战——困难地方、新地方、打击、压力和遭遇不幸——在这五个方面，我们研究的结果都证明这个规律是正确的。然而，我们还须决定这个正确性是否是绝对的。如果我们使挑战的强度无限制地增加，是否可以因之得到无限增加的刺激性，而在顺利地对待挑战的时候，也可以得到无限加强的应战呢？还是说，我们在达到了某一点之后，力量愈加强，效果反而会愈减少呢？还有，如果我们在达到了这一点之后，我们是否还会达到另一点，到那个时候挑战的强度竟达到了某一种程度，超过了这个界限，就完全不可能引起应战呢？在那种情况下，法则应该是这样的：“足以发挥最大刺激能力的挑战是在中间的一个点上，这一点是在强度不足和强度过分之间的某一个地方。”

——［英］汤因比：《历史研究》（上册），曹未风等译，174页，上海，上海人民出版社，1966。

对于一系列挑战的某一系列胜利的应战，如果在这个过程当中，它的行动从外部的物质环境或人为环境转移到了内部的人格或文明的生长，那么这一系列应战就可以被解释为生长现象。只要这个现象生长和不断地生长，那么外部力量的挑战和对于外部方面应战的必要性，就要逐渐减少它的重要性，而在它的内部，在它对它自己之间的挑战作用就越来越大。生长的意义是说，在生长中的人格或文明的趋势是逐渐变成它自己的环境、它自己的挑战者和它自己的行动场所。换一句话说，生长的衡量标准就是走向自决的进度，而走向自决的进度乃是描述“生命”走进它自己王国的那个奇迹的一种散文式的公式。

——［英］汤因比：《历史研究》（上册），曹未风等译，262页，上海，上海人民出版社，1966。

在上面一章里我们研究了创造性的人物所采取的道路，他们所走的神秘化的途径乃是他们精神上的最高水平。我们发现他们首先是离开了行为进入了狂想的境界，然后又从狂想的境界中走出来，达到了一种新的和更高的行为水平。我们的这种说法，是用一个人的精神状态中的经验来描写创造性的活动的。如果用来说明他和他所属社会的外部关系，对于这两种活动我们可以称之为退隐和复出。退隐可以使这个人物充分认识到他自己内部所有的力量，如果他不能够暂时摆脱他的社会劳苦和障碍，他的这些力量就不能觉醒。这种退隐可能是他的自愿的行为也可能是被他所无法控制的环境逼成的；但是不管怎样，这种退隐都是一种机会，也许还是一种必要的条件，促成这个隐士（anchorite）的变容；“anchorite”这个字的希腊原意本来是指分裂的意思；但是在孤独中的变容是没有目的的，也是没有意义的，除非在他后来重新出现于他所来自的社会环境里的时候，他变成了一个改变了的人物：人，这种社会动物不可能永远脱离他所生长的自然环境，如果他脱离了人性，他就会象业里士多德所说的那样，“或是变成了禽兽，或是变成了神”。复出是整个运动的实质，也是它的最终目的。

——［英］汤因比：《历史研究》（上册），曹未风等译，274～275页，上海，上海人民出版社，1966。

事实上，我们知道在任何一个社会的历史中，如果创造的少数人退化成为统治的少数人，而企图用武力来维持它的已经无法维系的地位的话，那么在统治者方面的这样一种性质上的改变，就会在它的对方，无产者方面引起离心的运动，他们就会不再羡慕和模仿那些统治他们的人，而起来反抗他们所受的奴役。我们也知道，这些无产者在他们以这种姿态出现时，他们会从最初阶段就分成为两部分。一部分是内部无产者，无所作为可是消极对抗，一部分是在边境以外的外部无产者，他们这时激烈地反对吞并。

如此看来，文明衰落的实质可以总结为三点：少数人的创造能力的衰退，多数人的相应地撤消了模仿的行为，以及继之而来的全社会的社会团结的瓦解。

——［英］汤因比：《历史研究》（中册），曹未风等译，3～4 页，上海，上海人民出版社，1966。

在一个生长的文明里，一个挑战遇到一个成功的应战，这个应战又发动另外一个不同的挑战，而遇到另一个成功的应战。这个生长的进展是无止境的，除非或者直到一个挑战兴起，而文明已不能应付。这个悲剧就意味着生长的停止，即我们所谓的衰落。在这里相互关系的节奏就开始了。这个未被接受的挑战仍然会继续出现。第二次最大努力的应战如果成功，生长自然会恢复。但是我们假定这个应战经过局部和暂时的成功，仍是失败了。这就会更加向后退化。或者经过一个时期对这无休无止的挑战再企图一次应战而获得一定的暂时和局部的成功。这个应战将会再遇到失败。这个失败可能是也可能不是最后的崩溃以致使这个社会瓦解。

——［英］汤因比：《历史研究》（中册），曹未风等译，387 页，上海，上海人民出版社，1966。

简短地说，社会瓦解的固定模式是，瓦解中的社会分裂为反抗的无产阶级和越来越无能的少数统治者。瓦解的过程不是平坦的，而且在一阵溃退，一阵复元，又一阵溃退中交错地颠簸。在倒数第二次的复元中，少数统治者以大一统国家的和平强加于社会的办法，成功地暂时制止了社会的致命的自行毁灭。在少数统治者的大一统国家的机构内，无产阶级创造了一种大一统的宗教。再经过一阵溃退，那分解中的文明便最后地解体了。而大一统宗教则能够继续生存下去，变成后来从中产生出一个新的文明的蝶蛹。

——［英］汤因比：《我的历史观》，陈芳芝译，见田汝康、金重远：《现代西方史学流派文选》，122 页，上海，上海人民出版社，1982。

六、新康德主义（狄尔泰、文德尔班、李凯尔特。

（一）狄尔泰《精神科学引论》

在这本书（《精神科学引论》）中他强调指出，自然科学和人文科学不同，自然科学研究的是物质，而人文科学研究的是人的精神；物质对研究者来说是外部的、客观的东西，而精神作为研究对象则是与研究主体同一的，因为任何研究总是一种精神活动。物理客体只是作为现象被我们所知，而精神现象则是可以洞察其内在奥秘的真正现实；自然科学寻求的是客观的因果解释，而人文科学研究则首先要求主观的体验……研究人和人的历史，靠单纯搜集、考订史料，客观地再现史实，象实证主义史学所主张的那样，是不行的。狄尔泰强调人文科学研究中主观理解和体验的重要性，他说："历史世界的第一性的要素就是体验，而主体在体验中，同自己的环境处于积极的、生动的互动作用之中。这种环境作用于主体，同时也受到主体的作用。"狄尔泰要求历史学家生活在自己的客体里，或者说，使客体生活在自身里，而理解和体验就是进入历史人事的精神生活深处。针对实证主义史学方法的简单贫乏，狄尔泰提出了人文科学研究的解释学的方法。

——刘昶：《人心中的历史》，125～126 页，成都，四川人民出版社，1987。

是的，让我们努力奔向光明、奔向自由和美；然而却不是抛弃过去，完全去标新立异。我们必须带着旧神去进入每一户新居。尼采一个人苦思冥想，想去寻找原先的本质和他自己非历史性的存在，全然是白费力气。他一层又一层地剥下去，然而又留下些什么呢？结果是只留下由历史条件所制约的某一单个的人和文艺复兴时超人的某些特征。人是什么，只有他的历史才会讲清楚。若人们把过去置诸脑后，以便重新开始生活，就会完全徒劳无益。他们无法摆脱过去之神，因为这些神已经变成了一群游荡的幽灵。我们生活的音调是取决于伴随着过去的声音的。只有屈服于历史所产生的巨大客观力量，人才能够从眼前的痛苦和短暂的欢乐中解脱出来。无论是主观的任性也好，自私的取乐也好，都不能使人和生活得到调和。只有把他主人公本人隶属于世界的进程才能促成这种调和。

——［德］狄尔泰：《梦》，金重远译，见田汝康、金重远：《现代西方史学流派文选》，9 页，上海，上海人民出版社，1982。

（二）文德尔班《历史与自然科学》

我们在这里提出了一种纯粹方法论上的、以严格的逻辑概念为依据的经验科学分类法。分类的原则是它们的认识目标的形式性质。有一些科学研究一般的规律，另一些科学则研究特殊的历史事实；如果用形式逻辑的语言来说，有一些科学的目标是普遍的定然判断，另一些科学的目标是单称的实然命题。这种分别依据的是人类理智中的那种最重要的、决定性的关系，亦即被苏格拉底看成一切科学思想的根本关系的那种关系：普遍与特殊的关系。古代的形而上学由此开始发生分化，柏拉图是在不变的概念中寻找实在，亚里士多德则在有目的地发展着的个别事物中去寻找它。近代自然科学曾经教导我们用出现在存在物上的事件的不变的必然性来给存在物下定义：它用自然规律代替了柏拉图的理念。

所以我们应当说：经验科学在现实的事物的认识中寻找的，要末是自然规律形式下的共相，要末是历史规定形态下的殊相；它们所考察的，有的是常住不变的形式，有的是现实事件的一次性的、特定的内容。有一些是规律科学，有一些是事件科学；前者讲的是永远如此的东西，后者讲的是一度如此的东西。如果我们可以造一些新术语，那就可以说科学思想在前一种场合是制定法则的，在后一种场合是描述特征的。如果我们要仍旧使用通行的用语，那就必须要本着这种自然科学与历史科学对立的意义来说话，这一定要牢牢记住本着这种方法上的意义把心理学彻底归入自然科学之列才行。

——［德］文德尔班：《历史与自然科学》，王太庆译，见何兆武：《历史理论与史学理论——近现代西方史学著作选》，388 页，北京，商务印书馆，1999。

自然研究与历史的分别，首先开始于利用事实来构成知识的时候。这时候我们就看到，前者追求的是规律，后者追求的是形态。在自然研究中，思维是从确认特殊关系进而掌握一般关系，在历史中，思维则始终是对特殊事物进行亲切的摹写。对于自然科学家来说，他所观察的个别特定对象本身根本就没有什么科学价值；他之所以利用它，只是因为他认为自己可以把它看成一个类概念的典型和特例，并且可以从它推演出这个类概念；它在特定对象中只是对一些特征进行思考，以便洞察到一种合乎规律的普遍性。对于历史学家来说，任务则在于使某一过去事像丝毫不走样地重新复活于当前的观念中。

——［德］文德尔班：《历史与自然科学》，王太庆译，见何兆武：《历史理论与史学理论——近现代西方史学著作选》，391～392 页，北京，商务印书馆，1999)

自然研究的气力用在抽象的方面，历史的气力用在直观的方面，如果我们把两者的研究成果拿来比较一下，就可以格外清楚地看到这一点。历史的批判在对它所陈述的东西加工制作的时候，尽管需要进行一些非常细致复杂的概念工作，但是它的最终目的永远在于从大量素材中把过去的真相栩栩如生地刻画出来；它所陈述出来的东西是人的形貌，人的生活，及其全部丰富多彩的特有的形成过程，描绘得一丝不苟，完全保存着生动的个性。通过历史之口，过去的语言和过去的民族，以及他们的信仰和形象，他们为了霸权和自由而进行的搏斗，他们的志愿和思想，都从遗忘中复活了，向我们一一倾诉。自然研究在我们面前建立的世界有多么大的不同！它的出发点尽管也是很富有直观性的，它的认识目标却是理论，归根到底是一些关于运动规律的数学公式；它以严格的柏拉图方式把有生有灭的个别事物当作空虚无实的假相抛开，力求认识合乎规律的、无始无终的、常住不变的、支配一切现象的必然性。它从有声有色的感性世界中布置出一个秩序井然的概念体系，要求在其中把握真正的、藏在各种现象背后的万物的本质，也就是一个由无声、无色、没有任何感性性质的尘世气味的世界——这是思维对感觉的胜利。它对变化无常的东西毫不理睬，而把它的铁锚下在永远如一、常住不变的东西上面；它所追求的并不是变易的东西本身，而是变易的不变形式。

——［德］文德尔班：《历史与自然科学》，王太庆译，见何兆武：《历史理论与史学理论——近现代西方史学著作选》，392～393页，北京，商务印书馆，1999。

（三）李凯尔特《文化科学和自然科学》

我们在概念上把两种经验科学工作相互区别开，但这并不是说，它们事实上在任何地方都是分开的。我所提出来的只是纯粹的形式。一方面是自然科学。“自然”一词既从自然科学的对象方面，又从它们的方法方面，表明了自然科学的特征。自然科学把与任何价值联系无关的存在和现象看作自己的对象，它们的兴趣在于发现对于这些存在和现象有效的普遍概念联系和——如果可能的话——规律。对于自然科学来说，特殊之物仅仅是“事例”。这一点适用于物理学，同样也适用于心理学。这两门科学都不从价值和评价的观点对各种不同的物和心灵的东西作任何区分，都把个别之物当作非本质成分而不加考虑，而且通常仅仅把大多数对象所共有的成分包括到自己的概念之中。没有任何对象在原则上是不受自然科学方法处理的。自然就是与价值无关的和以普遍化方法理解的整个现实。

另一方面历史的文化科学。对于这些科学来说，我们没有一个与“自然”一词相对应的词，它既从其对象方面，同时又从其方法方面表现出这些科学的特征。因此，我们必须选用两个词，它们与自然一词的两种意义相对应。作为文化的科学来说，它们研究与普通文化价值有关的对象；而作为历史的科学来说，它们则从对象的特殊性和个别性方面叙述对象的一次性发展。因此，文化事件的存在这个情况，既提供了这些科学的历史方法，同时也提供了概念形成的原则，因为对于这些科学来说，只有那些在其个别特性方面对于作为指导原则的文化价值具有意义的事物，才是本质的。因此，这些科学以个别化的方法从现实中挑选出的东西、即“文化”，完全不同于自然科学在用普遍化方法把同一现实作为“自然”加以考察时所作的那样。因为，在大多数情况下，文化事件的意义正是依据于使这一文化事件有别于其他文化事件的那种特性；反之，它与其他文化事件相同的、因而构成它的自然科学本质的那种东西，对于历史的文化科学来说则是非本质的。

——［德］H. 李凯尔特：《文化科学和自然科学》，涂纪亮译，87～88页，北京，商务印书馆，1986。

只有当人们不注意现实的个别性的时候，才可能忽视自然科学和现实之间的鸿沟。谁试图把自然科学概念应用于个别之物本身，谁就会碰到一条无法逾越的界限。诚然，医生是根据自然科学知识进行诊断的，从而有可能为他的个别的病人服务。他可以把这个特殊的病例隶属于普遍的疾病概念之下，并依次去作他认为在一般情况下有助于治病的事情。因此，他非常需要普遍化。但是，另一方面，这个聪明的医生恰恰也很清楚，现实中没有“疾病一般”，而只有“疾病的个体”，因此，在他自己的活动中仅仅利用自然科学书籍提供的材料是不够的。他还必须了解个别化，而这是自然科学不能教给他的。简言之，不仅自然科学概念应用于现实生活的可能性，而且这些概念利用所含有的界限，都再一次证明普遍化方法是自然科学概念形成的特征。用柏格森的一个巧妙的比喻来说，自然科学只缝制一套对保罗和彼得都同样适合的现成的衣服，因为这套衣服并不是按照这两个人的体形裁的。如果自然科学“按照每个人的体形”进行工作，那它就必须对自己所研究的每个对象构成新的概念。但这是与自然科学的本质相违背的。自然科学只是在从个别之物中发现那种可以把个别之物隶属于其下的普遍之物的情况下，才去注意个别之物。在这个范围内，必须说现实的特殊性是任何自然科学概念形成的界限。

——［德］H. 李凯尔特：《文化科学和自然科学》，涂纪亮译，42页，北京，商务印书馆，1986。

有一些科学，它们的目的不是提出自然规律，甚至一般说来也不仅仅是要形成普遍概念，这就是在最广泛的意义上而言的历史科学。这些科学不想缝制一套对保罗和彼得都同样适合的标准服装，也就是说，它们想从现实的个别性方面去说明现实，这种现实绝不是普遍的，而始终是个别的。而一旦对个别性进行考察，自然科学概念就必定失去其作用。因为自然科学概念的意义恰恰在于它把个别的东西作为“非本质”的成分排除掉。历史学家可能引用歌德关于普遍的东西的话：“我们利用普遍的东西，但是我们不喜欢普遍的东西，我们只喜欢个别的东西。”无论如何，只要所研究的对象被看作是整体，历史学家总愿意对个别的东西本身作科学的说明。

……

当我们从普遍性的观点来观察现实时，现实就是自然；当我们从个别性和特殊性的观点来观察现实时，现实就是历史。

——［德］H. 李凯尔特：《文化科学和自然科学》，涂纪亮译，50页，北京，商务印书馆，1986。

对于研究文化事件的历史科学来说，现实分为本质成分和非本质成分，也就是分为历史上有意义的个别性和纯粹的异质性（Anderssein）。这样一来我们便得到了我们所寻找的一条指导原则（至少就其最普遍的、虽然还不确定的形式而言），按照这条原则，我们形成历史概念，就是在保持现实的个别性和特殊性的条件下改造现实的异质连续性。现在，我们能够区别开两种个别，一种是作为纯粹异质性的个别，另一种是就狭义而言的个别。一种个别与现实本身相等同，不能被任何科学所研究。另一种个别是对于现实的一定理解，是可以被纳入概念之中的。在无限众多的、个别的即异质的对象中，历史学家首先研究的，只是那些在其个别特性中或者体现出文化价值本身或者与文化价值有联系的对象；而在任何一个单一的对象从其异质性方面向历史学家提供的那无限众多的成分当中，历史学家又选择那些作为文化意义的依据，构成历史的个别性并与纯粹的异质性不同的成分。因此，文化概念给历史概念的形成提供了一条选择本质成分的原则，犹如作为现实的自然概念从普遍的观点对自然科学所作的那样。通过文化所固有的价值以及通过与价值的联系，可叙述的、历史的个别性概念才得以形成。

——［德］H. 李凯尔特：《文化科学和自然科学》，涂纪亮译，73～74页，北京，商务印书馆，1986。

七、新黑格尔主义（克罗齐、柯林武德）

（一）克罗齐《历史学的理论和实际》

精神本身就是历史，在它存在的每一瞬刻都是历史的创造者，同时也是全部过去历史的结果，我们对历史思想的有效过程是不可能有任何理解的。所以，精神含有它的全部历史，历史和它本身是一致的。

——［意］贝奈戴托·克罗齐：《历史学的理论和实际》，傅任敢译，13页，北京，商务印书馆，1982。

在我们所已描绘的哲学中，真实界被确认为精神，这种精神不是高悬在世界之上的，也不是徘徊在世界之中的，而是与世界一体的；自然已被表明是这种精神本身的一个阶段和一件产物，因而二元论（至少是那种困扰过从赛利斯到斯宾塞的思想的二元论）被它替换了，一切超验论，不论其起源是唯物主义的或神学的，也已被它替换了。精神就是世界，它是一种发展着的精神，因而它既是单一的，又是分歧的，是一个永恒的解决，又是一个永恒的问题；精神的自我意识就是哲学，哲学是它的历史，或者说，历史就是它的哲学，二者在本质上是同一的。

——［意］贝奈戴托·克罗齐：《历史学的理论和实际》，傅任敢译，249页，北京，商务印书馆，1982。

我们所已达成的历史观是，历史的文件不在本身之外而在本身之内，历史的究竟方面的和原因方面的说明不在本身之外而在本身之内，历史在本身以外无哲学，它和哲学是重合的，历史的确切形式和节奏的原由不在本身之外而在本身之内；这种历史观把历史和思想活动本身等同起来，思想活动永远兼是哲学和历史。

——［意］贝奈戴托·克罗齐：《历史学的理论和实际》，傅任敢译，90页，北京，商务印书馆，1982。

无可否认的是，当人们把历史看成编年史时，历史和哲学的同一性就看不清楚，因为这种同一性并不存在。但当编年史被还原为其固有的实用的和帮助记忆的功用时，当历史被提升为关于永恒的现在的知识时，历史就表现为与哲学是一体的，哲学原不过是关于永恒的现在的思想而已。应该完全弄明白的是，这永远要以废弃观念和事实的二元论为前提，要废弃理性的真理和事实的真理的二元论，这是一种视哲学为对理性的真理的沉思的哲学观而视历史为对粗糙的事实、对粗糙的事实的真理的收聚的历史观。

——［意］贝奈戴托·克罗齐：《历史学的理论和实际》，傅任敢译，43～44页，北京，商务印书馆，1982。

“当代史”通常是指被视为最近过去的一段时间的历史，不论它是过去五十年的、十年的、一年的、一月的、一日的、还是过去一小时或一分钟的。但是，如果我们严密地思考和精确地叙述，则“当代”一词只能指那种紧跟着某一正在被作出的活动而出现的、作为对那一活动的意识的历史。例如，当我正在编写这本书的时候，我给自己撰写的历史就是这样一种历史；它是我的写作思想，这种思想必然是和我的写作工作相联系的。在这种情况下，用“当代”一词是恰当的，因为它和其他一切精神活动恰恰一样，是在时间之外的（没有先后之分），是与其相联系的活动“同时”形成的，它和那种活动的区别不是编年性质的而是观念性质的。反之，“非当代史”“过去史”则是面对着一种已成历史的，因而是作为对那种历史的批判而出现的历史，不论那种历史是几千年前的还是不到一小时前的。

但是，如果我们更细想一下，我们就看出，这种我们称之为或愿意称之为“非当代”史或“过去”史的历史已形成，假如真是一种历史，亦即，假如具有某种意义而不是一种空洞的回声，就也是当代的，和当代史没有任何区别。像当代史一样，它的存在的条件是，它所述的事迹必须在历史家的心灵中回荡，或者（用专业历史家的话说），历史家面前必须有凭证，而凭证必须是可以理解的。至于这种历史当中杂有或掺有一份或一系列关于事实的叙述，只是表明事实较为丰富，却还没失去当前的性质：前人的叙述或判断现在本身就变成了事实，即等待解释或判断的凭证。历史绝不是用叙述写成的，它总是用凭证或变成了凭证并被当作凭证使用的叙述写成的。可见，当代史固然是直接从生活中涌现出来的，被称为非当代史的历史也是从生活中涌现出来的，因为，显而易见，只有现在生活中的兴趣方能使人去研究过去的事实。因此，这种过去的事实只要和现在生活的一种兴趣打成一片，它就不是针对一种过去的兴趣而是针对一种现在的兴趣的。

——［意］贝奈戴托·克罗齐：《历史学的理论和实际》，傅任敢译，1～2页，北京，商务印书馆，1982。

我们论证了当代性不是某一类历史的特征（如同经验性范围所持之有理的），而是一切历史的内在特征之后，我们就应当把历史跟生活的关系看作一种统一的关系；当然不是一种抽象意义的同一，而是一种综合意义的统一，它既含有两个词的区别，也含有两个词的统一。因此，谈什么没有凭据的历史就如确认一件事物缺乏得以存在的一个主要条件而又谈论其存在一样，都是瞎说。一种与凭据没有关系的历史是一种不能证实的历史；既然历史的真实性在于这种可证实性，既然使历史获得具体形式的叙述只有当它是对于凭据的批判性说明时（直觉与反省，意识与自动意识等等）才是历史性的叙述，那末，那种历史既无意义，又不真实，就不能作为历史而存在了。一个没有看过和欣赏过他所要去批判地描述其来历的作品的人怎样能写一本绘画史呢？一个没有叙述者所假定具有的艺术体验的人对有关的作品能有多少理解呢？没有哲学家的作品或至少是其片断，怎样能有一部哲学史呢？要有一部关于一种情操或一种风俗习惯的历史，例如关于基督教的谦逊态度或勇武的骑士精神的历史而没有重温生活的能力，或不如说，不去实际重温个人心灵中的这类特殊心境，那怎么行呢？

反之，一旦生活与思想在历史中的不可分割的联系得到体现以后，对历史的确凿性和有用性的怀疑立刻就会烟消云散。一种我们的精神现在所产生的东西怎么能不确凿呢？解决从生活中发生的问题的知识怎么能没有用呢？

——［意］贝奈戴托·克罗齐：《历史学的理论和实际》，傅任敢译，3～4页，北京，商务印书馆，1982。

编年史与历史之得以区别开来并非因为它们是两种互相补充的历史形式，也不是因为这一种从属于那一种，而是因为它们是两种不同的精神态度。历史是活的编年史，编年史是死的历史；历史是当前的历史，编年史是过去的历史；历史主要是一种思想活动，编年史主要是一种意志活动。一切历史当其不再是思想而只是用抽象的字句记录下来时，它就变成了编年史，尽管那些字句一度是具体的和有表现力的。甚至哲学史由不懂哲学的人去写去读时，也是编年史；甚至历史也会变成我们现在倾向于把它当作编年史去读的东西，例如，当卡西诺山寺院的僧侣记载：1001年，有福的多密尼库斯到基督那里去了。1002年，今年萨拉森人越过了卡普阿城。1004年，此山大为地震所苦等等时，就是这样的；因为当他悲泣逝世的多密尼克的死去或震惊于他的故乡所遭受的自然的人类灾难，在这一系列事故中看到上帝的手时，以上那些事实对他都是当前的。但是，当同一个卡西诺山寺院的僧侣写下这些冷酷的条条，自己既不面对它们的内容，也不思索它们的内容，一心只求不使这些记忆遭到遗忘，只求把它们传给后来住到卡西诺山寺院的人们的时候，这并不妨碍那份历史采取一种编年史的形式。

但编年史与历史之间的真正差别是一种形式上的差别（就是说，是一种真正的真差别），这种差别的发现不仅使我们不必徒劳无益地去寻求实质性的差别（就是说，想象性的差别），而且使我们得以拒绝一种极其常见的假设——即认为编年史先于历史的假设。老文法学家马里奥·维托里诺所说的编年史，先有年代记，然后才写成历史曾被人反复引述，被人概括化，被人普遍化。但是，研究这两种作法或态度的性质从而也是研究这两种作法或态度的来历的结果表明，情形恰恰相反：先有历史，后有编年史。先有活人，后有死尸；把历史看作编年史的孩子等于认为活人应由死尸去诞生；死尸是生命的残余，犹之编年史是历史的残余一样。

——［意］贝奈戴托·克罗齐：《历史学的理论和实际》，傅任敢译，8～9页，北京，商务印书馆，1982。

当生活的发展需要它们时，死历史就会复活，过去史就会再变成现在的。罗马人和希腊人躺在墓室中，直到文艺复兴时期欧洲人的精神有了新出现的成熟，才把它们唤醒。原始的文明形式是很粗糙和野蛮的，它们被忘记了，或很少被人重视，或被人误解了，直到那被称为浪漫主义或王政复古的欧洲精神的新阶段才"同情了"它们，就是说，才承认它们是它自己本身的现在兴趣。因此，目前被我们看成编年史的大段大段历史，目前哑然无声的许多文献是会依次被新的生活光辉所扫射，并再度发言的。

——［意］贝奈戴托·克罗齐：《历史学的理论和实际》，傅任敢译，12页，北京，商务印书馆，1982。

（二）柯林武德《历史的观念》

有一种历史学是完全依赖权威们的证词的。正像我已经说过的那样，它实际上根本就不是历史学，但是我们对它又没有别的名称。它所赖以进行的方法，首先就是决定我们想要知道什么，然后就着手寻找有关它的陈述（口头的或书面的），这种陈述号称是由与那些事件有关的行动者、或是由它们的目击者、或者是由那些在复述着行动者或目击者所告诉他们（或告诉他们的消息报道者）的事情的人、或者是由那些向他们的报道者报道了消息的人等等，做出来的。在这种陈述中找到了与他的目的有关的某些东西之后，历史学家就摘抄它，编排它，必要的话加以翻译，并在他自己的历史著作中重行铸成他认为是合适的样式。一般说来，在他有很多陈述可以引用的地方，他将会发现其中之一会告诉他其他的所不会告诉他的那些东西；于是它们两者或其他所有的都将被采纳。有时，他会发现它们的一个和另一个相抵触，那末，除非他能找到使它们相调和的方法，否则他就必须决定删去一个；而且如果他是认真的，这就会使他卷入对互相矛盾的权威们的相对可靠程度进行批判的考虑。而有时，其中之一、或者可能甚至是所有的，会告诉他一个他简直不能相信的故事、一个也许代表着作者的时代或他所生活于其中的那个圈子所特有的迷信和偏见的故事，可是对一个更开明的时代却是不可置信的，因而就要被删掉。由摘录和拼凑各种不同的权威们的证词而建立的历史学，我就称之为剪刀加浆糊的历史学。

——［英］柯林武德：《历史的观念》，何兆武、张文杰译，357～358页，北京，商务印书馆，1997。

剪刀加浆糊的历史学家们已经厌烦于抄录别人的陈述的工作了，并且意识到自己有头脑，感觉到有一种值得称道的愿望要运用它们；他们常常发现创造出一种鸽子笼的体系把他们的学问安排在其中，就可以满足这种愿望了。这就是所有那些图式和模式的来源，历史就以惊人的驯服性一次又一次地被这些人把它自己强行纳入其中；像是维科以他的基于希腊—罗马的思辨的历史周期的模式；康德以他提议的“世界的观点之下的普遍历史”；黑格尔追随康德之后把通史设想为人类自由的逐步实现；孔德和马克思这两个非常伟大的人物各以其自己的方式跟随着黑格尔；这样一直到当代的弗林德尔斯·比德里、奥斯瓦尔德·斯宾格勒以及阿诺尔德·汤因比，但他们与黑格尔的关系不如与维柯的关系密切。

——［英］柯林武德：《历史的观念》，何兆武、张文杰译，365～366页，北京，商务印书馆，1997。

就自然界来说，一个事件并不发生内部和外部之间的区别。自然界的事件都是单纯的事件，而不是科学家们努力要探索其思想的那些行动者们的行动。的确，科学家也像历史学家一样，必须要超越于单纯地发现事件之外；但是他所前进的方向却是不大相同的。科学家绝不把一个事件设想为一种行动，并试图重新发现它那行动者的思想，从事件的外部钻入它的内部去；而是超出事件之外，观察它与另外事件的关系，从而把它纳入一般的公式或自然规律。对科学家来说，自然界总是、并且仅仅是“现象”，——并不是在它的实在性方面有什么缺陷的那种意义上，而只是在它呈现于他的智力观察面前成为一种景观的那种意义上。但历史事件却绝不是单纯的现象，绝不是单纯被观赏的景观，而是这样的事物：历史学家不是在看着它们而是要看透它们，以便识别其中的思想。

在这样渗透到事件内部并探测着它们所表达的思想时，历史学家就在做着科学家所不需要做、而且也不可能做的事。在这方面，历史学家的任务就比科学家的任务更为复杂。在另一方面，它却又更为简单：历史学家不需要也不可能（除非他不再是一位历史学家）在寻找事件的原因和规律方面与科学家竞赛。对科学来说，事件是由于知觉到了它而被发现的，而进一步研究其原因则是通过把它加以归类并决定这一类与其它类之间的关系来进行的。对历史学来说，所要发现的对象并不是单纯的事件，而是其中所表现的思想。发现了那种思想就已经是理解它了。在历史学家已经确定了事实之后，并没有再进一步去探讨它们的原因的这一过程。当他知道发生了什么的时候，他就已经知道它何以要发生了。

这并不意味着，像“原因”之类的字样对于历史学必然派不上用场；它仅仅意味着它们在这里是在一种特殊的意义上加以使用的。当一个科学家问道：“为什么那张石蕊试纸变成了粉红色？”他的意思是指“石蕊试纸在什么样的情况下变成了粉红色？”当一位历史学家问道：“为什么布鲁图斯刺死了恺撒？”他的意思是指“布鲁图斯在想着什么，使得他决心要去刺死恺撒？”这个事件的原因，在他看来，指的是其行动产生了这一事件的那个人的心灵中的思想；而这并不是这一事件之外的某种东西，它就是事件的内部本身。

因此，自然的过程可以确切地被描述为单纯事件的序列，而历史的过程则不能。历史的过程不是单纯事件的过程而是行动的过程，它有一个由思想的过程所构成的内在方面；而历史学家所要寻求的正是这些思想过程。一切历史都是思想史。

但是历史学家怎样识别他所努力要发现的那些思想呢？只有一种方法可以做到，那就是在他自己的心灵中重行思想他们。一个阅读柏拉图的哲学史家是在试图了解，当柏拉图用某些字句来表达他自己时，柏拉图想的是什么。他能做到这一点的唯一方法就是由他自己来思想它。事实上，这就是当我们说“理解”了这些字句时，我们的意思之所在。因此，面前呈现着有关尤里乌斯·恺撒所采取的某些行动的叙述的政治史家和战争史家，乃是在试图理解这些行动，那就是说，在试图发现在恺撒的心中是什么思想决定了他要做出这些行动的。这就蕴涵着他要为自己想象恺撒所处的局势，要为自己思想恺撒是怎样思想那种局势和对付它的可能办法的。思想史，并且因此一切的历史，都是在历史学家自己的心灵中重演过去的思想。

——［英］柯林武德：《历史的观念》，何兆武、张文杰译，301～303页，北京，商务印书馆，1997。

与自然科学家不同，历史学家一点也不关心各种事件本身。他仅仅关心成其为思想的外部表现的那些事件，而且是仅仅就它们表现思想而言才关心着那些事件。归根到底，他仅只关心着思想；仅仅是就这些事件向他展示了他所正在研究的思想而言，他才顺便关心着思想的外部之表现为事件。

——［英］柯林武德：《历史的观念》，何兆武、张文杰译，306页，北京，商务印书馆，1997。

历史的本质并不在于它是由个体事实所组成的，不管这些事实可能是多么有价值，而是在于从一个事实导致另一个事实的那种过程或发展。李凯尔特没有能看到，历史思想的独特性乃是历史学家的心灵作为今天的心灵，在领会这个心灵本身是怎样通过过去的精神发展而得以产生的过程的那种方式。他没有能看到，赋予过去事实以价值的乃是这一事实，即它们不是单纯的过去事实，它们不是死去的过去而是活着的过去，是历史学家对于通过自己的历史意识的工作而使之成为自己的思想的那种过去的思想的继承。

——［英］柯林武德：《历史的观念》，何兆武、张文杰译，243～244页，北京，商务印书馆，1997。

历史的知识是关于心灵在过去曾经做过什么事的知识，同时它也是在重做这件事；过去的永存性就活动在现在之中。因此，它的对象就不是一种单纯的对象，不是在认识它的那个心灵之外的某种东西；它是思想的一种活动，这种活动只有在认识者的心灵重演它并且在这样做之中认识它的时候，才能被人认识。对于历史学家来说，他所正在研究其历史的那些活动并不是要加以观看的景象，而是要通过他自己的心灵去生活的那些经验；它们是客观的，或者说是为他所认识的，仅仅因为它们也是主观的，或者说也是他自己的活动。

——［英］柯林武德：《历史的观念》，何兆武、张文杰译，307页，北京，商务印书馆，1997。

历史学家不仅是重演过去的思想，而且是在他自己的知识结构之中重演它；因此在重演它时，也就批判了它，并形成了他自己对它的价值的判断，纠正了他在其中所能识别的任何错误。这种对他正在探索其历史的那种思想的批判，对于探索它的历史来说绝不是某种次要的东西。它是历史知识本身所必不可少的一种条件。对于思想史来说，最完全的错误莫过于假定，历史家之所以作为历史家仅只是确定“某某人思想着什么”，而把决定“它是否真确”留给另外的人。一切思维都是批判的思维；因此那种在重演过去思想的思想，也就是在重演它们之中批判了它们。

——［英］柯林武德：《历史的观念》，何兆武、张文杰译，303～304页，北京，商务印书馆，1997。

历史学家和他的对象之间的时间鸿沟，像我说过的那样，必须从两端来加以衔接。对象必须是属于这样的一种，它自身能够在历史学家的心灵里复活；历史学家的心灵则必须是可以为那种复活提供一所住宅的心灵。这并不是指他的心灵必须是某种具有历史气质的，也不是指他必须在历史技术的特殊规则方面受过训练。它指的是，他必须是研究那个对象的适当人选。他所研究的是某种思想，而要研究它就包括要在他自己身上重演它；并且为了使它得以出现在他自己思想的直接性之中，他的思想就必须仿佛是预先就已经适合于成为它的主人。这并不蕴涵着历史学家的心灵和它的对象两者间有一种预定的调和（在这个词句的技术性的意义上）；它并不是，例如认可柯勒律治的说法：人或生而为柏拉图主义者或生而为亚里士多德主义者；因为它并没有预先判断这个问题，一个柏拉图主义者或一个亚里士多德主义者究竟是天生的还是被造就的。一个人在生活中的这一段时期发现某些历史研究是毫无裨益的，因为他不能够使自己进入他所思想着的那些人的思想里面去；却会在另一段时期发现他自己变得有能力这样做了，也许是作为有意的自我训练的结果。但是在他生活中的任何一个固定阶段，历史学家所处的地位肯定地（不管由于什么原因）对某些思想方式要比对其他的更容易感到同情。这部分地是因为某些思想方式整个地或相对地对他很陌生；部分地是因为它们是太常见了，于是他感到有必要为了他自己心灵的和伦理的利益而摆脱它们。

如果一个历史学家所研究的东西与他自己的心灵格格不入，因为它所要求于他的是他应当去研究那些不合心意的主题，或者因为它们是“属于这样一个时期”，他自己那被引入歧途的良知在幻想着他应当对它面面俱到地加以处理；如果他试图掌握他本人所无法钻进去的那种思想的历史；那末他就不是在写它的历史，而是仅仅在重复着那些记录了其发展的外部事实的陈述了：姓名和日期，以及现成的描述性的词句。这样的重复或许可以很有用，但却并非因为它们是历史。它们都是些枯骨，但也可能有朝一日会成为历史的，——当什么人有能力把它们用既是他自己的、而又是它们的思想的血肉装饰起来的时候。这只是在以一种方式说，历史学家的思想必须渊源于他全部经验的有机统一体，而且必须是他整个的人格及其实践的和理论的兴趣的一种功能。几乎没有必要补充说，因为历史学家是他那时代的产儿，所以便存在着一种普遍的可能性，即凡是使他感兴趣的东西也会使他同时代的人感兴趣的。这是为人熟知的事实，每一代都发现自己对于其祖先来说只是枯骨、毫无意义的东西的那些领域和方面感到兴趣，因此才能够历史地加以研究。

——［英］柯林武德：《历史的观念》，何兆武、张文杰译，418～420页，北京，商务印书馆，1997。

八、年鉴学派

（一）创办《经济社会史年鉴》的目的

历史学并不满足于在这里或那里开辟一些新的视野和新的领域。的确，皮埃尔·古贝尔通过对一个地区100年间有关家庭和个人的全部教区记录所进行的剖析，从人的出生研究到人的死亡，为新史学开发了历史人口学领域。的确，纳唐·瓦絮代勒以其成为新史学范本的名著《战败者的观念》一书，使史学扩展到范围极其广阔的人种历史学领域。然而，新史学并未满足于这些进展。新史学所表现的是整体的、总体的历史，它所要求的是史学全部领域的更新……

在谈到1929年创办的《经济·社会史年鉴》这一题目时，吕西安·费伏尔指出“经济”“社会”这两个修饰词，尤其是“社会”一词，是由于马克·布洛赫和他考虑到它能包括历史的整体而被选定的。他说：“我们完全知道，在目前，‘社会’作为一个形容词，由于含义过多而最终变得几乎毫无意义……确切地说，正因为该词含义‘模糊’，我们才同意让这一根据历史的旨意而创造出来的词来命名一本不想受任何框框约束的杂志……经济和社会史其实是不存在的，只有作为整体而存在的历史。就其定义而言，历史就是整个社会的历史。”

——［法］J. 勒高夫等：《新史学》，姚蒙编译，5～6页，上海，上海译文出版社，1989。

（二）布洛赫《历史学家的技艺》

人生有限，知识无涯，即使是最伟大的天才也难以穷尽所有人类的经验。有些人主要研究当代事务，有些人主要则专攻石器时代或埃及学，我们仅仅想提醒二者，历史研究不容划地为牢，若囿于一隅之见，即使在你的研究领域内，也只能得出片面的结论。唯有总体的历史，才是真历史，而只有通过众人的协作，才能接近真正的历史。

——［法］马克·布洛赫：《历史学家的技艺》，张和声、程郁译，38～39页，上海，上海社会科学院出版社，1992。

在进行历史研究时，人们往往迷恋于寻找单一的原因，便错误地将原因归结于某一个，这样，就成为一种价值判断。法官常说“谁对谁错呢?”学者则满足于提问：“为什么?”他承认答案不会那么简单。无论是一般的偏见，或逻辑学家的假设，还是律师起诉的习惯，原因一元论对历史研究都是有害无益的，历史学就是要探索错综复杂的原因，它并不害怕发现原因的多元性，因为生活本身就是多元的。

——［法］马克·布洛赫：《历史学家的技艺》，张和声、程郁译，141页，上海，上海社会科学院出版社，1992。

如果认为，史学家考察历史的顺序必须与事件发生的先后完全吻合，那真是个极大的错误。虽然，他们事后会按历史发展的实际方向叙述历史，但在一开始，却往往如麦特兰所言是“倒溯历史”的，这样更为便利。任何研究工作，其自然步骤往往是由已知推向未知的。当然，这也不是说时代愈近文献资料愈详尽，例如，我们对公元十世纪时期西方历史的了解，就远不如对恺撒和奥古斯都时代的了解。然而，在大多数情况下，相对而言，时代愈近，事情就愈清晰。如果机械地由古及今研究历史，我们就可能为寻求现象的起因而浪费时间，结果，那些所谓的起因也或多或少是想象的产物。正当需要谨慎运用倒溯研究方法之时，一些杰出的历史学家却忽视了这种方法，因此，他们有时也会犯些奇怪的错误。浮士蒂尔·德·古朗治毕生研究他所谓封建制度的“起源”，我恐怕他只是提供了一幅模糊的景象，由于受第二手资料的错误引导，他给农奴制的起源涂上了一层完全虚假的色彩。

为了阐明历史，史学家往往得将研究课题与现实挂钩，这种事例比人们的通常想象要多得多。前面已经提到，法国农村的地貌形成可追溯到远古时代，然而，为了说明那些指引我们探索渺茫的起源所必需的稀有资料，为了能提出正确的问题，甚至为了知道我们究竟在谈些什么，就必须确立一个基本的条件，那就是先得考察和分析现在的地貌状况。只有通过现在，才能窥见广阔的远景，舍此别无他途。当然，这并不意味着，在追寻历史源头之时要把永远静止不变的景象强加给每个阶段，史学家所要把握的正是它在每个阶段中的变化。但是在历史学家审阅的所有画面中，只有最后一幅才是清晰可辨的。为了重构已消逝的景象，他就应该从已知的景象着手，由今及古地伸出掘土机的铲子。

——［法］马克·布洛赫：《历史学家的技艺》，张和声、程郁译，37～38页，上海，上海社会科学院出版社，1992。

（三）布罗代尔《菲利普二世时代的地中海和地中海世界》、《历史科学和社会科学：长时段》

本书共分三部分。每部分自成整体，单独阐明一个问题。

第一部分论述一种几乎静止的历史——人同他周围环境的关系史。这是一种缓慢流逝、缓慢演变、经常出现反复和不断重新开始的周期性历史。我不愿意忽视这种几乎置身于时间之外的、与无生命物打交道的历史，也不愿意仅仅满足于为这种历史撰写地理性质的导言；这种导言照例毫无用处地放在书的开头，浮光掠影地描绘矿藏、耕地和花卉，随后就永远不再提及，似乎花卉不是每个春天都重新开放，似乎羊群在迁移途中停止下来不再前进，似乎船只并不在一个随着季节变化而变化的真正的海面上航行。

在这种静止的历史之上，显现出一种有别于它的、节奏缓慢的历史。人们或许会乐意称之为社会史，亦即群体和集团史，如果这个词语没有脱离其完整的含义。这些深海暗流怎样掀动了地中海的生活，是我在本书的第二部分需要加以思考的。首先是依次对经济、国家、社会、文明等进行研究，最后是试图显示所有这些根深蒂固的力量在战争这个复杂的范畴内怎样起作用，以便更好地阐明我的历史观。因为我知道战争不是一个纯属个人责任的范畴。

最后是第三部分，即传统历史的部分，换言之，它不是人类规模的历史，而是个人规模的历史，是保尔·拉孔布和弗朗索瓦·西米昂撰写的事件史。这是表面的骚动，是潮汐在其强有力的运动中激起的波涛，是一种短促迅速和动荡的历史。这种历史本质上是极端敏感的，最轻微的脚步也会使它所有的测量仪器警觉起来。这是所有历史中最动人心弦、最富有人情味、也最危险的历史。对这种现在仍燃烧着激情，对这种当时的人在他们和我们同样短暂的生命中亲自感受过、描述过和经历过的历史，我们应持怀疑的态度！这种历史反映着那个时代的人的愤怒、愿望和幻想。在16世纪，随着真正的文艺复兴而来的，是穷人和卑贱者的文艺复兴。他们渴望写作，渴望叙述自己，渴望谈论别人。这种珍贵的文字材料却往往歪曲真实真相，侵占业已流逝的时间，并在其中据有不真实的重要位置。假如历史学家设身处地去阅读菲利普二世的文件，便会觉得仿佛生活在一个奇怪的、缺少某个量纲的世界，这当然是个充满激情的世界，是个像任何其他活的世界和我们的世界那样盲目的世界，但这个世界对历史的深层只是蜻蜓点水，就像最轻捷的小船在激流的表面飞驶而过。这也是个危险的世界。为了躲开它的魔法和巫术，我们必须事先弄清这些隐蔽的、往往无声无息的巨大水流，而长时期的观察才能揭示它们的流向。引起轰动的事件往往只是这些宽阔的命运的瞬间和表象，而且只能用这些命运予以解释。

因此，我们终于能够把历史分解为几层平面。或者也可以说，我们终于能够在历史的时间中区别出地理时间、社会时间和个人时间。或者不如说，我们终于能够把人分解为一系列人物。这也许是人们最不原谅我的地方，即使我断言传统的划分也是把生动的和完全合为一体的历史分解成好几段；即使我同兰克或卡尔·布兰迪相反，断言叙述性历史远不是一种客观的方法或者特别好的客观的方法，只是一种历史哲学；即使我断言，并接着指出，这些平面只是阐述的方法，我在本书的叙述进程中不会禁止自己从这一平面走到另一平面……但是，为自己辩护有什么用呢？如果有人指责我的这本书结构混乱，我希望他们能够承认，本书的各个部件还是符合制作规范的。

——［法］布罗代尔：《菲利普二世时代的地中海和地中海世界》（第一卷），唐家龙等译，8～10页，北京，商务印书馆，1996。

每个历史学家的著作都必须对过去的年代顺序加以分期，或多或少地有意选择某一时期或排除某一时期。我们已非常熟悉传统历史编纂学那种戏剧性的、断续的节奏以及它对短时段、个人和事件的强调。

最近，经济史和社会史把周期性变迁的概念当作是他们的研究中心，并想这样继续下去。他们是真真假假的价格周期性波动的俘虏。可见除了传统的叙述史学（或“戏剧性的表现”）而外，还有另一种史学，它把长时段——10年、20年或50年——作为它的研究对象，为的是发现事件发生的背景和环境。

除了第二种以外，还有第三种史学：这种史学以更长的时间尺度为对象，它以世纪作为度量单位，这是一门长时段的，甚至是时段非常之长的史学。不论这样称呼的效果如何，但我认为这一表述恰当地说明了它是“事件史”的对立面。“事件史”最早是拉康提出的，后来为西米昂继续采用。当然，怎样称呼并不重要。我们目前的讨论将横跨时间的两端：从即时性直到长时段。

这并不是说人们能绝对地界定像“事件”这样的一些用词。我将把事件限定在一个极短的时间之内，正如人们在16世纪所习惯说的那样：一个事件有如一个“爆炸新闻”似地爆炸。这种爆炸的烟雾会迷惑人们，但它只是一闪而过，不会给人留下深刻印象。

也许哲学家会反对说，我这样说无疑剥夺了该词的许多其他含义。一个事件，在一个真正的果断人的手里，会被赋予一系列的意义或联系。它也许是一些层次很深的运动的见证者。通过以往历史学家非常喜欢的“因果”互相作用（无论是现实的还是想象的），它就产生了一种远远超出自身之外的反响。通过无限的延伸，它可以或多或少地与整个的事件序列、与似乎不能再割裂开来的潜在现实联系起来。克罗齐宣称，通过这种无穷加法的游戏，整个历史、整个人类都以胚胎的形式存在于每一桩事件之中，人们可以随意地通过每个事件重行发现它们。当然，一个必要条件是探索者必须给这些历史片段加进某种原先没有的东西，他必须知道什么是可以加进去的，什么是不可以的。让·保罗·萨特在最近一篇文章中提出的正是这种高超而危险的游戏。

为了清晰起见，让我们不要用事件计量时间，我们的时间是短时段的时间，是每个人所理解的时间，是我们在日常生活中、在梦中、在对过去的表面意识中所感受的时间，是新闻记者和日记作者所理解的时间。但是，除了大的、所谓历史性的事件而外，一篇日记或一张报纸还会记下琐碎的日常生活小事：一次火灾、一次铁路事故、谷物的价格、一场戏剧演出或一次洪水。由此不难看出，短时段存在于各种生活形式之中——经济的、社会的、文学的、制度的、宗教的乃至地理的（一场风或一次风暴）、政治的。

乍看起来，历史似乎由大量的细节所构成，有一些辉煌些，另一些则给人印象不深并不断地重复发生。微观社会学或社会计量学在研究现实中所用的日常原始材料也就是这些细节（微观历史学也是如此）。但这些大量细节远非是现实的全部，远非是作为科学研究对象的历史的复杂构成材料。社会科学厌恶事件，并不是没有道理的，因为短时段观察法是歪曲现实的哈哈镜，并且是无法预测的。

正因为如此，包括我们在内的一些历史学家就极其不信任所谓事件史的传统史学。这一标签有时会与政治史相混淆，有时又不正确，原因是政治史既非必然地，又非不可避免地被限定在事件之中。但事实上，在过去一百年里，除了人为的、没有时间实在性的概括而外（时间只是被用来划分历史的叙述），除了进行一些迫不得已的长时段解释而外，历史写作几乎全是政治史。它以“大事件”为舞台，以短时段为观察手段。也许，上述做法是历史研究向科学完善性、方法严格化迈进所必须付出的代价。在当时，人们发现了大量的历史资料，这使历史学家相信，全部真理都寓于文献事实之中。不久以前，哈尔芬仍然这样写道：“人们只须让自己以原有的样子找来文献，按事件发展的顺序阅读，那么他就会看到：历史事件序列会在人们眼前自动地对号入座。”在19世纪末，这一“创造中的历史”的理想导致了一种新的叙述方法：那主旨是不惜一切代价以求准确，亦步亦趋地追随事件的历史，历史书就如同外交通信以及议会辩论记录。但18世纪和19世纪早期的历史学家却非常关心历史的长时段观察法。只是到后来，像米什莱、兰克、布克哈特、古朗日那样一些大思想家才能重新发现长时段。如果人们接受这一点，即一种超越了短时段的审视能力乃是过去一百年历史写作的最有价值的成果（因为能这样做的人很少），那么人们就能够承认制度史学家、宗教史学家、文明史学家所起的杰出作用和考古学在古代史研究方面的先锋作用。考古学常常致力于久远的年代研究。在不远的过去，正是这些历史学家们，挽救了我们的历史学。

今天，我们与19世纪传统历史编纂学的决裂并非意味着与短时段观念彻底决裂。就我们所知，这一决裂有利于经济史和社会史而不利于政治史。这一决裂无疑会引起一场革命、一次观念的革新，并且不可避免地导致方法的改变和兴趣焦点的改变，伴随着计量史学的引入，关于这一点我们肯定还不曾听到它的最后一幕。

首先，传统的历史时间观念发生了改变。以往的政治史把一天或一年作为一个理想的时间计量单位。时间是日的总和。但一条价格变动曲线、一次人口增长、工资运动、利率波动、生产率研究（这依然是某种梦想）、商品流通的精确分析，所有这些都要求有更大的时间计量单位。

适应这一需要，就出现了一种新型的历史叙述。我们也许可称它为普通局面、周期的或确切地说跨周期的“叙述”。它提供了一系列可选择的时间量度：10年、25年或它的最大单位：经典的康德拉季耶夫半世纪周期。例如，除了某些微小的表面波动外，欧洲从1791—1817年的物价逐渐增长、从1817—1882年的逐渐下降。这种缓慢的、上升下降的双重运动，代表了欧洲的一个完整周期；世界其他地方或多或少也是如此。自然，这些特定的年代周期并没有什么绝对价值。假设人们不是用时间而是用别的单位——如经济增长、国民收入、国民总产值——加以计量，拜罗无疑能给出更有效的分期法。但这些无休止的争论在这里是不重要的。现在，历史学家无疑有了一种新的时间观察法，它具备了作为一种解释性的框架的资格。人们力图使历史与这一框架相吻合，并根据由这些周期性波动而构成的新模式概括历史。

根据这一精神，拉布鲁斯和他的学生从1955年罗马历史年会以后就开始了以计量为特征的大规模社会调查。我认为，这一探讨必然地导致确定长时段社会因素甚或是社会结构，但他却想当然地假设社会因素的变化率与经济因素的变化同步。我想，我这样说并没有歪曲他的本意。顺便说一下，我们绝不能让这两组给人印象深刻的数字——经济状况和社会状况——混淆我们的视线，使我们不能观察其他的因素。这些因素由于缺乏精确的计量手段，很难被发现，甚至不能被察觉。科学、技术、政治制度、精神工具、文明（用人们所习惯的用语），都具有它们自己的生命节奏和成长节奏。只有当所有的乐器配备齐全时，新的势态史学才有可能登台演出。

由于这种新的历史叙述具有扩展自己领域的倾向，它在逻辑上就必然导致对历史采取长时段的观察法。但由于各种原因，这种扩展并没有成为一种规则，致使人们现在又重新回到短时段上面去。究其原因，也许是因为在“周期性”历史与传统的短时段历史之间架起桥梁的任务，要比探索未知世界更为必要（或更为迫切）的缘故。用军事术语来说，也就是先巩固已占领的阵地。拉布鲁斯1933年发表的第一本巨著，论述了18世纪德国价格的一般运动，即一个世纪之内的价格变动。1943年，拉布鲁斯又出版了一本最近25年内最为重要的历史著作，在此书中，他又回到了更易于驾驭的时间历程上。他发现，1774—1791年的萧条是法国大革命的最强有力的动因之一，或是一个强有力的发射架。虽则他考虑的只是半个周期的年限，这已经是一个较大的时间拓展了。他在1948年巴黎国际会议上的报告《大革命是怎样产生的》，力图将短时段经济因素的戏剧性成分（新式的）与政治因素的戏剧性成分陈述（非常旧式的）结合起来。这种做法使他又重新回到了历史的短时段观念。这当然是一个完全合理而且有益的尝试。但它又是怎样的一种征兆！历史学家们津津乐道于戏剧化，他们很难禁得住历史的短时段观念的戏剧化——这一在最古老的交易中的最刁钻的诡计——的诱惑。

除了周期和跨周期外，还有被经济学家称之为长趋势的东西。当然，经济学家并不都愿意研究它，它只吸引了少数人。他们关于结构危机的思想，因为没有历史事实证据，目前仅仅是一种假设，至多只涉及不远的过去，最远不超过1929年或20世纪70年代。但他们都确实有利地引进了长时段历史概念，从而为我们提供了第一把钥匙。

其次，更有用的概念是结构的概念。这一概念对处理有关长时段历史观念的问题非常之重要。对社会的研究者而言，结构意味着组织、一致性、社会实在与社会团体之间一套非常稳定的关系。对于像我们这样的历史学家而言，它在一方面当然意味着一系列的部分的集成、一个框架，同时它又标志着某些在长时间内一直存在的和只是缓慢地衰亡着的特定实在。一些特别长命的结构，已成为世代相传的稳定因素。它们抗拒历史的进程，也因此就决定了历史的流动。其他的结构瓦解得很快，但所有的结构都既是基础又是阻力。作为阻力，他们可以形成某种对人及人的各种努力的不可逾越的障碍（用数学术语来说，便是包络线）。请想，要变更某些地理和生物的现实、冲破束缚生产率的东西甚至冲破思想的限制（因为思想习惯也是一个长时段的牢笼），这是何等困难的事。

但更明显、更易理解的例子则是地理决定论。人类也许会在几个世纪之内会成为气候、植被、动物群体、谷物、长期积累的生活环境的平衡（打破这一平衡必然危及整个结构）的俘虏。例如季节性放牧对山区动物生活的重要性，在沿海岸某些有利地带的海洋文明的永久建立，城市的长久设置，某些交通通路的长久通畅；这些都表明了文明地理框架惊人的持久性。

文化的巨大历史同样包含着这种持久性。库图斯的著名著作，现终于有了法译本。这是一部对一个文化系统进行研究的著作。这一文化体系虽发生了某些选择性的变异，但却延续了上一个帝国的拉丁文明。这一文明在其本身遗留的巨大包袱的压力下瓦解了。但直到十三、四世纪，直到民族文学的诞生，知识分子精英的文明一直是在同一主题、同一种比较、同一种格言和陈词滥调之下繁荣。按照同样的思想，费伏尔的《拉伯雷和16世纪非信仰问题》力图分析拉伯雷时代法国的思维框架，分析拉伯雷时代前后长期主宰人们的生活、思想和信仰、并哪怕是那些思想最解放人们的思想冒险的精神加以严格的限制。与之类似，杜普隆的研究主题是法国历史学派所推进的新研究的典型代表。在14世纪“真正的”十字军东征的很久以后，十字军的观念在西方继续存在着；杜普隆把这看作是在最多样性的社会、文明和心理气候中的一种不断出现的永恒愿望的延续，甚至在19世纪也还有它的余辉。在另一个相关领域，弗朗卡西台尔的《绘画和社会》则描述了绘画空间的“几何观念”的延续性，这一观念开始于佛罗伦萨文艺复兴之初，一直沿续到立体主义的兴起和20世纪初的智识绘画，自始自终保持不变。这类例子也见诸于科学史：宇宙理论，尽管不能解释当时的许多现象，但总是在几个世纪内被人接受；直到它站完了最后的一班岗，然后被撤换。亚里士多德的系统，实际上在毫无异议的情况下统治了很长时间，直到伽利略、笛卡儿、牛顿时代，它才让位于一个完全几何性的宇宙理论；这一理论最后又被爱因斯坦的革命性理论所推翻了，但这已是很久以后的事了。

一个明显的悖论是：长时段探讨遇到最大阻力的领域，也正是历史研究获得无可置疑的成功的领域，这一领域便是经济史。在这里，周期、跨周期以及结构危机的概念也许会掩盖经济系统，会掩盖经济文明的连续性和永久性，或如某些人所说的，所谓经济文明，也就是已建立的思维和行为的模式，这些模式有着强大得不可思议的生命力。经济系统具有发展脉络清晰的特征。让我举一个容易分析的例子。在欧洲史上，从 14 世纪到 18 世纪（更保险一点，到 1750 年），有这样一个非常清晰的一般规则：在这几个世纪中，经济活动依赖于人口数量的变化，这一点我们可从 1350—1450 年、1639—1730 年的人口大减少中看出。在这几个世纪里，水路和船只是主要的货物交换工具，陆路运输障碍重重，只居次要地位。在欧洲，所有的贸易中心，除少数例外（但它们也证实了这条规则，香槟酒交易会在这一时期的初期已经衰落，在 18 世纪，莱比锡交易会则已消灭），都坐落于沿海地带。该经济系统的另一特征是商人阶级居首要地位，贵金属、金、银甚至铜在经济中地位十分重要，贵金属之间的竞争一直没有降温，直到 16 世纪末信贷已高度发展时仍然如此；不断出现季节性农业危机，经济生活基础不稳，以及最后某一两个对外贸易地区在整个经济中占有畸形的地位：12 世纪至 16 世纪的地中海东部诸国和岛屿、18 世纪的殖民地。

刚才我像前人那样，给出了或列出了西欧贸易资本主义的主要特征。这一系统寿命很长。尽管它有着许多明显的变化，但在这四或五个世纪内，经济生活确实具有某种一致性。直到 18 世纪的剧烈骚动和工业革命为止。虽则随处可见的动乱和瓦解不断地改变着世界的文明，但某些特征在整个时期内一直保持不变。

可见，在各种对历史时间问题的可能探讨中，长时段观察法是一个有点棘手、复杂和陌生的研究方法。要把它作为我们学科的中心方法，绝非是一件轻松的事，它不仅仅是研究及兴趣范围的扩展而已。这不是一个标新立异、排斥其他方法的问题。如果要想接受它，历史学家就必须准备改变其风格和态度，重新定向，用新的观念去认识。这意味着，他必须熟悉这样的一种时间观念：它缓慢地前进，其速度是如此之慢使人难以察觉。只有达到了这样一个阶段，历史学家才有可能摆脱历史时间是不可抗拒地在前进着的观念，冲出时间的牢笼。之后，他又带着一种新眼光、新兴趣、新问题，重新回到时间上来。只有在与历史缓慢前进的观念相联系时，人们才有可能以一种新眼光观察整个的历史，使历史离开它那原有的基础。只有从似乎静止的最深层向上观看历史时间的所有千千万万的层次、所有千千万万个的差别，才会形成一个可理解的模式。这些最深层次是一切都在随之而转的引力中心。

我不认为我在上面的讨论中，已经给出了历史学家所必须做的一切工作——那只是历史学家可能的任务之一。如果认为在经历了近几年的风暴之后，我们已经发现了正确的原理、不变的边界，或我们已能够建立一个学派，那就显然是信心过大，或者是过于天真了。当然，所有的社会科学，由于每一门学科内部的变化和整个学术界生气蓬勃的发展，都处于不断变革之中。历史学也不例外。水面并不平静，建立学派的时刻还没有到来。从朗洛瓦、塞诺波到布洛赫，中间走过了一段漫长的道路。自布洛赫之后，历史学的车轮还在不停地转动。对我而言，历史学是所有可能的历史的总和——是专业化工作的集成，是从过去、现在和未来三种角度出发的考察集成。

在我看来，最大的错误莫过于取一家之言而排斥其他各家。如果有人这样的话，那便是重复历史主义者所犯的错误了。当然，要想说服所有的历史学家都相信这些，是不大容易的，更不用说去说服那样一些社会科学家，他们斩钉截铁地宣称：我们应重摹历史编纂学这一老本行。我们需要很长的时间和付出艰辛的努力，在一个旧的“历史学”的标签之下让人们接受这些变迁和创新。然而，一种新的历史“科学”已经诞生了，虽则它仍处在探索和变革的阶段。在法国，它的诞生之日是1900年《综合历史杂志》的创刊，1929年《年鉴》杂志是它的拓展。历史学家现在已开始关注所有的人文科学，这导致我们的研究主题向我们不熟悉的前沿和领域延伸。所以，再也不要认为旧屏障仍在继续把历史学与其他社会科学隔开。所有的人文科学，包括历史学，都互相感染。它们将会有或可能有同一种语言。

如果某个人想了解无论是公元1558年或1958年的世界，他首先必须确定各种势力、潮流和各个运动的等级整体，然后采取一种整体性的观点。在研究的每一步，他都必须区别长期持续性的运动与短期的行为爆发，对后者起源的分析只要追溯到刚刚爆发之前的片刻就行了，对前者起源的分析则要追溯到它们久远的刚一开始的时刻。1558年的世界对法国来说，是昏暗的一年，但它并非起因于该年的初期。1958年是法国的一个困难年，但这种困难并非起因于1958年的元旦之日。所有“现在的事态”，都是具有不同起源和节奏的运动的复合体，今天的时间既始于昨天、前天，也始于遥远的过去。

——［法］布罗代尔：《历史科学和社会科学：长时段》，柳卸林译，见何兆武：《历史理论与史学理论——近现代西方史学著作选》，802～812页，北京，商务印书馆，1999。

九、马克斯·韦伯的历史理论

许多学者，特别是索姆巴特，在他们所作的往往是卓有成效和富于见识的考察中，力图将经济理性主义描述成现代经济生活整体上的显著特征。这一观点如果是指劳动生产力的扩大（这种扩大通过采用科学来指导生产过程从而使之摆脱了个人的自然的身体局限），那么毫无疑问是完全正确的。在技术和经济组织领域中的这种理性主义的进程，无疑决定了近代资产阶级社会的生活理想的一个重要部分。合乎理性地组织劳动，以求为人类提供物质产品，毫无疑问是他们毕生工作的最重要的目的之一。譬如，只要读一下富兰克林关于自己努力谋求费城的城市繁荣的那些记述，就能够十分清楚地理解这一显而易见的真理。当一个人为数以万计的人提供了就业机会，并且在人口的增长和贸易（资本主义与贸易紧密相关）的规模方面为自己家乡的经济发展尽了一份力量的时候，他自然会感到十分的喜悦和自豪。所有这些对近代商人来说，显然是生活中一种特殊的并且无疑是理想主义的满足。同样，一种个人主义的资本主义经济的根本特征之一就是：这种经济是以严格的核算为基础而理性化的，以富有远见和小心谨慎来追求它所欲达的经济成功，这与农民追求勉强糊口的生存是截然相反的，与行会师傅以及冒险家式的资本主义的那种享受特权的传统主义也是截然相反的，因为这种传统主义趋向于利用各种政治机会和非理性的投机活动来追求经济成功。

如此看来，资本主义精神的发展完全可以理解为理性主义整体发展的一部分，而且可以从理性主义对于生活基本问题的根本立场中演绎出来。

——［德］马克斯·韦伯：《新教伦理与资本主义精神》（修订版），于晓、陈维纲等译，30～31页，西安，陕西师范大学出版社，2006。

经验科学无法向任何人说明他应该做什么，而只是说明他能做什么——和在某些情况下——他想要做什么。确实，在我们的科学领域内个人的世界观甚至习惯不断地影响科学论证，并且根据结果减少或增加个人理想实现的机会，即意欲某一特定事物的可能性的情况不同，即使在查明简单因果联系的范围内也一再地抹煞科学论证的重要性，容许对之作出种种不同的评价。就这方面而言甚至我们杂志的编辑和撰稿人确实也会“认为人的本性概莫能外”。但是从有关人类弱点的这种认识出发需经一段漫长的道路才至于相信一门“伦理的”国民经济学科学，而国民经济学必须从它的材料中得出理想或通过把普遍的伦理绝对命令用于它的材料而制造出具体的规范。——更确实无疑的是：正是“个人”的最内在的因素，规定我们的行动、赋予我们的生活以意义的最高和最终的价值判断，才是某种我们感到有“客观”价值的东西。我们之所以能赞成这些价值判断，只是在它们向我们表现为有效的，表现为出自最高的生活价值的时候，因此，也就是它们在与生活困难的斗争中显现出来的时候。的确，“个人”的尊严在于这样一个事实：对他来说存在着一种维系自己生活的价值，——这种价值在个别的情况下甚至唯一地存在于自己独具的个性的范围之内；于是，“自我充分发展”在具有他可向其要求作为价值有效性的益处时，才是他用以指导自己的观念。无论如何，只有在有价值信仰的前提下，实际地赞成价值判断的努力才有意义。但是，评价这种价值的有效性，是信仰的事情，同时或许是一种根据生活和世界的意义对它们进行思辨的考察和解释的任务，但是就应在这里维护这种价值有效性这一层意义而言，这的确不是经验科学的课题。

——［德］马克斯·韦伯：《社会科学方法论》，韩水法、莫茜译，6页，北京，中央编译出版社，1999。

讲堂里的授课应当与公开的讨论区分开来。尽管有一种观点可能会认为，这条公理甚至在经验科学的领域里也偶尔会带来某些害处，但人们依然公开认为，而我也同样认为："讲授"应当是与"演讲"不同的东西；由于公开性，比如新闻公开性的干扰，大学授课的中庸严格，尊重事实的精神，冷静等等可能会损害教学的目的。然而无论如何，不受任何人支配这种特权看来只适用于教授的纯粹专业的资格。但是，对于个人的预言来说，无所谓专业资格，因而也不容许享受这种特权。然而它首先不应当利用学生面临的窘境：为了在生活中有所成就，他们必须进入某种学校，修习教师的某种课程，而使学生除了他所需要的东西即理解力和思维能力的发展和训练以及知识之外，也被灌输了无可辩驳的所谓"世界观"。这种世界观有时的确很有意思，但也确实常常是琐碎无味的。

为了宣传他的实际的思想，教授也像其他人一样利用其他的手段。倘告匮如，他自己能够以适当的形式轻而易举把它创造出来，经验在每一次正当的尝试中都揭明这一点。但是，教授不应该提出要求说，他作为教授可以在书囊中携有政治家的（或者文化改革者）的指挥棒，就如他利用讲坛不受攻击的性质来表示政治家的（或文化政治的）情绪时所做的那样。他可以（而且应该）在出版物中，在公共集会上，在社团中，在文章里，以任何其他公民都可利用的形式去做他的上帝或魔鬼所要求的事情。但是，今天的学生在讲堂上从教师的讲课中所应学到的东西是：（1）熟练地完成给定的任务的能力，——（2）首先承认事实，即使恰是令人不堪的事实，然后把关于它们的规定和自己的价值态度区别开来，——（3）使自己服从职责，因而首先抑制不必要地表示自己个人的兴趣和其他感受的冲动。我认为，这一点在今天比之于在四十年前远为迫切，在那时这个问题还根本不是以这种形式存在的。一些人断定，如果"个性"不是在一切场合都为人所看到的话，它就会失释，在这个意义上，它可以是并且应该是一个"统一体"，然而，这种说法并不对。在每一项职业任务中，职责本身需要有它们的权力，并且将依照它们自身的规范而得到实现。在每一项职业任务中，承担任务者应当克制自己，排除并非严格地从属于职责的东西，而最需排除的便是他自己的爱和恨。

——［德］马克斯·韦伯：《社会科学方法论》，韩水法、莫茜译，139～140页，北京，中央编译出版社，1999。

它是一个思想的图象，它不是历史实在或根本不是“本来的”实在，它也几乎不是作为实在应该当作样本而被分门别类地归在其中的图式而起作用的，相反，它具有纯粹理想的界限概念的含义，为了阐明实在的经验内容中某些有意义的成分，实在要用这种界限概念来衡量，并与之进行比较。这些概念是我们借以通过运用客观可能性的范畴构造各种联系的结构，而这种范畴判定我们指向实在而培养出来的想象是合适的。

在这种作用的范围内，理想类型是以发生学的概念来把握历史个体或者它们个别成分的特别尝试。

——［德］马克斯·韦伯：《社会科学方法论》，韩水法、莫茜译，43页，北京，中央编译出版社，1999。

因此，在历史上能够查明的支配人们的观念和与其相应的理想类型乃从其中抽象出来的历史实在的成分之间的因果关系，自然可以采取极为不同的形式。需要坚持的一个原则只是，两者理所当然是根本不同的东西。但是，这里还有另一个方面：那些支配一个时代的人们、亦即散布在他们之中而起作用的“观念”本身，只要其中涉及到任何较为复杂的观念结构，就只能以理想类型的状态被我们用精确的概念所把握，因为它们实际上就存在于无数不定的和变动着的个人头脑之中，而它们的形式和内容，清晰性和意思在这些个体中也有着极其繁复的层次差异。中世纪某一时代个人精神生活的成分，比如，我们可以提到这些个人的“基督教信仰”，如果能够被完全地描述出来，那么它就自然会是一个包含无数差别和充满尖锐矛盾的各种观念关系和情感关系的混沌，尽管中世纪的教会确实能够使信仰和道德的统一性达到不同寻常的高度。如果现在我们问道：处于这种混沌之中，而人们必须不断地把它当作一个确定的概念来运用的中世纪的“基督教信仰”究竟是什么？我们在中世纪的制度中所发现的那种“基督教的因素”存在何处？我们便会立即发现，这里人们也在每一个个别事例中使用了一个由我们创造出来的纯粹的观念结构。它是信条，教会的法律规范和道德规范，生活方式的准则和无数由我们联合在一个“观念”中的个别关系的结合。这是一个我们若不运用理想类型的概念便完全不可能毫无矛盾地达到的综合。

——［德］马克斯·韦伯：《社会科学方法论》，韩水法、莫茜译，45～46页，北京，中央编译出版社，1999。

第四节　史学理论的意义和作用

一、历史观

史学家应否有一个一定的历史观，言人人殊。或谓史家宜虚怀若谷，以冷空的智慧，观察史实；不宜豫存一先入为主的历史观。此言殊未尽然，史实纷纭，浩如烟海，倘治史实者不有一个合理的历史观供其依据，那真是一部十七史，将从何处说起？必且治丝益棼，茫无头绪。而况历史观的构成，半由于学问智识的陶养，半由于其人的环境与气质的趋倾，无论何人，总于不知不觉之中，有他的历史观在那里存在。夫历史观乃解析史实的公分母，其于认事实的价值，寻绎其相互连锁的关系，施行大量的综合，实为必要的主观的原因。然则史学家而有一种历史观，其事非概可指斥，不过要提防着过于偏执的或误谬的历史观就是了，然则历史观果何由而成呢？这固然与其人的气质，癖性，所处的境遇，所遭的时势有关；而过去或当代的哲学思想，直接间接有以陶熔而感化他的力量，亦不在少。然则哲学实为可以指导史的研究决定其一般倾向的历史观的一个主要的渊源。

——李大钊：《史学要论》，120～121 页，北京，商务印书馆，1999。

自康德以还，名家巨子努力以求历史法则的发见者，既已实繁有徒，于是历史观亦衍类多端：有神权的历史观，有宗教的历史观，有道德的历史观，有教化的历史观，有圣人的历史观，有王者的历史观，有英雄的历史观，有知识的历史观，有政治的历史观，有经济的历史观，有生物的历史观，有地理的历史观。将此种种依四种的分类法括而纳之：曰，退落的或循环的历史观与进步的历史观；曰：个人的历史观与社会的历史观；曰：精神的历史观与物质的历史观；曰：神教的历史观与人生的历史观。前者以历史行程的价值的本位为准，后三者则以历史进展的动因为准。以历史行程的价值的本位为准者，或曰，社会的演展乃由昌盛而日趋衰落，或曰，社会的演展乃如循于一环，周而复始，或曰，社会的演展乃由野僿而日跻开明。以历史进展的动因为准者，则曰，史之进展必有动因。至于动因何在，则又言人人殊：或曰，在个人，如英雄、王者是；或曰，在社会，如知识、经济是；或曰，在精神，如圣神、德化、理念是；或曰，在物质，如地理、人种、经济是；或曰，在神权，如天命、神意是；或曰，在人生，如社会的生产方法，或社会的知识程度是。

——李大钊：《史学要论》，3 页，北京，商务印书馆，1999。

发现唯物主义历史观，或更确切地说，彻底发挥唯物主义，即把唯物主义运用于社会现象，就消除了以往的历史理论的两个主要缺点。第一，以往的历史理论，至多是考察了人们历史活动的思想动机，而没有考究产生这些动机的原因，没有摸到社会关系体系发展的客观规律性，没有看出物质生产发展程度是这种关系的根源；第二，过去的历史理论恰恰没有说明人民群众的活动，只有历史唯物主义第一次使我们能以自然史的精确性去考察群众生活的社会条件以及这些条件的变更。马克思以前的“社会学”和历史学，至多是积累了片断收集来的未加分析的事实，描述了历史过程的个别方面。马克思主义则指出了对各种社会经济形态的产生、发展和衰落过程进行全面而周密的研究的途径，因为它考察了一切矛盾趋向的总和，并把这些趋向归结为可以确切判明的社会阶级的生活和生产条件，排除了人们选择某一“主导”思想或解释这个思想时所抱的主观主义和武断态度，揭示了物质生产力的状况是所有一切思想和各种趋向的根源。人们自己创造自己的历史，但人们即人民群众的动机由什么决定，各种矛盾思想或意向间的冲突由什么引起，一切人类社会中所有这些冲突的总和究竟怎样，造成人们全部历史活动基础的客观物质生活生产条件究竟怎样，这些条件的发展规律又是怎样，——马克思对这一切都注意到了，并指出以科学态度研究历史的途径，即把历史当做一个十分复杂并充满矛盾但毕竟是有规律的统一过程来研究的途径。

——《列宁选集》第2卷，586页，北京，人民出版社，1972。

二、史料的鉴别、整理需要理论的指导

现在忽视理论学习的有这么三种情况：第一种情况，就是觉得我只要掌握了丰富的资料，不学理论，也可以成为历史学家。这很危险，恐怕至多只能做资料工作，不能做历史学家。退一步说，就是收集资料也要理论的指导。什么资料是重要的，什么资料是次要的，什么资料是典型的，什么资料是非典型的，什么资料是真的，什么资料是假的，这也要理论的指导。所以不学会理论，连资料工作也做不好……研究历史，一定要学好理论，从收集资料、研究资料到写成文章、写成书，都要资料，都要理论。没有正确的理论，只是史料的堆砌，怎能成为历史学家？当然，只学理论，没有历史知识，没有资料，只放空炮，那也不行。我们马克思列宁主义者从来没有说过搞历史不要资料，我们是说要重视史实；要掌握大量的资料；但是，我们说，更要重视理论。在理论的指导下分析研究资料，从而得出符合历史实际的结论来。

——翦伯赞：《史料与史学》，3～4页，北京，北京出版社，2005。

史料对历史学的重要性是不容怀疑的。好比盖房，史料是历史学的基础，也就好比是房子的地基。没有地基自然谈不上盖房，但同样清楚的是，只有地基也远远不是房子本身。这就是说，除了史料以外，历史学还必须要有理论。什么样的理论呢？传统实证史学也并不是绝对不要理论。问题是它的理论是完全为史料服务的，是从属于史料的。历史学所需要的理论应该是统率史料的，是统率和指挥整个史学研究的。

——陈启能：《序二　史学理论：对历史学的理论反思》，见张艳国：《唯物史观与史学理论》，3页，武汉，华中理工大学出版社，1997。

任何科学或学科都包括材料与理论二者的统一。历史事实一旦如此就永远如此而无可更改，但历史学（即对历史事实的理解和诠释）却必然不断地在更新。一旦我们的思想观念更新了，原来的史料就被转化为新史料并被给予新的诠释而获得新的意义。我国传统史料的积累之丰富，可以说是得天独厚，但是在现代史学理论的开拓上则未免有点相形见绌。友人庞朴先生尝谈到，历史学界今天的当务之急是史学理论的建设，我自己也有同感。理论和材料（数据）从来相辅相成。我们不应该把理论看成是现成的、给定的、永恒不变的，而历史研究的任务则只不外乎是再多找几条史料来填充这个理论的框架而已……历史学所研究的，一是人性所扫描的轨迹，二是历史学本身。历史学可以说是对人性的行程——那是一场永不休止的实验——的反思，在这种反思中它必须反思这种反思本身。这里需要的是历史的一种觉醒或者警觉性，同时也就是历史学的一种觉醒或者警觉性，是历史学家对于历史以及历史学的一种灵心善感。缺少了这一点，死材料就永远不可能呈现为真正具有生命的活历史。

——何兆武：《历史与历史学》，9～10页，武汉，湖北人民出版社，2007。

汤因比：——假设某人掌握着单独一天之内在全世界出版的所有报纸，并假设他得到保证说所有报道的每一千字都是像福音一样的真理，那末他拿着这些报纸能干什么呢？他又如何组织它们呢？再进一步假设他认为所有的事实都是同样重要的——可他就是无法写成一部掺合所有这些事实的单独一天的历史。他不得不进行选择，而且，即使他把所有事实都转载出来，他也只能突出一些事实，并贬低另一些事实。

——［英］汤因比：《汤因比论汤因比——汤因比与厄本对话录》，王少如、沈晓红译，13页，上海，上海三联书店，1997。

【相关论著目录】

1.《马克思恩格斯选集》第1～4卷，北京，人民出版社，1995。

2.《马克思恩格斯全集》第19、20、26、47卷，北京，人民出版社，1963—1979。

3.《毛泽东选集》第1卷，北京，人民出版社，1991。

4. 田汝康、金重远：《现代西方史学流派文选》，上海，上海人民出版社，1982。

5. 何兆武、陈启能：《当代西方史学理论》，北京，中国社会科学出版社，1996。

6. 何兆武：《历史理论与史学理论——近现代西方史学著作选》，北京，商务印书馆，1999。

7. 张文杰等：《现代西方历史哲学译文集》，上海，上海译文出版社，1984。

8. ［英］柯林武德：《历史的观念》，何兆武、张文杰译，北京，商务印书馆，1997。

9. ［法］J. 勒高夫等：《新史学》，姚蒙编译，上海，上海译文出版社，1989。

10. ［法］马克·布洛赫：《历史学家的技艺》，张和声、程郁译，上海，上海社会科学院出版社，1992。

11. ［法］布罗代尔：《菲利普二世时代的地中海和地中海世界》，唐家龙等译，北京，商务印书馆，1996。

12. ［德］马克斯·韦伯：《新教伦理与资本主义精神》（修订版），于晓、陈维纲译，西安，陕西师范大学出版社，2006。

13. 陈启能：《史学理论与历史研究》，北京，团结出版社，1993。

14. 翦伯赞：《史料与史学》，北京，北京出版社，2005。

15. 张艳国：《唯物史观与史学理论》，武汉，华中理工大学出版社，1997。

16. 何兆武：《历史与历史学》，武汉，湖北人民出版社，2007。

17. ［英］汤因比：《汤因比论汤因比——汤因比与厄本对话录》，王少如、沈晓红译，上海，上海三联书店，1997。

18. 苏双碧：《历史科学的理论与方法》，上海，上海人民出版社，1990。

【材料解析题】

1. 阅读下列材料并回答问题。

历史学家不需要也不可能（除非他不再是一位历史学家）在寻找事件的原因和规律方面与科学家竞赛。对科学来说，事件是由于知觉到了它而被发现的，而进一步研究其原因则是通过把它加以归类并决定这一类与其它类之间的关系来进行的。对历史学来说，所要发现的对象并不是单纯的事件，而是其中所表现的思想。发现了那种思想就已经是理解它了。在历史学家已经确定了事实之后，并不存在再进一步去探讨它们的原因的这一过程。当他知道发生了什么的时候，他就已经知道它何以要发生了。

——［英］柯林武德：《历史的观念》，何兆武、张文杰译，302 页，北京，商务印书馆，1997。

（1）材料中表达的主要观点是什么？

（2）你怎样看待这一观点？

参考答案：

（1）历史学与科学是有区别的。科学要通过归纳等方法探究事件的因果关系，而历史学要做的是探究历史事件所表现的思想，没有进一步探究原因这一过程。

（2）按照马克思主义观点，历史学也是一门科学，也要探究历史事件的因果关系，发现历史规律。

2. 阅读下列材料并回答问题。

研究者和描述者应当无条件地把经验事实的规定（包括他所研究的、经验的人的“有价值取向的”行为，这个行为是他所要加以说明的）与他的实际的价值判断态度，亦即在判断这些事实（包括经验的人的可能成为研究对象的“价值判断”）令人愉快或令人不愉快的意义上的“鉴定”态度区分开来，因为这是两个根本不同的问题。

——［德］马克斯·韦伯：《社会科学方法论》，韩水法、莫茜译，146 页，北京，中央编译出版社，1999。

（1）马克斯·韦伯认为在做研究时应该区分哪两个问题？

（2）这一观点在史学研究中有什么方法论意义？

参考答案：

（1）应该区分实际发生的事情和人们对事情的价值判断。

（2）这一观点对于历史研究有重要的方法论意义。过去发生的事情不可能重复出现，只能通过当事人的记录和遗留下来的东西进行推测，局部地复原历史。当事人记录多少带有主观判断的成分，要从记录中提取尽可能客观的事实，就应该先判断哪些是主观想象或评判，哪些是事实的记录。在阅读史家的著作时，也应该区分事实的客观叙述和史家的主观判断、推测。

3. 阅读下列材料并回答问题。

无论对一切理论思维多么轻视，可是没有理论思维，就会连两件自然的事实也联系不起来，或者连二者之间所存在的联系都无法了解。在这里，唯一的问题是思维得正确或不正确，而轻视理论显然是自然主义地、因而是不正确地思维的最确实的道路。

——《马克思恩格斯全集》第20卷，399页，北京，人民出版社，1971。

(1) 按照材料中马克思主义的观点，理论思维有什么意义？

(2) 谈谈理论思维在史学研究中的作用？

参考答案：

(1) 理论思维可以建立起事实之间的联系，或者看出事实之间的联系。

(2) 历史研究是通过遗留下来的“碎片”来复原历史，复原的手段就是理论思维。如果没有理论思维，我们看到的历史只是彼此孤立的片段，没有因果关系、没有规律，甚至无法形成一段完整的历史叙述。

第三章　历史学研究的方法

【编者导语】

史学研究方法是历史学研究的重要媒介和工具，同时也是历史学研究的重要内容之一。对史学研究方法的研究主要包括：如何定义史学研究方法；如何构建史学研究方法的体系、结构；确定史学研究方法包括哪些主要内容。本章所选资料即是围绕上述内容展开，主要包括：中外历史学家对于史学研究方法的看法；搜集、整理文献资料的方法，含目录、版本、辨伪、校勘、考证诸方法；以及历史分析的方法，主要涉及历史比较分析、历史计量分析、历史心理分析和历史系统分析方法，等等。

第一节　史学研究方法概述

一、李大钊《史学要论》

历史理论与历史研究法决非同物，但此二者常易相混。有谓历史研究法上的议论为历史理论者，又有称历史研究法为史学原理者，此皆非是。称一种学问的研究法为其学问的理论与原理，实不妥当。学问的理论与原理，是说明一种学问对象的一般的性质、形式、理法者。例如经济学即经济理论，是说明经济现象的一般的性质、形式、理法的；历史学即历史理论，是说明历史现象的一般的性质、形式、理法的。不得云经济理论即是经济学研究法，历史理论即是历史研究法。一种学问的研究法，是说明怎样去研究那种学问对象的性质、形式、理法的方法的，其性质、范围与一种学问的理论，纯为二物。例如历史研究法，是说明历史学所研究的材料都是些什么？怎样去采集他们，选择他们，编制他们，整理他们？怎样去就史的事实，一一的加以考证，与以确定？怎样去考察事实相互间的因果，而说明之，解释之，明其所以然的道理？怎样去汇类全般的史实，而考察其一般的性质、普通的形式、普遍的理法？更依此理法以为说明与解释，这都是历史研究法的任务。此外还有一种历史编纂法(Historiography)，是说明怎样去依学术的方法以编纂记述的历史？怎样去编制图表？这亦可附属于历史研究法内。由是言之，历史研究法中有一部分是历史理论的方法论，但历史理论的方法论与历史理论的本身，迥非同物，此理不待辨而自明。固然，在历史研究法中，亦当有论及历史理论的地方，但不能据此以为历史理论应该附属于历史研究法的理由。历史研究法是教人应依如何的次第、方法去作史学研究的阶梯学问，是史学的辅助学问。历史理论则非别的学问的辅助与预备，实为构成广义的史学的最重要部分。当兹历史理论的系统尚未完成确立的时代，每易使人致疑于历史理论就是历史研究法，历史研究法以外，别无历史理论存在的必要，这不能不与以辨明。一以证历史理论之宜独立的存在，一以明二者学问的性质，告人以不可混同的理由，故特附数言于此。但有一事望读者幸勿误会，我这一段议论，却不是扬理论而抑方法。兹所云云，亦惟在明其性质，毫不含有价值轩轾的意味于其间。研究一种学问，方法论的讨究，亦为极要，而且甚难。吾侪治群学、史学者，不可不于史学研究法多多致力。

——李大钊：《史学要论》，22页，长春，时代文艺出版社，2009。

二、何炳松《通史新义》

历史研究法者，用以构造历史之方法也。先以科学方法决定历史之事实，再用科学方法以编比之……

然事实之已销灭者往往留其遗迹于后世，有时直接以物质形式遗下，有时则由目睹此种事实之撰人间接以著作形式遗下，而后者尤较为常有之事。此种遗迹谓之“史料”，历史研究法即研究此种史料之方法，目的在于决定此种留有遗迹之古代事实为何。历史研究法自直接观察所得之史料入手，自此以一种复杂之推理进程以达于吾人所欲知之事实。是故此种方法与其他各种科学方法根本不同。其研究事实也，在于根据史料而加以间接之推理，非直接之观察也。所有历史之知识均属间接之智识，故历史之为学实属推理之科学，其方法乃一种用推理进程之间接方法也。

——何炳松：《通史新义 历史研究法》，1、4页，长春，时代文艺出版社，2009。

三、朱本源《历史学理论与方法》

广义的方法论是把历史的认识论和方法论统一起来，如我们在上节中所引用过的波普尔的说法，认识论就是科学方法论。狭义的历史方法论则基本上阐明方法（手段）及其原理，而很少涉及认识论问题……在这里，我们不给历史方法论下定义，正如托波尔斯基所说的，要给一般科学方法论的题材找到一个一切人都同意的定义，是徒劳无益的事一样。所以，我们仅就与历史学特性有关的方面，提出几个一般历史方法论（广义的）必须面对的问题。

第一，历史科学怎样是可能的？……因此，历史怎样才能成为科学？或者说历史能够成为怎样的一种科学？这是历史认识论的主要问题，特别是其中的历史的客观性与主观性的关系问题，马克思主义史学中的客观性和党性的问题，还有无论在社会职能上或是认识论上历史与现实的关系问题，等等。

第二，我们应当寻找历史知识发展的历史模式，对历史知识的增长或进步作出合理的说明。这也就是说，探索西方历史编纂学的历史（史学史）中的主要流派（如启蒙运动时期的历史学）的思维范型或逻辑结构，在新的社会—历史条件下，怎样被新范型（如实证主义历史学的理论结构）所替代……

第三，历史知识既然主要是以史料为中介而获得，即通过真实的、可靠的史料以确定历史事实（包括事件及事件的内在运动所构成的过程），因此“史料收集学”（Heuristics）（有人英译为 science of source）与“史料批判学”（source-eriticism）（相当于中国考据学）的方法成为历史学的最重要的技术性或工具性的方法……当然，历史学还有其他的许多方法，例如马克思主义的定性分析法（阶级分析法）、计量史学的定量分析法等等。当然，历史家不必人人是考据家，但是对可靠的资料的系统化与解释，其原理与手法则是任何历史家必备的知识。

第四，历史事件和过程的重构，这也是历史学的特点……历史家研究的成果必须如实地（不是真实的）重构历史事件（如赤壁之战）或历史过程（如由古代向中世纪的过渡）。历史的重构只能通过对史料的解释并将历史家的构思用文字表述出来……怎样重构历史不仅是一个极其复杂的历史研究的技术方法论问题，也是涉及到历史认识论问题。

以上，我们仅就几个重要方面，举例说明了历史方法论是什么。第一、第二两方面可以看成是历史认识论的问题；第三、第四两方面可以看成是严格意义的方法论问题，合起来，就是我们所说的广义的历史方法论问题。严格意义的（狭义的）历史方法论，相对地说，是可以成立的。但是，在我们看来，没有第一和第二，只有第三和第四，很难构成历史家的手艺的本质。

——朱本源：《历史学理论与方法》，30～32 页，北京，人民出版社，2007。

四、姜义华等《史学导论》

研究历史的方法，是通向历史认识、揭示历史本质的桥梁和手段，它以特定的历史认识论为旨归，通过具体的操作程序和手段去完成对历史过程及其本质的认识。传统史学主要把研究历史的方法局限于整理、考证史料，现代史学把历史方法论与历史认识论统一起来，作为揭示历史本质的手段。现代史学方法是立体化、多元化的，除了传统方法之外，还充分运用现代化手段（如计算机、网络系统等）去研究历史，使历史研究走向科学化、现代化。

史学方法是历史认识过程中主客体经由中介到统一的具体手段、工具、规则、程序，是历史研究所面对的材料通向所要达到的目标的整个操作系统，它的科学化是整个历史研究科学化的可靠保证。

历史认识除了运用归纳与演绎、分析与综合、具体与抽象、模拟与假设等一般科学认识中通用的方法外，还有一系列针对历史认识特殊性质的特别方法。为了正确认识历史，必须逐一认清各种方法的作用及其限度，使之不断优化、完善，得到准确运用。这里主要论述研究历史的具体方法，包括搜集、考证、抉择史料的方法，还原、重构、叙述历史过程的方法，分析、解释历史过程，发现与揭示历史本质、历史规律的方法。正确认识和运用这些方法，可以提高史学工作者的素质和研究能力，达到史学研究的预期效果。

——姜义华等：《史学导论》，115页，上海，复旦大学出版社，2003。

五、漆侠《历史研究法》

历史学研究是将人类社会发展演变作为对象，当然有它自己独特的研究方法。除了这个最基本的研究方法之外，还有各层次以及最高层次的研究方法。大体讲有以下几种：1. 最基本的方法：搜集与考订材料的方法，即考据。2. 历史比较法。3. 统计方法。4. 计量方法。5. 马克思主义的研究方法。

——漆侠：《历史研究法》，78页，保定，河北大学出版社，2003。

六、杜维运《史学方法论》

史学方法不仅指引史学家种种史学技术，尤其为史学家指引一些极有价值的史学原理。如在治史的基本态度上，应“多闻阙疑，慎言其余”（《论语·为政》）；选择史料，应置原书于优先地位；考证史料，应“旁参互证”，“虚其心以求之，平其情而论之”（戴名世：《史论》，《南山集》卷一）；以同情的想象（sympathetic imagination），为古人“设身处地”；以淑世的胸怀，为后世留美善的记录。

——杜维运：《史学方法论》，1页，北京，北京大学出版社，2006。

第二节　搜集、整理文献资料的方法

一、目录的运用

（一）纪昀等《四库全书总目提要》

史部总叙

史之为道，撰述欲其简，考证则欲其详。莫简于《春秋》，莫详于《左传》。《鲁史》所录，具载一事之始末，圣人观其始末，得其是非，而后能定以一字之褒贬，此作史之资考证也。丘明录以为传，后人观其始末，得其是非，而后能知一字之所以褒贬，此读史之资考证也。苟无事迹，虽圣人不能作《春秋》；苟不知其事迹，虽以圣人读《春秋》，不知所以褒贬。儒者好为大言，动曰舍《传》以求《经》，此其说必不通；其或通者，则必私求诸传，诈称舍《传》云尔。司马光《通鉴》，世称绝作，不知其先为《长编》，后为《考异》。高似孙《纬略》，载其《与宋敏求书》，称到洛八年，始了晋、宋、齐、梁、陈、隋六代。唐文字尤多。依年月编次为草卷，以四丈为一卷，计不减六七百卷。又称光作《通鉴》，一事用三四出处纂成，用杂史诸书，凡二百二十二家。李焘《巽岩集》，亦称张新甫见洛阳有《资治通鉴》草稿盈两屋。案焘集今已佚，此据马端临《文献通考》述其父廷鸾之言。今观其书，如淖方成“祸水”之语，则采及《飞燕外传》，张象“冰山”之语则采及《开元天宝遗事》；并小说亦不遗之。然则古来著录，于正史之外兼收博采，列目分编，其必有故矣。今总括群书，分十五类。首曰正史，大纲也；次曰编年，曰别史，曰杂史，曰诏令奏议，曰传记，曰史抄，曰载记，皆参考纪传者也；曰时令，曰地理，曰职官，曰政书，曰目录，皆参考诸志者也；曰史评，参考论赞者也。旧有谱牒一门，然自唐以后，谱学殆绝。玉牒既不颁于外，家乘亦不上于官，徒存虚目，故从删焉。考私家记载，惟宋、明二代为多。盖宋、明人皆好议论，议论异则门户分，门户分则朋党立，朋党立则恩怨结。恩怨既结，得志则排挤于朝廷，不得志则以笔墨相报复。其中是非颠倒，颇亦荧听。然虽有疑狱，合众证而质之，必得其情；虽有虚词，参众说而核之，亦必得其情。张师棣《南迁录》之妄，邻国之事无质也。赵与时《宾退录》，证以金国官制而知之。《碧云騢》一书，诬谤文彦博、范仲淹诸人。晁公武以为真出梅尧臣，王铚以为出自魏泰，邵博又证其真出尧臣，可谓聚讼。李焘卒参互而辨定之，至今遂无异说，此亦考证欲详之一验。然则史部诸书，自鄙倍冗杂，灼然无可采录外，其有裨于正史者，固均宜择而存之矣。

正史类一

《正史》之名，见于《隋志》。至宋而定著十有七。明刊监版，合宋、辽、金、元四史为二十有一。皇上钦定《明史》，又诏增《旧唐书》为二十有三。近搜罗四库，薛居正《旧五代史》得裒集成编。钦禀睿裁，与欧阳修书并列，共为二十有四。今并从官本校录，凡未经宸断者，则悉不滥登。盖正史体尊，义与经配，非悬诸令典，莫敢私增。所由与稗官野记异也。其他训释音义者，如《史记索隐》之类。掇拾遗阙者，如《补后汉书年表》之类。辨正异同者，如《新唐书纠谬》之类。校正字句者，如《两汉刊误补遗》之类。若别为编次，寻检为繁，即各附本书，用资参证。至宋、辽、金、元四史译语，旧皆舛谬，今悉改正，以存其真。其"子部""集部"亦均视此。以考校厘订自正史始，谨发其凡于此。

编年类

司马迁改编年为纪传。荀悦又改纪传为编年。刘知幾深通史法，而《史通》分叙六家，统归二体，则编年、纪传均正史也。其不列为正史者，以班、马旧裁，历朝继作，编年一体，则或有或无，不能使时代相续，故姑置焉，无他义也。今仍搜罗遗帙，次于正史，俾得相辅而行。《隋志·史部》有《起居注》一门，著录四十四部。《旧唐书》载二十九部，并《实录》为四十一部。《新唐书》载二十九部。存于今者，《穆天子传》六卷，温大雅《大唐创业起居注》三卷而已。《穆天子传》虽编次年月，类小说传记，不可以为信史。实惟存温大雅一书，不能自为门目。稽其体例，亦属编年。今并合为一，犹《旧唐书》以《实录》附《起居注》之意也。

纪事本末类

古之史策，编年而已，周以前无异轨也。司马迁作《史记》，遂有纪传一体，唐以前亦无异轨也。至宋袁枢，以《通鉴》旧文，每事为篇，各排比其次第，而详叙其始终，命曰《纪事本末》，史遂又有此一体。夫事例相循，其后谓之因，其初皆起于创。其初有所创，其后即不能不因。故未有是体以前，微独纪事本末创，即纪传亦创，编年亦创。既有是体以后，微独编年相因，纪传相因，即纪事本末亦相因。因者既众，遂于二体之外，别立一家。今亦以类区分，使自为门目。凡一书备诸事之本末，与一书具一事之本末者，总汇于此。其不标纪事本末之名，而实为纪事本末者，亦并著录。若夫偶然记载，篇帙无多，则仍隶诸杂史传记，不列于此焉。

别史类

《汉艺文志》无史名，《战国策》《史记》均附见于《春秋》。厥后著作渐繁，《隋志》乃分《正史》《古史》《霸史》诸目。然梁武帝、元帝《实录》列诸《杂史》，义未安也。陈振孙《书录解题》创立《别史》一门，以处上不至于正史，下不至于杂史者。义例独善，今特从之。盖编年不列于正史，故凡属编年，皆得类附。《史记》《汉书》以下，已列为正史矣。其歧出旁分者，《东观汉记》《东都事略》《大金国志》《契丹国志》之类，则先资草创。《逸周书》《路史》之类，则互取证明。《古史》《续后汉书》之类，则检校异同。其书皆足相辅，而其名则不可以并列。命曰《别史》，犹大宗之有别子云尔。包罗既广，六体兼存。必以类分，转形琐屑。故今所编录，通以年代先后为叙。

杂史类

《杂史》之目，肇于《隋书》。盖载籍既繁，难于条析。义取乎兼包众体，宏括殊名。故王嘉《拾遗记》《汲冢琐语》得与《魏尚书》《梁实录》并列，不为嫌也。然既系史名，事殊小说。著书有体，焉可无分。今仍用旧文，立此一类。凡所著录，则务示别裁。大抵取其事系庙堂，语关军国。或但具一事之始末，非一代之全编；或但述一时之见闻，只一家之私记。要期遗文旧事，足以存掌故，资考证，备读史者之参稽云尔。若夫语神怪，供诙啁，里巷琐言，稗官所述，则别有杂家、小说家存焉。

诏令奏议类

记言记动，二史分司。起居注，右史事也，左史所录蔑闻焉。王言所敷，惟诏令耳。《唐志·史部》，初立此门。黄虞稷《千顷堂书目》则移“制诰”于《集部》，次于《别集》。夫涣号明堂，义无虚发，治乱得失，于是可稽。此政事之枢机，非仅文章类也。抑居词赋，于理为亵。《尚书·誓诰》，经有明征。今仍载《史部》，从古义也。《文献通考》始以“奏议”自为一门，亦居集末。考《汉志》载奏事十八篇，列《战国策》《史记》之间，附《春秋》末。则论事之文，当归《史部》，其证昭然。今亦并改隶，俾易与纪传互考焉。

传记类一

纪事始者，称传记始黄帝，此道家野言也。究厥本源，则《晏子春秋》是即家传，《孔子三朝记》其记之权舆乎。裴松之注《三国志》、刘孝标注《世说新语》，所引至繁。盖魏、晋以来，作者弥伙。诸家著录，体例相同。其参错混淆，亦如一轨。今略为区别。一曰《圣贤》，如孔孟年谱之类。二曰《名人》，如《魏郑公谏录》之类。三曰《总录》，如《列女传》之类。四曰《杂录》，如《骖鸾录》之类。其杜大圭《碑传琬琰集》、苏天爵《名臣事略》诸书，虽无传记之名，亦各核其实，依类编入。至安禄山、黄巢、刘豫诸书，既不能遽削其名，亦未可薰莸同器。则从叛臣诸传附载史末之例，自为一类，谓之曰《别录》。

史抄类

帝魁以后书，凡三千二百四十篇，孔子删取百篇。此史抄之祖也。《宋志》始自立门。然《隋志·杂史类》中有《史要》十卷，注"汉桂阳太守卫飒撰，约《史记》要言，以类相从"。又有《三史略》二十卷，吴太子太傅张温撰。嗣后专抄一史者，有葛洪《汉书抄》三十卷、张缅《晋书抄》三十卷。合抄众史者，有阮孝绪《正史削繁》九十四卷。则其来已古矣。沿及宋代，又增四例。《通鉴总类》之类，则离析而编纂之。《十七史详节》之类，则简汰而刊削之。《史汉精语》之类，则采摭文句而存之。《两汉博闻》之类，则割裂词藻而次之。迨乎明季，弥衍余风。趋简易，利剽窃，史学荒矣。要其含咀英华，删除冗赘，即韩愈所称记事提要之义，不以末流芜滥责及本始也。博取约存，亦资循览。若倪思《班马异同》，惟品文字，娄机《班马字类》，惟明音训，及《三国志文类》总汇文章者，则各从本类，不列此门。

载记类

五马南浮，中原云扰。偏方割据，各设史官。其事迹亦不容泯灭，故阮孝绪作《七录》，"伪史"立焉。《隋志》改称"霸史"，《文献通考》则兼用二名。然年祀绵邈，文籍散佚，当时僭撰，久已无存。存于今者，大抵后人追记而已。曰"霸"曰"伪"，皆非其实也。案《后汉书·班固传》称，撰平林、新市、公孙述事为《载记》。《史通》亦称平林、下江诸人，《东观》列为《载记》。又《晋书》附叙十六国，亦云《载记》。是实立乎中朝，以叙述列国之名。今采录《吴越春秋》以下，述偏方僭乱遗迹者，准《东观汉记》《晋书》之例，总题曰《载记》，于义为允。惟《越史略》一书，为其国所自作，僭号纪年，真为伪史。然外方私记，不过附存以声罪示诛，足昭名分，固无庸为此数卷，别区门目焉。

时令类

《尧典》首授时，舜初受命，亦先齐七政。后世推步测算，重为专门，已别著录。其本天道之宜，以立人事之节者，则有时令诸书。孔子考献征文，以《小正》为尚存夏道。然则先王之政，兹其大纲欤？后世承流，递有撰述，大抵农家日用、闾阎风俗为多，与《礼经》所载小异。然民事即王政也，浅识者歧视之耳。至于选词章，隶故实，夸多斗靡，浸失厥初，则踵事增华，其来有渐，不独时令一家为然。汰除鄙倍，采摘典要，亦未始非《豳风》《月令》之遗矣。

地理类一

古之地志，载方域、山川、风俗、物产而已，其书今不可见。然《禹贡》《周礼·职方氏》，其大较矣。《元和郡县志》颇涉古迹，盖用《山海经》例。《太平寰宇记》增以人物，又偶及艺文，于是为州县志书之滥觞。元明以后，体例相沿。列传侔乎家牒，艺文溢于总集。末大于本，而舆图反若附录。其间假借夸饰，以侈风土者，抑又甚焉。王士祯称《汉中府志》载木牛流马法，《武功县志》载织锦璇玑图，此文士爱博之谈，非古法也。然踵事增华，势难遽返。今惟去泰去甚，择尤雅者录之。凡芜滥之编，皆斥而存目。其编类首宫殿疏，尊宸居也。次总志，大一统也。次都会郡县，辨方域也。次河防，次边防，崇实用也。次山川，次古迹，次杂记，次游记，备考核也。次外纪，广见闻也。若夫《山海经》《十洲记》之属，体杂小说，则各从其本类，兹不录焉。

职官类

前代官制，史多著录，然其书恒不传。《南唐书·徐锴传》称："后主得齐职制，其书罕觏，惟锴知之。今亦无举其名者。世所称述《周官》外，惟《唐六典》最古耳。"盖建官为百度之纲，其名品职掌，史志必撮举大凡，足备参考。故本书繁重，反为人所倦观。且惟议政庙堂，乃稽旧典。其间如元丰变法，事不数逢。故著述之家，或通是学而无所用。习者少则传者亦稀焉。今所采录，大抵唐宋以来一曹一司之旧事，与儆戒训诰之词。今厘为《官制》《官箴》二子目，亦足以稽考掌故，激劝官方。明人所著，率类州县志书，则等之自郐矣。

政书类一

志艺文者有故事一类。其间祖宗创法，奕叶慎守，是为一朝之故事；后鉴前师，与时损益者，是为前代之故事。史家著录，大抵前代事也。《隋志》载《汉武故事》，滥及稗官。《唐志》载《魏文贞故事》，横牵家传。循名误列，义例殊乖。今总核遗文，惟以国政朝章六官所职者，入于斯类，以符周官故府之遗。至仪注条格，旧皆别出；然均为成宪，义可同归。惟我皇上制作日新，垂谟册府，业已恭登新笈，未可仍袭旧名。考钱溥《秘阁书目》有《政书》一类，谨据以标目，见综括古今之意焉。

目录类一

郑元有《三礼目录》一卷，此名所昉也。其有解题，胡应麟《经义会通》谓始于唐之李肇。案《汉书》录《七略》，书名不过一卷，而刘氏《七略别录》至二十卷，此非有解题而何？《隋志》曰："刘向《别录》、刘歆《七略》，剖析条流，各有其序，推寻事迹。自是以后，不能辨其流别，但记书名而已。"其文甚明，应麟误也。今所传者以《崇文总目》为古，晁公武、赵希弁、陈振孙并准为撰述之式。惟郑樵作《通志·艺文略》，始无所诠释，并建议废《崇文总目》之解题，而尤袤《遂初堂书目》因之。自是以后，遂两体并行。今亦兼收，以资考核。金石之文，隋唐《志》附《小学》，《宋志》乃附《目录》。今用《宋志》之例，并列此门。而别为子目，不使与经籍相淆焉。

史评类

《春秋》笔削，议而不辨。其后三传异词。《史记》自为序赞，以著本旨。而先黄老，后六经，退处士，进奸雄，班固复异议焉。此史论所以繁也。其中考辨史体，如刘知幾、倪思诸书，非博览精思，不能成帙，故作者差稀。至于品骘旧闻，抨弹往迹，则才翻史略，即可成文。此是彼非，互滋簧鼓，故其书动至汗牛。又文士立言，务求相胜。或至凿空生义，僻谬不情，如胡寅《读史管见》讥晋元帝不复牛姓者，更往往而有。故瑕类丛生，亦惟此一类为甚。我皇上综括古今，折衷众论。钦定《评鉴阐要》及《全韵诗》，昭示来兹。日月著明，爝火可息。百家谰语，原可无存。以古来著录，旧有此门，择其笃实近理者，酌录数家，用备体裁云尔。

——（清）纪昀等：《四库全书总目提要》，上海，商务印书馆，1933。

（二）孙殿起《贩书偶记》

书目类

七录二卷　梁阮孝绪撰　武进臧镛堂辑　底稿本

也是园藏书目四卷　虞山氏曾编　旧抄本

好古堂书目无卷数　仁和姚际恒编　民国十八年中社以旧抄石印巾箱本　分经史子集四部

古今伪书考一卷　新安姚际恒撰　光绪辛巳晋石庵校刊

浙江采辑遗书总录十一卷闰集一卷　平湖沈初等编　乾隆三十九年刊

孝慈堂书目无卷数四册　莲经王闻远编　旧抄本

关右经籍考十一卷　阶州邢澍撰　无刻书年月。约乾隆间刊

海宁经籍志备考一卷　兔床山人吴骞撰　旧抄本　首有嘉庆五年自序。后有周广业跋

汇刻书目初编十册　桐川顾脩辑　嘉庆己未刊

天一阁书目十卷附碑目一卷续增一卷　鄞范懋柱辑　嘉庆十三年戊辰扬州阮氏文选楼刊

孙氏祠堂书目内编四卷外编三卷　阳湖孙星衍撰　嘉庆庚午金陵祠屋刊

爱日精庐藏书志三十六卷续志四卷　昭文张金吾撰　嘉庆庚辰刊木活字本　道光丁亥自刊　光绪十三年吴县灵芬阁徐氏刊木活字本

百宋一廛赋注一卷　元和顾广圻撰　吴县黄丕烈注　嘉庆乙丑秋九月吴郡黄氏士礼居刊

嘉定钱氏艺文识略一卷先德述闻一卷庭献家修一卷　又名诏举孝廉方正录

对床风雨图一卷　嘉定钱师璟编　道光甲辰本宅刊　师璟。大昭之孙。著书源流甚详。每一书皆有评语。或用序跋。或用自题。摘其紧要数语。注于本书下

四库未收书提要五卷　仪征阮元撰　道光二年刊　又名揅经室外集

文选楼藏书记六卷　仪征阮保定撰　会稽李慈铭校订　越缦堂抄本

江上云林阁藏书目四卷　望江倪模辑　道路光癸卯本衙刊

石屋书目一卷　仁和曹金籀撰　咸丰间武林曹金氏灵兰室刊

振绮堂书目无卷数二册　不著编辑姓名　传抄本　首有翰生抄藏善本六字朱印一方

振绮堂书目四卷　钱塘汪宪辑　民国十六年上虞罗氏铅字排印本

持静斋书目四卷续增一卷　丰顺丁日昌编　同治九年刊　又一部附藏书纪要二卷。独山莫友芝撰

持静斋藏书纪要二卷　独山莫友芝撰　近苏州文学山房刊木活字本

四库书目略二十卷附录一卷　满洲费莫文良编　同治庚午本宅刊

书目答问四卷丛书目别录姓名略附　南皮张之洞撰　光绪二年四川精刊　光绪五年湘乡成邦幹重刊　光绪五年贵阳重刊本。后附四川尊经书院记。光绪乙未仲夏上海蜚英馆石印本

汇刻书目初编十册　桐川顾脩辑

续编二册　元和陈光照辑　光绪元年二月长洲无梦园陈氏刊

士礼居藏书题跋记六卷　吴县黄丕烈撰　光绪十年潘氏滂喜斋刊

荛圃藏书题识续录四卷附荛圃杂著一卷　吴县黄丕烈撰　秀水王大隆辑　民国二十二年学礼斋刊

开有益斋读书志六卷续志一卷附金石文字记一卷　上元朱绪曾撰　光绪六年金陵翁氏茹古阁刊

续汇刻书目十二卷补遗一卷　德清传云龙辑　光绪间刊

万卷楼藏书总目四卷　贵筑黄彭年编　光绪八年刊

皕宋楼藏书志一百二十卷续志四卷　归安陆心源撰　光绪壬午至壬辰刊
汇刻书目二十册　仁和朱氏增订重编　光绪十五年夏四月刊
共读楼书目十卷　吉林国英编辑　光绪庚辰索绰络氏家塾刊巾箱本
东西学书录二卷附中国人辑著书一卷东西人旧译著书一卷　徐□□辑　光绪二十五年石印本
留真谱初编无卷数二编无卷数　宜都杨守敬辑　光绪二十七年至民国丁巳观海堂刊
日本访书志十六卷　宜都杨守敬撰　光绪丁酉鄰苏园刊
目录学九卷　灵石耿文光撰　光绪间刊
楚宝目录一卷　浏阳刘人熙撰　光绪十四年刊
金山钱氏家刻书目十卷　金山钱培荪辑　光绪四年刊
五桂楼书目四卷　姚江黄澄量编　光绪乙未刊
楹书隅录五卷续编四卷　聊城杨绍和撰　光绪二十年海源阁刊　民国壬子武进董氏补刊
世德堂书目无卷数　施再盛撰　传抄本
铁琴铜剑楼藏书目录二十四卷　常熟瞿镛撰　光绪二十三年武进董氏诵芬室刊　光绪二十四年常熟瞿氏罟里家塾刊
西学书目表三卷附一卷读西学书法一卷　新会梁启超撰　光绪二十三年刊
善本书室藏书志四十卷附录一卷　钱塘丁丙撰　光绪三十四年刊
武林藏书录三卷首一卷末一卷　钱塘丁申撰　光绪庚子嘉惠堂刊
清吟阁书目四卷　仁和瞿世英编　光绪间石印本
经籍访古志六卷补遗一卷　日本澁江全善　森立之同编　明治十八年乙酉铅字排印本　即光绪十一年印本　民国五年丙辰铅字重排印本
传书堂善本书目十二卷　乌程蒋汝藻编　传抄本
南学书目札记八卷　湘乡谢崧岱撰　光绪间研经榭刊
郑堂读书记七十一卷　乌程周中孚撰　民国甲子吴兴刘氏嘉业堂刊
书目答问笺补四卷　汉川江人度撰　光绪三十年仲秋汉川江氏刊
藏书纪事诗七卷　长洲叶昌炽撰　宣统二年叶氏刊
全上古三代秦汉三国晋南北朝文编目一百三卷　乌程蒋壑编　光绪己卯仲冬刊
古文旧书考四卷　日本岛田翰撰
附古今书刻上编一卷　古黄周弘祖辑　明治甲辰民友社铅字排印本　即光绪三十年印本
江苏采访书目无卷数　瑞安黄体芳撰　光绪九年刊
广雅书院藏书目录七卷　南海廖廷相编　光绪辛丑春刊
申报馆书目一卷续编一卷　尊闻阁主人编　光绪间上海申报馆铅字排印巾箱本
皕宋楼藏书源流考一卷　日本岛田翰撰　光绪丁未武进董氏于京都精刊
海虞艺文志六卷　常熟姚福均辑　光绪丁酉姚氏慕程斋刊
杭州艺文志十卷　钱塘吴庆坻撰　光绪三十四年于长沙刊

仪顾堂题跋十六卷续跋十六卷 归安陆心源撰 光绪二十四年刊
绩溪金紫胡氏所著书目二卷 绩溪胡培系编辑 光绪甲申世泽楼刊
艺风堂藏书记八卷续记八卷 江阴缪荃孙撰 光绪庚子至癸丑刊
天一阁见存书目四卷末一卷 无锡薛福成编 光绪己丑刊
郘亭知见传本书目十六卷 独山莫友芝撰 宣统元年日本田中氏于北京铅字排印本
测海楼藏书目录十二卷 扬州吴引孙编 宣统二年自刊
征访明季遗书目一卷 刘世珩藤六撰 宣统庚戌铅字排印本
华延年室题跋三卷 大兴传以礼撰 宣统元年铅字排印本 卷三残明大统历宰辅表
群碧楼书目初编九卷附书衣杂识一卷 江宁邓邦述编 宣统三年铅字排印本
群碧楼善本书录六卷寒瘦山房鬻存善本书目七卷 江宁邓邦述撰 民国十八年刊
静嘉堂秘籍志五十卷 日本河田罴撰 大正六年铅字排印本 卷一至卷十二皕宋楼旧藏，卷十三至卷五十 十万卷楼旧藏
续汇刻书目十卷闰集一卷 上虞罗振玉辑 宣统六年连平范氏双鱼室刊
四库简明目录标注二十卷附录一卷 仁和邵懿辰撰 宣统辛亥邵氏精刊
宋遗民类集序例总目一卷 侯官黄允中撰 宣统庚戌铅字排印本
书林清话十卷 长沙叶德辉撰 宣统庚申观古堂刊
观古堂藏书目四卷 长沙叶德辉编 民国丙辰叶氏观古堂铅字排印本
书林馀话二卷 南阳叶德辉撰 民国戊辰于沪上澹园铅字排印本
郎园读书志十六卷 南阳叶德辉撰 民国戊辰于沪上澹园铅字排印本
丛书举要六十卷勘误记一卷末一卷 宜都杨守敬 南城李之鼎同编民国三年甲寅宜秋馆铅字排印本
增订丛书举要八十卷附徵刻宋人集小启一卷 宜都杨守敬原编 南城李之鼎补 民国戊午宜秋馆铅字排印本
石庐金石书志二十二卷 侯官林钧撰 民国十二年家刊
四库全书书目表四卷附未收书目表一卷 长寿李滋然编 近京华印书局铅字排印本
铁琴铜剑楼宋金元本书影无卷数识语四卷 常熟瞿启甲辑 民国壬戌瞿氏石印本
外交部藏书目录七卷首一卷 上海曹汝霖 许同莘等编 民国五年铅字排印本
山东图书馆书目九卷 南通绍昂编 民国六年石印本
江苏第一图书馆覆校善本书目四卷 伊通齐耀琳等编 民国戊午铅字排印本
雪堂校刊群书叙录二卷 上虞罗振玉撰 民国戊午以古宋字排印本
温州经籍志三十六卷首一卷 瑞安孙诒让编 民国十年浙江公立图书馆刊
赵氏图书馆藏书目录五卷补遗一卷新抄书目一卷善本书目一卷 昆山赵诒琛编 民国丙寅铅字排印本
南洋中学校藏书目录无卷数 海宁陈乃乾编 民国八年铅字排印本
测海楼旧本书目四卷附录一卷 海宁陈乃乾校录 民国二十一年慎初堂铅字排印本

滂喜斋藏书记三卷附宋元本书目一卷　吴县潘祖荫撰　民国甲子海宁陈氏慎初堂铅字排印本

抱经楼藏书志六十四卷　慈溪沈德寿撰　民国甲子铅字排印本

金华经籍志二十七卷　永康胡宗楙编　民国乙丑梦选楼刊

贲园书库目录辑略一卷　合州张森楷撰　民国乙丑渭南严氏孝义家塾刊

南京图书局书目二编五卷　不著编辑姓名　近铅字排印本

浙江公立图书馆通常类书目五卷附保存类书目补遗一卷不著编辑姓名　民国十四年铅字排印本

双鉴楼藏书续记二卷　江安傅增湘撰　民国庚午藏园刊

双鉴楼善本书目四卷　江安傅增湘撰　民国己巳八月刊

士礼居藏书题跋补录一卷　吴县黄丕烈撰　大兴李文裿辑　民国己巳冷雪庵铅字排印本

嘉业堂善本书影五卷　吴兴刘承幹辑　民国十八年沪上石印本

福建版本志八卷　不著撰人姓名　近刊本

书目长编二卷　淳安邵瑞彭等辑　民国戊辰铅字排印本

日本访书志补一卷　高阳王重民辑　民国十九年铅字排印巾箱本

海源阁宋元秘本书目四卷　聊城杨保彝编　民国二十年山东省立图书馆铅字排印本

故宫方志目一卷附录一卷索引一卷　长汀江瀚编　民国二十年故宫博物院图书馆铅字排印本

观海堂书目四卷　故宫博物院图书馆编　民国二十一年铅字排印本

晚明史籍考二十卷　安阳谢国桢辑　民国二十一年国立北平图书馆铅字排印本

梁氏饮冰室藏书目录无卷数　国立北平图书馆编　民国二十二年铅字排印本

通志堂经解提要四卷首一卷附录一卷　沈阳关文瑛撰　民国甲戌铅字排印本

韩氏读有用书斋书目一卷　娄县韩应陛藏　华亭封文权编　民国二十三年以古宋字排印本

故宫普通书目六卷　长汀江瀚编　民国二十三年故宫博物院图书馆铅字排印本

安徽通志艺文考无卷数　安徽志馆编　民国二十三年八月石印本　分经部十四。史部十四。子部十七。集部楚辞一。别集汉魏至五代一。宋至明一。清至民国一。总集一。诗文评一。词曲一。此书搜辑可谓最富。然则不无遗漏。如休宁徐卓撰经义未详说。声韵合表。节序日考。休宁碎事等书。皆所未载

国立北京大学图书馆善本书目四卷　不著编辑姓名　近以古宋字排印本

书髓楼藏书目八卷附一卷　水竹村人编　民国乙亥以古宋字排印本　水竹村人者。天津徐世昌之别号也

瞿氏补书堂寄藏书目录无卷数　国立北平图书馆编　民国二十四年铅字排印巾箱本

崇雅堂书录十五卷碑录五卷碑补录四卷　潛江甘鹏云编　民国乙亥铅字排印本

——孙殿起：《贩书偶记（附续编）》，上海，上海古籍出版社，1999。

（三）张之洞《书目答问》

为学之道，岂胜条举？根柢工夫，更非寥寥数行，所能宣罄。此为初学有志者约言之，乃阶梯之阶梯，门径之门径也……

读史

宜读正史。

《史记》《汉书》《后汉书》《三国志》《晋书》《宋书》《齐书》《梁书》《陈书》《魏书》《北齐书》《周书》《隋书》《南史》《北史》《旧唐书》《新唐书》《旧五代史》《新五代史》《宋史》《辽史》《金史》《元史》《明史》，此廿四部为正史。凡引据古人事实，先以正史为凭，再及别史、杂史。仅看坊本，删削《纲鉴》，不得言史学。

唐刘知幾《史通》，最为史学枢要，必当先读。国朝万斯同《历代史表》、沈炳震《廿一史四谱》、李兆洛《纪元编》《历代地理今释》、王鸣盛《十七史商榷》、赵翼《廿二史劄记》、钱大昕《廿二史考异》，皆读史者不可少之书。

正史中宜先读四史。

全史浩繁，从何说起？四史为最要。《史记》《汉书》《后汉》《国志》四者之中，《史记》《前汉》为尤要。其要如何？语其高，则证经义，多古典古言古字。通史法。诸史义例皆本马、班。语其卑，则古来词章，无论骈散，凡雅词丽藻，大半皆出其中。文章之美，无待于言。

诸史中体例文笔，虽有高下，而其有益实用处，并无轻重之别。盖一朝自有一朝之事迹，一朝之典制，无可轩轾。且时代愈近者，愈切于用。非谓四史之外，可束高阁。四史外《新五代史》最好，义例正大，文辞和雅。其疏处，前人已言之，《新唐书》志亦欧作。钦定《明史》，体例最精。

宜读《通鉴》。

史学须渐次为之，亦须穷年累月。若欲通知历朝大势，莫如《资治通鉴》及《续通鉴》。乃国朝毕沅撰，非指宋元明人所续者。《通鉴》犹恐未能贯串，宜兼读《通鉴纪事本末》《宋元明纪事本末》。温公自作《通鉴》目录，简便易寻，金陵局刻。

宜读《通考》。

三通并称。然《通志》除二十略外，皆可不读。二十略中，亦多不可据。《通典》甚精，多存古书古礼。于经学甚有益。若意在经济，莫如《文献通考》，详博综贯，尤便于用。中资者，傥苦其卷帙繁重，则坊刻有《文献通考详节》一书，亦可先一浏览，略得头绪，然后从此问津。

史学亦宜专精一种。

览虽宜博，欲求精熟，则亦贵专攻，但能精熟一二种，足矣。隋刘臻精于两《汉书》，人称“汉圣”。宋范祖禹熟唐事，著《唐鉴》，人称“唐鉴公”。国初马骕熟三代事，撰《绎史》，人称“马三代”。此古人为史学之法也。苏文中，读史有八面受敌法，谓事迹、典制、文章诸门，每读一次，专寻一端，亦可则效。

读史宜读表志。钦定辽金元三史《国语解》，读此三史者最要。

作史以作志为最难，读史以读志为最要。三代典章制度，皆在其中。若止看列传数篇，于史学无当。除三史外，《隋书·经籍志》《新唐·地理志》《明史·历志》皆要。表亦史家要领，可订岁月之误，兼补纪传之阙。简质无情，人所厌观。先览大概，用时检之。

读史忌妄议论古人贤否、古事得失。

事实详确，善恶自分。首尾贯通，得失乃见。若不详年月，不考地理，不明制度，不揣时势，妄论苛求，横生褒贬，则舛误颠倒，徒供后人讪笑耳。读史者，贵能详考事迹，古人作用言论，推求盛衰之倚伏，政治之沿革，时势之轻重，风气之变迁，为其可以益人神智，遇事见诸设施耳。古人往矣，岂劳后人为之谳狱注考哉！胡致堂论史，不可为法。

读史忌批评文章。

明人恶习，不惟《史》《汉》但论其文，即《周礼》《三传》《孟子》，亦以评点时文之法批之。鄙陋侮经，莫甚于此！切宜痛戒。《史》《汉》之文法文笔，原当讨究效法，然以后生俗士管见俚语，公然标之简端，大不可也。卷端止可著校勘考证语，若有讨论文法处，止可别纸记之。读诸子同。

——（清）张之洞：《书目答问二种·辅轩语一·语学弟二》，北京，生活·读书·新知三联书店，1998。

（四）胡适《一个最低的限度的国学书目》

序　言

这个书目是我答应清华学校胡君敦元等四个人拟的。他们都是将要往外国留学的少年，很想在短时期中得着国故学的常识。所以我拟这个书目的时候，并不为国学有根柢的人设想，只为普通青年人想得一点系统的国学知识的人设想，这是我要声明的第一点。

这虽是一个书目，却也是一个法门。这个法门可以叫做“历史的国学研究法”。这四五年来，我不知收到多少青年朋友询问“治国学有何门径”的信。我起初也学着老前辈们的派头，劝人从“小学”入手，劝人先通音韵训诂。我近来忏悔了！那种话是为专家的，不是为初学人说的；是学者装门面的话，不是教育家引人入胜的法子。音韵训诂之学自身还不曾整理出个头绪系统来，如何可作初学人的入手工夫？十几年的经验使我不能不承认音韵训诂之学只可以作“学者”的工具，而不是“初学”的门径。老实说来，国学在今日还没有门径可说；那些国学有成绩的人大都是下死工夫笨干出来的。死工夫固是重要，但究竟不是初学的门径。对初学人说法，须先引起他的真兴趣，他然后肯下死工夫。在这个没有门径的时候，我曾想出一个下手方法来：就是用历史的线索做我们的天然系统，用这个天然继续演进的顺序做我们治国学的历程。这个书目便是依着这个观念做的。这个书目的顺序是下手的法门。这是我要声明的第二点。

这个书目不单是为私人用的，还可以供一切中小学校图书馆及地方公共图书馆之用。所以每部书之下，如有最易得的版本，皆为注出。

(一) 工具之部

《书目举要》(周贞亮，李之鼎)　南城宜秋馆本。这是书目的书目。

《书目答问》(张之洞)　刻本甚多，近上海朝记书庄有石印“增辑本”，最易得。

《四库全书总目提要》　附存目录，广东图书馆刻本，又点石斋石印本最方便。

《汇刻书目》(顾修)　顾氏原本已不适用，当用朱氏增订本，或上海、北京书店翻印本，北京有益堂翻本最廉。

《续汇刻书目》(罗振玉)　双鱼堂刻本。

《史姓韵编》(汪辉祖)　刻本稍贵，石印本有两种。此为《二十四史》的人名索引，最不可少。

《中国人名大辞典》(商务印书馆)。

《历代名人年谱》(吴荣光)　北京晋华书局新印本。

《世界大事年表》(傅运森)　商务印书馆。

《历代地理韵编》，《清代舆地韵编》(李兆洛)　广东图书馆本，又坊刻《李氏五种》本。

《历代纪元编》(六承如)　《李氏五种》本。

《经籍纂诂》（阮元等）　点石斋石印本可用。读古书者，于寻常字典外，应备此书。

《经传释词》（王引之）　通行本。

《佛学大辞典》（丁福保等译编）　上海医学书局。

（二）思想史之部

《中国哲学史大纲》上卷（胡适）　商务印书馆。

二十二子：

《老子》《庄子》《管子》《列子》

《墨子》《荀子》《尸子》《孙子》

《孔子集语》《晏子春秋》《吕氏春秋》《贾谊新书》

《春秋繁露》《扬子法言》《文子缵义》《黄帝内经》

《竹书纪年》《商君书》《韩非子》《淮南子》

《文中子》《山海经》

浙江公立图书馆（即浙江书局）刻本。上海有铅印本亦尚可用。汇刻子书，以此部为最佳。

《四书》（《论语》《大学》《中庸》《孟子》）最好先看白文，或用朱熹集注本。

《墨子间诂》（孙诒让）　原刻本，商务印书馆影印本。

《庄子集释》（郭庆蕃）　原刻本，石印本。

《荀子集注》（王先谦）　原刻本，石印本。

《淮南鸿烈集解》（刘文典）　商务印书馆出版。

《春秋繁露义证》（苏舆）　原刻本。

《周礼》　通行本。

《论衡》（王充）　通津草堂本（商务印书馆影印）；湖北崇文书局本。

《抱朴子》（葛洪）　平津馆丛书本最佳，亦有单行的；湖北崇文书局本。

《四十二章经》　金陵刻经处本。以下略举佛教书。

《佛遗教经》　同上。

《异部宗轮论述记》（窥基）　江西刻经处本。

《大方广佛华严经》（东晋译本）　金陵刻经处本。

《妙法莲华经》（鸠摩罗什译）　同上。

《般若纲要》（葛彗）　《大般若经》太繁，看此书很够了。扬州藏经院本。

《般若波罗蜜多心经》（玄奘译）。

《金刚般若波罗蜜经》（鸠摩罗什译）　以上两书，流通本最多。

《阿弥陀经》（鸠摩罗什译）　此书译本与版本皆极多，金陵刻经处有《阿弥陀经要解》（智旭）最便。

《大方广圆觉了义经》（即《圆觉经》）（佛陀多罗译）　金陵刻经处白文本最好。

《十二门论》（鸠摩罗什译）　金陵刻经处本。

《中论》（同上）　扬州藏经院本。

以上两种，为三论宗“三论”之二。

《三论玄义》（隋吉藏撰）　金陵刻经处本。

《大乘起信论》（伪书）　此虽是伪书，然影响甚大。版本甚多，金陵刻经处有沙门真界纂注本颇便用。

《大乘起信论考证》（梁启超）　此书绍介日本学者考订佛书真伪的方法，甚有益。商务印书馆将出版。

《小止观》（一名《童蒙止观》，智𫖮撰）　天台宗之书不易读，此书最便初学。金陵刻经处本。

《相宗八要直解》（智旭直解）　金陵刻经处本。

《因明入正理论疏》（窥基疏）　金陵刻经处本。

《大慈恩寺三藏法师传》（慧立撰）　玄奘为中国佛教史上第一伟大人物，此传为中国传记文学之大名著。常州天宁寺本。

《华严原人论》（宗密撰）　有正书局有合解本，价最廉。

《坛经》（法海录）　流通本甚多。

《古尊宿语录》　此为禅宗极重要之书，坊间现尚无单行刻本。《大藏经》缩印本腾字四至六。

《宏明集》（梁僧祐集）　此书可考见佛教在晋、宋、齐、梁士大夫间的情形。金陵刻经处本。

《韩昌黎集》（韩愈）　坊间流通本甚多。

《李文公集》（李翱）　三唐人集本。

《柳河东集》（柳宗元）　通行本。

《宋元学案》（黄宗羲、全祖望等）　冯云濠刻本，何绍基刻本，光绪五年长沙重刊本。坊间石印本不佳。

《明儒学案》（黄宗羲）　莫晋刻本最佳。坊间通行有江西本，不佳。

以上两书，保存原料不少，为宋、明哲学最重要又最方便之书。此下所列，乃是补充这两书之缺陷，或是提出几部不可不备的专家集子。

《直讲李先生集》（李觏）　商务印书馆影印本。

《王临川集》（王安石）　通行本。商务印书馆影印本。

《二程全书》（程灏，程颐）　六安涂氏刻本。

《朱子全书》(朱熹)　六安涂氏刻本；商务印书馆影印本。

《朱子年谱》(王懋竑)　广东图书馆本，湖北书局本。此书为研究朱子最不可少之书。

《陆象山全集》(陆九渊)　上海江左书林铅印本很可用。

《陈龙川全集》(陈亮)　通行本。

《叶水心全集》(叶适)　通行本。

《王文成公全书》(王守仁)　浙江图书馆本。

《困知记》(罗钦顺)　嘉庆四年翻明刻本。正谊堂本。

《王心斋先生全集》(王艮)　近年东台袁氏编订排印本最好，上海国学保存会寄售。

《罗文恭公全集》(罗洪先)　雍正间刻本，《四库全书》本与此本同。

《胡子衡齐》(胡直)　此书为明代哲学中一部最有条理又最有精采之书。《豫章丛书》本。

《高子遗书》(高攀龙)　无锡刻本。

《学蔀通辨》(陈建)　正谊堂本。

《正谊堂全书》(张伯行编)　这部丛书搜集程朱一系的书最多，欲研究"正统派"的哲学的，应备一部，全书六百七十余卷，价约三十元。初刻本已不可得，现行者为同治间补刻本。

《清代学术概论》(梁启超)　商务印书馆本。

《日知录》(顾炎武)　用黄汝成《集释》本；通行本。

《明夷待访录》(黄宗羲)　单行本；扫叶山房《梨洲遗著汇刊》本。

《张子正蒙注》(王夫之)　《船山遗书》本。

《思问录内外篇》(王夫之)　同上。

《俟解》一卷，《噩梦》一卷(王夫之)　同上。

《颜李遗书》(颜元，李塨)　《畿辅丛书》本可用。北京四存学会增补全书本。

《费氏遗书》(费密)　成都唐氏刻本。(北京大学出版部寄售)

《孟子字义疏证》(戴震)　《戴氏遗书》本。国学保存会有铅印本，但已卖缺了。

《章氏遗书》(章学诚)　浙江图书馆排印本，上海刘翰怡新刻全书本。

《章实斋年谱》(胡适)　商务印书馆出版。

《崔东壁遗书》(崔述)　道光四年陈履和刻本；《畿辅蒙书》本只有《考信录》，亦可够用了。全书现由亚东图书馆重印，不可出版。

《汉学商兑》(方东树)　此书无甚价值，但可考见当日汉宋学之争。单行本；朱氏《槐庐丛书》本。

《汉学师承记》(江藩)　通行本，附《宋学师承记》。

《新学伪经考》(康有为)　光绪辛卯初印本；新刻本只增一序。

《史记探源》(崔适)　初刻本；北京大学出版部排印本。

《章氏丛书》(章炳麟)　康宝忠等排印本；浙江图书馆刻本。

(三) 文学史之部

《诗经集传》(朱熹)　通行本。

《诗经通论》(姚际恒)　闻商务印书馆将重印。

《诗本谊》(龚橙)　浙江图书馆《半广丛书》本。

《诗经原始》(方玉润)　闻商务印书馆不久将有重印本。

《诗毛氏传疏》(陈奂)　《清经解续编》卷七百七十八以下。

《檀弓》　《记礼》第二篇。

《春秋左氏传》　通行本。

《战国策》　商务印书馆有铅印补注本。

《楚辞集注》，附《辨证后语》(朱熹)　通行本；扫叶山房有石印本。

《全上古三代秦汉三国六朝文》(严可均编)　广雅书局本。此书搜集最富，远胜于张溥的《汉魏六朝百三家集》。

《全汉三国晋南北朝诗》(丁福保编)　上海医学书局出版。

《古文苑》(章樵注)　江苏书局本。

《续古文苑》(孙星衍编)　江苏书局本。

《文选》(萧统编)　上海会文堂有石印胡刻李善注本最方便。

《文心雕龙》(刘勰)　原刻本；通行本。

《乐府诗集》(郭茂倩编)　湖北书局刻本。

《唐文粹》(姚铉编)　江苏书局本。

《唐文粹补遗》(郭麐编)　同上。

《全唐诗》(康熙朝编)　扬州原刻本，广州本，石印本，五代词亦在此中。

《宋文鉴》(吕祖谦编)　江苏书局本。

《南宋文范》(庄仲方编)　同上。

《南宋文录》(董兆熊编)　同上。

《宋诗抄》(吕留良、吴之振等编)　商务印书馆本。

《宋诗抄补》(管庭芬等编)　商务印书馆本。

《宋六十名家词》(毛晋编)　汲古阁本，广州刊本，上海博古斋石印本。

《四印斋王氏所刻宋元人词》(王鹏运编刻)　原刻本，板存北京南阳山房。

《彊邨所刻词》（朱祖谋编刻） 原刻本。王、朱两位刻的词集都很精，这是近人对于文学史料上的大贡献。

《太平乐府》（杨朝英编） （四部丛刊）本。

《阳春白雪》（杨朝英编） 南陵徐氏《随庵丛书》本。

以上两种为金元人曲子的选本。

《董解元弦索西厢》（董解元） 刘世珩、暖红室汇刻传奇本。

《元曲选一百种》（臧晋叔编） 商务印书馆有影印本。

《金文最》（张金吾编） 江苏书局本。

《元文类》（苏天爵编） 同上。

《宋元戏曲史》（王国维） 商务印书馆本。

《京本通俗小说》 这是七种南宋的平话小说，上海蟫隐庐《烟画东堂小品》本。

《宣和遗事》 《士礼居丛书》本；商务印书馆有排印本。

《五代史平话》残本 董康刻本。

《明文在》（薛熙编） 江苏书局本。

《列朝诗集》（钱谦益编） 国学保存会排印本。

《明诗综》（朱彝尊编） 原刻本。

《六十种曲》（毛晋编刻） 汲古阁本。此书善本已不易得。

《盛明杂剧》（沈泰编） 董康刻本。

《暖红室汇刻传奇》（刘世珩编刻） 原刻本。

《笠翁十二种曲》（李渔） 原刻巾箱本。

《九种曲》（蒋士铨） 原刻本。

《桃花扇》（孔尚任） 通行本。

《长生殿》（洪昇） 通行本。

清代戏曲多不胜举；故举李蒋两集，孔、洪两种历史戏，作几个例而已。

《曲苑》 上海古书流通处编印本。此书汇集关于戏曲的书十四种，中如焦循《剧说》，如梁辰鱼《江东白苎》，皆不易得。石印本价亦廉，故存之。

《缀白裘》 这是一部传奇选本，虽多是零篇，但明末清初的戏曲名著都有代表的部分存在此中。在戏曲总集中，这也是一部重要书了。通行本。

《曲录》（王国维） 《晨风阁丛书》本。

《湖海文传》（王昶编） 所选都是清朝极盛时代的文章，最可代表清朝“学者的文人”的文学。原刻本。

《湖海诗传》（王昶编） 原刻本。

《鲒埼亭集》（全祖望） 借树山房本。

《惜抱轩文集》（姚鼐）　通行本。

《大云山房文稿》（恽敬）　四川刻本，南昌刻本。

《文史通义》（章学诚）　贵阳刻本，浙江局本，铅印本。

《龚定盦全集》（龚自珍）　万本书堂刻本；国学扶轮社本。

《曾文正公文集》（曾国藩）　《曾文正全集》本。

清代古文专集，不易选择，我经过很久的考虑，选出全，姚，恽，章，龚，曾六家来作例。

《吴梅村诗》（吴伟业）　《梅村家藏稿》（董康刻本，商务印书馆影印本）本，无注；此外有靳荣藩《吴诗集览》本，有吴翌凤《梅村诗集笺注》本。

《瓯北诗抄》（赵翼）　《瓯北全集》本，单行本。

《两当轩诗抄》（黄景仁）　光绪二年重刻本。

《巢经巢诗抄》（郑珍）　贵州刻本；北京有翻刻本，颇有误字。

《秋蟪吟馆诗抄》（金和）　铅印全本；家刻本略有删减。

《人境庐诗抄》（黄遵宪）　日本铅印本。

清代诗也很难选择。我选梅村代表初期，瓯北与仲则代表乾隆一朝；郑子尹与金亚匏代表道、咸、同三期；黄公度代表末年的过渡时期。

明、清两朝小说：

《水浒传》　亚东图书馆三版本。

《西游记》（吴承恩）　亚东图书馆再版本。

《三国志》　亚东图书馆本。

《儒林外史》（吴敬梓）　亚东图书馆四版本。

《红楼梦》（曹霑）　亚东图书馆三版本。

《水浒后传》（陈忱自署古宋遗民）　此书借宋徽、钦二帝事来写明末遗民的感慨，是一部极有意义的小说。亚东图书馆《水浒续集》本。

《镜花缘》（李汝珍）　此书虽有“掉书袋”的毛病，但全篇为女子争平等的待遇，确是一部很难得的书。亚东图书馆本。

以上各种，均有胡适的考证或序，搜集了文学史的材料不少。

《今古奇观》　通行本，可代表明代的短篇。

《三侠五义》　此书后经俞樾修改，改名《七侠五义》。此书可代表北方的义侠小说。旧刻本《七侠五义》流通本较多。亚东图书馆不久将有重印书。

《儿女英雄传》（文康）　蜚英馆石印本最佳；流通本甚多。

《九命奇冤》（吴沃尧）　广智书局铅印本。

《恨海》（吴沃尧）　通行本甚多。

《老残游记》（刘鹗）　商务印书馆铅印本。

以上略举十三种，代表四五百年的小说。

《五十年来的中国文学》（胡适）　《申报》馆纪念册《五十年之中国》本。

（跋）文学史一部，注重总集；无总集的时代，或总集不能包括的文人，始举别集。因为文集太多，不易收买，尤不易遍览，故为初学人及小图书馆计，皆宜先从总集下手。

——欧阳哲生：《胡适文集》第3册，北京，北京大学出版社，1998。

二、版本的运用

（一）叶德辉《书林清话》

板本之名称

先祖宋少保公《石林燕语》八云："唐以前凡书籍皆写本，未有模印之法。人以藏书为贵，人不多有。而藏者精于雠对，故往往皆有善本。学者以传录之艰，故其诵读亦精详。五代冯道始奏请官镂《六经》板印行。国朝淳化中，复以《史记》、前后《汉》付有司摹印。自是书籍刊镂者益多，士大夫不复以藏书为意。学者易于得书，其诵读亦因灭裂。然板本初不是正，不无讹误。世既一以板本为正，而藏本日亡，其讹谬者遂不可正，甚可惜也。余襄公靖为秘书丞，尝言《前汉书》本谬甚。诏与王原叔同取秘阁古本参校，遂为刊误三十卷。其后刘原父兄弟，两《汉》皆有刊误。余在许昌，得宋景文用监本手校《西汉》一部，末题用十三本校，中间有脱两行者，惜乎今亡之矣。"据此而论，雕板谓之板，藏本谓之本。藏本者，官私所藏未雕之善本也。自雕板盛行，于是板本二字合为一名。宋岳珂《九经三传沿革例》，书本内列有晋六福铜板本。此板本二字相连之文。然珂为南宋末人，是时板本之称沿用久矣。而近人言藏书者，分目录、板本为两种学派。大约官家之书，自《崇文总目》以下，至乾隆所修《四库全书总目提要》，是为目录之学。私家之藏，自宋尤袤遂初堂、明毛晋汲古阁，及康、雍、乾、嘉以来各藏书家，断断于宋元本旧抄，是为板本之学。然二者皆兼校雠，是又为校勘之学。本朝文治超轶宋元，皆此三者为之根柢，固不得谓为无益之事也。昔顾涧薲跋《蔡中郎文集》云："书以弥古为弥善，可不待智者而后知矣。乃世间有一等人，其人荛门下士也，必谓书毋庸讲木子。噫，将自欺耶，欺人耶？敢书此以质荛翁。"跋载《黄记》，荛翁有此门下，亦可谓失传衣钵矣。同年友某尝与吾笑谈，谓平生不知板本，但见其书有字即读。吾戏语之曰：君所读书皆无字。是亦各明一义矣。

《天禄琳琅》宋元刻本之伪

《天禄琳琅后编》所载宋版书，不如前编之可据。如卷四之《史记集解索隐正义》一百三十卷，目录后印“校对宣德郎秘书省正字张耒”八分书条记，因定为元祐时槧。此书不见于各家书目，宋时官刻书又无此体式，其用八分而不用真书，正以掩其诈耳。卷五之《重广补注黄帝内经素问》二十四卷第四部，每板心有“绍定重刊”四字，宋版亦无此体式。且有元号无年月，即元明两监补修宋本诸史不如此含胡。盖板心四字必书估伪造，加印其上，断然可知。又《太玄经》十卷，元图后刻“万玉堂”三字，此为明仿宋本。卷六《孙可之集》十卷，目录后刻“大宋天圣元年戊辰秘阁校理仲淹家塾”字。考仁宗天圣元年，岁在癸亥，戊辰乃六年。据云“字画浓重，与通部不同，盖书估增印作伪”。然既知为伪而仍列入宋版，不知何故。又《增刊校正王状元集注分类东坡先生诗》二十五卷，姓氏后有篆书条记“建安虞平斋务本书坊刊”，此为元刻本，虞氏所刻他书有年号者可证。然则秘阁之藏，鉴赏尚不可据如此，则其他藏书家见闻浅陋，其为书估所骗者，正不知有几人也。

坊估宋元刻之作伪

自宋本日希，收藏家争相宝贵，于是坊估射利，往往作伪欺人，变幻莫测。总之不出以明翻宋板剜补改换之一途，或抽去重刊书序，或改补校刊姓名，或伪造收藏家图记钤满卷中，或移缀真本跋尾题签掩其赝迹。就《天禄琳琅》所辨出者，已有十余种之多。盖贡之尚方之时，人人如野人之献芹。初未尝有所区别，及经诸臣鉴别，而后泾渭分明。今悉载之，藏书家当取为秦宫镜矣。如明板经部，《春秋经传集解》三十卷，伪作“咸平辛丑刊”五字补印于板心。宋杨甲《六经图》六册，割去序文并校刊姓氏，以希伪充宋槧。明板史部，《史记集解》一百三十卷，目录后第三行、四行有割去重补之痕，当是明人所记刻书年月，书估以其形似宋板，故为割去。此书目录后无“史记目录终”五字，而有“校对宣德郎秘书省正字张耒”隶书木记，较前书所补之痕增宽一倍。若果为原版所有，前书何以割去，而补痕宽窄何以不合？按秘书省正字虽宋代官名，而张耒亦无可考。其为书估欲伪充宋槧，别刊目录，末叶增入木记彰然矣。《晋书》一百三十卷，从宋版翻出，目录后仍存“淳熙丁未季春弘文馆校刊”一行，盖刻是书者竟欲作宋槧为贾利之资耳。又明板子部，《战国策鲍彪注》十卷，卷末有“嘉定五年夏月世彩堂刊”木记，其左右边阑墨线，俱就板中分行线痕凑成木记之式，其为伪造，固已显然。又明板集部，《东坡全集》一百一十卷，序后原署姓名为书估割去，补刊一行，则云“乾道九年闰正月望选德殿书赐苏峤夫”。赐书但赐其书耳，即以年月姓名标识卷中，宜出手书，不应刊印。书估无知妄作，真不直一噱矣。此外《六臣注文选》六十卷，袁褧刻本，五十六卷末叶，标“戊申孟夏十三日李清雕”。李宗信、李清疑皆当日剞劂高手，故自署其名。又一部末叶，李宗信、李清之名俱被书估割去，袁褧识语亦经私汰。而于六十卷末叶，改刊“河东裴氏考订诸大家善本，命工锲于宋开庆辛酉季夏，至咸淳甲戌仲春工毕”，并于末一行增“把总锲手曹仁”。其字画既与前绝不相类，版心墨线亦参差不齐，且考订“订”字误作金旁，则伪饰之迹，显然毕露矣。又一部，卷末伪刊“奉议郎充提举茶盐司干办公事臣朱奎奉圣旨广都县镂板，起工于嘉定二年岁次己巳，毕工于九年壬子腊月”，并标“督工把总惠清”。亦系割去原纸，别刊半叶粘接于后。且嘉定九年，系丙子而非壬子，则其作伪益显然矣。又一部，于萧统序后标“绍圣三年丙子岁腊月十六日秘阁发刊”，又于吕延祚表后列曾布、蔡卞等校正衔名，卷六十后复标“绍圣四年十月十五日大学博士主管文字陈瓘督镌匠孙和二等工完”，皆系别刊半幅粘接。然袁氏识语木记，尽为割补。又一部，卷五十二末叶“戊申孟夏十三日李宗信雕”一行，橅印之时，以别纸掩盖其上。然“十三”两字墨痕犹隐透行间，依稀可辨。板心上方，复以“熙宁四年刊”五字，别刊木记，逐幅钤印。又一部，存序后裴宅印卖一条，其余识语木记，俱经私汰。卷二十四后伪标“嘉祐改元澄心堂刊”八字。而“祐”字误作“祜”，“改”字“己”旁讹作“巳”。又一部，于序末及卷六十后伪刊“淳祐二年庚午岁上蔡刘氏刊”隶书木记。又二部，于六十卷后刻“河东裴氏考订”，二“订”字误作“金”旁。合计内府所藏《文选》十部，而作伪居八九。此可见袁本雕刻之精，而书估狡狯之奇，亦层见叠出而未有已也。

宋元刻伪本始于前明

宋刻日少，书估作伪，巧取善价，自明已然。明高濂《尊生八笺》，其《燕闲清赏笺》论藏书云：“宋元刻书，雕镂不苟，校阅不讹，书写肥细有则，印刷清朗。况多奇书，未经后人重刻，惜不多见。佛氏、医家二类更富。然医方一字差误，其害匪轻，故以宋刻为善。”以下言宋本纸墨之佳，见前六卷“宋刻书纸墨之佳”条下，今节去。又若宋板遗在元印或元补欠缺时，人执为宋刻。元板遗至国初补欠，人亦执为元刻。然而以元补宋，其去犹未易辨。以国初补元，内有单边、双边之异，且字刻迥然别矣。若国初慎独斋刻书，似亦精美。近日作假宋板书者，神妙莫测。将新刻摹宋板书，特抄微黄厚实竹纸，或用川中茧纸，或用糊褙方帘绵纸，或用孩儿白鹿纸，筒卷用槌细细敲过，名之曰刮，以墨浸去臭味印成。或将新刻板中残缺一二要处，或湿霉三五张，破碎重补。或改刻开卷一二序文年号，或贴过今人注刻名氏留空，另刻小印，将宋人姓氏扣填。两头角处或用沙石磨去一角，或作一二缺痕。以灯火燎去纸毛，仍用草烟薰黄，俨然古人伤残旧迹。或置蛀米柜中，令虫蚀作透漏蛀孔。或以铁线烧红，锤书本子，委曲成眼。一二转折，种种与新不同。用纸装衬，绫锦套壳，入手重实，光腻可观，初非今书仿佛，以惑售者。或札夥囤，令人先声，指为故家某姓所遗。百计瞽人，莫可窥测。收藏者当具真眼辨证。按高氏说书估作伪之弊，至为透辟。然究之宋刻真本，刻手、纸料、墨印迥然与元不同。元人补修宋版，明人补修宋元，多见古本书之人，可以望气而定。如宋元旧板，明时尽贮于国子监。自元迄明，递有补修。其板至国朝嘉庆时，始毁于江宁藩库之火。明初印本流传尚多，试取其纸料、墨色、印工验之，断乎不能混入天水。南宋末年刻印之书，转瞬入元，其气味便有清浊之异。宋清而元浊，究亦不解其所以然。惟元末明初之书，稍难分别。正统以后，则又判然。南监修板最后印者，板式参差不齐，字迹漫漶难辨。即令工于作伪，无如开卷了然。至所称扣填姓名，非独墨色浓淡各殊，而字行绝不能联贯。且新纸染旧，燥气未除，初印新雕，锋芒未敛。种种无形之流露，可以神悟得之。吾沉溺于此者三十余年，所见所藏，颇有考验。高氏之言，但明其迹，吾所论则纯取之于神理也。

日本宋刻书不可据

日本友人言，杨氏刻《留真谱》时，往往见他人之旧本书，抽其中一二叶，以便模刻。果如所言，则非士君子之行矣。杨从遵义黎莼斋星使庶昌为随员，曾代其刻《古佚丛书》。内如《太平寰宇记》补阙六卷，实出伪撰。其中显而易见者，如江西南道岳州沅江县，楚马殷改为桥江县，宋太祖复为沅江县。乐史在太宗时，安得尚有桥江县之称？潭州长沙县所引故事，多见《太平御览》中。湘潭县则全录衡山县遗迹，盖衡山尚属潭州，而南岳本在衡山，兹反引于湘潭。此因湘潭无所据补，割凑成篇，遂于益阳县后云已残阙，作伪之迹亦既显然。而武冈县招屈亭后十三条，全与宋王象之《舆地纪胜》文同。而《纪胜》云引自《类要》，非引自《寰宇记》。彼乃全无别白，遂使伪证愈明。义昌改为桂东，义章改为宜章，《纪胜》云避太宗讳所改。宋本于二县同不避讳，断非乐史原书可知。吾友善化陈芸畦太学运溶作《太平寰宇记辨伪》六卷，逐道指驳，以为从《舆地纪胜》及他类书抄撮而成，使杨见之当无所置辨矣。吾尝见杨刻《古文苑》，明是据孙星衍岱南阁仿宋刻重雕，而猥云宋本。又所著《日本访书志》中载卷子本佛经各种，大半近百年内高丽旧抄。至《留真谱》误以明翻宋刻为真宋本之类，殆如盲人评古董，指天画地，不值闻者一笑。杨又刻有《激素飞青阁双钩法帖》，其作用亦同。盖貌为好古之人，而实为孳孳为利，吾断其所著所刻书不足信今而传后矣。

——叶德辉：《书林清话（附书目余话）》，北京，中华书局，1957。

（二）叶德辉《藏书十约》

藏书十约序

国初孙庆增著《藏书纪要》，详论购书之法与藏书之宜，以及宋刻名抄，何者为精，何者为劣。指陈得失，语重心长，洵收藏之指南，而汲古之修绠也。惟其时距元、明相近，流寇之乱未遍东南，甲乙鼎革之交，名山故家所藏，亦未全遭蹂躏。今自洪、杨乱后，江浙文物之会，图籍荡焉无存。好事者相与收拾于劫燹之余。有用之书，犹幸多存副本。所失者，文集、说部小数而已。乾、嘉诸儒，相务表扬幽潜，凡古书之稍有益者，无不校刻行世。然叠更丧乱，板刻多毁，印本渐稀。余按四部目搜求三十年，仅乃足用，而宋、元、明国朝诸家文集，缺者颇多。日本一耆宿藏我国顺、康以至嘉、道文集极多。有清诗万卷楼之目。蓬莱、方丈，望若仙居，惜哉不能越海飞渡也。夫在今日言收藏，不独异于孙氏之世，且异于乾嘉之世。半生心力，累万巨赀，所得如此，则其甘苦不可以不示人。每思古人有节衣缩食、竭力营求、雨夕风晨手抄甚苦者，余幸所处优裕，又无嗜好萦扰于心，虽未能鼓腹而嬉游，亦未尝过门而大嚼。又思古人有豪夺巧取，久假不归，朋旧因而绝交，童仆见而引避者，余幸达观随化，鹰隼无猜，借非荆州，乐同南面。是皆足以自慰也。顷者山居避难，编目始告成。因举历年之见闻，证以阅历之所得，述为十约，以代家书，子孙守之去之，余固不暇计矣。辛亥冬至前一日。叶德辉序。

藏书十约

购置一

置书先经部，次史部，次丛书。经先《十三经》，史先《二十四史》，丛书先其种类多校刻精者，初置书时，岂能四部完备，于此入手方不至误入歧途。宋元刻本，旧抄名校，一时不能坐致。寻常官板、局板，每恨校勘不精。今有简易之法，尚不近于滥收，经有明南监本，皆杂凑宋监、元学诸刻而成，其书亦尚易观。而北监本、毛晋汲古阁本次之。此板之旧者，为乾嘉以前学者通用之书。官刻有武英殿本为最佳，广东翻刻则未善。嘉庆末年，阮文达元以家藏宋元注疏及单注单疏合校刻于南昌府学。凡诸刻文字之异同，各为校勘记附后，而于书中文字异同之处旁刻墨圈识之。依圈以检校勘，读一本而众本皆具。此在宋岳珂刊《九经三传》例外，别开一径，启人神悟，莫善于斯。后来各省翻刻尽去其圈，实为乖谬，刻一书而一书废。宁可阙如，不可取其充数也。史亦以明南监《二十一史》为善。其板亦杂凑宋监、元路诸本而成，惟其板自明以来，递有补修。国朝嘉庆时，其板尚在江宁藩库。明正德时，印本补板尚少，难得其全。嘉靖、万历后，修板多诸生罚项为之，最为草率。而北监本之脱误，尤为荒唐。明沈德符《野获编》云："诸史校对卤莽，讹错转多，至于《辽》《金》诸史，缺文动至数叶，俱仍其脱简接刻，文理多不相续。即谓灾木可也。"毛晋汲古阁仅刻《十七史》，中有据宋本重雕者，惜亦不全。或以邵经邦《弘简录》续之，究属不类。故南监本外，则以武英殿刻本为完全。当时馆臣校刊多据宋刻善本，又处分颇严，故讹误遂少。若得明南监正德前后本，则宜以明闻人诠刻《旧唐书》。武英殿活字聚珍本《旧五代》，康熙原修《明史》，配合以成全书，不宜以寻常习见之本羼入也。丛书则明弘治间华珵重印宋左圭《百川学海》，程荣《汉魏丛书》，毛晋《津逮秘书》，《武英殿聚珍板丛书》，福州、江西、浙江均有重刻。福州最全，浙刻最少。及今访求殿印原本，尚不甚难。鲍廷博《知不足斋丛书》、潘仕诚《海山仙馆丛书》、伍崇曜《粤雅堂丛书》，其书多而且精，足资博览。俟有余力，徐求他刻丛书及单行善本、旧刻名抄。于是次第收藏，举古今四部之书，皆为我有矣。

鉴别二

四部备矣，当知鉴别。鉴别之道，必先自通知目录始。目录以《钦定四库全书总目提要》、阮文达元《揅经室外集》即《四库》未收书目，兹从全集原名。为途径。不通目录，不知古书之存亡；不知古书之存亡，一切伪撰抄撮、张冠李戴之书，杂然滥收，淆乱耳目。此目录之学，所以必时时勤考也。欲知板刻之良否，前有钱曾《读书敏求记》，所见古子杂家，足资多识。而于刊刻年月、行格字数，语焉不详。惟张金吾《爱日精庐藏书志》、黄丕烈《士礼居题跋记》以下，近有聊城杨绍和海源阁《楹书隅录》、常熟瞿镛《铁琴铜剑楼书目》、仁和丁丙《善本书室藏书志》、归安陆心源《皕宋楼藏书志》，张、瞿、丁、陆四家之目，全抄各书序跋，最足以资考据。所谓海内四大藏书家者。又有揭阳丁日昌《持静斋书目》、日本森立之《经籍访古志》。宜都杨守敬刻有《日本访书志》《留真谱》二书，备参考，不尽可据。此数家者，皆聚乾嘉诸老之精华，收咸丰兵燹之余烬，虽宋椠、名抄，不免一网打尽。然同时传校之本，及北方故家百年未出之书，如剑气珠光，时时腾跃。余藏子、集两部，多得之商丘宋氏、诸城刘氏。故家志目，虽不能供我渔猎之资，而实藏书家不可少之邮表也。至于国朝诸儒校刻善本，罕有列于目者。然孙星衍《祠堂书目》时亦载之。倪模《江上云林阁书目》、丁日昌《持静斋书目》所载渐伙。近人张文襄之洞《书目答问》，则专载时刻，便于读者购求，依类收藏，可无遗珠之憾。最要者无论经、史、子、集，但系仿宋、元旧刻，必为古雅之书。或其书有国朝考据诸儒序跋题词，其书亦必精善。明刻仿宋、元者为上，重刻宋、元者次之。有评阅者陋，有圈点者尤陋。闵齐伋、凌濛初两家所刻朱墨套印子、集各书，亦有评语圈点，而集部尚佳。抄本有元抄、明抄之分，有蓝格、绿格、朱丝阑、乌丝阑之别，且有已校、未校之高低。元抄多薄茧，明抄多棉宣。元抄多古致，明抄多俗书。此就佣书者言之。名人手抄，则一朝有一朝之字体，一时有一时之风气，明眼人自能辨之。证以书中避讳，始于某帝，终于何时，尤易辨别。金、元刻本，北宋胶泥活字本，均不避讳。重刻宋本多存旧讳，则以纸墨定之。有经名人手抄、手校者，贵重尤过于宋、元。有名人收藏印记者，非当时孤本，即希见之书。此类为杨、瞿、丁、陆所未见者尚多。书摊庙集，时一遇之，是在有心人之勤于物色而已。

装潢三

书不装潢，则破叶断线，触手可厌。余每得一书，即付匠人装饰。今日得之，今日装之，则不至积久意懒，听其丛乱。装钉不在华丽，但取坚致整齐。面纸以细纹宣纸染古铜色，内裱以云南薄皮纸，钉时书面内衬以单宣或汀贡，汀州所造，竹料厚者。或洁净官堆，或仍留原书面未损者。本宜厚不宜薄，钉以双丝线。书内破损处，觅合色旧纸补缀。上下短者，以纸衬底一层，无书处衬两层，则书装成不至有中凸上下低之病。书背逼至钉线处者，亦衬纸如之。衬纸之处钻小孔，一孔在衬纸，一孔在原书之边，以日本薄茧纸捻条骑缝跨钉，而后外护以面纸，再加线钉。线孔占边分许，而全得力于纸捻。日久线断，而叶不散，是为保留古书之妙法。断不可用蝴蝶装及包背本。蝴蝶装如裱帖，糊多生霉而引虫伤。包背如蓝皮书，纸岂能如皮之坚韧？此不必邯郸学步者也。蝴蝶装虽出于宋，而宋本百无一二。包背本明时间有之，究非通用之品。家中存一二部以考古式，藉广见闻。然必原装始可贵，若新仿之，既费匠工，又不如线装之经久，至无谓也。北方书喜包角，南方殊不相宜。包角不透风，则生虫，糊气三五年尚在，则引鼠。余北来之书，悉受其害。又北方多用纸糊布匣，南方则易合潮，用夹板夹之最妥。夹板以梓木、楠木为贵，不生虫，不走性，其质坚而轻。花梨、枣木次之，微嫌其重。其他皆不可用。二十年前，余书夹多用樟木，至今生粉虫，无一部不更换，始悔当时考究之未精。宋、元旧刻及精抄、精校，以檀木、楠木为匣袭之。匣头镌刻书名撰人，宜于篆、隶二体。夹板系带，边孔须离边二分，其上下则准书之大小。如书长一尺，带离上下约二寸，以此类推，指示匠人遵守勿失。盖离上下过近则眉短腹长，离上下过远则头足空而不着力，此亦装订时所宜讲求者也。装钉之后，随时书边，书名、撰人、刊刻时代不可省字，以便检寻。凡作书论行气，此为横看，一本分列有横行，数本合并有直行，虽善书者不知其诀，则不如觅梓人之工宋体字者书之，校为清朗入目也。

陈列四

编列书籍，经为一类，史为一类，子为一类，集为一类，丛书为一类，其余宋元旧刻、精校名抄别为一类。单本一二卷者，袖珍巾箱长不及五寸，大本过尺许者，以别橱庋之。单本、小本之橱，其中间以直格，宽窄不一，再间以横格，高二三寸或四五寸不等。横格皆用活板，以便随时抽放。丛书类少者，一部占一橱，多者一部占二橱、三橱不等。由上至下，以三橱为一连。橱宽工部尺一尺八寸，高二尺。每橱列书三行，合三橱一连，高六尺，并坐架一尺二寸，共七尺二寸，取阅时不至有伸手之劳。列书依撰人时代，亦以门户相聚。如十子、七子、五子、三家、四家、八家之类，皆衔接相承，则易于查阅。又如总集，有以元、明、国朝人选集唐、宋者，有以国朝人选录三代、秦汉、魏晋人者，仍以诗文时代为衡，不论撰人之先后。其专诗、专文，各以类从，不使凌杂。至都会郡邑之诗文总集，依省次列之。钦定之书，冠于国朝之首，大抵陈列之次，不必与目录相同。诸史志尚有以类相排比者，固未尝拘拘于时代也。释道二藏，本自有目。远西各国艺学、宗教，自明以来，连床塞屋。钱谦益《绛云楼书目》以西书为一类，《四库》则附之“杂家”“杂学”。今中外交通著述日众，翻译之作，家数纷歧，宜并释藏，列室储之，不复绳以四部之例。惟道家断自隋唐，次于诸子。以古之道家，非宋之道流，其习不同，其书究有别也。陈列既定，按橱编一草目，载明某书在某橱。遇有增省随时注改。体例视正目有殊，明《文渊阁书目》盖已先为之矣。

抄补五

旧书往往多短卷，多缺叶，必觅同刻之本，影抄补全。或无同本，则取别本，觅佣书者录一底本，俟遇原本，徐图换抄，庶免残形之憾。若遇零编断册，尤宜留心，往往有多年短缺之卷，一旦珠还合浦，仍为一家眷属者。然此在明刻、国朝人所刻则有之，若宋元刻本，乃希遇之事。前人不得已而集百衲本，亦慰情聊胜于无耳。凡书经手自抄配者最佳，出自佣书之手，必再三覆校，方可无误。己抄之书，则人校之。人抄之书，则己校之。多一人寓目，必多校出二三处误字、脱文。经史更不得草率，一字千金，省后人多少聚讼，岂非绝大功德哉。凡抄补之卷，苟其书不必影写，当依原书行格，刻一印板。所费不过千文，抄者既有范围，可以随写随校。如某行某字起，至某字止，一行抄毕，讹脱朗然。省事惜阴，覆校亦易。使抄而不校，校而不精，不如听其短缺，尚不至鱼目混珠也。佣书人未有能为唐人碑志体者，无已，取其无破体、无俗字者。破体、俗字，令校者不改不能，遍改不尽，至为眼花败兴之事，余受此厄多矣。

传录六

士生宋元以后，读书之福远过古人。生国朝乾嘉后者，尤为厚福。五代、北宋之间，经史正书鲜有刻本，非有大力者不可言收藏。既有刻本，又不能类聚一处，即有大力搜求亦非易事。古人以窥中秘、读老氏藏为荣幸者，今则有赀，一日可获数大部。国朝诸儒勤搜古书于四部之藏，十刻七八。仅宋、元、明人集未得刻尽，究为不急之书。至于日本卷子、唐抄、中原故家久藏秘笈，其为乾嘉诸儒未见之足本、不传之孤本，以及秦、晋、齐、鲁发地之古器、古物，好事者绘图释义著为成书，既日出而不穷，亦石印之简便。居今日而言收藏，可以坐致百城，琳琅满室矣。而犹有待于传录者，盖其书或仅有抄本，不能常留，过目易忘；未存副录，校刻则有不给，久假复不近情；有彼此借抄，可获分身之术。传录之法，多倩佣书者，以别舍处之。以工赀计，湘省最廉，善书者一日可书五千字，凡字一千不过七八十文内外。若至百文一千，则谋者蝇集矣。故抄一书，字至十万，仅费钱七八千，较之“千金买《汉书》”“貂裘賸侍史”，其廉为何如耶！抄写之纸以日本、高丽细茧纸为上，其纸吸墨而滑笔，但使写手轻匀，易于增色。其次中国之洁净花胚。即官堆之高者。杭连虽白，至为不佳，墨干则笔涩，墨湿则字毛，一遇积霉，或沾鼠溺，则腐碎不可触手。此余二十年所亲历，故能言其害也。

校勘七

书不校勘，不如不读。校勘之功，厥善有八：习静养心，除烦断欲，独居无俚，万虑俱消，一善也；有功古人，津逮后学，奇文独赏，疑窦忽开，二善也；日日翻检，不生潮霉，蠹鱼蛀虫，应手拂去，三善也；校成一书，传之后世，我之名字，附骥以行，四善也；中年善忘，恒苦搜索，一经手校，可阅数年，五善也；典制名物，记问日增，类事撰文，俯拾即是，六善也；长夏破睡，严冬御寒，废寝忘餐，难境易过，七善也；校书日多，源流益习，出门采访，如马识途，八善也。具此八善，较之古人临池仿帖，酬愿写经，孰得孰失，殆有霄壤之异矣。顾知校书之善矣，而不得校之之法，是犹涉巨川而忘舟楫，游名山而无篮舆，终归无济而已矣。今试言其法，曰死校，曰活校。死校者，据此本以校彼本，一行几字，钩乙如其书，一点一画，照录而不改。虽有误字，必存原文。顾千里广圻、黄荛圃丕烈所刻之书是也。活校者，以群书所引改其误字，补其阙文，又或错举他刻，择善而从。别为丛书，板归一式。卢抱经文弨、孙渊如星衍所刻之书是也。斯二者，非国朝校勘家刻书之秘传，实两汉经师解经之家法。郑康成注《周礼》取故书杜子春诸本，录其字而不改其文，此死校也。刘向校录《中书》，多所更定；许慎撰《五经异义》，自为折衷；此活校也。其后隋陆德明撰《经典释文》，胪载异本；岳珂刻《九经三传》，抉择众长。一死校，一活校也。明乎此，不仅获校书之奇功，抑亦得著书之捷径也已。

题跋八

凡书经校过及新得异本，必系以题跋，方为不负此书。或论其著述之指要，或考其抄刻之源流，其派别盖有数家焉。论著述之指要者，记叙撰人时代、仕履及其成书之年月，著书中之大略。宋晁公武《郡斋读书志》、陈振孙《直斋书录解题》二家之目是也。辨论一书之是非与作者之得失，如吾家宋石林公《过庭录》引见元马端临《文献通考·经籍》。明王世贞《读书后》二家之书是也。王士祯《香祖笔记》七："遯园居士言：'金陵盛仲交家多藏书，书前后副叶上必有字，或纪书所从来，或记他事，往往盈幅，皆有钤印。常熟赵定宇少宰阅《旧唐书》，每卷毕，必有朱字数行，或评史，或阅之日所遇某人某事，一一书之。冯具区校刻监本诸史，卷后亦然，并以入梓。前辈读书，游泳赏味处可以想见。'此语良然。然予所见刘钦谟昌家官河南督学时所刻《中州文表》，每卷亦然。予劝宋牧仲开府重刻《文表》及《梁园风雅》二书，且云'钦谟诸跋当悉刻之，以存其旧。'亦遯园先生之意。又尝观袁中郎所刻《宗镜摘录》，亦复如是。弇州先生《读书后》同此意也。"其合二义以兼用之，斯则《四库全书提要》之所本也。若夫考抄刻之源流者，官监、书棚，流传有绪，毛抄、钱借，授受必详，则钱曾《读书敏求记》、何焯《义门读书记》实导其源。至孙星衍《平津馆藏书记》《廉石居书籍题跋记》、黄丕烈《士礼居藏书题跋记》，专记宋元板之行字、新旧抄之异同，盖从钱、何二家，益畅其流，以趋于别径者也。道咸间，钱熙祚《守山阁丛书》、伍崇曜《粤雅堂丛书》，一书刻成，必附一跋，斯由《四库提要》而变其例者也。综稽众体，各有门庭，窃谓宜集诸家之长，以成一家之说。撰人仕籍见于正史传志者，不待详言，如或正史未载，则博考群籍以补之。而一书之宗旨始末，先挈其大纲，使览者不待卷终，可得其要领。其刻本之为宋为元，为仿宋为重刻。宋抄本之为影写为过录，以及收藏前人之姓名、印记，并仿《钦定天禄琳琅》之例，详稽志乘私记，述为美谈。俾前贤抱残守缺之苦心，不至书存而人泯灭。吾宗鞠裳编修昌炽撰有《藏书纪事诗》六卷，于唐宋以来藏书家之姓名、印记搜辑靡遗。得其书读之，于斯道所资，功过半矣。

收藏九

藏书之所，宜高楼，宜宽敞之净室，宜高墙别院，与居宅相远。室则宜近池水，引湿就下，潮不入书楼。宜四方开窗通风，兼引朝阳入室。遇东风生虫之候，闭其东窗。窗橱俱宜常开，楼居尤贵高敞。盖天雨瓦湿，其潮气更甚于室中也。列橱之法，如宁波范氏天一阁式。《四库》之文渊阁、浙江之文澜阁，即仿为之。其屋俱空楹，以书橱排列，间作坎画形，特有间壁耳。

古人以七夕曝书，其法亦未尽善。南方七月正值炎熏，烈日曝书，一嫌过于枯燥，一恐暴雨时至，骤不及防。且朝曝夕收，其热非隔宿不退，若竟收放橱内，数日热力不消。不如八九月秋高气清，时正收敛，且有西风应节，藉可杀虫。南北地气不同，是不可不辨者也。春夏之交，宜时时清理，以防潮湿。四五月黄霉，或四时久雨不晴，则宜封闭。六七月以后至冬尽春初，又宜敞开。橱下多置雄黄石灰，可辟虫蚁。橱内多放香烈杀虫之药品，古人以芸草，今则药草多矣。肉桂、香油或嫌太贵，西洋药水药粉品多价廉，大可随时收用。食物引鼠，不可存留。灯烛字篓，引火之物，不可相近。绛云楼之炬，武英殿之灾，此太平时至可痛心之事也。阅过即时检收，以免日久散乱。非有书可以互抄之友，不轻借抄。非真同志著书之人，不轻借阅。舟车行笥，其书无副本者，不得轻携。远客来观，一主一宾，一书童相随，仆从不得丛入藏书之室。不设寒具，不著衣冠，清茗相酬，久谈则邀入厅事。钱振锽注《义山文集》，每窃供用之书，京师书坊至今言之疾首。魏源借友人书，则裁割其应抄者，以原书见还，日久始觉。不独太伤雅道，抑亦心术不正之一端。凡此防范之严，所以去烦劳，消悔吝，正非“借书一痴，还书一痴”也。

印记十

藏书必有印记。宋本《孔子家语》以有东坡折角玉印，其书遂价重连城。吾家明文庄公菉竹堂藏书，每抄一书，钤以历官关防，至今收藏家资以考证。名贤手泽，固足令人钦企也。然美人黥面，昔贤所讥，佛头着粪，终为不洁。曾见宋元旧刻，有为书估伪造各家印记以希善价者，有学究、市贾强作解事，以恶刻闲印钤满通卷者。此岂白璧之微瑕，实为秦火之余厄。今为言印记之法，曰去闲文，曰寻隙处。何谓去闲文？姓名表字、楼阁堂斋，于是二三印，一印四五字足矣。金石、书画、汉砖、古泉之类，当别为一印。今人收藏印，多有以姓字斋堂、一切藏器累累至数十字者，此亦何异于自作小传哉！余见宋元人收藏书籍、碑帖、字画，多止钤用姓名或二字别号、三字斋名，此正法也。明季山人墨客始用闲章，浸淫至丁上大夫，相习而不知其俗，此最刺目之事。况印体自明文、何以后，流派滋多，二三十年不遇一作手。咸同以来，有邓石如一派，其末流为江湖游食之赀。而乾嘉时浙西六家之宗，传久成绝响，故不得工于仿汉及善松雪、文、何体，不如不印，免至名迹受污。藏家如黄丕烈“百宋一廛”、韩泰华“金石录十卷人家”，已觉体俗，何况其他乎！何谓寻隙处？凡书流传愈久者，其藏书印愈多。朱紫纵横，几无隙纸。是宜移于书眉卷尾，以免龃龉。亦或视各印之大小，朱白间别用之。小印朱文重叠，尚无不可。若白文与大印聚于一行，则令阅者生厌矣。凡书有字处，朱文白文俱不相宜。余藏抄本《续吴郡图经》，原有董文敏“戏鸿堂”朱文方印，复经长白堇斋学士收藏，乃于董印上加盖“长白敷槎氏”白文方印。学士为曹子清通政寅外甥，渊源自正，而竟以特健药之痴为此倒好嬉之事，是亦未寻隙处之过。余之藏书多未钤印，盖慎之至也。

——严灵峰：《书目类编》，台北，成文出版社，1960。

（三）张舜徽《中国古代史籍校读法》

古书的版本

谈到古书的版本，自当溯源于“石经”。“石经”，是我国没有发明雕刻木版印刷书籍的方法以前，把常用的书刻在石版上，作为一个最标准的本子，让学者们携带自己的手抄本来到这儿校对，没有书本的人也可来到这抄写。公元一七四年，后汉熹平三年，最高统治者曾叫蔡邕把几部儒家重要经典写好刻在石版上，树立在洛阳鸿都门，也就是当时的太学（国立大学）所在地。石版又厚又大，是丰碑的形式。高一丈，广四尺，凡七十三碑。当时学者们远道来到这儿抄写和校对的，每天都非常拥挤。不久，又采用捶拓的方法，把石版上的文字都打印在纸上，可以流传较广。就它在当日所起的作用来说，可以看成最原始的印刷术。

由于石版上刻的文字，是正写而凹入的形体，捶拓时，是将一大张纸用水透湿后铺在石版上面打平，等到水干，再用一个棉花心的布包蘸了墨，在纸上轻轻地捶下一遍，揭下来，便成一张黑纸白字的搨本。如果把这种方法反转过来，在版面刻着凸出而反写的字，用墨刷在版上，再将纸铺在上面，用刷子按下一刷，揭下来，便成了白纸黑字的读物了。从事物发展的过程来看，石版捶拓，无疑是木版印刷的先驱。

从后汉熹平石经以后，历代统治者多加仿效。公元三世纪初，当魏明帝正始年间，在洛阳太学重立石经，把几部重要经典用古文、篆文、隶书三种字体书写，叫做“三体石经”。公元九世纪中叶，唐文宗开成年间，又在长安太学用楷书刻了十二部经典（今日通行的《十三经》中，无《孟子》），称“唐石经”。五代时，后蜀孟昶，取《易》《书》《诗》《春秋》《礼记》《周礼》刊石，兼刻传注，是“后蜀石经”。这些，只有“唐石经”还保存了全套拓本。汉、魏、后蜀，都只保存一部分，或仅有残字断片的遗留。对校勘经文，还有着重大作用。一般校雠家，都奉为重要依据。宋黄伯思《东观余论》卷上，有《记石经与今文不同》一篇，将汉石经残字和宋代通行本经文不同的地方，一一记下，这便是根据“石经”校订经典之始。从此以后，学者们便把“石经”看成群经中最早的版本了。

不过，从木版印刷之术盛行以后，书籍传播的方法，日进简便。事实上也不必再另刻石经。虽两宋统治者学习往代成规，都刻了石经；直到清高宗时，还仿照过去办法，在北京国子监刻了十三经在石版上；结果都不能引起人们的重视。因为宋代木刻的书，已经很多，并且很精美，保存到后世的还不少。学者们校读经典，完全可以依靠它和利用它。不再需要宋以下的石经拓片作为参考了。

我国虽在六世纪末叶的隋代，已有雕版印刷的萌芽；到唐代，这技术已进展到精美纯熟的阶段。但最初，只用以雕造佛像、佛经，唐代虽间刻字书，仍流传不广。到十世纪——五代时，才正式雕印经传。至于历代“正史”，到宋代才陆续付刊。公元九九四年，宋太宗淳化五年，开始以《史记》、前后《汉书》付雕；公元一〇〇〇年，宋真宗咸平三年，校刊《三国志》《晋书》《唐书》；一〇二四年，宋仁宗天圣二年，校刊《南北史》《隋书》；一〇六一年，宋仁宗嘉祐六年，校刊《梁书》《陈书》；于是诸史略备。这都是当时最高统治者吩咐臣工们去做的，也就是后世讲版本的所谓“官本”。

宋代刊书，除“官本”外，以坊刻本为最多。叶梦得《石林燕语》称：“天下印书，以杭州为上，蜀本次之，福建最下。京师比岁印板，殆不减杭州，但纸不佳。蜀与福建，多以柔木刻之，取其易成而速售，故不能工。福建本几遍天下，正以其易成故也。”现在就叶氏所言，分别说明如下：

一、浙本　浙江的杭州，为宋代雕版印书的中心。经国子监校勘的书，多数在这里雕印，称为浙本。浙本书，字体方整，刀法圆润，为宋版中最佳者。

二、蜀本　宋代在四川所刻印的书。因字体稍大，所以又称“蜀大字本”。如绍兴年间在眉山所刻的《宋书》《梁书》《陈书》《魏书》《北齐书》《周书》等七史，就是历世最久的蜀大字本。今俱影入了《百衲本二十四史》中。

三、闽本　宋代福建刻书，以建阳、麻沙为最多。麻沙附近多产榕树，木质松软，邑人多用以雕版印书，既快又多，因之错误不少，在宋版书中为最劣。朱熹在《嘉禾县学藏书记》中指出：“建阳、麻沙版本书籍行四方者，无远不至。”可以想见当日流布之广。

宋代刻书，除上面所举者外，尚有婺州本、临安书棚本、州郡官刻本、私宅家塾本等等。名目颇多，兹不具列。清末叶德辉《书林清话》卷七云：“宋本以下，元本次之。然元本源出于宋，故有宋刻善本已亡，而幸元本犹存，胜于宋刻者。”的确，传世的刻本书，以宋版为最早，但因年代久远，保存到今天的，已经不多了。不得已而求其次，自以元刊本为最可贵。所以藏书家们讲求版本，经常拿“宋元”并称（如莫友芝的《宋元旧本书经眼录》、江标的

《宋元本行格表》之类皆是）。

从五代时，冯道请令判国子监事田敏校正《九经》刻版印行，当时统治者采纳了他的建议。由是自宋以下，各朝官本书籍，多由国子监经纪其事。所印之书，称为“监本”。到了明代，南北两京的国子监内，都刻印经史，因此又有“南监本”和“北监本”的区别。

有明一代，由官府刻印的书，除“监本”外，尚有所谓的“经厂本”。经厂，属当时的司礼监；专掌内廷刻印书籍的工作。印行之书，因称“经厂本”。虽所印多系大本大字，但校勘不精，不为世所重视。私家刻印的书，惟明末《汲古阁本》稍好。汲古阁，是常熟藏书家毛晋的斋名。毛氏校刻书籍，起于万历末年以至清顺治初年，前后历四十余年，刻书凡数百种。其中大部分书如《十三经注疏》《十七史》，流行最广。

清代官刻本，有所谓“殿版”，为前代所无。康熙时，在武英殿开始设修书处，刻书极工。到乾隆四年，诏刻《十三经注疏》《二十一史》。在武英殿设刻书处，派大臣总裁其事。其后刊成《三通》《二十四史》《大清一统志》诸书，刻印均佳。乾隆三十八年，选择《四库全书》中的善本用活字印行。清高宗以“活字”名不雅驯，改称“聚珍版”。在武英殿排印书多种，即后来所称《武英殿聚珍本丛书》。

清代官刻之书，又有所谓“局本”。同治年间（一八六二——一八七四）开始在江宁创立金陵官书局。不久，江西、浙江、福建、两广、两湖等省，相继设立，印书甚多，称为“局本”。今通行本《二十四史》，有所谓《五局合刻本》，即由江宁、苏州、扬州、杭州、武昌五个书局合刻而成。其中江宁局据汲古阁本刻《史记》《汉书》《后汉书》《三国志》《晋书》《南史》《北史》《宋书》《齐书》《梁书》《陈书》《魏书》《北齐书》《周书》；扬州局据汲古阁本刻《隋书》；杭州局据江都惧盈斋本刻《旧唐书》，据汲古阁本刻《新唐书》，据殿本刻《宋史》；苏州局据道光补印殿本刻《辽史》《金史》《元史》；武昌局据汲古阁本刻《新五代史》，据殿本刻《旧五代史》《明史》。

清代学者整理古书，成绩巨大。由私家精校精注以后，再付雕版的书籍，较过去任何时期都好。张之洞《輶轩语》谈到“读书宜求善本”便说：“初学购书，但看序跋是本朝校刻，卷尾附有校勘记，而密行细字，写刻精工者，即佳。”这却不是夸大！清代学者读书细心，许多古书，经过他们采用书本校勘过，或者在已经校勘的基础上重新作了注释，再督工开雕。这种刻本，自然是最好的本子，值得我们重视。

读书而必讲求版本，包括每页几行，每行多少字，都要弄清楚；这对校雠异同，勘正伪误，有着很大的作用。当我们祖先还在使用竹简写书的年代里，便已注意到了这一问题。清初朱彝尊《曝书亭集》卷三十五《江村销夏录序》

有云："昔之善读书者，非直晰其文义音释而已，其于简策之尺寸必详焉。郑康成曰：《易》《书》《诗》《礼》《乐》《春秋》策皆二尺四寸；《孝经》谦半之；《论语》，八寸策者，三分居一，又谦焉。服虔传《春秋》，称古文篆书，一简八字；而《说书》者，谓每行一十三字。括苍鲍氏，以之定正武成；诸暨胡氏，以之定正洪范。"确如朱氏所说，古人在通用简策时，记清楚了每简字数，对于校读古书，大有帮助。《汉书·艺文志·六艺略》，叙述到《尚书》，便说："刘向以中古文校欧阳、大小夏侯三家经文，《酒诰》脱简一，《召诰》脱简二。率简二十五字者，脱亦二十五字；简二十二字者，脱亦二十二字。文字异者七百有余，脱字数十。"由此可见，西汉末年刘向校书时，便是根据每简字数来考定佚文、脱字的。简策既已如此，卷帙何独不然！从雕版印刷术盛行以后，到今天已经一千多年了。一般讲求版本的学者们，都把宋元本行格记的很清楚，不是没有原因的。

书籍在传抄和雕刻的过程中，不免要写错一些字，或刻错一些字。如果遇着了错误的本子，便会以伪传伪，带来不好的后果。公元六世纪的学者颜之推，在他的《家训勉学篇》里，记载了两件故事：

江南有一权贵，读误本《蜀都赋》，注解："蹲鸱，芋也。"乃为"羊"字。人馈羊肉，答书云："损惠蹲鸱。"举朝惊骇，不解事义。久后寻迹，方知如此。

元氏之世，在洛京时，有一才学重臣，新得《史记音》而颇纰缪。误反"颛顼"字："顼"，当为"许绿反"，错作"许缘反"。遂谓朝士言：从来谬音"专旭"，当音"专翾"尔。此人先有高名，翕然信行。期年之后，更有硕儒，苦相究讨，方知误焉。

《颜氏家训》中这段记载，反映了南北朝时写本书中所存在的错误，是极其严重的。只因那两个人读了误本书，便以"蹲鸱"当"羊肉"，读"颛顼"为"专翾"，在当时闹成绝大的笑话。使人感到读书必求善本，是十分必要的事。善本的标准怎样？无疑是错误少。错误少的原因，又必然由于写、刻的机会较少，才有可能较好的保存原书面貌。宋元旧本所以可贵，道理便在这里。

但是宋元旧本，特别是宋版书，保存到今天的不太多了。过去藏书家为着保存和流传那些世所稀见的宋版古书，使用影抄的方法，将原书面貌留下来，而尤以明末汲古阁毛氏的影宋抄本为最有名。清代《天禄琳瑯书目》，特别分立"影宋抄本"为一类，位于宋版之后、元版之前，可以想见其价值。

近代印刷技术进步，凡遇古版佳刻，值得流通、传播的，都用影印的方法来保存其本真。其法：先将原书逐页照像，用所照的玻璃版晒印在黄胶纸上，再把黄胶纸上面的像落到石版上，然后用普通石印方法印行。用这种方法印成的书，称为影印本。往年商务印书馆所印出的《四部丛刊》和《百衲本二十四史》，全是影印本。我们今天还能从这些影印本中看到不少宋元本书籍，与原书无异，这应归功于印刷术的日新月异，替我们提供了优越的物质条件。《四部丛刊》收书太多，不能在这儿将它的总目举列出来。现在只将《百衲本二十四史》的版本和册数，分载如下：

《史记》　宋庆元黄善夫刊本。三十册

《汉书》　宋景祐刊本。三十二册

《后汉书》　宋绍兴刊本。原阙五卷半，以元覆宋本配补。　四十册

《三国志》　宋绍熙刊本。原阙魏志三卷，以宋绍兴刊本配补。　二十册

《晋书》　宋本。原阙载记三十卷，以他宋本配补。　二十四册

《宋书》　宋蜀大字本。阙卷以元明递修本配补。　三十六册

《南齐书》　宋蜀大字本。　一十四册

《梁书》　宋蜀大字本。阙卷以元明递修本配补。　一十四册

《陈书》　宋蜀大字本。　八册

《魏书》　宋蜀大字本。　五十册

《北齐书》　宋蜀大字本。阙卷以元明递修本配补。　一十册

《周书》　宋蜀大字本。阙卷同上。　一十二册

《隋书》　元大德刊本。　二十册

《南史》　元大德刊本。　二十册

《北史》　元大德刊本。　三十二册

《旧唐书》　宋绍兴刊本。阙卷以明闻人铨覆宋本配补。　三十六册

《新唐书》　宋嘉祐刊本。阙卷以他宋本配补。　四十册

《旧五代史》　原辑永乐大典有注本。　二十四册

《五代史记》　宋庆元刊本。　一十四册

《宋史》　元至正刊本。阙卷以明成化刊本配补。　一百三十六册

《辽史》　元至正刊本。　一十六册

《金史》　元至正刊本。阙卷以元覆本配补。　三十二册

《元史》　明洪武刊本。　六十册

《明史》　清乾隆武英殿原刊本。　一百册

全书共八百二十册。所谓“百衲本”，是指采用的各种版本，断碎不全，彼此补缀而成，有如僧服称“百衲衣”一样。清初宋荦，有《百衲本史记》，是合宋版二种、元版三种相配成书。近人傅增湘，也拼凑几种不同的宋本《资治通鉴》，影印行世，亦称“百衲本”，商务印书馆影印的旧本《二十四史》实沿其例。历代“正史”的汇刻本，保存到今天的，有明代汲古阁的《十七史》，南、北监的《二十一史》；清代武英殿的《二十四史》；清末有新会陈氏翻武英殿本，有五局合刻本；活字版，有图书集成局本；石印，有同文书局本、竹简

斋本、五洲同文局本（后来上海涵芬楼本，与此同）。然皆时有脱文误字，最严重的脱误，便直接关系史实的真相。商务印书馆影印旧本《二十四史》，对史学界的贡献为最大。而经营筹画，始终不懈，又以海盐张元济之力为最多。张氏一人独任校勘，每一史印成，都有跋文系于其尾。后又录出今本与旧椠的显著异同一百六十四则，成《校史随笔》二册，学者可参考。

我曾经仔细耐心地用《百衲本二十四史》和殿版《二十四史》校对了一遍，发现殿本讹、衍、缺、脱的最严重之处，有下列十种情况：

一、复页

《新唐书》　方镇表八，多出第六页。与第三四页重复。

《宋史》　孝宗纪三第八页中间与孝宗纪一第十页至十二页重复四百字。

《元史》　文宗纪五第九页中间与顺帝纪二第六七页重复四百字。

二、脱页

《宋书》　少帝纪，脱末一页。

《南齐书》　州郡志下，脱一页。桂阳始兴二王传脱一页。

《宋史》　孝宗纪三，脱一页。宗室世系表二十七，脱一页。张栻传，脱一页。

《金史》　百官志二，脱末一页。

三、缺行

《周书》　贺兰祥传，缺三行半。

《南史》　江蒨传，缺一行。

《北史》　刘献之传和士开传、韩凤传，各缺一行。

《旧唐书》　音乐志二，缺一行。李白传，缺一行。

《新唐书》　宰相表上，缺一行。宰相表下，缺一行。

《宋史》　田况传，缺十八行。

《辽史》　百官志二，缺一行。

《元史》　祭祀志四，缺二行。达识帖睦尔传，缺一行。

四、文字前后错乱

《宋史》　宗室世系表八，第三十九、四十页。

《元史》　历志二，第十四、十五、十六、十七页。

五、篇章前后错乱

《北齐书》　元晖业传，误移元弼传后。

《新唐书》　祝钦明传末有山恽附传，误列传赞之后。

六、小注误作正文

《后汉书》　郭太传，小注作正文。

《宋书》　天文志三，小注作正文。

七、注文缺脱

《史记》　集解脱三十五条，索隐脱二十五条，正义脱五十二条。

《旧五代史》　脱注五百八十三条。

八、校语缺脱

《南齐书》　脱校语八条。

《陈书》　脱校语七条。

九、任意改易原文

《旧五代史》凡涉及契丹之戎夷、蕃胡、寇贼、虏敌、伪僭、酋首、凶丑，以及犬羊、异类、羶幕、编发、左衽、盗据、猾夏、乱华等字，皆改。

《元史》　泰定帝纪一，即位诏书，原为口语译文，改作文言。

十、任意窜补原书

《宋书》　少帝纪第三页后，原缺一页，以南史补入，而文义不贯。

《宋史》　孝宗纪三，复出一页。复剜改数字，使相衔接。

以上所举，不过就殿本《二十四史》中最突出的例子，抽出来谈谈。至于比较次要的或者一般的讹、衍、缺、脱的现象，那就不胜枚举了。由此可以认识到《百衲本二十四史》在今天的所以可贵。我们称它为全史中最标准的本子，道理便在这里。也就说明了读书，特别是钻研古代历史典籍必须讲求版本的主要原因了。

——张舜徽：《中国古代史籍校读法》，上海，上海古籍出版社，1980。

三、史书辨伪

（一）张舜徽《广校雠略》

审定伪书论三篇

审定伪书之法，至刘、班而已密。今以《汉志》所载传疑之书考之，复得六例：有明定为依托而不能的指其人者。诸子略小说家有《黄帝说》四十篇，注云“迂诞依托”。此皆班氏自注也，下放此。兵书略·阴阳类有《封胡》五篇，注云“黄帝臣。依托也”。《风后》十三篇、《图》二卷，注云“黄帝臣。依托也”。《力牧》十五篇，注云“黄帝臣。依托也”。《鬼容区》三篇，注云“图一卷，黄帝臣。依托”。此一例也。有验之其语而知非出古人者。诸子略杂家有《大禹》三十七篇，注云“传言禹所作，其文似后世语”。小说家有《伊尹说》二十七篇，注云“其语浅薄，似依托也”。《师旷》六篇，注云“见《春秋》，其言浅薄，本与此同，似因托也”。《天乙》三篇，注云“天乙谓汤，其言非殷时，皆依托也”。此二例也。有征之于事而知为伪者。道家有《文子》九篇，注云“老子弟子，与孔子并时，而称周平王问，似依托者也”。小说家有《务成子》十一篇，注云“称尧问，非古语”。此三例也。有能推定依托之时代者。道家有《黄帝君臣》十篇，注云“起六国时”。《杂黄帝》五十八篇，注云“六国时贤者所作”。《力牧》二十二篇，注云“六国时所作，托之力牧，力牧黄帝相”。阴阳家有《黄帝泰素》二十篇，注云“六国时韩诸公子所作”。农家有《神农》二十篇，注云“六国时诸子疾时怠于农业，道耕农事，托之神农”。此四例也。有明定为后世增加者。道家有《太公》二百三十七篇，注云“吕望为周师尚父，本有道者，或有近世又以为太公术者所增加也”。舜徽案：此注末十五字句意欠安，当为或又以近世有为太公术者所增加也。文字有误倒耳。小说家有《鬻子说》十九篇，注云“后世所加”。此五例也。有不能辄定而聊为存疑之辞者。杂家有《孔甲盘盂》二十六篇，注云“黄帝之史，或曰夏帝孔甲，似皆非”。此六例也。有斯六例，而后世辨伪之法，举莫能越于是矣。

右论汉人辨伪之法

时代愈荒远者，其书愈不可信，司马迁所谓“百家言黄帝，其文不雅驯，荐绅先生难言之”者是也。盖后世好事者每有造述，嫁名古人，由来已旧，淮南王书尝论之曰：“世俗之人多尊古而贱今，故为道者必托之神农、黄帝而后能入说。乱世暗主，高远其所从来，因而贵之。为学者蔽于论而尊其所闻，相与危坐而称之，正领而诵之，此见是非之分不明。”修务篇。舜徽案：淮南此言，第就汉以上造伪书者言之耳。自汉世尊崇儒学，罢黜百家，造书假托，其途复广，扬搉而言，盖原有著作家之假托，有注述家之假托，二者所规不同，而足以启后世之疑则一，学者又不可不明辨也。《尔雅》为六艺之钤键，实不出于一手，不成于一时，殆汉以前学者所共辑，而张揖目为周公之书；《孝经》乃七十子后学者所记，略与二戴同趣，而郑玄谓为仲尼所造；窃商其情，良亦有说。盖玄注述大典，揖埤广雅训，皆欲推尊本书以自取重，故不得不高远其所自来，上托周、孔，此所谓注述家之假托也。赵岐孟子题辞谓七篇之书乃大贤拟圣而作，亦即此意。至若王肃治经，不餍郑义，自以名不逮玄，无由胜之，故解说《尚书》，题曰孔安国传；刘炫值求书之时，私造经传，上之官府，而目为《连山易》《鲁史记》：斯并著作者之假托也。或激于私愤，或徇于公赏，所营各殊，要同归于弋名射利而已耳。虽然，己有所作而必嫁名古人，其意盖欲藉昔贤以尊其书，以视后世悍然自矜其名，盗袭前人之书以为己书，攘窃时流之说以为己说者，固有间矣。学者如遇伪书，而能降低其时代，平心静气以察其得失利病，虽晚出赝品，犹有可观，又不容一概鄙弃也。东晋所出《古文尚书》及《孔安国传》，固全伪矣，姑降低时代，作魏、晋人书读，必有可取者。

古论伪书不可尽弃

世之鉴定伪书者，固贵有证，尤贵有识，否则必以不伪为伪，则天下宁复有可保信之书！故在今日，鉴别书籍所宜留意者，须明乎书中多附益之笔也。颜之推《家训》曰："或问《山海经》夏禹及益所记，而有长沙、零陵、桂阳、诸暨如此郡县不少，以为何也？答曰：史之阙文，为日久矣，加复秦人灭学，董卓焚书，典籍错乱，非止于此。譬犹《本草》神农所造，而有豫章、朱崖、赵国、常山、奉高、真定、临淄、冯翊等郡县名出诸药物；《尔雅》周公所作，而云张仲孝友；仲尼修《春秋》，而经书孔丘卒；《世本》左丘明所书，而有燕王喜、汉高祖；《汲冢琐语》乃载《秦望碑》；《苍颉篇》李斯所造，而云汉兼天下，海内并厕，豨黥韩覆，畔讨灭残；《列仙传》刘向所造，而赞云七十四人出佛经；《列女传》亦向所造，其子歆又作颂，终于赵悼后，而传有更始韩夫人、明德马后及梁夫人嫕，皆由后人所羼，非本文也。"书证篇。舜徽案：颜氏斯言，信为通核。推此例以上论古书，则附益之例亦复有二：有编书者之附益，有抄书者之附益。古书不皆手著，而先秦诸子多出门弟子或宾客及子孙所撰定，故编书时每好记作者行事，以附本书，乃并及于身后，如管、商书中载二人死后事甚悉，虽在童稚，犹知非管、商所自著，然以古书通例衡之，无伤也，此所谓编书者之附益也。自雕板未兴，书皆手写，学者好取同类之文、相关之事，附注篇末，以资旁证，传抄既久，混入正文，斯又古书之通患也。《太史公书》成于汉武帝时，太初以后，阙而不录，今《屈贾列传》乃叙及孝、昭时贾嘉为九卿事，《司马相如传赞》亦援引扬雄之言，皆非史公所及知，此所谓抄书者之附益也。明乎斯二例，则一书乍接于目，虽知中多附益，而未易遽定为伪书也。

右集结古书多附益之笔

——张舜徽：《广校雠略（附释例三种）》，北京，中华书局，1963。

（二）姚际恒《古今伪书考》

造伪书者，古今代出其人，故伪书滋多于世。学者于此真伪莫辨而尚可谓之读书乎？是必取而明辨之。此读书第一义也。予辄不自量，以世所传伪书，分经、史、子三类考证于后。明宋景濂有《诸子辨》，予合经、史、子而辨之。凡今世不传者，与夫琐细无多者，皆不录焉。其有前人辨论精确者，悉载于前，以见非予之私说云。四部有集，集者别集，人难以伪，古集间有一二附益伪撰，不足称数。故不之及，子类中二氏之书，亦不及焉。

……

《竹书纪年》

《汲冢周书》

《穆天子传》《汲冢竹书》分冠《周书纪年》，上文互见也。《穆天子传》以字多，故不复见之。

以上三书，《晋书·束皙传》云："太康二年，汲郡人不准盗发魏襄王墓，或言安釐王冢，得竹书数十车，皆漆书科斗字，武帝以其书付秘书阁校缀次第，以今文写之。皙在著作，得观竹书"云云。凡有七十五篇，今世所传此三书即在其中者也。《纪年》，晋史称："益于启位，启杀之；太甲杀伊尹"，即此二事，荒诞已甚，其他可无论。然今本惟有太甲杀伊尹事，无启杀益事。又《杜预集解序》谓："纪年起自夏殷"，今本起轩辕氏，则又后人增改，非晋本矣。《周书》《汉志》本有七十一篇，注引刘向曰："今存者四十五篇，盖汉时已散失。今此四十五篇亦亡矣。"今七十篇，似以序一篇合七十一篇之数。其序全仿书序。又《克殷度邑》等篇袭《史记》，《时训》篇袭不韦《月令》，《明堂》篇袭《明堂位》，《职方》篇袭《周礼·职方氏》，《王会》篇尤怪诞不经，陈直斋曰："相传以为孔子删书所余，未必然。似战国后人仿效为之。"李巽严曰："战国处士，私相缉缀。"恒案：不止此，殆汉后人所为也。《穆天子传》本《左传》，"穆王欲肆其心，周行天下，将皆有车辙马迹焉"，又本史秦纪，造父为穆王得骥、温骊、骅骝、騄耳、之驷，西巡狩乐而忘归，诸说以为之也。多用《山海经》语，其体制亦似起居注。起居注者，始于明德马皇后，故知为汉后人作。又多与纪年相合，亦知为一人之作也。《纪年》沈约注、《周书》孔晁注、《穆天子传》郭璞注，皆浅陋之甚，至有经史而不知引者，亦皆伪也。《穆天子传》称璞注者，盖即取璞所注《山海经》以移入之，故因谓璞注也。汲冢又有师春一卷，杜预称纯集《左传》卜筮事。黄长睿曰："师春纪诸国世次，及十二公岁星所在，并律吕卦变谥法等，非专载《左传》卜筮事。其纪岁星有'杜征南洞晓阴阳'之语，由是知此书亦西晋人集录，而未必尽出汲冢也。"师春之书，宋世有之。今则未见，故不录。然据《纪年》《师春》二书，皆与杜预所述不合。予于《纪年》以为后人增改，非汲冢本书；长睿又以《师春》为西晋人集录，未必出于汲冢，二者又不同。

晋《史乘》

楚《梼杌》

以上二书，元吾衍伪撰。陶九成《辍耕录》、明载衍之著述，有此二书。

《汉武故事》

汉班固撰。然与《汉书》绝不同，一览可辨。晁子止曰："唐人书洞冥记后云：'《汉武故事》，王俭造。'"

《飞燕外传》

称汉伶玄撰。陈直斋曰："玄自言与扬雄同时，而史无见。或曰伪书也。"恒案：此自好事者为之。后又有汉杂事秘辛言梁后事，明王世贞伪撰。又有焚椒录，言辽后事，不知何人撰，尤秽亵不堪。皆祖述此也。

《西京杂记》

隋志载之，不著撰人名。陈直斋曰：“称葛洪撰。其卷末言：‘洪家有刘子骏书百卷，先父传之。歆欲撰《汉书》，杂录汉事，未及而亡。试以此书考校班固所作，殆是全取刘书，有少异同耳。固所遗不过二万余言，今抄出为二卷，以裨《汉书》之阙。’案：洪博闻深学，江左绝伦，著书几五百卷，本传具载其目，不闻有此书；而向歆父子，亦不闻其尝作史传于世。使班固有所因述，亦不应全没不著也。殆有可疑者，岂惟非向歆所传，亦未必洪之作也。”恒案：直斋谓未必洪之作者，亦有所本。黄长睿《东观余论》曰：“《西京杂记》中，‘余就上林令虞渊得朝臣所上草木名’。案晋史葛未尝至长安，而晋官但有华林令而无上林，其非稚川决也。”晁子止曰：“人或以为吴均依托为之。”恒案：谓吴均者，《酉阳杂俎》：“庾信作诗，欲用《西京杂记》事，旋自追改曰，‘此吴均语，恐不足用也’。”

《天录阁外史》

称汉黄宪撰。明王逢年伪撰。

《元经》

称隋王通撰，唐薛收传，宋阮逸补并注。起晋惠帝，终于陈。陈直斋曰：“河汾王氏诸书，自中说之外，皆唐志所无。其传出阮逸，或曰皆逸伪作也。今考唐神尧讳渊，其祖景皇讳虎，故晋书戴渊石虎皆以字行。薛收唐人，于传称戴若思、石季龙，宜也。《元经》作于隋世大兴四年，亦书曰若思何哉？意逸之心劳日拙，自不能掩耶?”恒案：胡元瑞谓《元经》今藏书家不复有，不知汉魏丛书已刻之矣。

《十六国春秋》

魏崔鸿撰。此书本有百卷，见本传。旧称温公所考十六国春秋，犹非鸿全书，则散亡久矣。明屠乔孙、项琳之虽云为之订补，然即出此二人手也。

《隆平集》

称宋曾巩撰。晁子止曰：“似非巩撰。”

《致身录》

叙明建文壬午之事，从亡者三十二人，史彬与焉。云藏之茅山道士，手授焦竑，故竑为之序。科臣欧阳调律，上其书于朝。惟钱牧斋以吴匏庵史彬墓表核之，断其必无者十，见《初学集》。又有程济从亡日记，钱以为踵致身录之，伪而为之也。

以上史类。

——（清）姚际恒：《古今伪书考》，北京，中华书局，1985。

（三）张心澂《伪书通考》

伪书之来历

（一）托古人之名。如《阴符经》李筌谓为黄帝作，《洞灵真经》本王士元所补，而以伪亢仓，《西京杂记》本葛洪作，而以伪刘歆。

（二）蹈古书之名。如汲冢所发之书有《师春》，此书亡，后人用其名而伪作。孟子谓楚史有《梼杌》，而后人即用此名以伪作楚史。

（三）传古人之名。如孟子有伊尹负鼎以要汤之说，后人遂造《汤液》一书以为伊尹作。宁戚有饭牛之事，遂有《相经》为作戚作之附会。

（四）掇古人之事。如《家语》有孔子遇程子倾盖而语，《庄子》有子华子见韩昭僖侯，后人遂著《子华子》一书，谓程本撰。《史记》有老子出关，关尹喜强为著书之事，后人遂造《关尹子》一书。

（五）挟古人之文。如东汉人据伍子胥书润饰增补为《越绝书》，如好事者取贾谊之《鹏赋》杂以黄老刑名之言以造《鹖冠子》。

（六）窃取成作。如郭象窃向秀所注之《庄子》，点定之以为己作，宋齐丘窃谭峭之《化书》序而传之，何德盛窃郗绍之《晋中兴书》。

（七）无撰人而伪托。本无撰人，后人因其近似而伪托，如《山海经》称禹作之类。

（八）亡撰人而伪题。本有撰人，后人因其亡逸，而伪题者，如《正训》称陆机之类。又撰者嫌于求誉，不著姓名，因而真名莫辨，如《越绝》之类，后人亦得而伪题某人所撰。

（九）误认撰人。如《亢仓子》本王士元取《庄子·庚桑篇》而补者，人误认为《庚桑楚》自作，《管子》《晏子》等本非自作，为门人或后人所辑，人误为本人自作，因而辨其伪。又如刘节之《广文选》以宋王微之《咏赋》误作宋玉之《微咏赋》，以讹传讹成为宋玉之伪品。

……

辨伪方法

胡应麟核伪书之八法如下：

（一）核之《七略》以观其源。

（二）核之群志以观其绪。

（三）核之并世之言以观其称。

（四）核之异世之言以观其述。

（五）核之文以观其体。

（六）核之事以观其时。

（七）核之撰者以观其托。

（八）核之传者以观其人。《四部正讹》。

胡适撰《中国哲学史大纲》，所言审定史料之法，亦可用之以核伪书。其法：凡审定史料的真伪，须有证据。其证据大概可分五种如下：

（一）史事。书中之史事是否与作书人之年代相符，如不相符，即可证此书或此篇为假。

（二）文字。一时代有一时代之文字，不致乱用，作伪书者多不知此理，故往往露作伪之迹。

（三）文体。不但文字可作证，文体亦可作证。

（四）思想。凡能著书立说成一家言者，其思想学说皆有一系统可寻，绝不致有大相矛盾冲突之处；故观一书内之学说是否能连络贯串，亦可藉以证明是书之真伪。

（五）旁证。以上四证皆可谓之内证，因其皆从本书所寻得；尚有证据从他书寻出者，故名旁证。旁证之重要，有时竟与内证相等。

以上五证所举之例详见原书。

梁启超撰《中国历史研究法》，所言鉴别伪书之公例如下：

（一）其书前代从未著录，或绝无人征引，而忽然出现者，十有九皆伪。

（二）其书虽前代有著录，然久经散佚，乃忽有一异本突出，篇数及内容与旧本完全不同，十有九皆伪。

（三）其书不问有无旧本，但今本来历不明者，即不可轻信。

（四）其书流传之绪，从他方面可以考见，而因以证明今本题某人旧撰为不确者。

（五）真书原本经前人称引，确有左证，而今本与之歧异者，则今本必伪。

（六）其书题某人撰，而书中所载事迹在本人后者，则其书或全伪或一部分伪。

（七）其书虽真，然一部分经后人窜乱之迹既确凿有据，则对于其书之全体须慎加鉴别。

（八）书中所言确与事实相反者，则其书必伪。

（九）两书同载一事，绝对矛盾者，则必有一伪或两俱伪。

以上九例，皆据具体的反证而施鉴别也。尚有可以据抽象的反证而施鉴别者：

（十）各时代之文体，盖有天然界画，多读书者自能知之，故后人伪作之书，有不必从字句求枝叶之反证，但一望文体即能断其伪者。

（十一）各时代之社会状态，吾侪据各方面之资料，总可以推见崖略；若某书中所言其时代之状态与情理相去悬绝者，即可断为伪。

（十二）各时代之思想，其进化阶段自有一定，若某书中所表现之思想，与其时代不相衔接者，即可断为伪。以上各条所举例证，详见原书。

梁启超在清华大学讲演《古书之真伪及其年代》，其所讲辨伪方法更为详密，兹录其纲领如下，其详见原书。

（甲）就传授统绪上辨别：

（一）从旧志不著录，而定其伪或可疑；

（二）从前志著录，后志已佚，而定其伪或可疑；

（三）从今本与旧志所说之卷数篇数不同，而定其伪或可疑；

（四）从旧志无著者姓名，而定后人所题姓名为伪；

（五）从旧志或注家已明言为伪书，而信其说；

（六）后人谓某书出现于某时，而彼时人未见此书，可断其伪；

（七）书初出现时已生问题，或有人证明为伪造，则不能信其真；

（八）从书之来历暧昧不明，而定其伪。

（乙）从文义内容上辨别：

（一）从字句罅漏处辨别：

（子）人之称谓：

（A）书中引述某人语，则必非某人作，若书是某人作，必无某某曰之词；

（B）书中称谥者，出于作者之后，可知是书非作者自著；

（C）甲朝人之书却避乙朝之帝讳，可知是乙朝人作。

（丑）用后代之人名地名朝代名。

（寅）用后代之事实或法制；

（A）用后代之事实：

（a）事实显然在后；

（b）预言将来之事，显露伪迹；

（c）伪造事实。

（B）用后代之法制。

（二）从抄袭旧文处辨别：

（子）由古书聚敛而成：

（A）全篇抄自他书，

（B）一部分抄自他书。

（丑）剽窃前文。

（寅）抄袭晚出之书。

（三）从佚文上辨别：

（子）前已为佚文，现反有全书，可知是伪；

（丑）在甲书未佚之前，乙书有引用，而甲书今本却无乙书所引之文，可知今本为伪。

（四）从文章上辨别：

（子）名词。

（丑）文体。

（寅）文法。

（卯）音韵。

（五）从思想上辨别：

（子）从思想系统及传授家法辨别。

（丑）从思想系统与时代的关系辨别。

（寅）从专门术语与思想的关系辨别。

（卯）从袭用后代学说辨别。

瑞典人高本汉（Bernhard Karlgren 即著《左传真伪考》者。在《左传真伪考》译其名为珂罗倔伦。）著《中国古籍辨伪法》，（The Authenticity of Ancient Chinese Texts）提出我国所惯用之考证方法研究之。今摘录其大旨如下，其详见原著。《北强杂志》第一卷第三期。

（一）书中所述之史事与作者之年代不符，则此书之一部或全部必为伪作。此法仅能证明一段文之时代错误，而非全书之问题。如只一处有时代不符，或为后人所羼入；如有多处如此，即属伪作之铁证。

（二）其他古书所引此书之原文，为今本所无，则今本必为作伪。但书籍有脱落之可能，所引佚文或正为今本脱落之部分，则考证不能认为正确无误。

（三）内容浅陋，必为伪作。但此法常引起意见冲突，可摒诸辨伪学之外。

（四）文体不古，必为伪作。但不当以个人之印象而武断之，应指出所决定之文体之特点。此种武断之考据，虽甚通行，亦可置于辨伪学之外。

（五）后世之编者与注者所述此书之“作者”云云，与事实不符，则此书必为伪作。考证关于作者之传说错误，与本书无关，此法如何而可以辨正某书为伪作，殊难明瞭也。

（六）各书之著录每有不同，汇集一处，便可见某书是否伪作。运用此法须特别留意。一人之精力有限，而书籍甚多，未免偶有遗漏。

（七）各书著录之篇数卷数不同，则此书必为后人割裂增改或伪作者。此法常不可靠，只能用于纯粹特殊的情形。

（八）书中援引已证明伪书之文句，则此书必为伪作。难免伪书作者不以伪书之语羼入真书，以为伪书之根据。

（九）书中所载各事亦见于其他各古书中，则此书必为后人辑各书中事复杂以伪作而成者。作者援引古书之法不外三种：（甲）援引原书，不加更改：（子）所引文句与本书的体例句法很不相同，使人一见便知系由他书引来；

（丑）所引文句与本书的体例句法并无明显区别，则两书比较不能判其孰先孰后。（乙）援引原书，稍加修改，俾合于本书，则仅比较两书，不能判其孰先孰后。（丙）援引原书，只采其意，而更其辞，将罕见难识之字改成通俗，冗长晦涩之句改成简明，则易判其孰先孰后。以上各项，只甲项子款及丙项可作辨伪之法，甲项丑款及乙项在辨伪学中则无价值。

以上九项，为高氏对于我国学者辨伪方法之意见，至其作《左传真伪考》所用之方法如下：

每一书文法组织都有特点，如此书保有出乎后世作伪者想象与模拟之外的特点，则此书不伪。伊用此法，发见《左传》所用之虚字和代词，与其他古书不同，与鲁国其他各书亦不同，因《左传》系用一种方言，而鲁国其他书籍所用又属另一种方言也。故认为《左传》非孔门弟子作，亦非司马迁所谓鲁君子作；因其所用非鲁语，当系另一人或同一学派中同乡者数人所作。详见《左传真伪考》。

——张心澂：《伪书通考》，上海，上海书店出版社，1998。

（四）梁启超《古书真伪及其年代》

甲　史迹方面

研究历史最主要的对象专在史迹方面。因为书籍参杂，遂令史迹发生下列四种不良现象。很难一一改正，把研究的人弄得头昏。

一、进化系统紊乱。我们打开马骕《绎史》一看，里面讲远古的事迹很多，材料亦搜得异常丰富。假使马骕所根据那些无穷资料全是真的，那末，中国在盘古时代业已有文明的曙光。下至天皇、地皇、人皇、伏羲、神农、轩辕，典章文物灿然大备，衣服器物应有尽有，文化真是发达极了，许比别的古代文明还高得多。

不说《绎史》，就打开最可靠的《汉书·艺文志》，里面载神农、黄帝时代的著作不知道有多少。至于伊尹、太公的著作更是指不胜屈。要是那些书都是真的，则中国文明与世界文明的进化原则刚刚相反。所谓“黄金时代”，他人在近世，我们在远古，中国文明万年前是黄金，千年前是银，以后是铜，渐渐地变成为白铁。若相信神农、黄帝许多著作，则殷墟甲骨，全属假造。不然，就是中国文明特别的往后退化。否则为什么神农、黄帝时代已经典章文物灿然大备，至商朝乃如彼此简陋低下呢。

《绎史》所根据各书与《汉志》所载神农、黄帝著作皆本无其书，由后人伪造假托。诸君在小学、中学所念中国历史教科书，里面所载神农、黄帝的事很多。（最近出版的教科书许改变了）其时程度极高，世界所有文物，大体俱已齐备，我们觉得真可以自豪了。不过古代那样发达为什么老不长进？旁人天天进步，自己天天后退。我们又觉得非常惭愧，其实原本不是这回事，是书籍参杂把进化系统紊乱了。

姑且放下古书不讲，稍近点的如《周礼》。向来的人都说是周公所作，不过其中所讲地理民情，全为战国时秦、汉间的事物。如果相信《周礼》，则周朝声教所及与战国及秦、汉差不多。然事实不如此。民族是慢慢地涨，起初占据一小部分，后来扩充得很宽。造《周礼》的人，看见当时文化如此，依傍现实的社会构成理想的社会，所以把一千年后的战国或秦汉同一千年前的周公时代弄成一样。如果《周礼》是真，周朝八百年可谓毫无进步。自春秋经战国及秦到西汉，中间一千多年，一点亦没有进步。然事实不如此。因书籍年代不分明，历史进化系统全给扰乱了。我们读史的人得这种不正确的观念，对于民族的努力上大有妨害。

二、社会背景混淆。这一条与前一条所讲内容差不多，稍微有点不同。我们读古书，不单看人看事，还要看时代背景。一般的社会状况，究竟是怎么样？因为书籍是假的，读书的人往往把社会背景弄错了。即如《西京杂记》，分明是晋人葛洪所作，后人误认为西汉时刘歆所作。葛洪同刘歆相距三百多年，葛讲东晋时事，刘讲西汉时事。若以《西京杂记》作为东晋时的资料，那就非常正确。若以此书作为西汉时的资料，说西京即是长安，那便是大错特错了。

又有一部小品小说，名为《杂事秘辛》。此书疑即明时杨慎用修所作。杨老先生文章很好，手脚有点不干净，喜欢造假。据他说，由一处旧书摊中得来，内容讲东汉时梁冀家事，其时皇帝选妃，看中了梁大将军的小姐，由皇太后派一个保姆去检查梁小姐的身体。文章描写得异常优美，但是全非事实，系杨老先生自掩笔墨，假托为汉人作品。

假如杨用修坦白地承认是自己作的，明人小说已曾能够有此著作，在文学界价值不小。但是他不肯吐露真相，偏要说是汉人作的，后来的人不知底细，把他当作宝贝。以为研究汉代风俗、典礼、衣服、首饰的绝好资料，那就错了。我自己许多年前曾上这个当，把他当作汉代野史看待。其中有讲缠脚的地方，本是作者自不检点所留下来的破绽。明时缠脚，因想到汉人缠脚。若相信这部书是汉人作品，因而断定缠脚起自汉朝不起至五代，岂非笑话？

三、事实是非倒置。现存的有两部书，因为其中有假，很足以淆乱是非。一部是《涑水记闻》，一部是《幸存录》，都是野史。《涑水记闻》向称宋时司马光作。原书虽是真的，许是未定稿。后代的人，因为司马光声名大易于欺世骇俗，于是抽些出来，加些进去，以为攻击造谣的工具。其中对王安石造谣特别多，攻击得特别利害。平常人骂王安石，无足重轻，若是司马光骂王安石，那就很有力量了。实则光书虽有，已非原物。光之孙司马伋曾上奏书，称非其祖父所作，故可以想见。现存的《涑水记闻》攻击阴私之处颇多。司马光与王安石政见虽不相合，最少他的人格不曾攻人阴私。这是我们可以当保的。后人利用他的声名把攻人阴私的话硬派到他身上，这就是因为造假使得是非错乱。

《幸存录》一向都说是明末夏允彝作。夏是东林党人，人格极其高尚。我们看他不会作《幸存录》那种作品。书中一面骂魏忠贤，一面骂东林党。造伪的人手段很好，使人看去觉得公道。忠贤固非，东林亦未必是，还是自家人出来说公道话。黄宗羲曾讲过，《幸存录》真是“不幸存录”，并且说原书非夏允彝作。夏不会说那种话，虽然如此，《幸存录》至今尚在。我们要研究明末政治，不能不以此书作为参考。假使是栽赃，并不是夏作，亦许早佚，亦许无人过问。因为尊重这个人，遂保存了这部书。这是史迹上最可痛恨的事情。

四、由事实影响于道德及政治。有许多史迹本无其事，因为伪托的人物伟大，遂留下很多不良的影响。譬如孔子诛少正卯，何尝有这回事？但是《孔子家语》言之綦详。《家语》以前的著作及周秦诸子，亦有一部分讲这件事。称孔子与少正卯同时招生讲学，二人相距不远，好像燕大和清华一样。孔子的学生都跑到少正卯那儿去了，孔子异常生气，得政后三天就把少正卯捉来杀了。后来儒家矜矜乐道以为孔子有手段，通权达变，还有许多人想去学他。

我们看诛少正卯的罪名是“言伪而辩，行僻而坚，润泽而非，记丑而博”四句话。这分明出于战国末年刻薄寡恩的法家。他们想历行专制政体，就替孔子捏造事实。以为不只法家刻薄，儒家的老祖宗早就如此呢。其实孔子生在春秋时代，完全是贵族政治。杀一贵族很不容易。孔子是大夫，少正卯亦大夫，又安能以大夫杀大夫？最妙是那个时代前后三事完全一样。最早是齐太公杀华士，其次是郑子产杀邓析，又后才是鲁孔子诛少正卯。都是执政后三天杀人，同一题目，同一罪名，同一手段，天下万无几百年间同样事实，前后三见一点不改之理。这明是战国末年的法家依附孔子，捏造事实。后代佩服孔子的人，以为有手腕；攻击孔子的人，以为太专制，其实真相不然。若冒昧相信，岂不误事？

《家语》是伪书，且不用说。《论语》算是最可靠了。但依崔东壁的考证，真的占十之八九，最后几篇还是有假。《阳货第十七》说：公山弗扰以费畔，召，子欲往。子路不悦，曰：“末之也已，何必公山氏之之也？”子曰：“夫召我者，而岂徒哉？如有用我者，吾其为东周乎？”下面一段又说：“佛肸召，子欲往。子路曰：‘昔者由也闻诸夫子曰：“亲于其身为不善者，君子不入也。”佛肸以中牟畔，子之往也，如之何？’子曰：‘然，有是言也。不曰坚乎，磨而不磷；不曰白乎？涅而不缁。’”公山弗扰、佛肸两人先后造反，都请孔子去帮忙，孔子都欣然欲往，卒以门人之谏而止。恭维孔子的人，以为通权达变，爱国忧民；骂孔子的人，就说他官迷。出处不慎，其实公山弗扰乃季氏手下家臣，费又是季氏采邑，孔子当时作鲁司寇。公山弗扰好像北京的大兴县知事一样，孔子好比司法总长，岂有大兴县知事造反，司法总长跑去帮忙的道理？这个话无论如何说不通。关于公山弗扰以费畔的事迹，《左传》中言之极详，可以不辩。至于佛肸以中牟畔时，孔子已经死了十余年，佛肸虽愚，万不会请死人帮忙。孔子总想作官，亦不会从坟墓中跳起来，亲于其身为不善。这件事《说苑》中考证得很清楚，亦用不着辩。上面两段话，因为在《论语》中，大家不敢怀疑。一般腐儒，故意曲为辩护，尤为可笑。事情的真相紊乱了，使研究历史的人头痛眼花、无从索解还是小事，乃至大家尊重孔子，就从而模仿他的行为，或作了坏事用他作护符，于世道人心关系极大。

这种捏造的事实，不仅影响于道德而已，于政治亦有极大影响。譬如《周礼·职官》名目繁琐，邦几千里之内，平均起来不到十里即有一个官。好像学校之内，不到十个学生即有一个教员。岂非一件极可笑的事情？后代冗官之多，全由于此。又如太监制度，在历史上劣迹甚多，但是因为《周礼》都有太监，后世人有所借口，明知其坏，仍然一代一代的实行。汉代的王莽，宋代的王安石，都是相信《周礼》，把政治弄得一塌糊涂。从好的方面说来，只是过信。从坏的方面说来，便是利用。本来没有那种制度，自欺欺人。结果个人固然上当，全国政治亦糟到不可收拾了。

——梁启超：《古书真伪及其年代》，北京，中华书局，1955。

四、史书校勘

（一）胡适《元典章校补释例序》

陈援庵先生在这二十多年之中，搜集了几种很可宝贵的《元典章》抄本，民国十四年故宫发现了元刻本，他和他的门人曾在民国十九年夏天用元刻本对校沈家本刻本，后来又用诸本互校，前后费时半年多，校得沈刻本讹误衍脱颠倒之处凡一万二千余条，写成《元典章校补》六卷，又补阙文三卷、改订表格一卷（民国二十年北京大学研究所国学门刊行）。《校补》刊行之后，援庵先生又从这一万二千多条错误之中，挑出一千多条，各依其所以致误之由，分别类例，写成《元典章校补释例》六卷。我和援庵先生做了几年的邻舍，得读《释例》最早，得益也最多。他知道我爱读他的书，所以要我写一篇《释例》的序。我也因为他这部书是中国校勘学的一部最重要的方法论，所以也不敢推辞。

校勘之学起于文件传写的不易避免错误。文件越古，传写的次数越多，错误的机会也越多。校勘学的任务是要改正这些传写的错误，恢复一个文件的本来面目，或使他和原本相差最微。校勘学的工作有三个主要的成分：一是发现错误，二是改正，三是证明所改不误。

发现错误有主观的，有客观的。我们读一个文件，到不可解之处，或可疑之处，因此认为文字有错误，这是主观的发现错误。因几种“本子”的异同，而发现某种本子有错误，这是客观的。主观的疑难往往可以引起“本子”的搜索与比较，但读者去作者的时代既远，偶然的不解也许是由于后人不能理会作者的原意，而未必真由于传本的错误。况且错误之处求必都可以引起疑难，若必待疑难而后发现错误，而后搜求善本，正误的机会就太少了。况且传写的本子往往经“通人”整理过，若非重要经籍，往往经人凭己意增删改削，成为文从字顺的本子了。不学的写手的本了的错误是容易发现的，“通人”整理过的传本的错误是不容易发现的。试举一个例子为证。坊间石印《聊斋文集》附有张元所作《柳泉蒲先生墓表》，其中记蒲松龄“卒年八十六”，这是“卒年七十六”之误，有《山左诗抄》所引墓表及原刻碑文可证。

但我们若单读“卒年八十六”之文，而无善本可比较，绝不能引起疑难，也绝不能发现错误。又《山左诗抄》引这篇墓表，字句多被删节，如云：

（先生）少与同邑李希梅及余从父历友结郢中诗社。

此处无可引起疑难，但清末国学扶轮社铅印本《聊斋文集》载墓表全文，此句乃作：

与同邑李希梅及余从伯父历视友，旋结为郢中诗社。（甲本）

依此文，“历视”为从父之名，“友”为动词，“旋”为“结”之副词，文理也可通。石印本《聊斋文集》即从扶轮社本出来，但此本的编校者熟知《聊斋志异》的掌故，知道“张历友”是当时诗人，故石印本墓表此句改成下式：

与同邑李希梅及余从伯父历友亲，旋结为郢中诗社。（乙本）

最近我得墓表的拓本，此句原文是：

与同邑李希梅及余从伯父历友、视旋诸先生结为郢中诗社。（丙本）

视旋是张履庆，为张历友（笃庆）之弟，其诗见《山左诗抄》卷四十四。他的诗名不大，人多不知道“视旋”是他的表字，而“视旋”二字出于《周易·履卦》“视履考祥，其旋元吉”，很少人用这样罕见的表字。甲本校者竟连张历友也不认得，就妄倒“友视”二字，而删“诸先生”三字，是为第一次的整理。乙本校者知识更高了，他认得“张历友”，而不认得“视旋”，所以他把“视友”二字倒回来，而妄改“视”为“亲”，用作动词，是为第二次的整理。此两本文理都可通，虽少有疑难，都可用主观的论断来解决。倘我们终不得见此碑拓本，我们终不能发现甲乙两本的真错误。这个小例子可以说明校勘学的性质。校勘的需要起于发现错误，而错误的发现必须倚靠不同本子的比较。古人称此学为“校雠”。刘向《别录》说：“一人读书，校其上下得谬误，为校。一人持本，一人读书，若怨家相对，为雠。”其实单读一个本子，校其上下，所得谬误是很有限的，必须用不同的本子对勘，若怨家相对，一字不放过，然后可以得谬误。

改正错误是最难的工作，主观的改定，无论如何工巧，终不能完全服人之心。《大学》开端“在亲民”，朱子改“亲”为“新”，七百年来，虽有政府功令的主持，终不能塞反对者之口。校勘学所许可的改正，必须是在几个不同的本子之中，选定一个最可靠或最有理的读法，这是审查评判的工作。我所谓“最可靠”的读法，当然是最古底本的读法，如上文所引张元的聊斋墓表，乙本出于甲本，而甲本又出于丙本，丙本为原刻碑文，刻于作文之年，故最可靠。我所谓“最有理”的读法，问题就不能这样简单了。原底本既不可得，或所得原底本仍有某种无心之误（如韩非说的郢人写书而多写了“举烛”二字，如今日报馆编辑室每日收到的草稿），或所得本子都有传写之误，或竟无别本可供校勘，——在这种情形之下，改正谬误没有万全的方法。

约而言之，最好的方法是排比异同各本，考定其传写的先后，取其最古而又最近理的读法，标明各种异读，并揣测其所以致误的原因。其次是无异本可互勘，或有别本而无法定其传授的次第，不得已而假定一个校者认为最近理的读法，而标明原作某，一作某，今定作某是根据何种理由。如此校改，虽不能必定恢复原文，而保守传本的真相以待后人的论定，也可以无大过了。

改定一个文件的文字，无论如何有理，必须在可能的范围之内提出证实，凡未经证实的改读，都只是假定而已，臆测而已。证实之法，最可靠的是根据最初底本，其次是最古传本，其次是最古引用本文的书。万一这三项都不可得，而本书自有义例可寻，前后互证往往也可以定其是非，这也可算是一种证实。此外，虽有巧妙可喜的改读，只是校者某人的改读，足备一说而不足成为定论。例如上文所举张元墓表之两处误字的改正，有原刻碑文为证，这是第一等的证实。又如道藏本《淮南内篇·原道训》：“是故鞭噬狗、策蹏马而欲教之，虽伊尹、造父弗能化，欲寅之心亡于中则饥虎可尾，何况狗马之类乎？”

这里“欲寅”各本皆作“欲害”，王念孙校改为“欲宍”。他因为明刘绩本注云“古肉字”，所以推知刘本原作“宍”字，只因草书“害”字与“宍”相似，世人多见“害”少见“宍”，故误写为“害”。这是指出所以致误之由，还算不得证实。他又举二证：一、《吴越春秋·勾践阴谋外传》“断竹续竹，飞土逐宍”，今本“宍”作“害”；二、《论衡·感虚》篇，“厨门木象生肉足”，今本《风俗通义》“肉”作“害”，“害”亦“宍”之误。这都是类推的论证，因《论衡》与《吴越春秋》的“宍”误作“害”，可以类推《淮南》书也可以有同类的误写。类推之法，由彼例此，可以推知某种致误的可能，而终不能断定此误必同于彼误。直到顾广圻校得宋本果作“欲”，然后王念孙得一古本作证，他的改读就更有力了。因为我们终不能得最初底本，又因为在义理上“欲害”之读并不逊于“欲肉”之读（《文子·道原》篇作“欲害之心忘乎中”），所以这种证实只是第二等的，不能得到十分之见。又如《淮南》同篇：“上游于霄雿之野，下出于无垠之门”，王念孙校“无垠”下有“鄂”字，他举三证：一、《文选·西京赋》“前后无有垠鄂”的李善注：“《淮南子》曰：‘出于无垠鄂之门。’许慎曰：‘垠鄂，端崖也。’”二、《文选·七命》的李善注同。三、《太平御览·地部二十》：“《淮南子》曰：‘下出乎无垠鄂之门。’高诱曰：‘无垠鄂，无形之貌也。’”这种证实，虽不得西汉底本，而可以证明许慎、高诱的底本如此读，这就可算是第一等的证实了。

所以校勘之学无处不靠善本，必须有善本互校方才可知谬误，必须依据善本方才可以改正谬误，必须有古本的依据方才可以证实所改的是非。凡没有古本的依据而仅仅推测某字与某字形似而误，某字涉上下文而误的，都是不科学的校勘。以上三步工夫，是中国与西洋校勘学者共同遵守的方法，运用有精有疏，有巧有拙，校勘学的方法终不能跳出这三步工作的范围之外。援庵先生对我说，他这部书是用土法的。我对他说，在校勘学上，土法和海外新法并没有多大的分别，所不同者，西洋印书术起于十五世纪，比中国晚了六七百年，所以西洋古书的古写本保存的多，有古本可供校勘，是一长。欧洲名著往往译成各国文字，古译本也可供校勘，是二长。欧洲很早就有大学和图书馆，古本的保存比较容易，校书的人借用古本也比较容易，所以校勘之学比较普及，只算是治学的人一种不可少的工具，而不成为一二杰出的人的专门事业，这是三长。在中国则刻印书流行以后，写本多被抛弃了，四方邻国偶有古本的流传而无古书的古译本，大学与公家藏书又都不发达，私家学者收藏有限，故工具不够用，所以一千年来，够得上科学的校勘学者不过两三人而已。

中国校勘之学起源很早而发达很迟。《吕氏春秋》所记“三豕涉河”的故事，已具有校勘学的基本成分。刘向、刘歆父子校书能用政府所藏各种本互勘，就开校雠学的风气。汉儒训注古书，往往注明异读，是一大进步。《经典释文》广收异本，遍举各家异读，可算是集古校勘学之大成。晚唐以后，刻印的书多了，古书有了定本，一般读书人往往过信刻板书，校勘之学几乎完全消灭了。十二世纪晚期，朱子斤斤争论《程氏遗书》刻本的是非；十三世纪之初，周必大校刻《文苑英华》一千卷，在自序中痛论以印本易旧书是非相乱之失，又略论他校书的方法。彭叔夏作《文苑英华辨证》十卷，详举他们校雠的方法，清代校勘学者顾广圻称为“校雠之楷模”。彭叔夏在《自序》中引周必大的话：

> 校书之法，实事是正，多闻阙疑。

他自己也说：

> 叔夏年十二三时，手抄《太祖皇帝实录》，其间云：“兴衰治□之源”，阙一字，意谓必是“治乱”。后得善本，乃作“治忽”。三折肱为良医，信知书不可以意轻改。

这都是最扼要的校勘方法论。所以我们可以说，十二三世纪之间是校勘学的复兴时代。

但后世校书的人，多不能有周必大那样一个退休宰相的势力来“遍求别本”，也没有他那种“实事是正，多闻阙疑”的精神，所以十三世纪以后，校勘学又衰歇了。直到十七世纪，方以智、顾炎武诸人起来，方才有考订古书的新风气。三百年中，校勘之学成为考证学的一个重要工具。然而治此学者虽多，其中真能有自觉的方法，把这门学问建筑在一个稳固的基础之上的，也不过寥寥几个人而已。

纵观中国古来的校勘学所以不如西洋，甚至于不如日本，其原因我已说过，都因为刻书太早，古写本保存太少，又因为藏书不公开，又多经劫火，连古刻本都不容易保存。古本太缺乏了，科学的校勘学自不易发达。王念孙、段玉裁用他们过人的天才与功力，其最大成就只是一种推理的校勘学而已。推理之最精者往往也可以补版本的不足，但校雠的本义在于用本子互勘，离开本子的搜求而费精力于推敲，终不是校勘学的正轨。

我们试看日本佛教徒所印的弘教书院的《大藏经》及近年的大正新修《大藏经》的校勘工作，就可以明白推理的校勘不过是校勘学的一个支流，其用力甚勤而所得终甚微细。

陈援庵先生校《元典章》的工作可以说是中国校勘学的第一伟大工作，也可以说是中国校勘学的第一次走上科学的路。前乎此者，只有周必大、彭叔夏的校勘《文苑英华》差可比拟。我要指出援庵先生的《元典章校补》及《释例》有可以永久作校勘学的模范者三事：第一，他先搜求善本，最后得了元刻本，然后用元人的刻本来校元人的书；他拼得用极笨的死功夫，所以能有绝大的成绩。第二，他先用最古刻本对校，标出了所有的异文，然后用诸本互校，广求证据，定其是非，使我们得一个最好的最近于祖本的定本。第三，他先求得了古本的根据，然后推求今本所以致误之由，作为“误例”四十二条，所以他的“例”都是已证实的通例，是校后归纳所得的说明，不是校前所假定的依据。此三事都足以前无古人而下开来者，故我分开详说如下：

第一，援庵先生是依据同时代的刻本的校勘，所以是科学的校勘，而不是推理的校勘。沈刻《元典章》的底本乃是间接的传抄本，沈家本跋原抄本说：“此本纸色分新旧，旧者每半页十五行，当是影抄元刻本；新者每半页十行，当是补抄者，盖别一本。”但他在跋尾又说：“吾友董绶金赴日本，见是书，据称从武林丁氏假抄者。”若是从丁氏假抄的，如何可说是“影抄元刻本”呢？这样一部大书，底本既是间接又间接的了，其中又往往有整几十页的阙文，校勘的工作必须从搜求古本入手。援庵先生在这许多年中，先后得见此书的各种本子，连沈刻共有六本。我依他的记载，参以沈家本原跋，作成此书底本源流表：

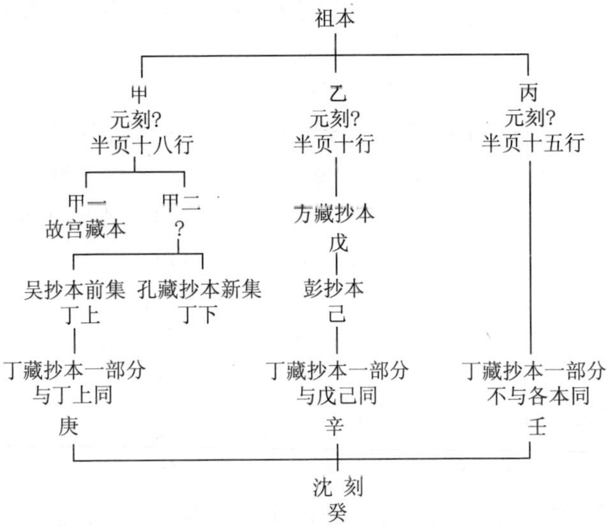

援庵先生的《校补》，全用故宫元刻本（甲一）作根据，用孔本（丁下）补其所阙“祭祀门”，又用各本互校，以补这两本的不足。因为他用一个最初的元刻本来校一部元朝的书，所以能校得一万二千条的错误，又能补得阙文一百零二页之多！试用这样伟大的成绩，比较他二十年前“无他本可校”时所“确知为伪误者若干条”，其成绩的悬绝何止百倍？他在本书第四十三章里，称此法为"对校法"，他很谦逊的说：

> 此法最简便，最稳当，纯属机械法；其主旨在校异同，不校是非，故其短处在不负责任，虽祖本或别本有讹，亦照式录之；而其长处则在不参己见，得此校本，可知祖本或别本之本来面目。故凡校一书，均须先用对校法，然后再用其他校法。

他又指出这个法子的两大功用：

> 一、有非对校不知其误者，以其表面上无误可疑也。例如：
> 元关本钱二十定　元刻作"二千定"
> 大德三年三月　元刻作"五月"
> 二、有知其误，非对校无以知为何误者。例如：
> 每月五十五日　元刻作"每五月十五日"

此外，这个对校法还有许多功用，如阙文、如错简、如倒叶，如不经见的人名地名或不经见的古字俗字，均非对校无从猜想，故用善本对校是校勘学的灵魂，是校勘学的唯一途径。向来学者无力求善本，又往往不屑作此种"机械"的笨工作，所以校勘学至今不曾走上科学的轨道。援庵先生和他的几位朋友费了八十日的苦工，从那机械的对校里得着空前的大收获，使人知道校书"必须先用对校法"，这是他奠定新校勘学的第一大功。

第二，他用无数最具体的例子来教我们一个校勘学的根本方法，就是：先求得底本的异同，然后考定其是非。是非是异文的是非，没有异文，哪有是非？向来中国校勘学者，往往先举改读之文，次推想其致误之由，最后始举古本或古书引文为证。这是不很忠实的记载，并且可以迷误后学。其实真正校书的人往往是先见古书的异文，然后定其是非。他们偏要倒果为因，先列己说，然后引古本异文为证，好像是先有了巧妙的猜测，而忽得古本作印证似的！所以初学的人看惯了这样的推理，也就以为校勘之事是应该先去猜想而后去求印证的了！所以我们可以说，古来许多校勘学者的著作，其最高者如王念孙、王引之的，也只是教人推理的法门，而不是校书的正轨，其下焉者，只能引学者走上舍版本而空谈校勘的迷途而已。校勘学的不发达，这种迷误至少要负一部分的责任。援庵先生的《校补》完全不用这种方法，他只根据最古本正其误、补其阙，其元刻误而沈刻不误者一概不校，其有是非不易决定者，姑仍其旧。他的目的在于恢复这书的元刻本来面目，而不在于炫示他的推理的精巧，至于如何定其是非，那是无从说起的。他的一部《释例》，只是对我们说：要懂得元朝的书，必须多懂得元朝的特殊的制度、习俗、语言、文字。这就是说：要懂得一个时代的书，必须多懂得那个时代的制度、习俗、语言、文字，那是个人的学问知识的问题，不是校勘学本身的问题。校勘的工作只是严密的依据古本，充分的用我们所用的知识学问来决定那些偶有疑问的异文的是非，要使校定的新本子至少可以比得上原来的本子，甚至于比原来的刻本还更好一点，如此而已！援庵先生的工作，不仅使我们得见《元典章》的元刻的本来面目，还参酌各本，用他的渊博的元史知识，使我们得着一都比元刻本更完好的《元典章》，这是新校勘学的第一大贡献。

第三，援庵先生的四十二条例也是新校勘学的工具，而不是旧校勘学的校例。校勘学的例只是最普通的致误之由。校书所以能有通例，是因为文件的误写都由写人的无心之误或有心之误。无心之误起于感官（尤其是视官）的错觉，有心之误起于有意改善一个本子而学识不够，就以不误为误。这都是心理的现象，都可以有心理的普通解释，所以往往可以归纳成一些普通致误的原因，如形似而误、涉上文而误、两字误为一字、一字误分作两字、误收旁注文等等。彭叔夏作《文苑英华辨证》，已开校例之端。王念孙读《淮南内篇》的第二十二卷，是他的自序，推其致误之由，列举普通误例四十四条，又因误而失韵之例十八条，逐条引《淮南子》的误文作例子。后来俞樾作《古书疑义举例》，其末三卷里也有三十多条校勘的误例，逐条引古书的误文作例子。俞樾在校勘学上的成绩本来不很高明，所以他的误例颇有些是靠不住的，而他举的例子也往往是很不可靠的。例如他的第一条“两字义同而衍例”，就不成一条通例。因为写者偶收旁注同义之字，因而误衍，或者有之，而无故误衍同义之字是很少见的。他举的例子，如硬删《周易·履》六三“跛能履不足以与行也”的“以”字，如硬删《左传》隐元年“有文在其手曰为鲁夫人”的“曰”字，如硬删《老子》六十八章“是谓配天古之极”的“天”字，都毫无底本的根据，硬断为“两字义同而衍”，都是臆改古书，不足为校勘学的误例。王念孙的六十多条“误例”，比俞樾的高明多了。他先校正了《淮南子》九百余条，然后从他们归纳出六十几条通例，故大体上都还站得住。但王念孙的误例，分类太细碎，是一可议；《淮南》是古书，古本太少，王氏所校颇多推理的校勘，而不全有古书引文的依据，是二可议；论字则草书隶书篆文杂用，论韵则所谓“古韵部”本不是严格的依据，是三可议。校勘的依据太薄弱了，归纳出来的“误例”也就不能完全得人的信仰。

所谓“误例”，不过是指出一些容易致误的路子，可以帮助解释某字何以讹成某字，而绝对不够证明某字必须改作某字。前人校书，往往引一个同类的例子，称为“例证”，是大错误。俞樾自序《古书疑义举例》，说：“使童蒙之子习知其例，有所据依，或亦读书之一助乎？”这正是旧日校勘家的大病。例不是证，不够用作“据依”。而浅人校书随意改字，全无版本的根据，开口即是“形似而误”，“声近而误”，“涉上文而误”，好像这些通常误例就可证实他们的臆改似的！中国校勘学所以不上轨道，多由于校勘学者不明“例”的性质，误认一个个体的事例为有普遍必然性的律例，所以他们不肯去搜求版本的真依据，而仅仅会滥用“误例”的假依据。

援庵先生的《释例》所以超越前人，约有四端：第一，他的校改是依据最古刻本的，误是真误，故他的“误例”是已证实了的误例。第二，他是用最古本校书，而不是用“误例”校书；他的“误例”是用来“疏释”已校改的谬误的。第三，他明明白白的说他的校法只有四个，此外别无用何种“误例”来校书的懒法子。第四，他明说这些“误例”不过是用来指示“一代语言特例，并古籍窜乱通弊”。他所举的古书窜乱通弊不过那最普通的七条（十二至十八），而全书的绝大部分，自第十九例以下，全是元代语言特例，最可以提醒我们，使我们深刻的了解一代有一代的语言习惯，不可凭藉私见浅识来妄解或妄改古书。他这部书的教训，依我看来，只是要我们明白校勘学的最可靠的依据全在最古的底本；凡版本不能完全解决的疑难，只有最渊博的史识可以帮助解决。书中论“他校法”一条所举“纳失失”及“竹忽”两例是最可以供我们玩味的。

我们庆贺援庵先生校补《元典章》的大工作的完成，因为我们承认他这件工作是“土法”校书的最大成功，也就是新的中国校勘学的最大成功。

胡适

廿三、十、八

——陈垣：《校勘学释例》，上海，上海书店出版社，1997。

（二）蒋元卿《校雠学史》

校勘的总成绩

清代学者，自顾亭林高唱“经学即理学”之口号，以与空谈性命之陋儒抗衡以后，一般学者，无不以经学为研究的中心，穷其毕生之力以钻研之。关于经学之著述，竟是汗牛充栋，不可胜数。阮氏《皇清经解》，王氏《皇清经解续编》所收入者凡百五十七家，为书三百八十九种，二千七百二十七卷，而未收及续出者尚不在其列，此诚为有史以来仅见之盛业，亦足以见清儒治经用力之勤。

不过，若是谈到校雠方面，则其成绩贡献最大者，仍当以诸子之书为首。盖治经一事，汉唐以来，已十分发达，清儒虽加精密，亦未能跳出范围以外。而诸子之书，自西汉以降，已不见重于世，故治之者少，于是传刻讹舛，渐不可读。清代学者既提倡好古之风，因于治经之外，兼及诸子，而子书乃有多数得以复活。时至今日，学者复以治西人哲学之力，反而证诸古籍，子学始由晦而大明矣。兹将校勘之成绩，分别略述于后：

一、《老子》　《老子》为古子之较早者，其书散乱殊甚，清儒对此书之整理尚少，校本以毕沅之《老子道德经考异》较可观。王念孙《读书杂志》仅四条，俞樾《诸子平议》亦仅有一卷，故此书尚夺整理之余地。

二、《荀子》　是书唐前与《孟子》并称儒家，至宋始以异端见斥，遂至黤昧无闻。清代治此书最早者为汪中，著有《荀卿子通论》《荀卿子年表》见《述学》内篇。虽所校正，已有多条，惜未成专书。谢墉、卢文弨亦合校此书，浙刻二十二子本所采是。在咸同前为最善之本。自后顾广圻复校所得宋本，成《荀子异同》一卷，附辑《荀子佚文》，郝懿行、刘台拱各有《荀子补注》一卷，陈奂有《荀子异同》，陈昌齐有《荀子正误》，皆有所发明。而王念孙之《读荀子杂志》，俞樾之《荀子平议》，尤精辟无伦。最后乃有王先谦之《荀子集解》二十卷，集诸家之大成，上自杨倞，下迄清儒诸说，纲罗无遗，间下已意，亦多善解。总之，此一时期对此书下工夫整理者，凡十余家，故其结果十分美满。

三、《墨子》　战国时儒墨抗衡，同为显学，故《墨子》一书乃先秦子书之最重要者。且其学融古今世界于一兼，由是树其兼爱之说，而其舍身救世之精神，尤非他家所能及。清儒治此书最早者为汪中，有校本及《表发》一卷，今不传。同时卢文弨、孙星衍、毕沅亦治之，沅集其成为《墨子注》十六卷，刻入《经训堂丛书》内。而王念孙之《读墨子杂志》六卷，俞樾之《墨子平议》三卷，苏时学之《墨子刊误》，均有贡献。余如顾广圻、洪颐煊、戴望，亦各有校释。光绪间，孙诒让又覃思十年，集诸家说，断以已意，成《墨子间诂》十四卷，复辑《墨子篇目考》《墨子佚文》《墨子旧叙》合为附录一卷，又撰《墨子传略》《墨子年表》《墨学传授考》《墨子绪闻》《墨学通论》《墨家诸子钩沉》各一篇，合为《墨子后语》二卷，俞荫甫序称："整纷剔蠹，脈摘无遗，旁行之文，尽还旧观，讹夺之处，咸秩无紊，自有《墨子》以来，未有此书。"总之，《墨子》一书，经清儒努力之结果，虽未能尽还其旧，然大部分已可解读，近来墨学复活，可说实由孙氏《间诂》导之。

《墨子》七十一篇中最宏深而最难读者，莫如《经》（上、下）、《经说》（上、下）、《大取》《小取》六篇。晋鲁胜曾为《墨辩》注，惜已佚。叙见《晋书·隐逸传》。毕氏之注，其他各篇虽有发见，独此六篇，则自称"不能句读"。惟彼据《经上篇》有"读此书旁行"一语，于篇末别为《新考定经上篇》，分上下两行横列。则最初发见此经旧本写法，当推毕氏之功。其后丁杰、周宗彦皆提出《经说》四篇特别研究，惜皆不传。张惠言著《墨经说解》二卷，用鲁胜

"引经就说"之例，将《墨经》四篇，逐条拆分，各相比附，眉目愈清。其后邹伯奇又言《墨子》中有算术，有光学，有重学，以告陈兰甫，而著其说于所著《学计一得》中。自是《墨经》内容之丰富，益为学者所注视。最近章炳麟复以佛理及西说阐发《墨经》，《国故论衡》中有《原名明见》诸篇，其精绝处，往往惊心动魄。胡适著《中国哲学大纲》，以实验学之眼光，叙述批秦以前之哲学，而《墨辩》一篇，最为精心结撰，发与实多。梁启超之《墨经校释》，又发明治此书之重要公例是：

凡《经说》每条之首一字，必牒举所说《经文》，此条之首一字以为标题。此字在经文中可以与下文连读成句；在《经说》文中，绝不许与下文连读成句。

梁书虽不免仍有武断失解之处，然亦有一部足供参考。其后有栾调甫之《读梁任公墨经校释》，虽寥寥仅数十条，然有卓识，明于条贯。伍非百之《墨辩解诂》，从哲学科上树一新观察点，将全部《墨经》为有系统之组织，可谓一大创建。而张纯一复以十余年之精力，博采诸家之说，精究详甄，著《墨子集解》十五卷，集诸家之大成，可谓墨学之总结集，故蒋维乔序之说："搜辑之博，抉择之严，非特可补孙氏之阙，且有时贤未及道者。"总之，《墨子》一书，已为近代学者研究子书之中心，故不久将有全部复活之希望。

四、《庄子》　是书整理之成绩，王念孙《读书杂志》有三十五条，俞樾《诸子平议》有三卷，惜无特别校本。清末郭庆藩用注疏体，具录郭注，及陆氏《经典释文》，搜集晋唐人逸注，及清儒诸家之说，间附案语，是正文字，著《庄子集释》称为现行本之最佳者。

五、《韩非子》　此书之成绩有顾广圻之《识误》三卷，卢文弨《群书拾补》有一卷，王念孙《读书杂志》有十四条，俞樾《诸子平议》有一卷，孙诒让《札迻》有若干条。最近有王先慎之《韩非子集解》二十卷，荟集众说，较称善本。

六、《管子》　清代治此书最早者，为王念孙、王引之、孙星衍，而洪颐煊采三家之说，删其复重，附以己说，成《管子义证》八卷。其后念孙又续有所校，更采及洪书，成《读管子杂志》二十四卷，凡六百四十余条。同光间则有戴望之《管子校正》二十六卷，俞樾之《管子平议》六卷，均有发明，极有价值。

七、《列子》　此书之成绩最少，仅有任大椿、汪继培之校张湛注本，秦恩复之校卢重元本，而俞樾《诸子平议》亦仅有一卷，此外无所闻。

八、《晏子春秋》　此书虽纯属伪书，但清儒多信为真。其成绩有毕沅之经训堂校本，用力颇勤。余如卢文弨、王念孙、俞樾亦各有校释，多所发明。

九、《吕氏春秋》　此书校勘最佳者为毕氏经训堂本，盖据元大字本精校，由卢文弨董其事。此后梁玉绳有《吕子校补》二卷，陈昌齐有《吕氏春秋正误》二卷，王念孙《读书杂志》有三十八条，俞樾有《吕氏春秋平议》三卷，均有相当成绩。此外如《商君书》则有平津馆本，《慎子》《尹文子》《公孙龙子》则有守山阁本，《孙子》《吴子》《司马法》则有平津馆校本，其成绩均极微细，故不论列。而诸子以外，其他先秦古籍之经过校理，亦多有相当成绩。如：

一、《逸周书》　最初校此书者有惠栋、沈彤、赵曦明、张坦、段玉裁、沈景熊、梁玉绳、梁履绳、陈雷等，而卢文弨集诸家说，写定重刻，即抱经堂本是。其后王念孙之《读逸周书杂志》四卷，陈逢衡之《逸周书补注》二十四卷，朱右曾之《周书集训校释》十卷，翔实明畅，均称佳构。

二、《国语》　此书校本，以士礼居仿宋刻本为最善，盖由黄丕烈、顾广圻之合校而成。附校勘记。此外则汪远孙有《国语三君注辑存》四卷，《国语考异》四卷，《国语发正》二十一卷，洪亮吉有《国语韦注疏》，均为佳构。

三、《战国策》　此书之价值等于韦注《国语》。校本则以士礼居本为最佳，而王念孙之《读战国策杂志》于校勘之外，兼有注释，尤为精善。

四、《竹书纪年》与《穆天子传》　二书同出汲冢，真伪问题，自晋以来，议论纷纷，莫衷一是。清儒好古成癖，对于二书，亦悉心研究之。前者有徐文靖之《竹书纪年统笺》，然是书成于康熙间，其时考证学未兴，故所笺驳杂无义法。其后洪颐煊有《校正竹书纪年》，林鉴塘之《竹书纪年补正》，虽颇絜净，然识断尚欠精择。陈逢衡有《竹书纪年笺证》，积十年之功始成，浩博详赡，颇称精善。王国维有《古本竹书纪年辑校》《今本竹书纪年疏证》二书最晚出，亦最谨严。此外尚多，兹不多举。后者则有洪熙煊之校本，精核绝伦，此书目自是可读。而丁谦所著《穆天子传地理考证》，以欧洲学者所倡中国人种西来之说为据，援本传为证，虽其比附往往新奇可喜，然是否真相，尚俟考定。

此外如《山海经》，则有毕沅之《山海经改秋注》，一考正篇目，二考正文字，三考正山名水道，自言历五年始成。其后有郝懿行之《山海经笺疏》。《周髀算经》则戴震精校本，为戴校《算经十书》之首。《黄帝内经》《素问》则有钱熙祥之精校本，与胡澍之《内经校义》……总之，举凡先秦重要典籍，几无不有相当之校释。

先秦古书，既有精细之校理，而西汉以后之重要书籍，亦无不加以相当之校勘。兹略举于后：

一、《淮南子》　此书为西汉道家之要典。其内容博大而有条贯。清儒治此书，首为庄鸿吉，以道藏本校俗本，为唯一之善本。浙刻二十二子本所采是。此外王念孙之《读淮南内篇杂志》，订正俗本九百余条。陈昌齐有《淮南子正误》十二卷，石臞亟称之。胡澍有《淮南子校义》，而卢文弨、刘台拱、王绍兰亦各有断片之发明。最后则有俞樾之《淮南内篇平议》四卷，亦有相当价值。最近刘文典著《淮南鸿烈集解》二十一卷，博采先儒之说，参以己所心得，又从《御览选注》等书，采辑佚文、佚注甚备，其价值足与王氏《荀子集解》相埒。

二、《春秋繁露》　此书为西汉儒家要籍，经宋明之传刻，讹误百出。乾隆时开四库馆，始取《永乐大典》中楼钥校本详校，补一千一百余字，删一百十余字，改一千八百二十余字，神明焕然，顿还旧观。其后卢文弨复据四库本重校，是为抱经堂本，最为精善。

三、《盐铁论》　此书通行者为明张氏本，篇第字句割裂增易殊多。卢文弨尝以《永乐大典》本及他本是正若干条。其后有阳城张氏重校本，顾广圻为作《考证》三卷。汪继培、俞樾、孙诒让亦各有所校，此书始渐可读。

四、《白虎通义》　此书旧为《汉魏丛书》本最通行，最初校者为庄述祖，且厘定目录，搜辑佚文。继之者有卢文弨、赵曦明、秦黉、梁同书、孙志祖、周广业、吴骞、朱型、梁履绳、汪绳祖等，皆有所发明。

五、《韩诗外传》　韩氏为西汉今文三家诗之一，其《诗内传》四卷，《诗故》三十六卷，《诗说》四十一卷，久亡；存者惟《外传》六卷。乾隆前通行本以毛刻最善，然伪脱亦不少。卢文弨曾有校本，未泐专书。其门人赵怀玉于乾隆末成新校本。五十三年，周廷采复采赵书，附以己意为校注本，此书目自是易读。

此外，如王念孙、王南陔之校《列女传》，陈寿祺之校《新序说苑》，徐养原、俞樾之校《法言》《太玄》，汪继培之校《潜夫论》，俞樾、孙诒让、蒋光煦之校《论衡》，卢文弨之校《风俗通义》《越绝书》，均各有相当之成绩与价值。以下再论及汉以后之书籍。

一、《华阳国志》　此书为方志之祖，有义法，有条贯，卓然著作之林。惟讹伪殊多，殆不可读。顾广圻始据宋元丰吕氏、嘉泰李氏两本精校，自此始有善本。

二、《抱朴子》　此书乾隆前无善本，自孙星衍据道藏本精校，卢文弨、顾广圻复参合诸本助之重刻平津馆本，始可驯读。

三、《水经注》　此为现在最古之地理书，故清代治之者最多。乾隆中赵一清、全祖望、戴震各有校本，均极精粹。此后毕沅、孙星衍亦各有校本，然两君皆非地理专家，似无足增益三家者。道咸后则有沈文起之《水经注疏证》，汪士铎之《水经注提纲》，《水经注释文》，陈澧之《水经注西南诸水考》，王先谦之合校本，则以戴赵二本为主，参以诸家，虽无新发明，然最便学者。最后杨守敬著《水经注疏》八十卷，略谓“此书为郦氏原误者十之一二，为传刻之误者十之四五，为赵戴改订及误者十之二三”。凡例而一部古地理，竟为当时风尚之研究。

此外如《颜氏家训》，则有卢文弨之校本。《经典释文》，则有卢氏之校补及考证。《困学纪闻》亦有翁元圻之校注。《大唐西域记》及《慈恩法师传》，前者有丁谦所著《大唐西域记考证》，引据各史外国传，旁及西人地理家言，实此书之筚路蓝缕。后者则有支那内学院所刻精校本，除校字外，颇引他书纪载有异同者校出若干条，可称现行本之最善者。总之，与凡唐宋以前之重要图籍，无不经相当之校理，本篇所举，仅其概略而已。

至史书之校雠，最著者有三：

《五代史记纂误补》四卷，补宋吴缜之作。洪亮吉《宋书音义》，杭世骏《北齐书疏证》，刘寿曾《南史校议》，赵绍祖《新唐书互证》，历鹗《辽史拾遗》二十四卷，施国祁《金史详校》十卷，李文田《元秘史注》诸书而已。

不过，清儒校理史书所注意及用力最勤者，厥为表志等单篇之整理，故其成绩最巨，亦最有益。兹择要举于后：

《史记天官书考证》孙星衍。《汉书·人物表》梁玉绳。《汉书地理志稽疑》全祖望。新斠《汉书·地理志》《汉书十表注》钱坫。《汉书地理志校本》汪远孙。《汉书地理志补注》吴卓信。《汉书地理志补校》杨守敬。《汉书地理志水道图》陈澧。《汉书水道疏证》洪颐煊。《汉书地理志集释》《汉书西域传补注》徐松。《汉西域图考》李光廷。《汉书艺文志考误》李赓芸。《后汉书郡国志补校》朱右曾。《续汉书律历志补注》钱坫。《晋书地理志新校正》毕沅。《新校晋书地理志》方愷。《延昌地形志》张穆。《隋书经籍志考证》章宗源。《隋书地理志考证》杨守敬。《新唐书天文志疏正》张宗泰。《校正唐书方镇表宰相世系表》沈炳震。《唐书方镇表考证》董沛。以上所举，虽名为校注，其实不啻补作。盖诸家之作品，于校勘训释之外，兼有补遗，其新加入之材料颇多。据此可见清儒注重学术史之一般了。

——蒋元卿：《校雠学史》，上海，上海书店，1991。

五、史事考证

（一）何炳松《通史新义》

第四章　诠释之考订

一、初步之分析——分解为原质——实际上之方法——知识之限制——进行之速度

史料来历明白之后，吾人对于史料内容之工作于是开始，即普通所谓考订者是也。考订之道阙唯分析。

分析与考订，论理原属二途；然此二种工作几乎始终同时并进而且与上面所述史料之诵读，意义之说明及诠释等工作亦始终未尝分离。所有此种工作无不同时进行，故吾人几忘其为不同之行为矣。此如游水然，吾人于无意中同时表出几种运动，特吾人学习时不能不加以分解之功夫耳。当吾人实际应用此种工作时，每能自然而然，进行甚速。吾人读书每成一种习惯，而且浏览史料时每具一种考订精神。此种精神遂于无意中习惯成自然矣。

内部考订之根本原理即为凡属一种史料必系一种分析未细考订未精之物，故吾人必须分成部分而分别考订之。是故吾人第一步之工作即为将史料分成原质。自考订眼光观之，一种原质即为史料撰人所为之一种工作，此种工作因其进行不善，故在其所述史料中不免有错误之引入。然此种考订常遇有二种困难：

（一）所谓史料，不过撰人多数理智作用之粗陋结果，然撰人又未尝示吾人以此种作用之详情。吾人在此种结果中将如何分析之乎？

（二）即使在论理学上此种分析为可能，吾人如何能有时间对于无数工作分别加以特殊之考订乎？

此二种困难为考订方法上之根本问题。考订方法之有用与否全视其能否在实际上解决此种困难以为断。否则所谓考订方法者将始终在理论之境状中也。兹举此种方法之功用如下。

（一）吾人欲决定构成史料之各种工作，虽无特殊之消息，然吾人可自人类心理作用上一般定律之知识中得到一般之消息。吾人已知一人欲得某一种结果其必要之工作为何；盖此种工作为人类心理中所同具之特性也。吾人已知一种结果之产生至少有下述之工作：一种观察，一种信仰，一种概念，最后乃笔之于书而成为史料。是故吾人至少可将一种史料分成三种原质而各施以不同之考订功夫；即：（1）诠释之考订，（2）诚伪之考订，（3）正确之考订是也。

而且吾人亦知所有史料上之断语其原质为何。一种断语必集合数个概念而成；吾人可以使之分离并确知其为一种不同心理作用之结果。吾人并亦知考订之际，须分别进行，盖每一个概念在正确上与诚伪上其价值并不相同也。在一种调查报告中，分析之形式本已备具，盖报告本系一种分门别类之问答汇编也。统计表之性质亦然。然在所有综合形式下之史料中，则非将其中所包之各断语加以分析不可。

吾人所遇之困难不在于分析撰人所举行之各种工作，盖此种工作皆发源于同一人类心理之特性中也。吾人困难在于决定撰人如何进行其各种工作；盖实际上重要之点在于明了撰人工作之是否无误，以便断定其结果之是否正确而可以利用。吾人于此既无法以知其正确与否，亦无一定之方法可以明了撰人之如何进行；史料与科学观察之不同其故盖即在此。

吾人所能知者则撰人在某种情形中其工作之进行绝不能正确无误而已。所谓某种情形即撰人对于史料中所有之事实既不能观察，又不能信仰，又不能有所感觉是也。是则史料中所记者不属错误即属诬罔，显然无裨实用；或则此种史料必系伪造而托诸撰人者也。吾人因此可以摒弃此种无用之记述于不顾而所得者乃纯系一种消极之结果。然此种结果并非毫无益处，盖吾人可因此不至为毫无价值之史料所欺也。

假使吾人已知撰人工作之正确无误，并无不可能之理，则吾人即可继续考订之功夫。就人类之经验而论，吾人明知撰人著述史料时所处之境遇有时利于进行而得正确之结果，有时则否。此种境遇为人类心理中共有之状况，故吾人已深知之。是故吾人对于此种状况可以事先提出问题以审察之。对于每一种工作，吾人可问：此种工作之进行时，撰人是否在有利之境遇中可以获得正确无误之结果；抑或在不利之境遇中足以使其结果有流为谬误之机会？吾人因此可分此种工作为二类：其一为容或无误者，其一为容或错误而因之可疑者。此不过一种相对与临时之结果而已；吾人不能不更进一步以完成之。

（二）此外尚有一种骤视似难超过之困难焉，此即考订上必要工作之步骤甚多是也。吾人何能有如许时间以进行此多种之工作乎？然此种困难若细考之实不过一种错觉而已。言其原因，有如下述。以文字描写各种无意行为之工作，吾人如欲施行有意之分析，其为事也当然复杂异常。盖文字之为物极不完备，用为叙述行为之工具当然不足也。吾人如欲分析印象之进行亦复如是；吾人亦可云：谁有充分时间以追随印象进行时所必需之各种运动乎？其实吾人对于一切工作，其最迟缓之部分即为习惯之养成。欲学习一种方法，需时亦复甚久。在考订功夫之中，即为一般之分析习惯及有条理之习惯之养成。此种习惯一旦养成之后，则考订工作每能不假思索随研究而进行。浏览史料之际，吾人每能随时明了构成史料之合理原质为何，与各原质相辅而行之步骤为何。在各种原质之上，吾人自能同时施以诠释，诚伪，及正确之三种考订功夫，而不必故意分别提出应有之审问；盖此种审问因屡次重复应用之后已成为自然之习惯矣。假使吾人对于史料中之文句不觉其可疑，吾人可以不假思索而继续浏览之。如吾人感觉文句之间含有一种可疑之工作，吾人即能自然而然中止其浏览之进行；吾人可表明怀疑之动机而札记之，或仅留诸脑中而不加笔述。此种详细之意见积诸片纸或书本之上，最后乃下一史料价值何如之断语。如一种史料并无令人可疑之印象，吾人即知其构成时状况之有利必与观察报告无异；然此种情形实极为罕见。如或吾人对于某几点感有可疑之印象，则此种可疑之点即可成为考订之资料矣。

实际上此种工作皆同时并进者也。如吾人有时不能不分别先后加以说明，此则纯系人类文字之不完备有以使然。兹依论理学上之次序分述各种工作进行之步骤如后。

二、诠释之考订——语言文字——文义——迂曲之意义——此种工作之结果

第一步工作为诠释之考订，旨在断定史料撰人给予史料之意义为何，并藉以推知撰人之概念为何。此步工作盖假定吾人已知撰人所用之文字其意义为何。是则文字之为物成为诠订上之一种辅助科学。然仅知史料中文字之一般意义，尚未为足也；仅知汉文不足以考释用汉文所述之史料；盖一种文字并非一种经久不变之象征系统也。

在吾人所谓一种文字之中，其意义每随时代而异，有时甚至仅隔数年其意义即为之大变。此外在一种语言之领域中，其意义亦往往随地域而异。是故当诠释一种史料时，吾人所应知者非一般之汉文也，乃史料撰人所用之汉文也。现代吾人所用之文字绝不与元明时代所用者相同，唐宋两汉更无论矣。

然吾人之自然倾向每以文字为一种一成不变之符号，各有一定之意义。是故吾人于此有一初步应行注意之点焉，即以一种考订之反动对抗自然之运动是也。

实际上意义之变动在某几类文字上为尤甚。意义变化最甚者莫过于标示社会组织或概念之文字，盖此种组织或概念之界限往往明定甚难，而其演化亦较他种事实为迅速也。标示一种情感，一种观念，一种制度，或甚至一种寻常行为之文字皆属此类。吾人所宜时时注意不容疏忽者即此类文字也。撰人用此类文字时所抱之意义为何，吾人非加以审问不可。

在统计史料中此种注意尤为必要。盖此中文字之通俗意义当其回答所有调查之问题时，往往浮泛异常，故撰人不能不用武断之意义以确定之，以便决定其所调查之实际事实究应归入何类。例如彼须问：何谓犯罪？何谓住室？何谓工人？撰人对于此种文字显然予以特殊之意义。吾人欲诠释史料中所述之文字绝不能熟谙其意义焉。

吾人究用何种方法以决定史料中文字之特殊意义乎？吾人对于史料中之文字必须视为一种素所未习之文字而对待之。最良之方法莫过于将同一史料中含有某字之章节集于一处，察其上下文之结构而审察其意义为何。然同一撰人之使用同一文字其意义亦往往各殊，故吾人对于此种文字之变化亦不能不注意者也。

以上所讨论者虽仅指单字而言，然此种原理并须适用于数个单字所构成之文句。例如"大理院"之一词，吾人欲诠释之，仅知"大""理"与"院"三字之意义绝不足用；盖此三字联成一气时，其意义即焕然一新也。

吾人欲诠释撰人之思想为何，仅知文字表面之意义亦未为足也。吾人必须决定撰人之用字是否确取其表面之意义；是否并无讽刺引喻等等迂曲之意义，亦无暗比夸张等等修词学上之夸饰。实际上在社会科学之史料中迂曲之意义甚少；唯吾人对于讽刺文字最宜注意。而撰人是否常常利用文学上之作品或私人之书札，尤宜辨明，盖在此类文字中喻意或实言之文句往往甚多也。传言曰：纣非时，与三千人牛饮于酒池。夫夏官百，殷官二百，周三百。纣之所与相乐，非民必臣也，非小臣必大官。其数不能满三千人。传书家欲恶纣，故言三千人，增其实也。

迂曲意义之表现并无外部标准之可观；在文字中每不说明其为引喻寓言或讽刺。其实人类特性往往故意埋灭喜剧外部之痕迹而不令人知。是故吾人欲探讨文字意义之是否迂曲，除将可疑部分与史料其他部分加以比较外，殆无他法。大抵文字意义不甚明了者，互相矛盾者或荒谬绝伦者，则其间即不免含有迂曲之意义者也。总之，除比较可疑部分与史部全部外，别无他种通常方法可以求得真意也。

史料之意义决定以后，诠释考订之功夫即可谓告成。此种功夫之目的本在于了解撰人之观念。而撰人观念之是否正确关系史料之价值者甚大。盖凡人对于所见之事物必知之甚审而后方可叙述而无误也。是故诠释之考订者乃吾人研究撰人著述史料时所抱之观念之方法也。

——何炳松：《通史新义 历史研究法》，长春，时代文艺出版社，2009。

（二）顾颉刚《孟姜女故事的转变》

孟姜女的故事，论其年代已经流传了二千五百年，按其地域几乎传遍了中国本部，实在是一个极有力的故事。可惜一班学者只注意于朝章国故而绝不注意于民间的传说，以致失去了许多好材料。但材料虽失去了许多，至于古今传说的系统却尚未泯灭，我们还可以在断编残简之中把它的系统搜寻出来。

孟姜女即《左传》上的“杞梁之妻”，这是容易知道的。因为杞梁之妻哭夫崩城屡见于汉人的记载，而孟姜之夫“范希郎”的一个名字还保存得“杞梁”二字的声音。这个考定可说是没有疑义。于是我们就从《左传》上寻起。

《左氏》襄公二十三年《传》云：

齐侯（齐庄公）还自晋，不入，遂袭莒，门于且于，伤股而退。明日，将复战，期于寿舒。杞殖、华还载甲夜入且于之隧，宿于莒郊。明日，先遇莒子于蒲侯氏。莒子重赂之，使无死，曰：“请有盟。”华周对曰：“贪货弃命，亦君所恶也。昏而受命，日未中而弃之，何以事君？”莒子亲鼓之，从而伐之，获杞梁。莒人行成。齐侯

> 归，遇杞梁之妻于郊，使吊之。辞曰："殖之有罪，何辱命焉？若免于罪，犹有先人之敝庐在，下妾不得与郊吊。"齐侯吊诸其室。

这是说，齐侯打莒国，杞梁、华周（即杞殖、华还，当是一名一字）作先锋，杞梁打死了。齐侯还去时，在郊外遇见他的妻子，向她吊唁。她不以郊吊为然，说道："若杞梁有罪，也不必吊；倘使没有罪，他还有家咧，我不应该在郊外受你的吊。"齐侯听了她的话，便到她的家里去吊了。在这一节上，我们只看见杞梁之妻是一个谨守礼法的人，她虽在哀痛的时候，仍能以礼处事，神智不乱，这是使人钦敬的。至于她在夫死之后如何哀伤，《左传》上一点没有记出。她何以到了郊外，是不是去迎接她的丈夫的灵柩，《左传》上也没有说明。华周有没有和杞梁同死，在《左传》上面也看不出来。

这是公元前五四九年的事。从此以后，这事就成了一件故事。这件故事在当时如何扩张，如何转变，可惜我们现在已经无从知道。

过了二百年，到战国的中期，有《檀弓》一书（今在《小戴礼记》中，大约是孔子的三四弟子所记）出世。这书所记曾子的说话中也提着这一段事：

> 哀公使人吊蒉尚，遇诸道，辟于路，画宫而受吊焉。
>
> 曾子曰："蒉尚不如杞梁之妻之知礼也！齐庄公袭莒于夺（夺即隧），杞梁死焉。其妻迎其柩于路而哭之哀。庄公使人吊之。对曰：'君之臣不免于罪，则将肆诸市朝而妻妾执。君之臣免于罪，则有先人之敝庐在，君无所辱命！'"

这一段话较《左传》所记的没有什么大变动，只增加了"其妻迎其柩于路而哭之哀"一语。但这一语是极可注意的。它说明她到郊外为的是迎柩，在迎柩的时候哭得很哀伤。《左传》上说的单是礼法，这书上就涂上感情的色彩了。这是很重要的一变，古今无数孟姜女的故事都是在这"哭之哀"的三个字上转出来的。

比《檀弓》稍后的记载，是《孟子》上记的淳于髡的话：

> 淳于髡曰："……昔者王豹处于淇，而河西善讴；绵驹处于高唐，而齐右善歌；华周杞梁之妻善哭其夫而变国俗。有诸内，必形诸外。为其事而无其功者，髡未尝睹之也……"（《告子》下）

在这一段上，使得我们知道齐国人都喜欢学杞梁之妻（华周之妻，或在那时的故事中亦是一个善哭的人，或华周二字只是牵连及之，均不可知；但在这件故事中无关重要，我们可以不管）的哭调，成了一时的风气。又使得我们知道杞梁之妻的哭，与王豹的讴，绵驹的歌，处于同等的地位，一样的流行。我们从此可以窥见这件故事所以能够流传的缘故，齐国歌唱的风气确是一个有力的帮助。

于是我们去寻战国时歌唱中哭调的记载，看除了杞梁之妻外，再有何人以此擅名的。现在已得到的，是以下数条：

> 雍门子以哭见于孟尝君。已而陈辞通意，抚心发声，孟尝君为之增欷歍唈，流涕狼戾不可止。（《淮南子·览冥训》）
>
> 韩娥、秦青、薛谈之讴，侯同曼声之歌，愤于志，积于内，盈而发音，则莫不比于律而和于人心。（《淮南子·氾论训》）
>
> 薛谭学讴于秦青，未穷青之技，自谓尽之，遂辞归，秦青弗止，饯于郊衢，抚节悲歌，声振林木，响遏行云。薛谭乃谢求反，终身不敢言归。秦青顾谓其友曰："昔韩娥东之齐，匮粮，过雍门，鬻歌假食，既去而余音绕梁欐，三日不绝，左右以其人弗去。过逆旅，逆旅人辱之。韩娥因曼声哀哭。一里（一本作十里）老幼悲愁，垂涕相对，三日不食。遽而追之。娥还，复为曼声长歌。一里老幼喜跃抃舞，弗能自禁，忘向之悲也。乃厚赂发之。故雍门之人至今善歌哭，放娥之遗声。"（《列子·汤问篇》。《列子》一书虽伪，但它原是集合战国时诸书而成，故此条可信为战国的记载）

这三段中，都很明白的给与我们以"齐人善唱哭调"的史实。雍门，高诱、杜预都说是齐城门：雍门的人既因韩娥而善哭，雍门子周（依《说苑》名周）又以善哭有名，可见齐都城中的哭的风气的普遍。秦青、薛谭之讴，《淮南》既说其"愤于志，积于内"，薛谭的学讴又因秦青的"抚节悲歌"而不归，又可见他们所作的歌讴也多带有愤悱的悲哀的风味的。用现在的歌唱来看，悲歌哀哭以秦腔为最。秦腔中用"哭头"（唱前带哭的一呼，不用音乐的辅助）处极多，凄清高厉，声随泪下，足使听客欷歔不欢。齐国中既通行一种哭调，而淳于髡又说这种哭调是因杞梁之妻的善哭其夫而相习以成风气的，那么，我们可以怀疑这话的"倒果为因"了。杞梁之妻在夫亡之后，《左传》上绝没有说到她哭，绝没有提到她悲伤，而战国时的书上忽有她"哭之哀"记载，忽有她"善哭而变国俗"的记载，而战国时正风行着这种哭调，又正有韩娥、秦青、雍门周一班善唱哭调的歌曲家出来，这岂不是杞梁之妻的哭调中有韩娥、秦青、雍门周的成分在内吗？又岂不是杞梁之妻的故事中所加增的哀哭一段事是战国时音乐界风气的反映吗？《淮南子·修务训》云：

> 邯郸师有出新曲者，托之李奇，诸人皆争学之。后知其非也，而

皆弃其曲。

邯郸师为什么要这样呢？《修务训》在前面说明道：

世俗之人多尊古而贱今，故为道者必托之于神农、黄帝而后能入说。乱世暗主高远其所从来，因而贵之。为学者蔽于论而尊其所闻，相与危坐而称之，正领而诵之。

读此，可知音乐界的“托古改制”，与政治界原无二致，为的是要引人注意，受人的尊敬。所以杞梁之妻的哭和她的哭的变俗，很有出于韩娥一辈人所为的可能。既不是韩娥一辈人所托，也尽有听者把他们的哭调与杞梁之妻的故事混合为一的可能。何以故？歌者和听者对于杞梁之妻的观念，原即是世主和学者对于神农、黄帝的观念。

用了这个眼光去看战国和西汉人对于杞梁之妻的赞叹和称述，没有不准的：上文所举的两段战国时的话——“哭之哀”和“善哭而变国俗”——不用说了，我们再去看西汉人的说话。

《韩诗外传》的作者韩婴，是西汉文、景时人。《外传》上（卷六）引淳于髡的话，作：

杞梁之妻悲哭，而人称咏。

“称咏”即是歌吟。这是说把她的悲哭作为歌吟。

《文选》所录《古诗十九首》中的第五首，《玉台新咏》（卷一）归入枚乘《杂诗》第一首。枚乘亦是西汉文、景时人。诗云：

西北有高楼，上与浮云齐，
交疏结绮窗，阿阁三重阶。
上有弦歌声，音响一何悲？
谁能为此曲？无乃杞梁妻！
清商随风发，中曲正徘徊，
一弹再三叹，慷慨有余哀。
不惜歌者苦，但伤知音稀。
愿为双鸣鹤，奋翅起高飞！

这是写一个路人听着高楼上的弦歌声而凝想道：“哪一位能唱出这样悲伤慷慨的歌呢，恐怕是杞梁之妻吧？”他叙述这歌声道：“清商随风发”，“慷慨有余哀”，可见这种歌声是很激越的。又说“中曲正徘徊，一弹再三叹”（叹，是和声），可见这种歌声是缓慢的，羡声很多的，与“曼声哀哭”的韩娥之声如出一辙。

王褒是西汉宣帝时人。他做的《洞箫赋》（《文选》卷十七）形容箫声的美妙道：

钟期、牙、旷怅然而愕立兮；杞梁之妻不能为其气！

钟子期、伯牙、师旷是丝乐方面著名的人，杞梁之妻是歌曲方面著名的人。他形容箫声的美，说它甚至使得钟子期等愕立而不敢奏，杞梁之妻失气而不敢歌。在此，可见杞梁之妻的歌是以“气”擅长的。这亦即是“曼声”之义。曼声，是引声长吟；长吟必须气足，故云“为其气”。十年前我曾见秦腔女伶小香水的戏，她善唱哭头，有一次演《烧骨记》，一个哭头竟延长至四五分钟，高亢处如潮涌，细沉处如泉滴，把怨愤之情不停地吐出，愈久愈紧练，愈紧练愈悲哀，不但歌者须善于运气，即听者的吸息亦随着她的歌声在胸膈间荡转而不得吐。现在用来想象那时的杞梁妻的歌曲，觉得甚是亲切。

所以杞梁之妻的故事的中心，在战国以前是不受郊吊，在西汉以前是悲歌哀哭。

在西汉的后期，这个故事的中心又从悲歌而变为“崩城”了。

第一个叙述崩城的事的人，就现在所知的是刘向。他在《说苑》里说：

杞梁、华舟进斗，杀二十七人而死。其妻闻之而哭，城为之阤而隅为之崩。（《立节篇》）

昔华舟、杞梁战而死，其妻悲之，向城而哭，隅为之崩，城为之阤。（《善说篇》）

叙述得较详细的，是他的《列女传》（卷四，《贞顺传》）。这书里说：

庄公袭莒，殖战而死。庄公归，遇其妻，使使者吊之于路。杞梁妻曰：“令殖有罪，君何辱命焉！若令殖免于罪，则贱妾有先人之弊庐在，下妾不得与郊吊！”于是庄公乃还车诣其室，成礼，然后去。

杞梁之妻无子，内外无五属之亲。既无所归，乃就（一本作“枕”）其夫之尸于城下而哭之。内诚感人，道路过者莫不为之挥涕。十日（一本作七日）而城为之崩。既葬曰：“吾何归矣！夫妇人必有所倚者也：父在则倚父，夫在则倚夫，子在则倚子。今吾上则无父，中则无夫，下则无子，内无所依以见吾诚，外无所依以立吾节，吾岂能更二哉！亦死而已！”遂赴淄水而死。

君子谓杞梁之妻贞而知礼。诗云："我心伤悲，聊与子同归。"

下面颂她道：

杞梁战死，其妻收丧。
齐庄道吊，避不敢当。
哭夫于城，城为之崩。
自以无亲，赴淄而薨。

其实刘向把《左传》做上半篇，把当时的传说做下半篇，二者合而为一，颇为不伦。因为春秋时智识阶级的所以赞美她，原以郊外非行礼之地，她能却非礼的吊，足见她是一个知礼的人；现在说她"就其夫之尸于城下而哭"，难道城下倒是行礼的地方吗？一哭哭了十天，以致城崩身死，这更是礼法所许的吗？礼本来是节制人情的东西，它为贤者抑减其情，为不肖者兴起其情，使得没有过与不及的弊病。所以《檀弓》上说道：

弁人有其母死而孺子泣者。孔子曰："哀则哀矣，而难为继也。夫礼，为可传也，为可继也，故哭踊有节。"（《檀弓》上）

子游曰："……直情而径行者，戎狄之道也。礼道则不然。"（《檀弓》下）

孔子恶野哭者（《檀弓》上）。郑玄《注》："为其变众。《周礼》：衔枚氏'掌禁野叫呼叹呜于国中者，行歌哭于国中之道者'。"陈澔《注》："郊野之际，道路之间，哭非其地，又且仓卒行之，使人疑骇，故恶之也。"

由此看来，杞梁之妻不但哭踊无节，纵情灭性，为戎狄之道而非可继之礼，并且在野中叫呼，使人疑骇，为孔子所恶而衔枚氏所禁。她既失礼，又犯法，岂非和"知礼"二字差得太远了！况且中国之礼素严男女之防，非惟防着一班不相干的男女，亦且防着夫妇。所以在礼上，寡妇不得夜哭，为的是犯了"思情性"（性欲）的嫌疑。鲁国的敬姜是春秋战国时人都称为知礼的，试看她的行事：

穆伯（敬姜夫）之丧，敬姜昼哭。文伯（敬姜子）之丧，昼夜哭（《国语》作暮哭）。孔子曰："知礼矣！"（陈注："哭夫以礼，哭子以情，中节矣。"）

文伯之丧，敬姜据其床而不哭，曰："……今及其死也，朋友诸臣未有出涕者，而内人（妻妾）皆行哭失声。斯子也，必多旷于礼矣

夫！”（以上《檀弓》下）

> 公父文伯卒，其母戒其妾曰：“吾闻之：‘好内，女死之……’今吾子夭死。吾恶其以好内闻也。二三妇……请无瘠色，无洵涕，无掐膺，无忧容……是昭吾子也！”仲尼闻之曰：“……公父氏之妇智也夫！欲明其子之令德。”（《国语·鲁语》下）

由此看来，杞梁之妻不但自己犯了“思情性”的嫌疑，并且足以彰明其丈夫的“好内”与“旷礼”，将为敬姜所痛恨而孔子所羞称。这样的妇人，到处犯着礼法的愆尤，如何配得列在“贞顺”之中？如何反被《檀弓》表章了？我们在这里，应当说一句公道话：这崩城和投水的故事，是没有受过礼法熏陶的“齐东野人”（淄水在齐东）想象出来的杞梁之妻的悲哀，和神灵对于她表示的奇迹，刘向误听了“野人”的故事，遂至误收在“君子”的《列女传》。但他虽误听误收，而能使得我们知道西汉时即有这种的传说，这是应当对他表示感谢的。

从此以后，大家一说到杞梁之妻，总是说她哭夫崩城，把“却郊吊”的一事竟忘记了——这本是讲究礼法的君子所重的，和野人有什么相干呢！

王充是东汉初年的一个大怀疑家，他欢喜用理智去打破神话。他根本不信有崩城的事，所以他在《论衡·感虚篇》中驳道：

> 传书言杞梁氏之妻向城而哭，城为之崩。此言杞梁从军不还，其妻痛之，向城而哭，至诚悲痛，精气动城，故城为之崩也。夫言向城而哭者，实也；城为之崩者，虚也。夫人哭悲莫过雍门子，雍门子哭对孟尝君，孟尝君为之于邑。盖哭之精诚，故对向之者凄怆感动也。夫雍门子能动孟尝之心，不能感孟尝衣者，衣不知恻怛，不以人心相关通也。今城，土也，土犹衣也，无心腹之藏，安能为悲哭感动而崩！使至诚之声能动城土，则其对林木哭能折草破木乎？向水火而泣能涌水灭火乎？夫草木水火与土无异，然杞梁之妻不能崩城明矣。或时城适自崩，杞梁之妻适哭下，世好虚，不原其实，故崩城之名至今不灭。

他不以故事的眼光看故事，而以实事的眼光看故事，他知道“城为之崩”是虚，而不知道他所认为实事的“向城而哭”亦即由崩城而来，这不能不说是他的错误。至于“城适自崩，杞梁妻适哭下”，欲为理性的解释，反而见其多事。但我们在这里，也可知道一点传说流行，大家倾信的状况。（《变动篇》中也有驳诘的话，不复举。）

东汉的末年，蔡邕推原琴曲的本事，著有《琴操》一书，这书中（卷下）

载着一段“芑（即杞）梁妻叹”的故事。《芑梁妻叹》是琴曲名，是琴师作曲以状杞梁之妻的叹声的，但他竟说是杞梁之妻自做的。原文如下：

> 《芑梁妻叹》者，齐邑芑梁殖之妻所作也。庄公袭莒，殖战而死。妻叹曰：“上则无父，中则无夫，下则无子，外无所依，内无所倚，将何以立！吾节岂能更二哉，亦死而已矣！”于是乃援琴而鼓之曰：
>
> 乐莫乐兮新相知！
> 悲莫悲兮生别离！
> 哀感皇天城为堕！
>
> 曲终，遂自投淄水而死。

这一段故事虽是和《列女传》所记差不多，但有很奇怪的地方。她死了丈夫不哭，反去鼓琴，有类于庄子的妻死鼓盆而歌。歌凡三句：上二句是《楚辞·九章·少司命》一章中语，似乎和他们夫妇的事实不切；下一句是自己说的“我的哀可以感动皇天，使城倒堕”，堕城只是口中所唱之辞。歌曲一完，她就投水死了，也没有十日或七日的话。把它和《列女传》相较，觉得《列女传》中的杞梁妻太过费力，而《琴操》的杞梁妻则太过飘逸了。

自东汉末以至六朝末，这四百余年之中，这件故事的中心——崩城——没有什么改变，看以下诸语可见：

> 邹衍匹夫，杞氏匹妇，尚有城崩霜陨之异。（《后汉书》卷五十七《刘瑜传》）
>
> 臣伏以为犬马之诚不能动人，譬人之诚不能动天。崩城陨霜，臣初信之；以臣心况，徒虚语耳。（《文选》卷三十七，曹植《求通亲亲表》）
>
> 贞夫沦莒役，杜吊结齐君。惊心眩白日，长洲崩秋云。精微贯穹旻，高城为隤坟。（《乐府诗集》卷七十三，宋吴迈远《杞梁妻》）

以前只是说崩城，到底崩的是哪地方的城，还没有提起过。西晋崔豹的《古今注》（卷中）首说是杞都城。

> 《杞梁妻》，杞植妻妹明月之所作也。杞植战死，妻叹曰：“上则无父，中则无夫，下则无子，生人之苦至矣！”乃抗声长哭。杞都城感之而颓。遂投水而死。其妹悲其姊之贞操，乃为作歌，名曰《杞梁妻》焉。

这一段以杞殖作“杞植”，又忽然跑出一个妻妹明月来作曲（这或因夫死不应鼓琴之故），与蔡邕《琴操》说不同，暂且不论。最奇怪的，是“杞都城感之而颓”。杞梁只是姓杞，并非杞君，他与杞都城有什么相关？况杞国在今河南开封道中间的杞县，莒国在今山东济宁道东北的莒县，两处相去千里，何以会得杞梁战死于莒国而其妻哭倒了杞城？这分明是杞地的人要拉拢杞梁夫妇做他们的同乡先哲，所以立出这个异说。

在后魏郦道元的《水经注》（卷二十六《沭水》条莒县）中，却说所崩的城是莒城：

> 沭水……东南过莒县东……《列女传》曰：“……妻乃哭于城下，七日而城崩”，故《琴操》云：“……哀感皇天，城为之堕”，即是城也。其城三重，并悉崇峻；惟南开一门，内城方十二里，郭周四十余里。

杞梁之妻所哭倒的，无论是东汉人没有指实的城，是崔豹的杞城，是郦道元的莒城，总之在中国的中部，不离乎齐国的附近。杞梁夫妇的事实，无论如何改变，他们也总是春秋时的人，齐国的臣民。谁知到了唐朝，这个故事竟大变了！最早见的，是唐末诗僧贯休的《杞梁妻》：

秦之无道兮四海枯，
筑长城兮遮北胡。
筑人筑土一万里，
杞梁贞妇啼呜呜。
上无父兮中无夫，
下无子兮孤复孤。
一号城崩塞色苦；
再号杞梁骨出土。
疲魂饥魄相逐归，
陌上少年莫相非！

（见《乐府诗集》卷七十三，尚未检他的《禅月集》）

这诗有三点可以惊人的：

（1）杞梁是秦朝人。

（2）秦筑长城，连人筑在里头，杞梁也是被筑的一个。

（3）杞梁之妻一号而城崩，再号而其夫的骸骨出土。

这首诗是这件故事的一个大关键。它是总结“春秋时死于战事的杞梁”的种种传说，而另开“秦时死于筑城的范郎”的种种传说的。从此以后，长城与他们夫妇就结成了不解之缘了。

这件故事所以会得如此转变，当然有很复杂的原因在内。就我所推测得到的而言，它的原因至少有二种：一是乐府中《饮马长城窟行》与《杞梁妻歌》的合流；一是唐代的时势的反映。

《饮马长城窟行》最早的一首（即“青青河畔草，绵绵思远道”之篇），《文选》上说是古辞，《玉台新咏》说是蔡邕所作。此说虽未能考定，但看《乐府诗集》（卷三十八）此题下所录诗有魏文帝、陈琳……直至唐末十六家的作品，便可知道这种曲调是三国、六朝以至唐代一直流行的。他们所咏的大概分两派，雄壮的是杀敌凯还，悲苦的是筑城惨死。建筑长城的劳苦伤民，虽战国、秦、汉间的民众作品并无流传，但这原是想象得到的。（《水经注》引杨泉《物理论》云：“秦筑长城，死者相属，民歌曰：‘生男慎勿举……’其冤痛如此。”杨泉是晋代人，这四句歌恐即由陈琳诗传讹的，故不举。）三国时陈琳所作，即属于悲苦的方面。诗云：

> 饮马长城窟，水寒伤马骨……
> 长城何连连，连连三千里。
> 边城多健少，内舍多寡妇。
> 作书与内舍：“便嫁莫留住！
> 善事新姑嫜，时时念我故夫子！”
> 报书往边地：“君今出语一何鄙！
> 身在祸难中，何为稽留他家子！
> 生男慎莫举，生女哺用脯。
> 君独不见长城下，死人骸骨相撑拄！
> 结发行事君，慊慊心意关。
> 明知边地苦，贱妾何能久自全！”

这说的是夫妇的惨别之情，虽没有说出人名，但颇有成为故事的趋势。唐代王翰作此曲，其下半篇云：

> 回来饮马长城窟，长城道傍多白骨。
> 问之耆老何代人，云是秦王筑城卒。
> 黄昏塞北无人烟，鬼哭啾啾声沸天。
> 无罪见诛功不赏，孤魂流落此城边。

这把长城下的白骨，指明是秦王的筑城卒了。《乐府诗集》又有僧子兰一诗，子兰不知何时人，看集上把他放在王建之后，或是晚唐人。诗云：

游客长城下，饮马长城窟。
马嘶闻水腥，为浸征人骨。
岂不是流泉，终不成潺湲。
洗尽骨上土，不洗骨中冤。
骨若比流水，四海有还魂。
空流呜咽声，声中疑是言。

这更是把陈琳的“君独不见长城下，死人骸骨相撑拄”一语发挥尽致。拿这几篇与贯休的《杞梁妻》合看，真分不出是两件事了。它们为什么会得这般的接近？只因古时的乐府，原即现在的歌剧，流传既广，自然容易变迁。《饮马长城窟行》本无指实的人，恰好杞梁之妻有崩城的传说，所以就使她做了“贱妾何能久自全”的寡妇，来一吐“鬼哭啾啾声沸天”的怨气。于是这两种歌曲中的故事就合流而成为一系了。

唐代的时势怎样呢？那时的武功是号为极盛的，太宗、高宗、玄宗三朝，东伐高丽、新罗，西征吐蕃、突厥，又在边境设置十节度使，带了重兵，垦种荒田，防御外蕃。兵士终年劬劳于外，他们的悲伤，看杜甫的《兵车行》《新婚别》诸诗均可见。他们离家之后，他们的夫人所度的岁月，自然更是难受。她们魂梦中系恋着的，或是在“玉门关”，或是在“辽阳”，或是在“渔阳”，或是在“黄龙”，或是在“马邑、龙堆”，反正都是在这延亘数千里的长城一带。长城这件东西，从种族和国家看来固然是一个重镇，但闺中少妇的怨愤所归，她们看着便与妖孽无殊。谁人是逞了自己的野心而造长城的？大家知道是秦始皇。谁人是为了丈夫惨死的悲哀而哭倒长城的？大家知道是杞梁之妻。这两件故事由联想而并合，就成为“杞梁妻哭倒秦始皇的长城”，于是杞梁遂非做了秦朝人而去造长城不可了！她们再想，杞梁妻何以要在长城下哭呢？长城何以为她倒掉呢？这一定是杞梁被秦始皇筑在长城之下，必须由她哭倒了城，白骨才能出土，于是遂有“筑人筑土一万里”，“再号杞梁骨出土”的话流传出来了！她们大家有一口哭倒长城的怨气，大家想借着杞梁之妻的故事来消自己的块垒，所以杞梁之妻就成为一个“丈夫远征不归的悲哀”的结晶体。

在这等征战和徭役不息的时势之中，所有的故事，经着那时人的感情的渲染和涂饰，都容易倾向到这一方面。我们再可以寻出一个卢莫愁，做杞梁之妻的故事的旁证。

莫愁，是六朝人诗中的一个欢乐的女子，这个意义单看她的名字已甚明白。《玉台新咏》（卷九）载歌词一首（《乐府诗集》作梁武帝《河中之水歌》）云：

河中之水向东流，洛阳女儿名莫愁。
莫愁十三能织绮，十四采桑南陌头；
十五嫁为卢家妇，十六生儿字阿侯。
卢家兰室桂为梁，中有郁金苏合香。
头上金钗十二行，足下丝履五文章。
珊瑚挂镜烂生光，平头奴子擎履箱。
人生富贵何所望，恨不嫁与东家王！

这写得莫愁的生活豪华极了，福气极了。但试看唐代沈佺期的《古意》：

卢家少妇郁金堂，海燕双栖玳瑁梁。
九月寒砧催木叶，十年征戍忆辽阳。
白狼河北音书断，丹凤城南秋夜长。
谁为含愁独不见，更教明月照流黄？

照这样说，她便富贵的分数少，而边思闺怨的分数多了。“莫愁”当可变成“多愁”，何况久已负了悲哭盛名的杞梁之妻呢！

所以从此以后，杞梁妻的故事的中心就从哭夫崩城变而为“旷妇怀征夫”。

较贯休时代稍后的马缟（五代后唐时人），他做的《中华古今注》是根据崔豹的《古今注》的。他的书不过推广崔书，凡原来所有的几乎一个字也没有改。所以他的《杞梁妻》一条（卷下）也因袭着崔书。但即使因袭，终究因时代的不同，传说的鼓荡而生出的一点改变。他道：

《杞梁妻歌》，杞梁妻妹朝日之作也。杞植战死，妻曰：“上无考，中无夫，下无子，人之苦至矣！”乃抗声长哭。长城感之颓。遂投水而死，其妹悲姊之贤贞操，乃为作歌，名曰《杞梁妻贤》……

这和崔豹书有三点不同。（1）杞梁妻妹的名字由“明月”改作“朝日”了。（2）歌名不曰“杞梁妻”而曰“杞梁妻贤”（这“贤”字或系“焉”字之误）。（3）哭倒的城不曰“杞都城”而曰“长城”。妹名和歌名不必计较，城名则甚可注意。杞梁之妻哭夫于莒、齐之间，杞城感之而倒已是可怪，怎么隔了二千里的长城又会闻风而兴起呢？杞梁战死的时候，不但秦无长城，即齐国和其他各国也没有长城，怎么因了她的哭而他未造的城先倒掉了呢？我们在此，可以知道杞梁之妻哭倒长城，是唐以后一致的传说，这传说的势力已经超过了经典，所以对于经典的错迁也顾不得了。

北宋一代，她的故事的样式如何，现在尚没有发现材料，无从知道。南宋初，郑樵在他的《通志·乐略》中曾经论到这事。他道：

> 《琴操》所言者何尝有是事！琴之始也，有声无辞，但善音之人欲写其幽怀隐思而无所凭依，故取古之人悲忧不遇之事而以命操，或有其人而无其事，或有其事而非其人，或得古人之影响从而滋蔓之。君子之所取者但取其声而已……又如稗官之流，其理只在唇舌间，而其事亦有记载。虞舜之父，杞梁之妻，于经传所言者不过数十言耳，彼则演成万千言……顾彼亦岂欲为此诬罔之事乎！正为彼之意向如此，不说无以畅其胸中也。

这真是一个极闳通的见解，古今来很少有人把这样正当的眼光去看歌曲和故事的。可惜"演成万千言"的"杞梁之妻"今已失传，否则必可把唐代妇人的怨思悲愤之情从"畅其胸中"的稗官的口里留得一点。

较《通志》稍后出的，是《孟子疏》。《孟子疏》虽署着北宋孙奭的名字，但经朱熹的证明，这是一个邵武士人做了而假托于孙奭的，这人正和朱熹同时。他的书非常浅陋，有许多通常的典故也都未能解出，却敢把流行的传说写在里面，冒称出于《史记》。如《离娄篇》"西子蒙不洁"章，他疏云：

> 案《史记》云："西施每入市，人愿见者先输金钱一文。"

这便是《史记》上所没有的。这样著书，在学问上真是不值一笑，但在故事的记载上使得我们知道宋代时对于西施曾有这样的一个传说。这个传说中的看西施正和现在到上海大世界看"出角仙人"一样，这是非常可贵的。他能如此说西施，便能如此说杞梁之妻。所以他说：

> 或云，齐庄公袭莒，战而死。其妻孟姜向城而哭，城为之崩。

杞梁之妻的大名到这时方才出现了，她是名孟姜！这是以前的许多书上完全没有提起过的。自此以后，这二字就为知识阶级所承认，大家不称她为"杞梁之妻"而称她为"孟姜"了。

孟姜二字怎么样出来，这也是值得去研究的。周代时妇人的名字，大都把姓放在底下，把排行或谥法放在上面。如"孟子""季姬"，便是排行连姓的。如"庄姜""敬嬴"，便是谥法连姓的。"孟姜"二字，"孟"是排行，"姜"是齐女的姓；译作现在的白话，便是"姜大姑娘"。这确是周代人当时惯用的名字，为什么到了南宋才由民众的传说中发现出来？

在《诗经》的《鄘风·桑中》篇，有以下的一章：

爰采唐矣，沬之乡矣。

云谁之思？美孟姜矣。

期我乎桑中，要我乎上宫，送我乎淇之上矣。

又《郑风·有女同车》篇二章中，也都说到孟姜：

有女同车，颜如舜华。
将翔将翱，佩玉琼琚。
彼美孟姜，洵美且都！
有女同行，颜如舜英。
将翔将翱，佩玉将将。
彼美孟姜，德音不忘！

姚际恒在《诗经通论》（卷五）里解释道：

是必当时齐国有长女美而贤，故诗人多以孟姜称之耳。

这话甚为可信。依他的解释，当时齐国必有一女子，名唤孟姜，生得十分美貌。因为她的美的名望大了，所以私名变成了通名，凡是美女都被称为“孟姜”。正如“西施”是一个私名，但因为她极美，足为一切美女的代表，所以这二字就成为美女的通名。（现在烟店里的美女唤做“烟店西施”，豆腐店里的美女唤做“豆腐西施”——江浙一带如此，未知他处然否。）又嫌但言孟姜，她的美还不显明，故在上面再加上一个“美”字，唤做“美孟姜”。如此，则“美孟姜”即为美女之意更明白了。孟姜本为齐女之名，但《鄘风》也有，《郑风》也有，可见此名在春秋时已传播得很远。以后此二字虽不见于经典，但是诗歌中还露出一点继续行用的端倪。如汉诗《陇西行》（《玉台新咏》卷一）云：

好妇出迎客，颜色正敷愉……取妇得如此，齐姜亦不如！

又曹植《姜薄命行》（《玉台新咏》卷九）云：

御巾挹粉君傍，中有霍纳都梁，鸡舌五味杂香。进者何人，齐姜，恩重爱深难忘。

可见在汉魏的乐府中，“齐姜”一名又成了好妇美女的通名，则孟姜二字在秦汉以后民众社会的歌谣与故事中继续行用，亦事之常。杞梁是齐人，他的妻又是一个有名的女子（有名的女子必有被想象为美女的可能性）。后人用了“孟姜”一名来称杞梁之妻，也很是近情。这个名字，周以后潜匿在民众社会中者若千年，直到宋代，才给知识阶级承认而重见于经典。孟姜成了杞梁之妻的姓名，于是通名又回复到私名了。

——顾颉刚、钟敬文等：《孟姜女故事论文集》，北京，中国民间文艺出版社，1983。

第三节　历史分析的方法

一、历史比较分析方法

（一）梁启超《论中国与欧洲国体异同》

宇内文明之流域发源亚洲，而中国其最著也。以今日论之，中国与欧洲之文明，相去不啻霄壤，然取两域数千年之历史比较而观之，可以见其异同之故与变迁之迹。而察其原因，可以知今日现状之所由来。寻其影响，可以知将来形势之所必至。故剌取而论之，以备审时论世之君子省览焉。

第一章　其相同之点

一、家族时代与酋长时代

穹古之史，虽不可尽信，然推原人类之所由起，与邦国之所由成立，无东无西，其揆一也。人类孳生之始，无舟车交通之便，一山之阻，一河之隔，遂划然分为各个之小团体。故老子曰：“古者邻国相望，鸡犬之声相闻，其民老死不相往来。”盖其时皆以种族分国，种族无限，其国亦无限。董子所谓九皇六十四氏者，皆以家族为国者也。其后稍稍蚕食，强有力者而威服异种，合并而隶于己国。是为酋长时代，当时之战争，弱肉强食，皆因种族之分别而起，其第一期最有力者，则共工氏霸有九州，次有蚩尤氏与轩辕战于阪泉之野。其第二期民众而悍者，则有苗氏皆土著之民。其第三期则黄帝之子孙，入冀豫之地而夺之，卒迁三苗，享有其地。后此谓三代者，皆轩辕（即黄帝）之后也。凡此种族之竞争，一如亚利杨族、瑟迷节族、哈米节族等之相争，而后来者恒占胜利焉，此其进行之轨度，与欧洲毫无所异。夏殷之间，虽云帝政，其实则各个种族之酋长，相与并立。禹会诸侯于涂山，执玉帛者万国，皆酋长也。夏殷不过诸酋长之盟主耳。然当时千年中有势力于禹域者，不独夏殷两氏，如有穷氏、昆吾氏、大彭氏、豕韦氏，皆尝代夏殷而为盟主者，大率如西方之埃及、巴比伦、亚述利亚、波斯各国，递相雄长，而皆具一大国之形，与小种族之相侵噬者有别。

二、封建时代与贵族政治

中国周代国体与欧洲希腊国体其相同之点最多，即封建时代与贵族政治是也。彼此皆列国并立，其所以立国之来由虽异，而其立国之要素逐渐完备，文明逐渐发达，则无异。周之一代，纯为贵族政治。在周则有周召、单刘，在齐则有国高，在鲁则有三桓，在郑则有七穆，在晋则有栾郤、胥原、范荀，在楚则有昭、屈、景，皆相继持一国之大权。欧洲人所谓少数共和政体，谓之寡人政体者是也。其政府（即贵族）之权力甚重，过于国君。国君之废立，出于其手，国君之行为，能掣其肘。如周厉王无道，国人流之于彘，而共和执政。滕文公欲行三年之丧，而父兄百官皆不欲之类是也。以希腊诸国比例之，大约近于斯巴达之政体最多，其国权上不在君，下不在民，而在国中之一部。此一部之权，实有伟大可惊者，虽然，其于平民也甚相亲，故其民亦与国同体。国之大事，时或得参末议焉。（例之如鲁长勺之战、曹沫以匹夫而见鲁侯参军事，郑商人弦高以乘韦之牛却秦师，晋韩起求环于郑贾，郑之执政者辞之。述政府与贾人所订盟约为词，是政府与商民，有时亦立于平等地位也。此外尚多不备述。）故当时为贵族政治时代，亦为民权稍伸时代。列国并立无所统一（当时周室亦仅在于列国地位，无统一之势力），故常有盟主以联合之。晋楚争霸，狎主夏盟，略如阿善与斯巴达同立于希腊世界之中心，迭为雄长，而其结局也，因并立竞争，不得不鼓励人才、扩张国势，于是予人民以言论思想之自由，故哲学文学极盛于时。为此后世界开无限之智慧，辟无限之境界。皆因国势而造出时势者也，此其最相同者也。

自春秋战国以后，而有秦始皇之暴兴，旋继以两汉之统一，而中国小康。自希腊以后，而有亚力山大王之骤起，继以罗马之统一，而欧洲小康。自其形体上观之，固甚相类。若其实际，则有大相异者，请于次章详言之。

第二章　其相异之点及其原因与影响

一、欧洲自罗马以后仍为列国、中国自两汉以后永为一统

中国与欧洲之国体，自春秋以前（欧洲史家称上世史时期）大略相同。自春秋以后，截然相异。其证据甚多，而最重要者有二端，其第一端即此节所论是也。自酋长竞争，以至于列国竞争，此乃世界人类自然之程度，而不可避者也。其局至今未息，而日益剧烈，不独欧洲为然。即以亚洲论之，五十年前之印度，三十年前之日本，皆一国中含有无数小国，而欧洲上下数千年，除罗马时代外，无一日不在并立竞争之中。独中国则不然。秦废封建置郡县以后，二

千年循其轨而不易，中间如汉时封子弟为王、功臣为侯，晋时之八王，明代之燕王宸濠等，虽有封建之举，不移时而遂变灭，不成其列国之形也。汉末之州牧，唐代之藩镇，各拥疆土、私子孙，虽气焰万丈，不过涌乱一时，不成其为列国之形也。中间如三国时代，如南北朝时代，如宋与辽金时代，颇成并立之世，然相敌者不过一二国，竞争不烈。且历时未久，辄复合并，其影响及于古今全局者，盖不甚大。若晋之十六国，唐李之十国，更不足道也。故中国自秦汉至今日，可直谓为统一时代，是为中国国体与欧洲大异之一事。此种异点，其原因何自乎，凡各国之裂土而治者，大率因于宗教与种族之不同。德意志各国所以能为联邦者，种教相合也。希腊、塞尔维亚诸国所以裂土耳其者，种教不相合也。中国自汉武帝表章六艺、罢黜百家，而宗教遂定于一，虽有佛教流入，而出世间法，不与世间事。故中国全境，可谓之同奉一教。若欧洲则既有耶教、回教之分，耶教之中复有希腊耶稣、天主之别，此其所以异者一也。若其种族之合并，颇难寻其踪迹。夫夏殷以前，群族相竞，迄于有周，除中原之地，所分封功臣子弟以外，自余若秦楚吴越。当时目为夷狄，皆与中原异族者也。而西戎、莱戎、陆浑戎、羌戎、淮夷、赤狄、白狄、长狄等，各个种族杂处于内地。春秋时尚班班可考也。何以自汉以后，种族之界忽灭？凡在神州禹域者，人人皆有同胞之观，此其变迁之速，最不可解者也。推原其故，盖当时男女同姓其生不繁之学理，已大行于世，各国君主与贵族，皆娶于异姓（即异种）之国。而民间效之，故春秋战国以后，其各族之人民，早已互通婚姻，渐渐无差别之可言，故国地一经合并，国民遂为一体也。而欧洲各国，其种族皆迭起错出，风俗不同，婚姻不通，此其所以异者二也。坐此二端，故欧洲诸国常分立，而中国全域常统一之所由也。然则其影响何如，凡列国并立者必相争，使天下无罪之民肝脑涂地，又凡封建贵族之国，持国权者必极骄倨，奴视其民，民不堪命，故论安民之政，则列国必不如一统，斯固然也。虽然列国并立者，以有所争竞，故其政府不能不励精图治，以谋国家之进步，求足与他国相角，而不至堕落。如是则国政必修，其国民常与他国相遇，常与战事相习，则其敌忾好胜之心，自不得不生，如是则民气必强，国政修。民气强，而国民之文明幸福，遂随之而日进。此列国并立之效用也。若我中国以数十代一统之故，其执政者枵然自大，冥然罔觉，不复知有世界大局，惟弥缝苟且以偷一日之安，务压制其民，以防乱萌，而国政之败坏萎弱，遂至不可收拾，其国民受压既久，消磨其敌忾之心，荡尽其独立不羁之气，以致养成不痛不痒今日之天下。此则二千年一统之国势所影响也。

二、欧洲有分国民阶级之风而中国无之

欧洲自今世纪以来，学理大昌。天赋人权平等同胞之声，遍满全洲。于是分国民为数等阶级之风渐息矣。而昔者则数千年来，万方同慨，虽以亚里士多德之高识，犹谓奴隶之制为天然公理，以希腊罗马之文明，而其下级社会之民被虐待者，惨无天日，其所谓沐文明之膏泽者，不过国中少数一部之人耳。至如合众国当十九世纪之时代，尚至为争卖奴而兴干戈。法国既为共和政体，而贵族之权犹不替，推之亚洲各国，印度分人为四等之俗，至今未改。日本非人秽多等称号，至维新后而始除。然则阶级之风，殆亦可称万国之公俗矣。独我中国则历古以来，此风不盛。自汉以后，尤绝无之。卜式以牧羊为郎，公孙弘以白衣为丞相，自此以后，布衣卿相之局，司空见惯矣。但使有才能，中资格，则无论出何门第，执何职业，皆可以执政权为民上。虽中间晋代立九品中正取士之制，其积弊所倾，当时有上品无寒门、下品无贵族之评判。然非其立法之本意也。且行之不久，遂亦废辍。自唐以降，设科取士，平地青云，更无论矣。两汉屡下诏免奴婢，近世虽有皂隶奴才，不许登仕版之禁，然其数甚微，不能目为一种阶级，故中国可谓之无贵族之国，其民可谓之无阶级之民，是又为中国国体与欧洲大异之一事。此种异点其原因何自乎，中国当战国之时，列国之竞争最剧，相率以发达人材，扩张国势为务。其雄鸷之主，知仅恃贵族，不足以豪于天下，故敬礼处士，招致客卿，邹衍、淳于髡、苏秦、张仪之流，皆抵掌横议，以取卿相。贵族世卿之藩篱既已决破矣。而当世圣哲孔子、墨子之徒，大倡平等之义，孔讥世卿，墨明尚贤，其门弟子多出身微贱，名闻一时。（子张驵侩也，颜涿聚大盗也。学于孔子，禽滑厘大盗也，学于墨子。）故天下相与化之，以视亚里士多德之主张蓄奴者，大有异矣。汉高祖既起草泽作天子，其左右股肱萧、曹、韩、彭之流，皆起家贱吏，牙侩屠狗，致身通显，君臣皆如是。故能举目有人类以来天然阶级之陋习，一扫而空之，殆非偶然也。欧洲则贵族常智而强贱民常愚而弱，故数千年不能破此关，亦有由也。此事之影响又何如？无阶级之国民，一般享受幸福，固为文明进化之一征验矣。虽然进化者以竞争而得，竞争者以激博而生，欧洲惟分民为阶级，小数之贵族，多数之平民，其惨待不以人理。故官民相争之局屡起。民气日昌，民智日开。遂能打破积弊，一跃而登于太平仁寿之域。若我中国人则非受直接之暴虐。而常受间接之压制，人人天赋之权，虽未尝尽失，而常不完全。被民贼暗中侵夺，而不自知，故怨毒不深，而其争自存也不力，又被治之人，俄然而可以为治人之人，故桀骜愤激之徒，往往降心变节，工容媚、就绳墨，以求富贵，故民气不聚，而民心不奋。宋太祖所谓天下英雄在吾彀中矣，此中国历代君相愚民之术，巧于欧人者也。呜呼，我中国民权之难兴，即坐是故，可悲乎？

第三章　结论

中国与欧洲国体上相异之点虽不一，就余观之，则莫如此两者为最。而其一切相异之点，皆可以归纳于此两者之中矣。夫以文明之公例论之，列国并争，比于合邦统一，则合邦统一者为优，有阶级之民，比于无阶级之民，则无阶级者为优。此天下之所共认也。然则我中国之进化，远在欧洲人二千年以前，而今日欧洲之文明，与我相比，不啻霄壤，此其故何哉？自春秋以前（西史上世纪），我与欧洲事事相去不远，自汉以后，我骤进而欧人如旧。自今世纪以来，欧人骤进而我如旧。二千年积进化之资格，每下愈况，此其故何哉？吾今更有言一，欧洲自希腊罗马以来，即有民选代议之政体，而我中国绝无闻焉。此又其最异之点而绝奇之事也。中国之无此政体何也？民不求自伸其权也。民何以不求自伸其权？不见他人之有权，故不求也。因一统闭关之故也，不知己之失权，故不可求也。因无阶级自安之故也。故吾仍以归纳之于前两者之异点也。呜呼，夫孰知学理上之文明，乃适以阻实事上文明之进步乎！吾则曰：非阻也，未有能善用之者也。嗟乎！往者不可追矣，今日地球缩小，我中国与天下万国为比邻，数千年之统一，俄变为并立矣。经济世界之竞争，月异而岁不同，今者以中国为众射之的，此后社会上之变动，将有不可思议者，数千年之无阶级，俄变为有阶级矣。二千年之停滞，既不可以得进步，今日当于退步求进步，或者我中国犹有突飞之日乎！

——梁启超：《饮冰室合集·饮冰室文集之四》，北京，中华书局，1989。

（二）梁漱溟《中国文化的略说》

我们先来拿西方化的面目同中国化的面目比较着看：第一项，西方化物质生活方面的征服自然，中国是没有的，不及的；第二项，西方化学术思想方面的科学方法，中国又是没有的；第三项，西方化社会生活方面的“德谟克拉西”，中国又是没有的。几乎就着三方面看去中国都是不济，只露出消极的面目很难寻着积极的面目。于是我们就要问：中国文化之根本路向，还是与西方化同路，而因走的慢没得西方的成绩呢？还是与西方各走一路，别有成就，非只这消极的面目而自有其积极的面目呢？有人——大多数的人——就以为中国是单纯的不及西方，西方人进化的快，路走出去的远，而中国人迟钝不进化，比人家少走了一大半。我起初看时也是这样想。例如，征服自然一事；在人类未进化时，知识未开，不能征服自然，愈未进化的愈不会征服自然，愈进化的也愈能征服自然；中国人的征服自然远不及西方化，不是中国人在文化的路线上比西方人差一大半是什么？科学方法是人类知识走出个眉目产生的，要既进化后，才从宗教玄学里解放出来的。虽然孔德（Comte）分宗教、玄学、科学三期的话不很对，受人的指摘，而科学之发生在后，是不诬的。中国既尚未出宗教、玄学的圈，显然是比科学大盛的西方又少走一大段路。人的个性伸展又是从各种威权底下解放出来的，那么，又是西方人已走到地点，中国人没有走到。差不多人类文化可以看作一条路线，西方人走了八九十里，中国人只到二三十里，这不是很明的吗？但其实不然。我可以断言假使西方化不同我们接触，中国是完全闭关与外间不通风的，就是再走三百年、五百年、一千年也断不会有这些轮船、火车、飞行艇、科学方法和“德谟克拉西”精神产生出来。这句话就是说：中国人不是同西方人走一条路线。因为走的慢，比人家慢了几十里路。若是同一路线而少走些路，那么，慢慢的走终究有一天赶的上；若是各自走到别的路线上去，别一方向上去，那么，无论走好久，也不会走到那西方人所达到的地点上去的！中国实在是如后一说，质而言之，中国人另有他的路向态度与西方人不同的，就是他所走并非第一条向前要求的路向态度。中国人的思想是安分、知足、寡欲、摄生，而绝没有提倡物质享乐的；却亦没有印度的禁欲思想（和尚道士的不娶妻、尚苦行是印度文化的摹仿，非中国原有的）。不论境遇如何他都可以满足安受，并不定要求改造一个局面，像我们第二章里所叙东西人士所观察，东方文化无征服自然态度而为与自然融洽游乐的，实在不差。这就是什么？即所谓人类生活的第二条路向态度是也。他持这种态度，当然不能有什么征服自然的魅力，那轮船、火车、飞行艇就无论如何不会产生。他持这种态度，对于积重的威权把持者，要容忍礼让，哪里能奋斗争持而从其中得个解放呢？那德谟克拉西实在无论如何不会在中国出现！他持这种态度，对于自然，根本不为解析打碎的观察，而走入玄学直观的路，如我们第二章所说；又不为制驭自然之想，当然无论如何产生不出科学来。凡此种种都是消极的证明中国文化不是西方一路，而确是第二条路向态度。若问中国人走这条路有何成就，这要等待第四五章去说，到那时才能指出中国文化的精神及其优长所在。

——梁漱溟：《东西文化及其哲学》，71～72页，北京，商务印书馆，1999。

（三）罗兹曼等《中国的现代化》（节录）

关于中国进行现代化的经验同其他国家有何不同的问题，本书已做了大量讨论。我们可以简要地总结为如下三条：(1) 知识分子和政治领导人不愿接受现代知识；(2) 前现代政府的逐渐削弱；(3) 人口数量关系、技术水平和可耕地数量。

接受现代知识，是社会变革过程中的首位实质性的步骤，它意味着理解和管理人类环境，并深信通过平均生产率的大大提高而最终促进人类财富的可能性。然而，对于领导者来说，放弃他们历史悠久的遗产中的那些已经被证明是有道理的东西，而在未曾试验过的基础上开辟新的道路一向是困难的。“古”与“今”之间多种多样形式下的斗争，是当代最突出的矛盾之一。

对于较早开始现代化的社会来说，这一矛盾延续了好几代；有人可能认为它开始于12和13世纪的文艺复兴，或至少开始于17世纪的科学革命。而对于现代化的后来者来说，传统的东西与现代的东西之间的对抗，大多是紧张的和富于戏剧性的。它所采取的形式包括反对现代的或西方现代国家的东西，或者在另一个极端上，反对传统的思想和行为方式。在某些方面，这种对抗类似于一个家庭中两代人之间的冲突，在这后一个冲突中，儿女在他们能够接受（或许是改进）成人规范之前，必须通过反抗来建立他们的个性。

在中国，旧的统治方式影响极大，它只给那些靠典籍培养出来的名流高士们以财富；另一方面，现代事物实际上直到19世纪末，仍遭到了这些人的抵制。中国直到20世纪才在受外国控制的通商口岸的工商业影响下，在受过西方教育的归国留学生和西方传教士及教育家的影响下，尤其是在日本现代转变典例的影响下开始经历了迅猛变化。第一个西方式的大学，直到1898年才成立，典籍方面的训练直到1905年仍是对文职人员的基本要求，而科学学术机构也是直至1928年才成立的。

奥斯曼帝国是以多少与此相似的方式阻碍现代事物的另一个庞大的后来者。虽然其古典文化传统无法与中国相比拟，但土耳其穆斯林人自认为是伊斯兰教的保卫者，而把西方人看成基督教异教徒，从而看成是正统宗教的死敌。所以，走西方道路也就是明显地背叛伊斯兰传统。奥斯曼帝国同欧洲的联系，比中国同欧洲的联系，要紧密得多，无论从文化、贸易上讲，还是从地理位置上说，都是如此。居少数的基督教徒在1800年占人口总数的五分之二，一个世纪后则为四分之一，他们有着西方的观点。在那里，西方化改革的开始比中国早半个世纪，而伊斯兰教本身也经历了一个逐渐世俗化的过程。但直到第一次世界大战时，依仗奥斯曼伊斯兰传统的保守主义领导人仍大权在握。20世纪初土耳其共和国的现代化革新才被认为是一场革命。在中国，经过最初的延误之后，儒家思想固有的理性主义为更快地抛弃旧有知识和更完整地接受现代知识播下了种子。

在摆脱旧政体观念走向率先现代化国家那种现代政体的过程中，日本和俄国在避免长期停滞方面要容易得多。他们的名流贵族们的文化遗产是从中国和拜占廷引进的，而且比中国的文化遗产有更多的变化，与奥斯曼帝国相比也是如此，虽然程度稍弱。尽管那些依附于旧价值观念的保守势力，在日俄也得到了增强，但同时也存在着这样一种认识：既然文化遗产本来就是外来的，因而可以用现已证明为有军事效力的其他外国知识取而代之。它们是具有组织完备的前现代政治制度的国家，面向现代的领导人一旦掌权，就发生了迅速变革。

那些成为西方殖民地的国家，类似地很快就引进了西方的语言和思想行为方式；印度就是一个典型，另外还有其他许多亚非国家。在大多数情况下，它们变成殖民地这一确凿事实，不仅反映了中央机构相对弱小所导致的易受侵略性，而且也反映了对外国影响的开放性。通常的情形是，西方语言变成了文化和行政管理的主要工具，而这就使受过教育的社会名流容易接受现代事物。

到19世纪末，因其领导人而忽视了现代化的，实际上只剩下中国一家。对采取现代观念的阻碍，因政治上的弱小而更趋严重了。80年前，中国19世纪即已显示出无力动员必需的技能和资源以迎接先进国家的挑战而进入了现代转变的岁月。只是又过了半个世纪，它才具备管理整个国家的政府，具备了在城市部门中善于迅速推广知识的那种能力。

一个大国，政治上的软弱竟如此长久，在现代史上是罕见的。我们必须再回过头来看看类似于中国的奥斯曼帝国，以及长期具有比较有力的前现代中央政府的日本和俄国的相对应的发展情况。从17世纪开始，奥斯曼帝国中央政权开始失去对省的控制，随着软弱性的发展，它变成了有名的“欧罗巴病夫”。它的衰落，使欧洲人得以开始对它强行军事上的不平等对待、财政控制、有条件的投降和领土侵犯。其衰落某些方面类似于中国，但也有明显的差别。奥斯曼的皇帝从未得到中国那种除边远地区外一贯与帝国统治相伴的文化统治。其少数民族受欧洲民族主义影响很深，一个又一个地赢得了独立。直到1921年成立新的土耳其共和国为止，其人口只剩下1300万了，同1860年的2700万人口形成了鲜明对照。这两个帝国的衰落，一个是几乎没有伴随着重新统一的动力的肢解，另一个是与渴望统一和集权的强烈民族主义感情相伴的涣散，其不同性大于相似性。

这些衰落的例子，同日本和俄国的政权从前现代向现代转变中的连续性，形成了鲜明的对照。尽管第一次世界大战后俄国发生了破坏性革命，而第二次世界大战中日本也遭到破坏性打击，但几年之间从灾乱中产生出来的新政府，却像神话中的不死鸟那样，以再生的活力继续追寻它们各自的现代化前程。

中国的人口对可耕地的关系，也是一个关键因素。有些国家的人口对土地的比例虽然等同于或高于中国的这一比例，但有些国家有高得多的技术水平，既可使农业更有效率和更专业化，又有能换来粮食的工业生产。在前现代岁月里，人口增长加重了中国的难题。1750—1850年，中国人口从大约2亿增加到4亿多，1850年的中国人口已占世界人口总数的三分之一。此后，其人口较慢地增加到1949年的5亿4000万，只是到了1980年才又猛增到了10亿左右。18和19世纪初，人口增长没有伴以国家管理机构的相应增加，这是政治衰落的一个重要因素。1949年以后，更快的人口增长，一直是中国领导人在刺激经济增长和社会一体化的努力中所面临着的一大障碍。

——［美］吉尔伯特·罗兹曼：《中国的现代化》，671～675页，上海，上海人民出版社，1989。

二、历史计量分析方法

（一）福格尔《新经济史的发现和方法》

南方奴隶制经济学

新经济史首先提出的、也是影响最大的新解释之一，是奴隶制对内战前南方经济的发展过程有什么影响。直到前不久，大多数历史著作都还把内战前的南方描述成经济落后的农业地带，认为在种植园制度的压迫下，南方经济已停滞不前。这些著作认为，内战爆发前夕，由于奴隶制已无利可图，种植园制亦岌岌可危，而奴隶制所以能苟延残喘，是因为它特有的社会制度长期以来已为一个阶级所适应，而这个阶级暂时还不愿意放弃这种制度。

康拉德和迈耶的文章向上述观点提出了尖锐的挑战。他们反驳说，所谓奴隶主的利润已日益下降，这一论点的论据通常是不足的。作者提出，它的主要根据是奴隶价格比其生产的商品价格上涨得快，但这并不一定能说明奴隶主的收益下降了，因为奴隶的生产率也在增加，足能维持原来的利润。作者进一步指出，从经济学观点来看，奴隶是一种资本货物。因此，只要计算出使所得收入资本化的标准方程，就可算出对奴隶投资的收益率；换言之，只要找出奴隶价格与奴隶创造的年度收入的关系，就能得出这个收益率。

康拉德和迈耶先把奴隶制经济分成两部分，一是生产作用部分，表示男奴隶同棉、糖、玉米等作物产量的关系；二是资本货物部分，表示女奴隶生产小奴隶。接着，他们分别计算了来自男奴和女奴的收益率。前者较为简单。首先，求出奴隶的人均资本费用，包括奴隶本身的价格，以及奴隶使用的土地、牲口、设备的平均价格。然后，根据棉花价格和奴隶的实际生产率算出年度总收益。这个数字减去奴隶生活费和管理费就是年度净收益。年度净收益的平均数可进一步从奴隶的死亡表中得出。康拉德和迈耶根据上述数字计算了男奴隶的收益率，他们的结论是：内战前大多数种植园的收益率介于5%到8%，取决于奴隶的实际人均棉花产量和棉花时价；在贫穷的东海岸地区和南部地势较高的松林地带，收益率只有2%到5%，而在“新西南、密西西比河平原等最富饶地区，以及南卡罗来纳州、亚拉巴马州等比较富裕的种植园”，收益率可高达10%至13%。

计算女奴隶的收益率似乎比较复杂。作者既要考虑女奴隶参加田间作业的生产率，又要考虑幼奴从出生到被卖期间的生产率、女奴隶孕期和哺乳期的费用、幼奴的抚育费用、幼奴的平均数等其他因素。康拉德和迈耶注意到，女奴隶一般有5个到10个幼奴，不足5个或超过10个而能养活并被贩卖的情况很少见。通过计算，作者得出了女奴隶收益率的上、下限分别为8.1%和7.1%。因此，位于最南部贫瘠地带的种植园虽只能从男奴隶获益4%或5%，但还有补偿的机会，即把幼奴贩卖给西部种植园，又从中获益7%至8%。这种贩卖是有据可查的，不但同时代人有所描述，而且奴隶人口的年龄结构也是一个证明。在卖出奴隶的州，奴隶的年龄基本上都是最佳工作年龄。

康拉德和迈耶的开创性著作，推动了许多学者去研究奴隶制经济学，其中最重要的当推安场保吉。安场在其著作中指出，为了从整体上，而不仅仅从某一地区或职业来评价奴隶制的生命力，人们在计算奴隶带来的净收益时，不应根据奴隶的市场价格，而应根据奴隶进行生产需要的费用，即根据供养奴隶的净费用。一般来说，某行业中生产资本货物所需的费用与其价格之间的差距并不会持续多久。如果经济租金的利润过高，新的资本——生产公司就会介入，原有的公司也会扩大生产规模，直至租金消失、资本货物的市场价格跌至与生产资本货物所需的费用相等。

但就奴隶而言，奴隶需求曲线比供应曲线变得快。造成奴隶供不应求的原因有两个，一是1808年曾禁止再输入奴隶，二是生物学和文化上的因素限制了国内奴隶供应的发展。正因如此，奴隶租金额曾一度增加。据安场计算，1821—1825年奴隶的平均价格为736美元，而平均资本租金为428美元，这个差额就是奴隶供养到成年所需的净费用。换言之，1821—1825年奴隶的资本租金占其市场价格的58%。1841—1845年，这个数字增至72%，1851—1855年又增至近85%。

安场保吉通过阐述内战前40年中奴隶的资本租金在其价格中占着很大的和不断增加的比重，有力地证明了奴隶制经济的生命力。相比之下，康拉德和迈耶只是根据奴隶的市场价格、而不是根据奴隶进行生产所需的费用来计算收益的，这就说明他们对奴隶制作为一种制度所得到的收益估计过低。事实上，他们的计算只是表明了奴隶价格的种种调整，从而使那些想花钱成为奴隶主的投资者有可能得到收益，但一般来说也只是来自市场价格的收益。奴隶制虽然是一种有生命力的经济制度，然而，也许因为它减少了节约率，也许因为它打击了人们的进取心，它也可能阻碍过南方经济的增长。史学家历来认为，种植园主从奴隶制中获取暴利，因而生活极度奢侈，此外，奴隶制还使人们对农业产生了不理智的依恋情绪。据称正是这些原因，使种植园主放弃了从事制造业牟取利润的机会。

近年来的一系列发现，使人们对所谓南方经济在内战前停滞不前的说法产生了怀疑。康拉德、迈耶、安场以及其他许多人的著作都有力地说明，南方采取轻视制造业的立场并不是咄咄怪事。这一立场似乎是对种植园农业带来的利润的理智的反应，因为这项利润大大高于其他机会带来的利润。据伊斯特林关于地区收入的估算，内战前南方人均收入的增长速度同全国各地一样快，即平均每年约增长 1.5%。

十九世纪末三十几年和二十世纪前半期，南方所以会发展缓慢，并不是因为奴隶制时代经济停滞不前，而是因为内战造成了极大的灾难。正如恩格尔曼指出的，假如南方在内战时期也能保持战前增长率，那末 1870 年时，南方人均收入将为实际收入的两倍。战争造成了如此巨大的破坏，以致南方花了近 30 年才恢复到 1860 年人均收入的水平，又用了 60 年才达到战争爆发前夕南方在全国人均收入中所占的比重。由此看来，废除奴隶制似乎同道德与平等问题有关，而不是因为奴隶制不能带来很高的经济增长率。

……

新经济史的方法

从方法论上说，新经济史的特点是强调计量，并认为计量与理论有密切联系。经济史历来倾向于使用计量方法，但以往的计量工作大半限于从商业档案和政府档案中寻觅数字，并简单地予以分类。虽然价格指数的建立堪称一大成果，但除此以外，在处理数字信息以便揭示“严格意义上的经济分析概念”方面，相对来说还做得很少。这种情况，一直到出现了国民收入账户法才有所改观。国民收入账户涉及大量统计复原工作，这项工作的开路先锋并不是经济史家，而是许多经验主义的经济学家，如美国的库兹涅茨、英国的斯通和迪恩、法国的佩鲁和马尔泽夫斯基等。经济史家虽也大量运用了国民收入数字，但他们未能进一步尝试把统计复原过程直接用于研究本领域的各种各样的问题。一般来说，大多数经济史家的讨论仍属定性的，对数字情报的使用基本上也是例证性的。

新经济史家正在设法填补这种计量方法上长期存在的空白，并已开始在扎实的计量基础上重新构拟美国经济史。这个目标是极其雄心勃勃的，实现这个目标也是困难重重的。最令人绞尽脑汁的问题莫过于缺乏资料。与历史上许多重要制度和过程有关的情报，或者从未有人收集，或者早已散失殆尽。有时虽有丰富资料，但数量之大，形式各异，如果不采用现代统计方法，复原工作的费用将非常昂贵，令人望而生畏。

正因为如此，新经济史家才普遍运用了统计学和数学方法，其中最常用的可能是回归分析。例如，菲什洛在计算内战前铁路建设的投资额时，主要是采用了回归分析；威廉森在研究都市化过程时也大量运用了回归分析；麦克沃伊在确定粮食价格与运输率之间的关系时，则使用了落后式回归模式。新经济史家采用其他数字方法的例子有：惠特尼运用了投入—产出分析来计算关税对制造业兴起的影响，金德尔运用了超几何分配，从两种残缺不全的清单中估计出内战后立即开业的州银行总数。

……

当人们试图找出某种发明、制度、过程对经济发展的确切影响时，计量与理论之间的密切关系最为明显，因为这就需要把实际发生的事件与假设不具备某种条件时可能发生的事件进行比较。但是，由于后一种违反事实的情况从未发生过，因此不可能有人见过，也不可能载入历史文献。这样，经济史家就需要一套总的设想（一套理论或一种模式），以便从实际存在过的各种制度和关系中，推断出这种反事实情况。

常常有人说，美国铁路扩大了商品农业的范围；当我们试图对此作出评价时，遇到的正是上述问题。诚然，从某种程度上说，商品农业范围与铁路建筑规模是同时扩大的，这也是符合事实的。然而这并不等于说，如果没有铁路，商品农业的范围就不可能扩大。为了澄清这个问题，人们就必须找到一种方法，以便确定在铁路出现后有人定居的土地中，假如没有铁路究竟有多少土地会被人定居。

要是没有铁路，马车运输的昂贵费用就会限止商品农业生产的发展，使它集中在水路可以通达的某个范围。这个范围可以用租金理论进行计算：在一定量土地上投入的劳动力和资本所得的收益，超过把这些劳动力和资本最大限度地用于集约耕作或粗放耕作时所得收益的那部分，就叫做地租。无论那一块土地，只要能带来地租，就必须被用于生产。因此，即使运费日增，但只要还低于土地本身的地租额，这块地就有使用价值。

假如已经知道由农场运往市场的货物量、农场到火车站和码头的距离、这些运输点到市场的距离，以及马车、火车和轮船的运费，就能标出农场主在没有铁路的假想情况下，运输这些货物需要多支付多少费用。这时的运费必然会增加，这倒不是因为轮船运费高于火车运费，而是因为把货物运至码头比运至火车站通常需要更多的马车车次。换言之，假如没有铁路，那末水路附近的农场受到的影响最小；离水路越远，需要的马车运输量越大。在距离航道的某一点位置上，额外支付的马车运费恰好等于土地本身的地租额。因此，这个位置上的农场就是可否进行商品农业生产的界限。找出所有这样的点，就得到一条完整的分界线，在这条界线上，原来通过铁路运输的货物由于改用其他方法运输而增加的运费，同土地的固有地租额正好相等。

应当指出，运用上述方法要把处于“真正”分界线外的土地包括在内。这是因为，如果只根据实际发生的货物混合装运的情况进行计算，就忽略了假设没有铁路条件下会采取的种种调整。因此，如果没有铁路，运输率结构就会改变，农产品混合装运结构也会相应改变，运费必然会减少，商品农业范围必然会随之扩大。再者，这样的计算也忽略了商品农业范围以外的地区会中断农业生产，从而对价格水平产生某种影响。相对来说，由于农产品需求的弹性不大，因此，假如没有铁路，农产品价格就会上涨，导致一定范围内集约型农业活动的加强，从而提高土地的价值；土地价值的提高，又会反过来增加该地区所能承担的额外运费额，同时使商品农业的可能范围进一步扩大到离航道更远的地方。

以上粗略提到的方法，就是我在确定 1890 年商品农业范围时所采用的方法。结果表明，假如没有铁路，即使只考虑当时可以通航的那些水路，原来耕种的土地中也有 76%会被耕种；另外，如果进一步考虑长达 5000 英里的运河网，这个比例将增至 93%。地租理论还能使人们推断出，究竟建筑哪些运河能带来社会收益。可以看出，如果某运河形成的商品农业地区具有“1890 年价值”，即假设当时没有铁路而需要多支付的马车费用，等于该运河的建筑费用，那末这条运河就能带来收益。

据雷德利克说，试图用假设—演绎模式来解决反事实问题，正是新经济史方法论中最引人入胜和最令人莫测的方面。他认为，归根结底，反事实命题同经济史研究是背道而驰的；他还认为，这样的命题是无法检验的，因此这类著作是“准历史学”。

……

事实上，新经济史家并不只是埋头于提出新的反事实命题，他们还对传统史学中存在的反事实论点加以阐明和检验。人们不应忽视后一种工作，即不应忽视阐明那些表面上是在比较实际发生的事件，而实质上也是反事实命题。试以由肯德里克加以普及的生产率算术指数为例。这个用来包括全部因素生产率的测定法迄今已有十几年了，它通常用产出指数与加权投入指数之比来表示，这里的“加权”指加上有值因素的份额。然而，菲什洛却巧妙地证实了，这个指数表面上纯粹以文献记载的事实为比较对象，实质上却是把产出的实际价格，同假设不发生技术变化情况下得到的价格作了改头换面的比较。

由于反事实命题仅仅是来自假设—演绎模式的某些推论，因此它至少可从两方面验证，一是立论和前提之间有无逻辑性，二是模式的假设经验上是否有效。新经济史家在重新研究以往的著作时，大半是要说明这些著作违背了上述一条或两条。如前所述，康拉德和迈耶在推翻菲利普斯关于奴隶制是垂死的制度这一论点时指出，菲利普斯的结论是建立在错误的假设基础上的，即建立在认为奴隶价格与棉花价格增长率不同意味着利润减少的基础上的。又如我试图在另一篇文章中表明的那样，虽然铁路的巨大影响可以毁掉个别公司或地区，却不能据以认为铁路是整个经济的命脉，因为这样的推理是荒谬的，必然会导致错误的结论。

综上所述，新经济史方法论的根本特点是，试图根据行之有效的假设—演绎模式，来全面归纳对经济发展过程的解释。这就是说，新一代史学家试图继往开来，努力以科学方法为基础来写作经济史，而早在他们崛起以前，就已有人在这样做了。如果新经济史家能对实现这个目标有所推进的话，那么这是因为他们继承了前辈史家的业绩，还因为他们受益于经济学理论、统计学和应用数学等方面的一系列重大发展。

——项观奇：《历史计量研究法》，136～151页，济南，山东教育出版社，1987。

（二）拉布特尼娜《电子计算机在研究托利党和辉格党形成中的运用》

为了表明十七世纪六十年代到七十年代初的政治派别，最初使用了“宫廷”和“祖国”两个术语来表示接近政府的程度。至七十年代末，这两个术语意味着“政府的”和“反对派的”两个政党的萌芽，而从1679年起，更加言简意赅的名字：“托利”和“辉格”同政党牢牢联系了起来。

这两个政党分别是怎样的呢？

恩格斯说，“托利”党“按其本性和历史发展来说，是一个纯粹中世纪式的反动透顶的党，是旧式贵族的党，它……是基督教国家的柱石”。“托利”党中有出身于大土地所有者、绅士、上层僧侣、法律家、高级军官、王家官僚家庭的人（见表4）。全体代表一般说来在一所大学、法律公会或在国外受教育（见表5）。国王的大多数支持者在牛津上学，而他们的反对派则在剑桥上学。因此，牛津大学培养了对国王最忠诚的人物。许多“托利”党员受过法律教育。根据上表研究一下国会中国王支持者和反对者的成分怎样变化，是有趣的。例如，如果说前三届国会中“托利”党内受过法律教育的人士占相当大的数字，那么最后两届国会中则没有这种人士。另一方面，在第一届国会中，“辉格”党内根本没有法律家代表，但在以后几届国会中则出现了。显然，这是靠一些代表从一个党转入另一个党而发生的。应当说，在两个政党形成时期，这种代表们从一个党“转”入另一个党的现象，是相应流行的现象。指出有些托利党人在国外受过教育，也是有趣的。辉格党人中一般没有这种人。由此，我们感到，假定在国外上学的托利党人或者出身于特别富有的家庭，或者出身于革命时期流亡国外的家庭，是很有可能的。因此，“托利”党的这些代表在任何情况下都最忠于国王和政府的利益。就学于威斯敏斯特的托利党人同样是王朝的忠诚卫士，这也是没有疑问的。

表 4　“托利”派和“辉格”派的社会出身

议　员	国　会									
	Ⅰ届		Ⅱ届		Ⅲ届		Ⅳ届		Ⅴ届	
	托利	辉格	托利	辉格	托利	辉格	托利	辉格	托利	辉格
无报道	50	54	49	47	43	36	53	39	59	42
勋　爵	12	27	12	22	21	24	12	20	29	25
绅　士	9	4	6	5	0	12	0	13	0	12
僧　侣	0	4	1	5	4	4	6	4	6	8
王家官僚	9	0	7	8	14	8	6	4	0	4
官　吏	0	0	0	3	0	4	0	4	0	4
商　人	3	0	1	3	0	4	0	4	0	0
军　队	3	0	1	0	0	0	0	0	0	0
法律家	6	4	2	3	10	4	6	4	6	4
其他自由职业者	6	4	6	3	3	4	0	0	0	0
共　计	98	97	85	99	95	100	83	92	100	99

表 5　“托利”党与“辉格”党的教育

议　员	国　会									
	Ⅰ届		Ⅱ届		Ⅲ届		Ⅳ届		Ⅴ届	
	托利	辉格	托利	辉格	托利	辉格	托利	辉格	托利	辉格
无报道	56	68	58	67	57	72	65	74	70	70
牛津大学	16	9	16	14	21	16	29	9	23	17
剑桥大学	6	23	6	14	4	8	0	9	0	8
法律公会	16	0	10	6	7	4	0	9	0	4
国外留学	3	0	4	0	4	0	6	0	6	0
威斯敏斯特	3	0	3	0	7	0	0	0	0	0
共　计	100	100	99	101	100	100	100	101	99	99

关于托利党人的社会财产状况（见表6），可以说明如下。政府党包括大地主、官吏、富商、自由职业者。其中大多数是法律家、王家官僚和高级军官。把关于托利党人在查理二世全部五届国会整个活动期间的社会财产状况加以比较，可以发现这个党是靠社会最高阶层巩固起来的。例如，第四和第五届国会中大土地所有者（勋爵）和王家大臣的人数增加了一倍。而“中等阶层”的百分比却减少了（见表6“商人”和“官吏”栏）。

表6　托利和辉格的社会财产状况（职业）

议　员	国　会									
	Ⅰ届		Ⅱ届		Ⅲ届		Ⅳ届		Ⅴ届	
	托利	辉格	托利	辉格	托利	辉格	托利	辉格	托利	辉格
无报道	40	18	24	19	32	20	35	25	41	21
勋　爵	3	4	3	3	3	0	6	0	6	0
绅　士	3	4	4	3	0	4	0	4	0	4
王家官僚	9	27	18	19	14	20	18	13	12	12
官　吏	0	4	3	5	3	4	0	4	0	4
商　人	3	4	3	8	0	20	0	26	0	21
军　队	3	18	17	18	18	12	23	9	23	17
法律家	31	14	22	22	18	12	12	17	12	17
其他自由职业者	6	9	6	8	7	12	6	4	6	4
共　计	98	102	100	105	95	104	100	102	100	100

托利党人担任着非常不同的职务（见表7）。其中有宫廷官员、内阁成员、秘密委员会委员、法官、贸易公司成员、市参议员、各种国会委员会委员、地方管理局和军队负责人士。并且其中大多数担任大臣职务、法官、军队要职，执国会行政机关之牛耳。在第四和第五届国会中，各贸易公司成员和市参议员转到了反对派方面，这一事实也引人注意。另一方面，托利党人在数量上主要是靠宫廷官员、大臣、秘密委员会成员、高级军官扩大的。这种观察可以得出结论：统治阶级上层——世袭名门贵族是“托利”党的核心。

表 7　托利和辉格担任的职务

议　员	国　会									
	Ⅰ届		Ⅱ届		Ⅲ届		Ⅳ届		Ⅴ届	
	托利	辉格	托利	辉格	托利	辉格	托利	辉格	托利	辉格
无报道	50	36	36	33	40	24	41	26	47	25
宫廷官吏	3	9	10	8	10	8	18	9	18	8
内阁成员	25	9	20	8	21	12	30	13	23	12
秘密委员会成员	6	18	6	14	3	20	12	17	11	12
法　官	19	14	15	17	14	8	6	13	6	12
贸易公司成员	0	4	1	5	3	12	0	13	0	12
市参议员	3	0	3	3	3	12	0	17	0	17
国会负责人	18	14	12	13	8	12	6	13	6	16
地方行政当局成员	3	9	9	14	7	20	6	22	6	21
军　官	3	23	21	17	18	20	18	13	18	16
皇家团体成员	3	0	5	0	7	0	6	0	6	0
共　计	133	136	138	132	134	148	143	156	141	151

下列情况可以说明资产阶级革命时期早期“托利”党的政治活动（见表8）。第一和第二届国会中还有参加过查理二世之父的“长期”国会工作的人物。“托利”党主要包括保王党人和直接为复辟作好准备的人物。但其中也有不少参加过理查德·克伦威尔的国会的人物，甚至有被认为是“克伦威尔派”的人物（即最接近奥利弗·克伦威尔的人士）。但在本文研究的国会中，“托利”党内连一个独立派人士也没有。

我们可以从托利党议员在英国立法非常不同的方面发生的国会辩论中采取的立场上，看到这一政党的思想政治立场。

早期托利党人对国王特权的态度，是他们的政治立场的关键因素（见表9）。在历届国会中，尤其在第三、第四和第五届国会中，即在为“褫夺”国王的兄弟、天主教徒、约克公爵的王位依次继承权而斗争的年代里，“托利”党捍卫了国王的特权。政府党20年来一致支持国王在外交政策上的特权和他本人不管王妃宗教信仰而同她结婚的权力等等。许多托利党人为国王在教会事务和财政问题上的特权辩护。

表 8　革命时期的托利和辉格

议　员	国　会									
	Ⅰ届		Ⅱ届		Ⅲ届		Ⅳ届		Ⅴ届	
	托利	辉格	托利	辉格	托利	辉格	托利	辉格	托利	辉格
无报道	37	36	54	50	53	52	53	60	64	54
“长期国会”成员	3	18	4	15	0	12	0	13	0	12
理查德·克伦威尔国会成员	16	27	7	14	7	20	6	13	6	12
保皇派	31	9	25	14	28	20	35	17	23	20
国会支持者	6	14	3	11	3	18	1	4	6	8
独立派	0	4	0	3	0	0	0	4	0	4
“克伦威尔派”	6	9	3	3	3	4	6	0	6	0
复辟准备者	22	23	15	14	18	12	12	9	11	9
共　计	121	140	111	124	112	138	113	120	116	119

表 9　托利和辉格对国王特权的态度

议　员	国　会									
	Ⅰ届		Ⅱ届		Ⅲ届		Ⅳ届		Ⅴ届	
	托利	辉格	托利	辉格	托利	辉格	托利	辉格	托利	辉格
支持：王位继承特权	31	4	39	8	71	8	70	4	70	4
婚姻特权	31	4	12	3	18	4	23	4	23	4
教会事务特权	19	18	21	14	24	4	18	4	18	4
财政特权	25	4	31	3	28	8	29	9	29	8
经济特权	31	4	25	9	14	4	18	4	18	0
外交政策特权	3	0	13	0	7	0	6	0	6	0
反对：王位继承特权	3	50	7	47	11	68	23	73	23	80
婚姻特权	7	4	15	3	0	8	0	9	0	8
教会事务特权	8	4	0	5	3	12	0	13	0	17
财政特权	15	54	10	80	10	64	12	61	12	66
外交政策特权	0	18	0	14	0	20	0	17	0	21
共　计	153	164	173	186	186	210	199	198	199	212

但“托利”党对国王特权的观点和态度，并非总是铁板一块的。表9的资料表明了这一点。我们看到，有些托利党人反对国王有权“亲自任命王储”。其原因是这样一个事实：政府党内虽然也有天主教徒，但他们比占大多数的英国国教徒和长老会教徒要少得多。但是，尽管托利党内有分歧，他们却始终坚定地支持国王的特权，认为这样能加强君权，从而加强自身的地位。

但在这种情况下，托利党人对国会特权的态度如何呢？我们从（见表10）中看到，“托利”党内国会特权的支持者比国王特权的支持者少得多。在讨论关于国会内部特权的法律草案时，一些代表赞成“自由的”“没有薪水的”“定期的”国会，另一些代表则反对。有些演说者反对国会中的营私舞弊。但所有托利党人（特别在第四和第五届国会中）则一致坚持国会选举必须有财产资格。

表10　托利和辉格对国会特权的态度

议　员	国　会									
	Ⅰ届		Ⅱ届		Ⅲ届		Ⅳ届		Ⅴ届	
	托利	辉格	托利	辉格	托利	辉格	托利	辉格	托利	辉格
无报道	72	41	70	36	68	40	70	43	76	33
支持：“自由的”国会	6	27	6	25	3	20	0	22	0	25
“定期”国会	9	36	12	42	14	44	12	30	12	50
“廉洁的”国会	0	36	3	33	4	36	0	26	0	33
反对：“自由的”国会	6	0	6	5	0	0	0	0	0	0
“定期”国会	6	4	6	3	7	0	6	0	0	0
支持财产资格	3	4	0	3	7	4	11	4	12	4
反对财产资格	0	0	0	3	0	0	0	0	0	0
共　计	103	148	103	150	103	144	99	125	100	145

国王支持者对资产阶级言论出版自由的态度如何呢？托利党人中没有为这些自由辩护的议员，但有不少反对者，尤其在对出版“自由”的态度上（见表11）。托利党人无疑支持政府对批评现存复辟制度的“煽动性”文章和抨击性文章作者所执行的政策。遗憾的是，这一表格中的资料，很少说到托利党议员对资产阶级自由的态度怎样依赖于他们的宗教信仰。但如果我们把属于反对党的资料比较一下，就能得出结论：反对资产阶级自由的英国国教教徒比长老会教徒多。因此，宗教信仰也影响了议员们的政治观点。

表 11　托利和辉格根据宗教信仰对资产阶级自由的态度

议　员	国　会									
	Ⅰ届		Ⅱ届		Ⅲ届		Ⅳ届		Ⅴ届	
	托利	辉格	托利	辉格	托利	辉格	托利	辉格	托利	辉格
无报道	41	18	34	22	18	80	12	74	78	78
长老会信徒：										
出版“自由”支持者	0	9	0	3	0	4	0	0	0	4
出版“自由”反对者	3	0	1	0	3	0	0	0	0	0
言论“自由”支持者	0	27	0	22	0	28	0	22	0	25
英国国教徒：										
出版“自由”支持者	0	0	0	0	0	10	0	0	0	0
出版“自由”反对者	3	0	3	3	3	4	0	4	0	0
言论“自由”支持者	0	4	6	3	0	0	0	4	0	4
共　计	47	58	38	53	24	126	12	104	78	111

在研究了托利党人对政府执行的宗教政策的态度后（见表 12），我们相信这种态度是在议员们宗教观点直接影响下形成的。例如，在第一和第二届国会中，“宗教容忍态度”的支持者主要是长老会派和天主教徒。英国国教徒则比他们少得多。这并不奇怪。因为这一时期英国国教是统治教会，因而不愿对其他教会和教派采取“容忍态度”。在前三届国会中，托利派中有不少人反对反国教者（教派信徒）。并且在第二届国会中他们大多属于长老会派。另一方面，在查理二世的历届国会中，托利派英国国教徒是镇压秘密祈祷集会的坚决支持者。在这一点上他们始终支持国王，甚至常常设法使国王采取这种镇压措施。但如果说托利党长老会教徒对本党同志——英国国教徒的这种行为采取了有分寸的态度，那么他们却一次也没有反对过镇压秘密祈祷集会的政策。

表 12　托利和辉格根据宗教信仰对政府宗教政策的态度

议　员	国　会									
	Ⅰ届		Ⅱ届		Ⅲ届		Ⅳ届		Ⅴ届	
	托利	辉格	托利	辉格	托利	辉格	托利	辉格	托利	辉格
无报道	31	9	18	14	7	4	6	4	6	4
长老会信徒：										

续表

议　员	国　会									
	Ⅰ届		Ⅱ届		Ⅲ届		Ⅳ届		Ⅴ届	
	托利	辉格	托利	辉格	托利	辉格	托利	辉格	托利	辉格
支持“特权”法律草案	0	50	0	47	7	68	35	74	18	79
反对“特权”法律草案	9	0	12	5	28	4	0	0	30	4
支持宗教容忍态度	6	0	3	3	3	4	0	4	0	4
反对宗教容忍态度	0	0	0	3	0	0	0	0	0	0
支持反国教者	0	23	0	25	0	20	0	22	0	25
反对反国教者	3	9	7	5	3	8	0	4	0	4
英国国教徒：										
支持“特权”法律草案	6	4	1	3	7	4	12	4	12	4
反对“特权”法律草案	12	0	9	0	21	0	29	0	30	0
支持宗教容忍态度	3	0	1	0	3	0	6	0	6	0
反对宗教容忍态度	3	0	6	3	11	0	12	0	6	0
支持反国教者	0	0	1	0	5	0	0	0	0	0
反对反国教者	3	4	1	5	0	8	0	9	0	4
支持镇压祈祷团体	6	0	4	3	3	4	0	4	6	0
反对镇压祈祷团体	0	4	0	3	0	4	0	0	0	4
共　计	82	103	63	119	98	128	100	125	114	132

分析这一表格还能使我们探索争取“褫夺”法律草案的斗争是怎样在国会中发生的。我们看到，托利派中有这一法律草案的支持者（主要是长老会教徒），但宫廷党的大多数议员却反对这一法律草案，这再一次证明托利派忠于王权。

在研究了说明早期托利派社会成分的材料后，我们转而对有关“辉格”党的报道作了同样的研究……

总之，在用电子计算机分析了两个早期政党的阶级成分和思想政治观点后，我们得出了下列结论：查理二世的政府执行的社会经济政策和宗教政策，引起了国内许多人对现存复辟制度的不满。在社会冲突背景和影响下，查理二世的国会中逐渐发生了早期“托利”党和“辉格”党的形成过程。

“托利”党就其成分和思想政治信仰来说，是土地贵族和财政寡头的党。因此，托利党人历来坚持复辟的利益。政府党仅仅争取最低限度的限制国王的权力，完全坚持国王的特权。托利党人对国王十分的忠实，这迫使他们希望削弱国会的权力。因为不削弱另一个环节，“传统宪政”的一个环节就不可能加强。托利党人希望加强国王权力，因此他们热衷于反对对现存复辟制度不满者的任何批评和“不可容许的”活动。托利党人特别坚持对劳动大众执行镇压政策。

必须指出，史料“残缺”无疑影响了数据的性质。显然，“普通”国会议员（和其中的“第三等级”：农村绅士和商人阶层）没有写进《全国传记辞典》的报道所包括的那些人中。这在很大程度上损害了“辉格党人”的集体画像。由此而来的是托利党人和辉格党人的某种“类似”。但两党成分外表“类似”并不令人扫兴，因为这是它们形成时期的特点、是两党还没有发生社会阶级划分时期，阶级原则本身很大程度上暂时为家族联系，地区、职业和宗教利益所模糊时期的特点。但是可以指出，早期辉格党人的阶级成分比他们的政治对手更加复杂。除了大土地所有者外，“中等阶层”——绅士、小官吏和商人阶层是这个党的重要因素。除了社会成分的差别外，辉格党的政治信念也和托利党的思想政治信念有所不同。由于许多辉格党人出身于独立派传统还有生命力的独立派家庭，这种思想遗产无疑影响了他们的世界观的形成。辉格党主张尽可能限制国王特权，争取加强国会。辉格党人把来自人民大众的威胁看作可以用来达到自身目的的政治压力手段。他们在国会内部斗争中曾多次呼吁人民大众支持。为了利用这种可能性以及批判现存制度，“辉格”党争取到了确立资产阶级“言论”和“出版”自由。

有不少资产阶级和新贵族代表的早期辉格党人反对国王执行的违背他们自身利益的措施。但甚至最坚定的反对派，也毫不关心人民的福利，而他们却俨然以人民利益的代表自居。因此，复辟时期形成的两党仅仅反映了统治阶级的利益。

——项观奇：《历史计量研究法》，527～539页，济南，山东教育出版社，1987。

三、历史心理分析方法

（一）张玉法《心理学在历史研究上的应用》

由于心理分析的理论被医学界证实为可靠，而利用心理分析研究历史也逐渐有所成就，到1957年12月，美国历史学会会长William L. Langer就在美国史学年会以“The Next Assignment”为题发表演说，提倡用心理学的知识来研究历史。他鼓励史学界尽量采用新的观念、新的观点、新的技术来研究历史，他称以这种态度研究的历史为newest history，比Robinson的new history更进一步。他认为未来的历史研究，不但要有广度，而且要更具深度。他所谓深度，就是利用现代心理学上的新发现来研究历史。不过，他认为正统的心理学对研究历史没有多少用，有用的是心理分析学，以及后来发展的动力心理学（dynamic psychology）或深度心理学（depth psychology）。

此后，美国历史学会举办多次学术讨论会，会中提出不少用心理学理论所写的史学论文。1963年，Bruce Mazlish收集若干论文，编了一本书叫*Psychoanalysis and History*（Englewood Cliff，N.J.，1963）。次年，H. Stuart Hughes写了一本书叫*History as Art and as Science*（New York，1964），也提出历史研究要注意人物的心理问题。其间，美国年轻一代的历史家，不断把心理学的发现纳入他们的著作中，譬如1970年6月号的《美国历史评论》所发表的戴莫斯（John Demos）的《十七世纪新英格兰的巫术内蕴》（Underlying Themes in the Witchcraft of Seventeeth-Century New England），即是以心理分析的概念来处理问题。不过，美国史学家对心理学的重视，远落在政治学家之后，政治学家对杰出政治人物的研究，早已采用了心理学的概念，而且有许多重要著作。就世界史学界的情形而论，重视以心理学的理论研究历史的，目前主要只有美国史学界，法国虽然早就注意到历史上的心理问题，但在研究上的成就不大。英国史学界比较保守，对此新潮流多持反对态度。俄国人只利用马克思的唯物史观写历史，对此唯心论的理论，丝毫不敢有兴趣。中国史学界，数十年前就有人接受心理学是历史的辅助科学这个概念，但真正用心理学理论写历史论文的目前很少……

心理历史的范围虽广，大都支离破碎，真正能够建立理论体系的，只有Freud所创始的心理分析派。社会冲突有两种形式，一为个人与社会的冲突，一为团体与团体间的冲突。在心理分析派兴起前，史家较注意研究团体与团体间的冲突；到心理分析派兴起后，才开始研究个人与社会的冲突。这是心理分析派的一大贡献。心理分析虽由弗洛伊德所创始，但日后的发展，已出现了许多理论派系。此处介绍心理历史的理论体系，首先介绍Freud，次介绍Erikson和Lasswell。他们透过传记的分析，或政治行为的研究，来了解个人与社会的冲突，这给历史的研究提供了新的方向。

Freud重视操纵人类行为的情绪力量（emotional factors that govern behavior）。Freud认为情欲（passion）和非理性（irrationality）不但在我们之中，在我们周围，也是历史上的很大力量……

心理分析所给予历史学者的，是使人类表面的行动由内在的情绪因素来证明。内在的情绪因素，Freud 认为有三大推动的力量：一为焦虑（anxiety），由焦虑而产生许多自卫的反应（前已述及）；二为欲力（libido），由追求欲望的实现而产生的外显力量，由欲望的压制而产生的潜意识，均支配人类行为；三为攻击（aggression），此起于安全的需求。除情绪因素外，尚有生理的需要和发展自我的需要，这些驱力压迫（drive pressures）使人类产生许多行为。在这一点上，他和 Karl Marx 的看法完全不同：Freud 强调个人与社会的冲突，Marx 强调社会各人群间的冲突；Freud 强调抑制（repression）、驱力（drives）和潜意识，而 Marx 强调社会实体（social reality），认为自我的适应方向是由兴趣与需要决定。这不是说 Marx 完全错，Freud 完全对，事实上一位心理历史大师 Erikson 就修正了 Freud 的观点，譬如 Freud 认为由于 drive 的作祟，人与社会的冲突不可避免，但 Erikson 认为自我向社会求适应为每日生活的重要特征。

对 Freud 理论提出不同看法的不只 Erikson，Melanie Klein 对 Freud 的欲力理论（Libido theory）也不敢苟同。……Klein 提出了“客体关系理论”（object relations theory），认为从诞生的第一年开始，小孩即开始学习辨别我与非我、主体与客体。所有能使自己产生快乐的事物，都认为是好的，是属于自己的；所有使自己不舒服的事物，都认为是坏的，是不属于自己的……

对 Freud 的 ego development 的理论，提出讨论的也不少，如 Börbel Inhelder 和 Jean Piaget 著 *The Growth of Logical Thinking from Childhood to Adolescence*（New York，1958）等，都认为环境因素是决定发展的重要因素。他们认为心理发展是对外界或对自己在功能上的质变过程，量变不一定是发展的，譬如有些大人的心智如同小孩，而心智到老以后反而退化。心理发展是受生物的、社会的、历史的等综合因素影响的，心理学家、历史学家、人类学家都会知道，人类所获得的经验，因文化与时代不同，会产生很大的差别，故应注意不同的历史时代以及不同的文化，对个体发展的影响……

Erikson 属于 Freud 派，由于他发现 ego-identity 的理论，他已成为新 Freud 派的巨擘。Erikson 认为，人生在世，或适应社会，被社会所塑造；或反叛社会，企图改变社会；无非在寻找“自我的归属”（ego-identity）。因此，“所有的人都是具有一些创造性的，因为所有的人都要追求他的归属，而造成他们自己的世界”。Erikson 的 ego-identity 理论，创造了人格发展的模型，此一观念，对研究政治和历史，都非常重要……Lucian W. Pye 阐述 Erikson 的理论，谓在新兴的国家开始发展之前，领袖人物必须出现，而此领袖人物，必须找到人民共同的归属方向，即符合人民的共同需要，故共同的 ideology 是必要的，能找到共同 ideology 的人便会成为领袖……对 Erikson 的 ego-identity

理论，学界并不完全接受，譬如一位心理学家 Daryle Debell 就认为，发现共同的意识形态固然可以使一个人变为领袖，如希特勒；但在危机时能提供一个使众人团结的方法，也可使人变为领袖，如丘吉尔……

Erikson 把心理分析用在领袖人物的研究上，Harold D. Lasswell 则集注意力于私人动机和公众行为的关系上。他用一个公式来表明这种关系：

p] d] r=P

p 代表私人动机（private motives），d 代表移植向公众的事物（displacement onto a public object），r 代表理由化为公众利益（rationalization in terms of public interest），P 代表政治人（political man），“] ”代表转换的方向（transformed into）。意思就是政治人所追求的是私人动机，此私人动机转化为公共事物，再化成公众利益。Lasswell 又认为人类行为和政治行为的基本动机是解除心理上的紧张状态，就政治行为而论，一个人加入某类团体，可能为了争取某种权力，也可能为了自身的安全，目的均在解除心理的紧张。他的这些看法，见于他 1930 年出版的两本书，一为 *World Politics and Personal Insecurity*，一为 *Psycho Pathology and Politics*。他的学说在 1930 年代颇为风行，对人类政治行为的研究带来很大的影响，譬如对政治领袖人物社会背景的研究，对政治归属符号（symbol ）的研究，对影响决策不正常因素的研究，对投票行为的研究等，都因 Lasswell 的理论而获得很大的推进。

其他在心理分析上有特别见解的学者尚多，如沙特（Jean Paul Sartre），本人是存在主义者，强调自我意志（ego-will），但他认为许多阶级不同、心理不同的个人，可能为了共同的历史行动而奉献他们的生命。

……

欲研究心理变化对历史的影响，必须借助心理学的理论。心理学的理论纷繁，仅就心理分析而论，约有三个要点可循：1. 寻找潜意识对人类行为的作用。从历史上来研究潜意识，可从当事人的性格、适应力、创造力、升华现象等来考察，可以借助的材料有生活方式、做梦的记载、文学作品、讲演词、怪癖、习惯等。2. 心理分析派在解释行为时，特别注意个体过去的历史，尤其重视儿童期的生活经验。他们认为过去的经验与现在的行为具有因果关系，因此要了解个人某一阶段的行为，就必须追溯前此的生活史。也就是说，以心理分析的方法写传记，必须依时间先后为序，研究其人格在不同时代的发展。在依时间先后来追溯时，注重做某事的类型。这也就是 Erikson 的“主题重现法”（theme recurrence method），Erikson 认为，某人对一件事情的做法，可以从他自己的历史、他社区的历史找到先例。3. 从性（sexuality）、情欲（passions）和情绪（emotion）等方面，考察行为的动机。

上述三个研究方向，较易行的是第二个方向，即在变迁的时代中研究其人格发展，并找出他一生行为的类型。趋重于第二个方向的原因，主要由于Freud所发现的潜意识和非理性，不易从历史上获得材料，故心理分析的发展，已转到新的方向。新方向的内容：1. ego对reality的适应问题为心理分析的中心；2. 对人格发生影响的不限于家庭（如Freud所说），尚包括一直不断的社会关系（Erikson之说）；3. 分析时应注意与人有关的各种制度，特别是文化和社会的行为标准；4. 一方面注重Freud的人与社会的关系，另一方面也注重Marx派的社会人群之间的关系。

——康乐、彭明辉：《史学方法与历史解释》，165～190页，北京，中国大百科全书出版社，2005。

（二）弗洛伊德《达·芬奇画传——一个对童年的记忆》

就像其他普通人的日记那样，他（列奥纳多·达·芬奇）在日记中对当天重要的事情通常只用几个字一带而过，或者对这些事只字不提。有些账目，则很奇怪，所有列奥纳多的传记作者们都引用过这些账目。这些账目记述的是艺术家所花费的一笔笔数目很小的钱，巨细毕究，就像是一位迂腐而又吝啬的管家所记的那样。同时，在日记中也没有大笔花费的记录，也没有迹象可以表明，这位艺术家精于家政。其中有一项记录涉及到他给他的学生安德烈·萨拉买的一件新外套：

银丝锦缎　15里拉（Lire）　4索多（Soldi）
镶边用的红丝绒　9里拉
线　9索多
纽扣　12索多

另一个非常详细的记录是他为另一个学生的不良品质和偷盗嗜好而支付的全部费用："1490年4月21日，我开始写这本书并重塑马的雕像。1490年的圣玛利亚从良节（Magdalenentag），雅克莫（Jacomo）到我这里来，他当时只有10岁。（边注：偷窃、说谎、自私、贪婪。）第二天，我请人给他裁剪了两件衬衣、一条裤子和一件短上衣。当我准备用我积攒的钱，为上面所列举的这些东西付款时，他把钱从我的钱包里偷走了。虽然我完全可以肯定是他干的，但他永远都不可能承认（边注：4里拉……）。"他就是这样记录着这个孩子的不良行为，并在结束时写上费用账目："第一年，1件外套，2里拉；6件衬衣，4里拉；3件短上衣，6里拉；4双袜子，7里拉等等。"

给列奥纳多写传记的作家们并不是想通过他这些细微的弱点和个性，去解开这位英雄人物的内心生活之谜，他们对这些奇怪的账目进行分析，目的只是为了强调艺术家对他学生的慈爱和关怀。他们忘记了需要解释的不是列奥纳多的行为，而是他留下了这些行为的证据这一事实。因为我们不可能相信，他这样做的动机是为了让那些表明他善良本性的证据落到我们的手中，我们必须设想还有另一个感情的动机促使他写下了这些笔记。如果我们没有在列奥纳多的记录中发现另一笔账目，那么我们就很难猜出这种动机是什么。通过这笔账目，我们明白了列奥纳多关于学生衣服的琐碎记录的意义。

卡特琳娜死后的葬礼费用	27 弗洛林
2 磅蜡	18 弗洛林
运输和竖立十字架	12 弗洛林
灵车	4 弗洛林
运尸人	8 弗洛林
付给 4 个神父和 4 位神职人员的费用	20 弗洛林
敲钟	2 弗洛林
掘墓人	16 弗洛林
许可证——给官方的	1 弗洛林
	共计：108 弗洛林
先前的费用	
付给医生	4 弗洛林
糖和蜡烛	12 弗洛林
	共计：16 弗洛林
	全部费用：124 弗洛林

作家麦莱施可夫斯基是惟一一位能够告诉我们卡特琳娜是谁的人。他从列奥纳多另外两段简短的笔记中推断出她是列奥纳多的母亲——一位来自芬奇地区的贫穷的农村妇女。1493 年，她到米兰来看他的儿子。那年，列奥纳多 41 岁。卡特琳娜在那里得了病，列奥纳多把她送进了医院，她死时，列奥纳多用如此铺张扬厉的葬礼表达了对母亲的敬仰之情。

这位深谙心灵的小说家的解释虽然未得到证实，但它所具有的诸多内在可能性，与我们从其他方面了解到的列奥纳多的情感活动是相一致的，所以，我禁不住要把它当成正确的事件来接受。他让自己的感情屈服于研究之下，并且抑制这种感情的自由表达。但即便如此，被压抑的情感也有需要表达的时候，他对自己所热爱的母亲的死所表现出来的感情就属于这种情况。账目中葬礼的费用在我们看来就是怀念母亲的一种表达方式，尽管这种表达方式被歪曲得让人无法辨认了。我们不清楚这种歪曲是如何产生的，但如果我们把它看作是正常的精神过程，那我们就无法理解它。相反，在病态的神经官能症，特别是所谓的强迫精神官能症（Zwangsneurose）的情形中，类似的过程我们却很熟悉。在那里我们可以看到，强烈的感情由于受到压抑变成了潜意识，并转移到了细微的，甚至是愚蠢的行动中去了。就这样，反抗的力量成功地降低了这些受压抑的感情的表达，以至于人们认为这些感情的强度是极其微不足道的。在巨大的精神压力下，这种细小的行为表达方式说明：真正的、植根于潜意识中的感情冲动的力量想要否认这种意识的觉醒。我们只有和这种强迫性精神症的情况做类似的比较，才能够解释列奥纳多为他母亲的葬礼花费所做的账目。在他的潜意识中，他仍然和童年时代那样，对母亲怀着带有性色彩的感情，并通过这种感情，和母亲联系在一起。但是，后来出现的对童年时代的爱的压抑，却不允许他在自己的日记中为她竖立另外一座更伟大的丰碑。这种神经症冲突的结果是：他不得不做出了让步。就这样，他在日记中写入了账目，变成了后人难以理解的认识。

如果我们把对葬礼账单的了解类推到列奥纳多为学生的花费所做的账单上，似乎并不为过。它们同样是列奥纳多感情冲动所积累下来的残余物，以被歪曲的和被压抑的方式寻求释放的例子。他的母亲和他的学生，以及和他一样英俊的男孩子便成了他的性对象——这就是他性压抑本性的特征。他过分详细地记录他花在他们身上的钱数，这种奇特的方式暴露了他内心的冲突。这一点表明，列奥纳多的性生活确实是属于同性恋的类型，而我们能够揭示这类人的精神发展。这样，我们就不难理解他的秃鹫幻想中的同性恋情景了。因为它表明的内涵和我们对这类人的判断毫无区别。我们可以这样来解释它：由于我和母亲之间有这种性关系，因此我变成了一个同性恋者。

——［奥］西格蒙德·弗洛伊德：《达·芬奇画传——一个对童年的记忆》，李雪涛、任仲伟译，97～104 页，上海，华东师范大学出版社，2006。

四、历史系统分析方法

（一）系统理论简介

系统理论包括一般系统理论、通讯系统理论（信息论）、控制系统理论（控制论）等。

一般系统理论是由美籍奥地利理论生物学家 L. V. 贝塔朗菲于本世纪四十年代创立的。一般系统理论认为，任何自然现象和社会现象，从星系到原子、从整个社会到家庭，都是一个系统整体，所谓系统，就是指由相互作用和相互依赖的若干要素结合成的具有特定功能的整体。整个物质世界是由自然系统、人工系统、复合系统、概念系统组成的纵横交错的立体网络系统，系统是物质存在的基本形式之一。既没有脱离系统的物质，也没有独立于物质之外的系统。系统是客观的、多层次的、无所不在的。系统论不仅描绘了物质世界多样性的统一，同时也揭示了这种统一的根源，它是从整体与层次、整体与部分、整体与结构、整体与环境、整体与运动的各种辩证关系中揭示研究对象及其机体的统一性。一般系统论虽产生于本世纪中期，但却经历了从古代、近代到现代，即从系统观到系统论的发展阶段。“系统”是一个古老的哲学范畴。如古希腊哲学家德谟克利特曾用“世界大系统”“世界小系统”来命名自己的哲学著作……在近代，康德的星云假说把整个天体视为大大小小的系统；黑格尔的系统观点可视为德国古典哲学系统思想的代表，他曾明确指出：“真理只有作为系统才是现实的”，“哲学若没有体系，就不能成为科学……只能表示个人主观的特殊心情，它的内容必定是带有偶然性的”……

信息论在早期被称为通讯理论。狭义信息论的主要任务是解决电子通讯技术编码和抗干扰等问题。1948 年，美国数学家申农《通讯的数学理论》发表，标志着信息论的诞生。美国另一位数学家维纳从控制论的角度，提出了更为广义的信息概念。他说：“信息这个名称的内容，就是我们对外界进行调节并使我们的调节为外界所了解时而与外界交换来的东西。”这就是说，信息是人、动物或机器等控制系统与外界相互联系的一种普遍形式。进入五十年代以后，信息论在许多学科得到广泛应用，其中包括有心理学、神经生理学、解剖学、数学、电子学、物理学、神经精神学、电子计算机和经济学、人类学、哲学、语言学、政治理论和现代统计学等等。现代信息论已成为研究信息计量、传递、加工和转换等共同规律的学科。信息的本质至今仍是各国学者争论的焦点，有人说是物质的；还有人说是意识的；也有人认为它既是物质的，又是意识的；近年又提出新的看法，即认为它属于既不是物质又不是精神的中介实体。尽管如此，这并不妨碍人们清楚地看到，信息同样是物质的普遍属性之一，它存在于人类生活的所有方面。客观世界的系统内部及系统与系统之间，是以信息的形式联系着的。人们正是通过信息研究系统相互作用、相互关系的复杂性、有序性和差异性。它揭示了客观世界中存在共同的信息运动规律。人类从远古时起，已开始了对信息的利用。烽火台便是利用光学进行通讯的最初尝试。19 世纪有线电的发明，是第一次信息革命的重大成果；20 世纪无线电的发明标志着第二次信息革命开始；现在，人类又开始了第三次信息革命。随着电子计算机和卫星通讯网络、光导纤维等尖端科学技术的发展，信息论一系列深刻的哲学问题（如信息的本质、思维的机能等）将会得到进一步科学的阐述，信息论也将会得到更广泛的应用。

控制论是研究自然界和人类社会各种不同系统共同控制规律的科学。它是自动控制、电子技术、无线电通讯、生物学、数学、数理逻辑、统计力学等多种学科相互渗透的产物。在本世纪三十年代以来科学技术发展的推动下，维纳于1948年出版了《控制论》，标志着这门新学科的诞生。继钱学森于1954年创立了工程控制论之后，又陆续有神经控制论、生物控制论、经济控制论、社会控制论问世，出现了所谓现代科学控制论化。控制论的研究客体包括生命系统、社会系统和机器系统在内的一切具有信息流通的系统。所谓控制，是指一个系统以其内部或外部条件的变化为依据，而去进行调整，以克服不确定性，使系统稳定地保持或达到某种预定状态的过程。这样，控制论打破了技术系统、生物机体和人类社会的界限，认为任何控制系统都处于相互联系之中，而且控制过程是统一的。它们都具有同构性质，即都是由操纵机构、受控对象、直感通道和反馈通道这四个基本要素构成的有组织的系统；同时，它们又具有类似的调节机制，即又都是能通过信息的接受存储、加工处理和传递，而使自己是有目的的按确定性方向运动的功能系统。显然，在控制过程中要解除系统的不稳定性，首先应有取得使用、保持和传递信息的方法。控制和信息是不可分割的，控制论同信息论一样，表现出无机界同有机界之间有某种共同的规律。这不仅对说明物质世界的统一性具有重要的哲学意义，同时还在更广阔的范围内，促进并发展了各学科之间的联系。

综上所述可以看出，一般系统论、信息论、控制论——系统理论虽导源于自然科学，但是经过近几十年的发展，它的应用已远远超出自然科学母体的范围。在技术科学、管理科学和社会科学各部门中，系统理论已显示出它的威力。

——于沛：《系统理论与世界历史研究》，见《中国史研究》编辑部等：《系统论与历史科学》，168～172页，郑州，中州古籍出版社，1987。

（二）系统论与史学研究

首先，我们看一看通史与专史专题研究的关系。目前，史学界流行的做法是：通史等于各个专史研究成果相加起来的总和。然而，系统论却科学地揭示出了事物的综合性与整体性，整体与部分相互依存、相互作用、相互制约，因而整体大于部分之和。必须把各个专史和专题的研究放到通史的大系统中进行研究，同样，通史研究则必须弄清它与专史和专题研究的内在联系，而不是靠几句术语和单纯的逻辑推理把各种材料捏在一起。那种做法，实质上把历史唯物论变成了随意剪贴历史资料的剪刀和浆糊。以洋务运动的科技成就而言，在研究中，既要看到该时期翻译科技书籍的量，还要看到它的质；既要看到译者的科学知识水平，还要看到译者的社会意识状态；既要看到这些科技书籍的社会作用，还要看到这个作用的客观限度。尤其重要的是，要把这个问题放到当时中国特定的生产力和文化传统的社会结构中去分析。这样才能真实判断出洋务派的科技活动究竟有无建立中国近代自然科学理论体系的可能性与现实性。由于社会历史的发展是一个各种因素构成的合力运动，因而单个因素从来不会按自己应该怎样发展而发展。不仅如此，进一步的做法是把这个问题放到世界历史、资本主义文化结构大体系中进行比较，我们就可以更加清楚地把握洋务时期的科技活动，同建立近代自然科学理论体系的实质区别与差距。然而，另一方面，把这个问题联系到鸦片战争和戊戌维新时期科技发展史加以考察，又不难看出它承上启下的先驱作用。以具体的否定完成整体上的肯定，这是洋务时期的科技活动、乃至整个洋务运动在中国近代史上的地位和作用。如果离开与总体的联系，孤立分析评价洋务运动，就很难摆脱众说纷纭、莫衷一是的局面。而洋务运动研究的僵局不打破，近代史的研究就很难深入。

其次，我们看一看政治史与各门专史和各类专题的关系。系统论所说明的相关性原则，说明不仅整体与部分、而且部分与部分之间也无时不在相互作用。用政治史取代乃至取消其他专史和专题的研究，不符合客观历史实践，有悖于系统论阐明的科学原理。实质上，这里对历史唯物论的经济决定论和一定条件下政治反决定论，作了形而上学的绝对化理解，曲解阉割了历史唯物论本来的辩证法性质，把它人为地变成了机械的线性因果论，从而忽视了对许多中介环节的研究。这使政治史研究本身非常片面，因而难于得出实事求是的历史结论。过去对戊戌维新运动评价之所以不公允，就是因为长期以来研究的重心只放在戊戌变法的政治得失上面，而看不到维新派在文化、思想、学术、集合知识分子队伍方面的积极作用。这种狭隘的研究视野和思维方法，达到了惊人的程度，很有必要用系统论的科学原理改造一下。

……

系统论揭示了事物的等级秩序，从而使事物的内在联系呈现出层次性和历史性。这为研究事物的中间环节提供了具体途径，同时也就是普遍联系法则的深化。长期以来，知识分子史的研究进展甚慢，除了政治上的原因外，就是方法论的局限。知识分子并不同经济基础直接发生关系，在社会运动这个大系统中，它要通过政治、思想、文化、教育好几个中介，才能同经济需求挂上钩，它的数量和质量，并不同它依附的阶级实体成正比。在封建社会，农民阶级远比地主阶级的人数多，农民知识分子却远比地主知识分子人数为少。同样，也不会有一个资本家，就相应产生一个资产阶级知识分子。

形式逻辑的推理方法，在史学研究中，只是为了保证思维的条理性和文字表述的精确性，它绝不能作为一个完整的研究方法独立存在，因为它的形而上学性质与历史运动本身的辩证法无时不发生冲突。离开了这个前提，文章的逻辑推理无论怎样正确，在客观上，却将会变成与史实相悖的文字游戏。可惜，至今仍有不少人宁可习惯这种似是而非的逻辑游戏，而不愿去适应和训练史学研究者应有的辩证思维。系统论为事物多面性、多向性、层次性、历史性的统一提供了科学理论依据，这就大大开阔了史学工作者的视野，使我们在认识和把握社会因素的联系和中介的过程中，发现和发掘出大量的新的专史和专题研究题目，开辟新的史学研究领域，而这又是为通史研究水平迅速提高和突破的前提条件。

系统论的综合性原则，使我们深刻地认识到历史是整个社会的综合运动，从而自觉地去学习和吸取各门学科的有用知识，补充和改造我们的历史研究法。例如，在研究社会经济状况时，统计学的方法显然是行之有效的；在研究民俗和社会心理历史变迁时，社会学的具体方法可以移植过来；在研究历史人物时，弗洛伊德的精神分析法也不无可取之处，能够批判性地吸取继承，在进行历史问题比较时，系统论提供的信息方法、模型化方法、最优化方法等，都将对研究者的思维科学化不无裨益。至于在历史研究手段如何用现代技术改造方面，系统论也必将潜力无穷，大有用武之地。

总之，过去那种点、线、面的静止研究法和纯微观研究法，虽然有过它存在的历史依据，但已不能适应当前的形势和要求，需要用新的综合性的动态研究法和立体研究法取而代之，实现横向与纵向、顺向与逆向、宏观与微观、史料与史论以及多角度、多线条、多层次、多中心研究法的有机统一。这就需要我们在历史唯物论指导下，把系统论的观点方法，具体运用到历史研究中去。当然，在这个摸索过程中，需要注意历史科学与自然科学的区别。历史运动由各种偶然事件组成，并且无不带有人的主观能动性和目的，它的随意性之强，是自然界运动无法比拟的。因而，系统论对它的借鉴意义，主要是在科学方法论和哲学思维上。如果理解成用几个固定的理论模式去套用它，进而解释一切那就会走向反面。

——吴廷嘉：《系统论与史学研究》，见《中国史研究》编辑部等：《系统论与历史科学》，194～204页，郑州，中州古籍出版社，1987。

【相关论著目录】

1. 梁启超：《中国历史研究法》，北京，人民出版社，2008。

2. 何炳松：《通史新义 历史研究法》，长春，时代文艺出版社，2009。

3. 姚从吾：《历史方法论》，见《姚从吾先生全集》第一卷，台北，正中书局，1971。
4. ［德］伯伦汉：《史学方法论》（上下册），台北，台湾商务印书馆，1975。
5. 钱穆：《中国历史研究法》，北京，生活·读书·新知三联书店，2001。
6. 傅斯年：《史学方法导论》，南京，江苏文艺出版社，2008。
7. 严耕望：《治史三书》，上海，上海人民出版社，2008。
8. （清）纪昀等：《四库全书总目提要》，上海，商务印书馆，1933。
9. 姚名达：《目录学》，上海，商务印书馆，1934。
10. 叶德辉：《书林清话（附书林余话）》，北京，中华书局，1957。
11. 郑鹤声、郑鹤春：《中国文献学概要》，上海，上海书店，1983。
12. （清）张之洞：《书目答问二种》，北京，生活·读书·新知三联书店，1998。
13. 孙殿起：《贩书偶记（附续编）》，上海，上海古籍出版社，1999。
14. 余嘉锡：《目录学发微》，北京，中华书局，2007。
15. （清）俞樾等：《古书疑义举例五种》，北京，中华书局，1956。
16. 魏隐儒：《古籍版本鉴赏》，北京，燕山出版社，1997。
17. 黄永年：《古籍版本学》，南京，江苏教育出版社，2005。
18. （清）章学诚：《校雠通义通解》，王重民通解，上海，上海古籍出版社，1987。
19. 倪其心：《校勘学大纲》，北京，北京大学出版社，1987。
20. 张心澂：《伪书通考》，上海，上海书店出版社，1998。
21. （清）姚际恒：《古今伪书考》，北京，中华书局，1985。
22. 杨绪敏：《中国辨伪学史》，天津，天津人民出版社，1999。
23. （清）崔述：《崔东壁遗书》，上海，上海古籍出版社，1983。
24. 顾颉刚：《顾颉刚古史论文集》，北京，中华书局，1988。
25. 田汝康、金重远：《现代西方史学流派文选》，上海，上海人民出版社，1982。
26. ［意］贝奈戴托·克罗齐：《历史学的理论和实际》，傅任敢译，北京，商务印书馆，1982。
27. ［美］冯·贝塔朗菲：《一般系统论：基础、发展和应用》，林康义、魏宏森等译，北京，清华大学出版社，1987。
28. ［苏］科瓦利琴科：《计量历史学》，闻一、肖吟译，成都，四川人民出版社，1987。
29. ［美］爱力克森：《青年路德》，康绿岛译，台北，远流出版事业股份有限公司，1989。

30. 胡逢祥、张文建：《中国近代史学思潮与流派》，上海，华东师范大学出版社，1991。

31. 张玉法：《历史学的新领域》，台北，联经出版事业公司，1991。

32. 张广智、张广勇：《现代西方史学》，上海，复旦大学出版社，1996。

33. ［英］罗德里克·弗拉德：《计量史学方法导论》，王小宽译，上海，上海译文出版社，1997。

34. 于沛：《现代史学分支学科概论》，北京，中国社会科学出版社，1998。

35. ［奥］西格蒙德·弗洛伊德：《达·芬奇画传——一个对童年的记忆》，李雪涛、任仲伟译，上海，华东师范大学出版社，2006。

36. ［英］杰弗里·巴勒克拉夫：《当代史学主要趋势》，杨豫译，上海，上海译文出版社，1987。

【材料解析题】

1. 阅读下列材料并回答问题。

材料一：

历史知识既然主要是以史料为中介而获得，即通过真实的、可靠的史料以确定历史事实（包括事件及事件的内在运动所构成的过程），因此“史料收集学”（Heuristics）（有人英译为 science of source）与“史料批判学”（source-crit-icism）（相当于中国考据学）的方法成为历史学的最重要的技术性或工具性的方法……当然，历史学还有其他的许多方法，例如马克思主义的定性分析法（阶级分析法）、计量史学的定量分析法等等。当然，历史学家不必人人是考据家，但是对可靠的数据的系统化与解释，其原理与手法则是任何历史家必备的知识。

——朱本源：《历史学理论与方法》，31页，北京，人民出版社，2007。

材料二：

历史事件和过程的重构，这也是历史学的特点……历史家研究的成果必须如实地（不是真实的）重构历史事件（如赤壁之战）或历史过程（如由古代向中世纪的过渡）。历史的重构只能通过对史料的解释并将历史家的构思用文字表述出来……怎样重构历史不仅是一个极其复杂的历史研究的技术方法论问题，也是涉及历史认识论问题。

——朱本源：《历史学理论与方法》，31页，北京，人民出版社，2007。

（1）历史学研究有哪些具体的方法？

（2）如何理解“历史的重构”？

参考答案：

（1）历史学的研究方法主要有搜集、整理文献资料的方法，含目录、版本、辨伪、校勘、考证诸方法；以及历史分析的方法，主要涉及历史比较分析、历史计量分析、历史心理分析和历史系统分析方法。

（2）对历史事件和过程进行重构是历史学的重要特点，历史研究者必须如实地对历史事件或过程进行重构。这种重构不可避免地会刻上研究者的主观烙印，只能无限接近历史真实，不能完全等于历史真实，即历史重构和历史真实之间是不能轻易画等号的。

2. 阅读下列材料并回答问题。

材料一：

宋代刊书，除“官本”外，以坊刻本为最多。叶梦得《石林燕语》称：“天下印书，以杭州为上，蜀本次之，福建最下。京师比岁印板，殆不减杭州，但纸不佳。蜀与福建，多以柔木刻之，取其易成而速售，故不能工。福建本几遍天下，正以其易成故也。”

——张舜徽：《中国古代史籍校读法》，87 页，上海，上海古籍出版社，1980。

材料二：

淮南王书尝论之曰：“世俗之人多尊古而贱今，故为道者必托之神农、黄帝而后能入说。乱世暗主，高远其所从来，因而贵之。为学者蔽于论而尊其所闻，相与危坐而称之，正领而诵之，此见是非之分不明。”

——张舜徽：《广校雠略（附释例三种）》，102～103 页，北京，中华书局，1963。

（1）就宋代刻本而言，请简要说明浙本、蜀本和闽本的特点。

（2）据材料二，进行历史研究时应如何对待伪书？

参考答案：

（1）浙本：浙江的杭州为宋代雕版印书的中心，经国子监校勘的书，多数在这里雕印，称为浙本。浙本书，字体方整，刀法圆润，为宋版中最佳者。蜀本：宋代在四川所刻印的书。因字体稍大，所以又称“蜀大字本”。闽本：宋代福建刻书，以建阳、麻沙为最多。麻沙附近多产榕树，木质松软，邑人多用以雕版印书，既快又多，因之错误不少，在宋版书中为最劣。朱熹在《嘉禾县学藏书记》中指出：“建阳、麻沙版本书籍行四方者，无远不至。”可以想见当日流布之广。

（2）从材料二，我们可以看出辨伪在历史研究中的重要作用。伪书之出现，与古人“尊古而贱今”的传统与心态相关，当政者与学者不识，一误再误。对于伪书，我们自然应努力辨别其时代，平心静气地考察其致伪之源，以学术立场评判并有效运用。

3. 阅读下列材料并回答问题。

卡特琳娜死后的葬礼费用	27 弗洛林
2 磅蜡	18 弗洛林
运输和竖立十字架	12 弗洛林
灵车	4 弗洛林
运尸人	8 弗洛林
付给 4 个神父和 4 位神职人员的费用	20 弗洛林
敲钟	2 弗洛林
掘墓人	16 弗洛林
许可证——给官方的	1 弗洛林
	共计：108 弗洛林

先前的费用	
付给医生	4 弗洛林
糖和蜡烛	12 弗洛林
	共计：16 弗洛林

全部费用：124 弗洛林

——［奥］西格蒙德·弗洛伊德：《达·芬奇画传——一个对童年的记忆》，李雪涛、任仲伟译，97～104 页，上海，华东师范大学出版社，2006。

(1) 参考弗洛伊德的心理分析法，如何解释材料中达·芬奇对于账目的记载？

(2) 你如何看待心理分析方法在历史研究中的运用？

参考答案：

(1) 在弗洛伊德看来，账目中葬礼费用的记载是达·芬奇怀念母亲的一种表达方式，尽管这种表达方式被歪曲得让人无法辨认了。在病态的神经官能症，特别是所谓的强迫精神官能症（Zwangsneurose）的情形中，类似的过程很多。在达·芬奇的潜意识中，他仍然和童年时代那样，对母亲怀着带有性色彩的感情，并通过这种感情，和母亲联系在一起。但是，后来出现的对童年时代的爱的压抑，却不允许他在自己的日记中为她竖立另外一座更伟大的丰碑。这种神经症冲突的结果是：他不得不做出了让步。就这样，他在日记中写入了账目，变成了后人难以理解的认识。

(2) 我们应用两分法看待心理分析在历史研究中的运用。心理分析有助于对人、政治制度和社会制度的分析，因而能深化历史研究。但在历史研究中，又往往较易陷入史料不足的境地。由于证据不能具体，虽然借助心理学的理论，但臆测的成分比较大，与传统的史学方法有一段距离，因此我们应正确对待心理分析的方法，不能一概否认，亦不能一味迷信。

第四章 历史学研究成果的主要呈现方式

【编者导语】

历史学的研究成果需要通过一定的形式表现出来，同时，史学成果的呈现方式本身也是史学研究的重要内容。历史学研究成果的呈现主要通过文字，以论文和书籍的形式展示。对于史学论文如何撰写，史学书籍如何编著，古今中外的史学家们有很多精辟的阐述，大量史学著作也提供了很好的借鉴。本章所选内容包括史学论文的基本要求、选题、写作和定稿，如何确定史学著作的阅读对象、编写目的、分期与断限、体裁与结构、编著的基本程序与过程等。

第一节 史学论文的撰写

一、史学论文的基本要求

常人以为编比既成，著作斯易。实则深知史法之士，不尽属能文之人。若史家而不能文，则研究结果之发表，断难完美。所谓“言之无文，行之不远”也。大抵凡欲形诸笔墨，均须具有文学良才，固非独史著为然矣。

夫叙述史事，固当有充实完美之文，然吾人不得因此遂视历史为文学之别子，或视文采不明之良史为不值一顾之书。此种见解，既极错误，且亦不知史文性质之谈也。史著与小说不同，富丽之文章，不足以偿史著之杜撰。史著善恶不以兴趣文体为衡，而以真确与否为准。夫史著应有充实完美之文章，固不待言。史文与常文同，最重全文结构。洋洋洒洒，总期能融会贯通，所谓一气呵成，一线到底之道也；唯不得因此遂视历史为文学也。

夫历史著作，非断烂朝报之比也，贵能如画像然，全身毕现。史之宗旨，不在激动感情，而在使读者了然于人群特异活动之真面。如史著既成，足使读者神往，此则偶然之结果，并非史著之正宗。史家所求者，本不在动情之事迹。其研究之题目，又不尽足以动情之良才。如果以小说方法著作历史，则谬误之见，千里毫厘，又乌在其能成专门著述也。

陆士衡曰："意翻空而易奇，言征实而难巧。"此文史之大较也。文章之士，或理在方寸，而求之域表。或义在咫尺，而思隔山河。神思所运，舒卷自如。至于史家则不然矣。史之泉源，厥唯史料。史料既缺，史著随穷。史家虽亦可运其神思，然仅可借为低徊往事之助。覃思之人，可为文士，而不必为史家。盖"文人之人与著述之文，不可同日语也。著述必有立于文辞之先者，假文辞以达之而已。以文人之见解，而议著述之文辞。如以锦工玉工，议庙堂之典礼也"。（章学诚《文史通义·答问》）

世之学者，每视史学为文学之支流。史学之不能进步，实受此种谬见之影响。盖"自世重文藻，词宗淫丽。于是沮诵失路，灵均当轴。每西省虚职，东观伫才。凡所拜授，必推文士。遂使握管怀铅，多无铨综之识。连章累牍，罕逢微婉之言"。（刘知幾《史通·核才》）不特此也，因有文史合一之谬见，并生史贵通俗之盲谈。妄谓通俗史籍，唯文章之士优为之。夫史贵真确，不尚文辞。若必"绮扬绣合，雕章缛彩"，则经生帖括，词赋雕虫，并得啁啾班马之堂，攘臂汗青之业者矣。世人对于科学之书，多知以真确为贵。独于史著，至今尚一任文士随意为之，宁非奇事？

然则，世上不当有通俗之史书乎？是又不然。唯无论著作之属于通俗或专门，其以真确为主宰则一。专门著作即贵真确，通俗著作，独可信笔为之乎？语曰："不在其位，不谋其政。"专门家学，何独不然。未尝习史法之人，即不应负作史之责。若文皆雅正，而事悉虚无。是"以元瑜孔璋之才，而处丘明子长之任。文之与史，何相乱之甚乎？"

如史学专家而能兼顾并筹，岂不甚善。先成专门之书，备专家参考之用。另著通俗之本，供常人浏览之资。读者不同其人，著作应异其质。若欲一书两用，势必两败俱伤。若以专门之业而败通俗之形，则子注附录，在所必去。后世学者，既无从悉取其才所自，亦无法明其断定之由。继其后者，必且重行研究，再掷光阴。著作如斯，亦复何益。总之学者之责，以学为先。而研究之功，重在贡献。若"徒悦目而偶俗，固高声而曲下。"（《文选》陆士衡《文赋》）已非文学之上乘，又岂为学之宗旨乎？

是故专家所致意者，非常人之通史，乃专门之著述。专门著述，宜备三事。一为文本，一为注脚，一为关于书目史料及讨论之附录。兹再分述如后。

著作特点，贵能贯通。所谓"推极至隐，得其会通"，是也。学者每以为史料既集，排比成文，即足尽史家能事。其实不然。如仅比次史料，不加诠释功夫，则读者或如置身杂肆，应接不遑。或如五色目迷，莫名其妙。故史著本文，除史料大纲之外，应并有钩元提要之功。“其文缓，其旨远，将令学者原始要终，寻其枝叶，究其所穷。优而柔之，使自求之。餍而饫之，使自趋之。若江海之浸，膏泽之润。涣然冰释，怡然理顺，然后为得也。”（杜预《春秋左氏传序》）

欲阐明史料中之一贯精神，须自史事全部上着手。明定范围，揭示纲领。然后分述详情，表明特点。务使览者如振衣得领，张网挈纲。了然于史事之真情，深谙著者意向之所指。欲求著作之贯通，应用推理之能力。不特当研究之际，须将题目在胸。即至著作之时，亦应毋忘纲要。学问之道，纲领为先。研究进程，此为关键。若书无纲领，则纵有心裁别识，亦将如用武无地之英雄。至于推理能力之应用，应达何境，此系学识问题，初无一成标准。大抵推理能力，虽可培养而成，然不能因有神思，遂可恃才不学。如能“考据详明如汉儒，而未尝墨守旧文，而不求夫心之安。辨析精微如宋儒，而未尝空执虚理，而不核夫事之实。”（汪廷珍《崔东壁遗书序》）其庶几乎。

司马光之《资治通鉴》，凡十六代，勒成二百九十六卷。凡“明君良臣，切摩治道。议论之精语，德刑之善制。天人相与之际，休咎应证之原。威福盛衰之本，规模利害之效。良将之方略，循史之条教。断之以邪正，要之于治忽。辞令渊厚之体，谏箴深切之义，良谓备焉。”其宗旨在于明得失之迹，存王道之正，一气呵成始终贯彻，其能成吾国史学名著者即在于此。

又如崔东壁之《考信录》，“上探疏至循蜚，下溯丰岐迄泗水。中间画卦及诗篇，政典皇皇书与礼。道有孔孟不知余。学无汉宋唯其是。百家传说质诸经，不经之经断以理。”其宗要在于黜百家之妄，存列圣之真。其他如马班陈氏，各有家学心裁。故能千古不刊，至今传诵。

凡此皆不朽之作也。学者如欲潜心学问，媲美前修，未见古人绝业，不可复绍也。然则历史名著，必具别裁。历史所以被视为文学，及文人所以敢于作史，其理由或即在此。唯学者须知此种名著之所以不朽，仍在其能以考证之功力为根基。若仅持义理而疏于征实，不具始末而徒掇文辞，则射覆之学，鞶帨之文，虽极精能，其无当于日用也审矣。

虽然，诠释往事，使览者恍然见义于事文间，尚未为足也。著者尚须能自审其著作，断其是否贯通，使读者得相悦以解之愉快。当著述之际，“吮残墨而凝神，搦秃毫而忘倦。时复默坐而玩之，缓步而绎之。仰眠床上而寻其曲折。忽然有得，跃起书之。鸟入云，鱼纵渊，不足喻其疾也。”（王鸣盛《十七史商榷序》）迨著作竣事之后，宜再束之高阁，期于相忘。然后再取而读之，指瑕索瘢，重加点窜，则欠缺难明之点，必能昭然在目。再三易稿，不厌其烦。或多述详情，或更加诠释。总期本末具备，各事关联而后已。著作如此，庶几近焉。古人名著，多具精神。学者有志贻厥后来，正应仰范前哲。唯模拟之道，得失有殊。上者貌异心同，下者貌同心异。学者读书，应“取其道术相会，义理元同，若斯而已。”盖必别具只眼，方能千古不刊。徒事效颦，宁有一顾价值。古之作者，不同体而同工，语无相袭。蕲自成一家言耳。故曰：“天行健，君子以自强不息”也。

学者所当致意者，不仅一贯之精神已也。须知著作历史之际，不可信手拈来，即当妙谛。必须精心考证，方可成书。务使读者恍然于考证之是否经意，事迹之是否有征。凡是形涉传疑，事通附会，含毫若断，故牒无凭者，均应著其所疑，以待后人之别择。故著作之道，实缓而难行者也。

武断极易，慎言最难。盖慎言之道，贵能秾纤得衷，修短合度。“增之一分则太长，减之一分则太短，着粉则太白，施朱则太赤。”火候纯青，原非易事。故一旦新证发现，或须重事编排。至再至三，慎之又慎。具有此种苦心，方得称为学者。总之，学者以一己之私，折中群说。稍有出入，千里毫厘。后人年远事湮，无由别其真伪。若轻率武断，漫不经心。岂特厚诬将来，亦且有惭良史矣。

史文极则，须能与史证相符。虚实是非，务使恰如其分。如事迹已有二人以上之暗合，真确无疑，则直书其事可也。如众说纷纭，难衷一事，而大体偏于一方，则宜用“或”“殆”等字以不近真未定之意。如仅有孤证，则引其立言之人。若古人又述古人之言，则两引之，不可袭为己说。务使览者一望而知其所凭者，仅一人之记载而已。再如事出传闻，无从证实，则应曰“相传此事如何如何”，以示其难信。凡此所举，不过大端。而史家出言之宜审慎周详，即此已可见其梗概。不然，都捐实事，枉饰虚言，而欲刊勒成家，弥纶一代，岂不南辕而北辙哉！

是故优美之史文，仅能出诸精通史料长于考证及胸有全题者之手。一言一语，均当与所凭之史料表里相符。史文与文学之不同，即在于此。而且史家为征实起见，不能不常引成文。而文学之士，则每喜窜易更张，反失本意。学者如能多用成文，借明真确。记述贵于宛肖，言辞不必经生。则于著作之道，思过半矣。总之叙述史事，以能利用成文为上。盖撮要转述，绝不能存原料之真。而割裂剪裁，尤难免有断章之虑。夫史学名著，当然非纯由连缀原文而成。成文之孰重孰轻，应多应寡，均当匠心独运，加以别裁。苟于事实有关，即胥吏文移，亦在所必录。否则虽班扬述作，亦在所必删。不尚文辞，期明事实。盖历史与文学之区别，非此不明。史文与史料之关系，非此不密也。

史贵征实，不尚浮谈。征实之道，除引用成文之外，并有自注一途。疏漏之防，不嫌太密。历史若无凭借，将如性命之空谈。史家欲显精能，莫若标明其来历。盖“文史之籍，日以繁滋。一编刊定，则征材所取之书，不数十年尝失亡其十之五六。使自注之例得行，则因援引所及，而得存先世藏书之大概，因以校正艺文著录之得失，是亦史法之一助也。且人心日漓，风气日变，缺文之义不闻，而附会之习且愈出而愈工焉。在官修书，惟冀塞责。私门著述，苟饰浮名。或剽窃成书，或因陋就简。使其术稍黠，皆可愚一时之耳目。而著作之道益衰。诚得自注以标所去取，则见闻之广狭，功力之疏密，心术之诚伪，灼然可见于开卷之顷。而风气可以渐复于质古。是又为益之尤大者也。”（章学诚《文史通义·史注》）

注脚种类，可分为三。一为卷数页数之注明，以表史材之所在。一为成文之抄录，以明史文之有凭。一为证据之讨论，以见决断之谨慎。大抵三类之中，以第三类注脚为最少，而且最难。

第一类之注脚，仅述卷页数目。骤视似易，其实甚难。此类注脚，一方面可以明创辑者取材所自，一方面可以便读者翻阅原书，以断定著者所述之是否正确。若仅说明卷页之数，则每因版本不同，无从翻阅。故版本多者，并应说明何人刊印，何家所藏。以免读者之遍寻无着。有时所据原本，或系手稿。则不特何家珍本，应加说明。即原书外形，亦应详及。盖注明参考，不厌求详。总期读者苟欲翻看，开卷即得。且著者研究之余，易为存录。他人翻检，力费心劳。又何不稍费举手之劳，为读者谋省时利益。世之学者，每有罗列书名，不提卷页。徒示渊博，无益存参。纵存心或不欺人，然其无当于日用也则甚明矣。总之此种注脚之本旨，在便读者之检查，故以明确为贵。欲求明确，非有谨慎持久之功不能。学者欲示其博闻，应在著作上刻意经营，使读者恍然有以见其用心于行间字里。若徒列书目以自欺而炫人，则虽充栋汗牛，亦适足以形其浅陋而已矣。

第二类之注脚，既包成文，亦明出处。其目的在使读者得以亲览原文，借知著者所述之是否确当。既引原文，当以存真为上，不应割裂剪裁。原文字句，均应依样照抄，丝毫不苟。不然，则读者所得，仍是他人之言，不知真面所在。至于何时可引原文，初无一成标准。大抵手抄真本，为常人所不易获见之书，则采录成文，借广闻见。或著作之本文太简。读者不易灼见著者命意之所在，则亦应详注原文，以为领会之助。如原文系外国文字，则何时应加翻译，何时应引原文，亦初无定则。如意在表明史料真相，则应录原文。当原文之意不能绝对确定时，尤宜如此。如能将成文参入著作之中，不另附诸注内，最为得计，学者宜知。

注脚之难为者，莫过于考订异同之一类。盖本文所述，不尽确实无疑。或传闻异词，未能断定。或诸家聚讼，应付阙疑。所述史事之虚实是非，必当与所采史材，表里相应。故不特诸家之说，应集注中，即著者断定之由，亦当详述。注中应先举各种不同之记载，评其价值之高下，明其真意之为何。较其得失，辨其是非。乃用推理能力，断定其真伪。司马光《资治通鉴考异》，为著者自注之良模；裴松之之《三国志注》，则为他人代注之绝作。“引诸家之论以辨是非，参诸书之说以核讹异”，诚此类注脚中之上乘矣。

专门著述，宜附参考书名。或并须另加附录。盖前人纂辑，具有苦心。若引用旧书，不著所自，是妄援著作之义，自文其剽窃之私。岂非饮水忘源，数典忘祖？大抵参考书目，应包凭借之书。无论其为原始，或为孳生，凡经采用，均须列举。孳生史料，要以名著为归。或依时代而次之，或依门类而分之，均无不可。凡撰人名氏，书名，卷数，版本，出版之时地等，均当一一注明。而各书之内容及其优劣，均应加以简明之案语。

至于原始史料，应与孳生者分开。而印本抄本，亦应分头罗列。各类史料之序次，或依笔画，或依性质，排其先后，有条不紊。务使读者能一览即得。印本书籍，可分为公牍，信札，报纸，或笔记等。抄本书籍可依原档分类，并举档案标题。各书必附案语，所以使览者灼然见著者研究之苦心。例如撰人不著，时代未明之书；或虚实未知，真伪未辨之作。今既详加考订，真相大明，其重要本不在史迹之下。若本文无处安排，正宜付诸书后。案语之简要者，或入注脚之中，或附书目之后。如系长篇文字，则或另加附录以位置之。凡此皆宜惨淡经营，谨慎从事。务使读者开帙之际，一目了然，斯为美也。至于附录之中，应以未曾出版之文稿，及图表讨论文字等为主要之材料。既入附录，应袭原文。并应估其价值，明其意义，略加案语，以便读者。凡兹所述，不过大端。略示研究之方，未尽史学之妙。孟子曰：“徒善不足以为政，徒法不能以自行。”学者欲成历史专家，仍有赖于潜心力学，固非区区研究之法所能毕事矣。

——何炳松：《通史新义　历史研究法》，212～217页，长春，时代文艺出版社，2009。

何谓史学论文？所谓史学论文，是指对于历史学的某个专门问题，具有独立见解，持之有故，言能成理，肯定或否定什么问题的史学文章而言。其文体，一般采取论说形式，长短不拘，短则几千字，长则数万言，甚至数十万言。

撰写史学论文，既是表现研究成果，又是培养、锻炼和检验高等学校历史专业高年级学生或青年史学工作者科学研究能力的一种形式和手段。因为科学研究，是探索和征服未知领域的创造性活动，所以史学论文的最基本的要求是：具有独创性，最好能“成一家之言”。

撰写历史论文与编纂历史书，有不同的要求，编纂历史书的基本要求是史料的真实和丰富，撰写历史论文则要求具有自己的思想和见解。编纂历史书，要求全面、系统，撰写历史论文，则不强调全面、系统，而要求重点突出，就某一个问题做深刻地论述和分析。

根据论文的内容和用途，可以将史学论文划分为基础性研究论文和应用性研究论文两种类型。

所谓基础性研究论文，是指以解决史学基本理论和基本方法为主要任务的论文。这种研究论文多是对于历史规律、历史本质的探讨，比如：中国古史分期问题，亚细亚生产方式问题，东方专制主义问题，专制主义产生的经济基础和社会根源问题，中国资本主义萌芽问题，关于历史上的爱国主义问题，如何评价乾嘉考据学的问题，如何认识和引进现代科学方法问题，等等。这种类型论文的特点是：自由度大，涉及面宽，影响较大，探索性强，研究周期较长，困难因素较多，成功的把握较少，一旦取得成功，贡献较大。撰写基础性研究论文，主要应用宏观方法。

所谓应用性研究论文，是指以解决史学研究中的具体问题和具体方法为主要任务的论文。这种论文多是以历史运动过程中所出现的或为经济的，或为政治的，或为思想文化的，或为军事的等等局部、个体问题为研究内容。这些问题的解决，无疑有助于揭示历史的规律和本质。但是论文本身不是直接探讨历史规律和历史本质问题。比如：关于某一个历史遗址的社会性质和断代问题，关于夏都阳城的遗址问题，关于商鞅变法的历史评价问题，关于秦始皇的功过问题，关于井田制的性质问题，关于中国封建土地所有制问题，关于秦汉制度问题，关于中国古代经济发展的崇本抑末问题，关于丝绸之路问题，关于中西交通问题，关于中西文化交流问题，关于王安石变法失败的原因问题，关于天朝田亩制度的评价问题，关于孙中山的哲学思想问题……等等。这种类型论文的特点是：问题具体明确，定向性强，成功的把握较大，但是影响范围比较有限，很难取得惊人的成就。关于论文的类型，还可以根据不同的标准，做更多的划分，此不赘述。

不论选择何种类型的论文，要想取得成功，都不是轻而易举的，必须付出艰苦的劳动，否则是不会达到目的的。我们从方法论角度分析，一篇研究论文要想取得成功，至少应该具备下列条件：第一，选题对头，论文类型与方向适当。选题本身反映作者的研究方向和指导思想，在某种意义上，选题对撰写论文的成功，起决定作用；第二，知识结构适应于论文题目的需要。作者的历史知识结构能否满足课题的需要，是取得论文成功的重要条件。明确了这个问题，可以根据论文题目的需要随时注意调整自己的知识结构。一般来说，知识结构比较新，比较宽，比较厚，容易做出成果，容易做出新的贡献；第三，研究方法不断更新。在史学研究领域，应用新的方法，往往能帮助研究者发现新的问题，提出新的矛盾。在历史上有许多新的史学研究的突破多是从引进新方法开始的。所以，方法问题是论文能否取得成功的重要桥梁，必须给以应有的重视；第四，具有良好的思维品质。这既是指思维素质，又是指思维的修养。如果作者的思维是属于保守型，封闭型，这就影响论文不会取得较大的成功。如果思维属于创造型，开放型，它就会引导作者积极主动的探索问题。他不但能提出别人不能提出的问题，而且也有能力解决别人难以解决的问题。以上四条，从方法论角度看，是成功地撰写史学论文的基本条件。每位论文的作者，都应创造条件，达到上述四方面的要求。

——赵吉惠：《历史学方法论》，308～311页，成都，四川人民出版社，1987。

二、关于论点的确立

王莽改制的第一个内容，是对西汉的土地制度进行改革。公元九年（始建国元年），他下令“更名天下田曰王田”，禁止自由买卖，由官家按一夫一妇授田百亩的制度进行分配，凡“其男口不盈八，而田一井（九百亩——引者注）者，分余田予九族邻里乡党，故无田今当受田如制度”。这就是王莽改制中的所谓“王田”制。

王莽在他实行“王田”制的诏令中曾经指出：“一夫一妇田百亩，什而税一，则国给民富，而颂声作……秦为无道，厚赋税以供自奉，罢民力以极欲。坏圣制，废井田，是以兼并起，贪鄙生，强者规田以千数，弱者曾无立锥之居……而豪民侵陵，分田劫假，厥名三十税一，实什税伍也。父子夫妇终年耕耘，所以不足以自存。故富者犬马余菽粟，骄而为邪；贫者不厌糟糠，穷而为奸。”从这段话可以看出，在王莽看来，西汉的土地制度，是西汉土地兼并之风剧烈的主要原因；而土地兼并的剧烈，又是产生邪奸，使封建统治危机加深的根源。王莽的这种认识，是符合当时的客观历史实际的。

西汉王朝的土地是私有制，比之奴隶制度下的土地国有形式是进步的。问题在于，由于土地私有，自由买卖，随着地主经济的发展，使得社会出现了以贱买强买为方式进行兼并土地的现象……

由上可见，王莽把西汉末年封建统治危机的原因，归咎于剧烈的土地兼并，并不是他自己的主观想象，而是反映了当时客观实际的。他试图通过改革土地制度，实行“王田”制，遏止剧烈的土地兼并，借以缓和阶级矛盾，挽救封建统治危机的动机，是无可厚非的。

其次，王莽的“王田”制虽然规定把土地收归国有，并以古代井田制的方式来分配土地，但它实际上并不是像《中国史稿》所说的那样，是要恢复古代的井田制，“显然是一种历史的倒退”，而是一种打着“托古”旗号的限田方式。这是因为：

第一，“王田”制把土地收归国有，是试图禁止土地自由买卖，防止以贱买强买的方式兼并土地……

第二，“王田”制虽然是按古代井田制度的方式来分配土地的，但它与古代的井田制度也有着根本的区别……

第三，王莽在进行他的改制活动时，的确大都附会于圣经贤传上的说教，“诵六艺以文奸言”……那么，能不能就因此说“王田”制是恢复古代的井田制度呢？不能。我认为，王莽进行的改制活动附会于圣经贤传上的说教，不是复古，最多只能叫做“托古”……

基于上述原因，“王田”制的实质并不是要恢复古代的井田制度，而是一种打着“托古”旗号的限田方式……这说明，“王田”制在一定程度上抑制了日益剧烈的土地兼并。这一措施虽然有需要批判的方面，但也有值得肯定的东西，不能全盘否定……

与“王田”制相辅而行的，是王莽对西汉奴婢制度的改革。公元九年，他在实行“王田”制的同时，下令改称“奴婢曰私属”，禁止自由买卖。

《中国史稿》对王莽的这一改制措施也是全盘否定的，我们认为这种看法有些简单化。

诚然，王莽改革西汉奴婢制度的措施，只是企图通过冻结奴婢的买卖，来防止贫穷农民的继续奴隶化，而对原来已经大量存在的奴婢的地位，虽然称谓得到了改变，但他们对封建地主的依附性依然如故。因此，它不可能最终解决奴婢问题……

不过，这只是问题的一方面，而问题的另一方面，是王莽改制中的这一措施，也有值得肯定的东西。

第一，王莽把奴婢制度的改革放在与土地问题相等的地位，证明王莽已经认识到了奴婢问题的严重与土地兼并有密切关系；它也是造成西汉封建统治危机的一个重要原因……

第二，王莽解决奴婢问题的措施虽然是行不通的，但他揭露奴婢的悲惨境遇却是可取的……

第三，王莽试图解决奴婢问题，顺应了历史发展的客观要求……

可见，王莽改革奴婢制度的措施，虽有严重弊病，但其中也有值得肯定的东西……

在王莽改制中，值得注意的还有对西汉财政经济制度的改制措施。公元十年（始建国二年），王莽下令推行“五均”“赊贷”和“六管”的财政经济政策。这一改革，用他自己的话来说，就是为了“齐众庶，抑兼并”……

所谓“五均”，就是由政府统制私营工商业的经营活动和管理物价……从“五均”的内容来看，它是通过管理市场、平抑物价来抑制富贾豪强对农民的敲诈勒索的。而通过管理市场来平抑物价是很有创见的。

所谓“赊贷”，就是由政府经营贷款……王莽改制以前，高利贷者所收取的利息是十分之六七，甚至高达十分之十。而王莽的“赊贷”，却是不取利息或只取年利为十分之一。这一措施对农民来说自然是有好处的。

所谓“六管”，系指盐、铁、酒由政府专卖；铁布铜冶由政府管理；名山大泽由国家管理；五均、赊贷由政府办理。这些常常被豪民富贾用来剥削贫弱农民。因此，王莽下令实行“六管”，可以打击豪民富贾，在客观上起到缓和阶级矛盾的作用……

综上所述，我们可以看出，王莽改制虽然存在着一些弊病，而且也没有能够完全行得通，但是不能因此而全盘否定，应该具体分析，作出实事求是的评价。

——徐志祥：《王莽改制的再评价》，载《齐鲁学刊》，1980（5）。

三、关于论据的选择

向来著述家还有一种习惯，这就是为事实而去记载事实。我们仔细考虑一下，就知道应该删除例外的和偶然的变故，详述那种可以说明历史真理的事情。而且有一种极简单的原理可以决定哪种事实是有关系的、有用的、应该记载的；哪种是没有关系的，应该删除的。这件事实能够帮助读者领会人类进化的某个时代的意义或某种制度的真性质么？假使能够的，我们就应该当他做一个达目的的好方法，愈详愈好。他的固有兴趣，一定可以便利我们的著述，不会妨碍我们的著述。或者问那件事情是否偶然的、孤立的、同异常的，如Rienzi故事，九月杀戮或Marat被刺等一样？假使是的，我们就不应该包括在历史著作里面，因为无论他们怎么样有趣或可怕，他们可以贻误读者，反将他们对于人类一般的利害、成见，同永久的事业的注意，中途打断。

——［美］鲁滨孙：《新史学》，何炳松译，8页，桂林，广西师范大学出版社，2005。

白氏长庆集贰捌与元九书云：

及再来长安，又闻有军使高霞寓者，欲聘倡妓。妓大夸曰，我诵得白学士长恨歌，岂同他妓哉！由是增价。

全唐诗第壹陆函白居易壹陆编集拙诗成一十五卷因题卷末戏赠元九李二十云：

一篇长恨有风情，十首秦吟近正声。每被老元偷格律，苦教短李伏歌行。世间富贵应无分，身后文章合有名。莫怪气粗言语大，新排十五卷诗成。

寅恪案：自来文人作品，其最能为他人所欣赏，最能于世间流播者，未必即是其本身所最得意，最自负自夸者。若夫乐天之长恨歌，则据其自述之语，实系自许以为压卷之杰构，而亦为当时之人所极欣赏，且流播最广之作品。此无怪乎历千岁之久至于今日，仍熟诵于赤县神州及鸡林海外“王公妾妇牛童马走之口”(元微之白氏长庆集序中语。)也。

虽然，古今中外之人读此诗者众矣，其了解之程度果何如？“王公妾妇牛童马走”固不足论，即所谓文人学士之伦，其诠释此诗形诸著述者，以寅恪之浅陋，尚未见有切当之作。故姑试为妄说，别进一新解焉。

鄙意以为欲了解此诗，第一，须知当时文体之关系。第二，须知当时文人之关系。

何谓文体之关系？宋赵彦卫云麓漫钞捌云：

唐之举人，先藉当世显人以姓名达之主司，然后以所业投献。逾数日又投，谓之温卷，如幽怪录传奇等皆是也。盖此等文备众体，可以见史才，诗笔，议论。至进士则多以诗为贽。今有唐诗数百种行于世者是也。

寅恪案：赵氏所述唐代科举士子风习，似与此诗绝无关涉。然一考当日史实，则不能不于此注意。盖唐代科举之盛，肇于高宗之时，成于玄宗之代，而极于德宗之世。德宗本为崇奖文词之君主，自贞元以后，尤欲以文治粉饰苟安之政局。就政治言，当时藩镇跋扈，武夫横恣，固为粉乱之状态。然就文章言，则其盛况殆不止追及，且可超越贞观开元之时代。此时之健者有韩柳元白，所谓“文起八代之衰”之古文运动，即发生于此时，殊非偶然也。又中国文学史中别有一可注意之点焉，即今日所谓唐代小说者，亦起于贞元元和之世，与古文运动实同一时，而其时最佳小说之作者，实亦即古文运动中之中坚人物是也。此二者相互之关系，自来未有论及之者。寅恪尝草一文略言之，题曰韩愈与唐代小说，载哈佛大学亚细亚学报第壹卷第壹期。其要旨以为古文之兴起，乃其时古文家以古文试作小说，而能成功之所致，而古文乃最宜于作小说者也。拙文所以得如斯之结论者，因见近年所发现唐代小说，如敦煌之俗文学，及日本遗存之游仙窟等，与洛阳出土之唐代非士族之墓志等，其著者大致非当时高才文士，(张文成例外。)而其所用以著述之文体，骈文固已腐化，即散文亦极端公式化，实不胜叙写表达人情物态世法人事之职任。其低级骈体之敦煌俗文学及燕山外史式之游仙窟等，皆世所习见，不复具引。兹节录公式化之墓志文二通以供例证如下。

芒洛冢墓遗文肆编叁安师墓志云：

> 君讳师，字文则，河南洛阳人也。十六代祖西华国君，东汉永平中，遣子仰入侍，求为属国，乃以仰为并州刺史，因家洛阳焉。

又康达墓志云：

> 君讳达，自（字?）文则，河南伊阙人也。
> □以□
> 因家河□焉。

今观两志文因袭雷同公式化之可笑，一至若此，则知非大事创革不可。是昌黎河东集中碑志传记之文所以多创造之杰作，而谀墓之金为应得之报酬也。夫当时叙写人生之文衰弊至极，欲事改进，一应革去不适描写人生之已腐化之骈文，二当改用便于创造之非公式化之古文，则其初必须尝试为之。然碑志传记为叙述真实人事之文，其体尊严，实不合于尝试之条件。而小说则可为驳杂无实之说，既能以俳谐出之，又可资雅俗共赏，实深合尝试且兼备宣传之条件。此韩愈之所以为爱好小说之人，致为张籍所讥。观于文昌遗书退之之事，如唐摭言伍切磋条（参韩昌黎集壹肆答张籍书注，重答张籍书注，及全唐文陆捌肆张籍上韩昌黎书，上韩昌黎第二书。）云：

> 韩文公著毛颖传，好博簺之戏。张水部以书劝之。其一曰，比见执事多尚驳杂无实之说，使人陈之于前以为欢，此有以累于令德。其二曰，君子发言举足，不远于理，未尝闻以驳杂无实之说为戏也。执事每见其说，亦拊抃呼笑，是挠气害性，不得其正矣。

可知也。

是故唐代贞元元和间之小说，乃一种新文体，不独流行当时，复更辗转为后来所则效，本与唐代古文同一原起及体制也。唐代举人之以备具众体之小说之文求知于主司，即与以古文诗什投献者无异。元稹李绅撰莺莺传及歌于贞元时，白居易与陈鸿撰长恨歌及传于元和时，虽非如赵氏所言是举人投献主司之作品，但实为贞元元和间新兴之文体。此种文体之兴起与古文运动有密切关系，其优点在便于制造，而其特征则尤在备具众体也。

既明乎此，则知陈氏之长恨歌传与白氏之长恨歌非通常序文与本诗之关系，而为一不可分离之共同机构。赵氏所谓“文备众体”中，“可以见诗笔”

（赵氏所谓诗笔系与史才并举者。史才指小说中叙事之散文言。诗笔即所谓诗之笔法，指韵文而言。其笔字与六朝人之以无韵之文为笔者不同。）之部分，白氏之歌当之。其所谓“可以见史才”“议论”之部分，陈氏之传当之。后人昧于此义，遂多妄说，如沈德潜唐诗别裁捌选长恨歌评云：

> 迷离恍惚，不用收结，此正作法之妙。

又唐宋诗醇贰贰云：

> 结处点清长恨，为一诗结穴。戛然而止，全势已足，不必另作收束。

初视之，其言似皆甚允当。详绎之，则白氏此歌乃与传文为一体者。其真正之收结，即议论与夫作诗之缘起，乃见于陈氏传文中。传文略云：

> 〔王〕质夫举酒于乐天前曰，乐天深于诗，多于情者也。试为歌之如何？乐天因为长恨歌。意者不但感其事，亦欲惩尤物，窒乱阶，垂于将来也。歌既成，使鸿传焉。世所不闻者，予非开元遗民，不得知。世所知者，有玄宗本纪在。今但传长恨歌云尔。

此节诸语正与元氏莺莺传末结束一节所云：

> 时人多许张为善补过者。予尝于朋会之中，往往及此意者，使夫知者不为，为之者不惑。贞元岁九月，执事（?）李公垂宿于予靖安里第，语及于是。公垂卓然称异，遂为莺莺歌以传之。崔氏小名莺莺，公垂以命篇。

适相符合。而李氏之莺莺歌，其诗最后数语亦为：

> 诗中报郎含隐语。郎知暗到花深处。三五月明当户时，与郎相见花间语。（语字从董解元西厢本，他本作路。）

然则莺莺歌虽不似长恨歌之迷离恍惚，但亦不用所谓收结者，其故何耶？盖莺莺传既可谓之会真记，（见拙著读莺莺传，载历史语言研究所集刊第拾本第壹分。今附于第四章后。）故莺莺歌亦可谓之会真歌。莺莺歌以“与郎相见”即会真结，（会真之义与遇仙同，说详拙著读莺莺传。）与长恨歌以长恨结，正复相同。至于二诗之真正收结，则又各在其传文之中也。二诗作者不同，价值亦异，而其体裁实无一不合。盖二者同为具备众体之小说中之歌诗部分也。后世评长恨歌者，如前所引二例，于此全未明了，宜乎其赞美乐天，而不得其道矣。

更取韩退之小说作品观之，（详见拙著韩愈与唐代小说，载哈佛亚细亚学报第壹卷第壹期。）如昌黎集贰壹石鼎联句序及诗，即当时流行具备众体之小说文也。其序略云：

二子（侯喜刘师服。）因起谢曰，尊师（轩辕弥明。）非世人也，其伏矣，愿为弟子，不敢更论诗。道士奋曰，不然，章不可以不成也。又谓刘曰，把笔来，吾与汝就之。即又唱出四十字为八句，书讫使读。读毕，谓二子曰，章不已就乎。二子齐应曰，就矣。

寅恪案：此八句四十字，即石鼎联句之末段。其词云：

全胜瑚琏贵，空有口传名。岂比俎豆古，不为手所撜。磨砻去圭角，浸润著光精。愿君莫嘲诮，此物方施行。

此篇结句“此物”二字，即“石鼎”之代称。亦正与李公垂之莺莺歌，即会真歌之“与郎相见”，白乐天长恨歌之“此恨绵绵”，皆以结局之词义为全篇之题名，结构全同。于此可以知当时此种文章之体制，而不妄事评赞矣。复次，洪氏韩公年谱云：

或谓轩辕寓公姓，弥明寓公名，盖以文滑稽耳。是不然，刘侯虽皆公门人，然不应讥诮如是之甚。且言弥明形貌声音之陋，亦岂公自词耶？而列仙传又有弥明传，要必有是人矣。

朱子考异云：

今按此诗句法全类韩公。而或者所谓寓公姓名者。盖轩辕反切近韩字，弥字之意又与愈字相类，即张籍所讥与人为无实驳杂之说也。故窃意或者之言近是。洪氏所疑容貌声音之陋，乃故为幻语，以资笑谑，又以乱其事实，使读者不知觉耳。若列仙传，则又好事者，因此序而附著之，尤不足以为据也。

寅恪案：朱子说甚谛，其深识当时文章体裁，殊非一般治唐文者所及。故不嫌骈赘，并附于此，以资参校。

何谓文人之关系？白氏长庆集贰捌与元九书云：

与足下小通，则以诗相戒。小穷，则以诗相勉。索居，则以诗相慰。同处，则以诗相娱。

元白二人作诗，相互之密切关系，此数语已足以尽之，不必更别引其他事实以为证明。然元白二人之作诗，亦各受他一人之影响，自无待论。如前引全唐诗第壹陆函白居易壹陆编集拙诗成一十五卷因题卷末戏赠元九李二十诗“每被老元偷格律”句乐天自注云：

元九向江陵日，尝以拙诗一轴赠行，自后格变。

又“苦教短李伏歌行”句自注云：

李二十尝自负歌行，近见予乐府五十首，默然心伏。

盖白氏长庆集贰和答诗十首序略云：

〔元和〕五年春，微之左转为江陵士曹掾。仆职役不得去，命季弟送行，且奉新诗一轴致于执事，凡二十章，欲足下在途讽读。及足下到江陵，寄在路所为诗十七章，皆得作者风。岂仆所奉者二十章，遽能开足下聪明使之然耶？何立意措辞与足下前时诗，如此之相远也。

又元氏长庆集贰肆和李校书新题乐府二十首序云：

予友李公垂，贶予乐府新题二十首。雅有所谓，不虚为文。予取其病时之尤急者，列而和之，盖十二而已。

今白氏长庆集叁肆两卷所载新乐府五十首，即因公垂微之所咏而作也。其所以使李氏心伏者，乃由当时文士各出其所作互事观摩，争求超越，如白氏长庆集贰和答诗十首序云：

旬月来多乞病假，假中稍闲，且摘卷中尤者，继成十章，亦不下三千首。其间所见，同者固不能自异，异者亦不能强同。同者谓之和，异者谓之答。

今并观同时诸文人具有互相关系之作品，知其中于措辞（即文体）则非徒仿效，亦加改进。于立意（即意旨）则非徒沿袭，亦有增创。盖仿效沿袭即所谓同，改进增创即所谓异。苟今世之编著文学史者，能尽取当时诸文人之作品，考定时间先后，空间离合，而总汇于一书，如史家长编之所为，则其间必有启发，而得以知当时诸文士之各竭其才智，竞造胜境，为不可及也。

据上所论，则知白陈之长恨歌及传，实受李元之莺莺歌及传之影响，而微之之连昌宫词，又受白陈之长恨歌及传之影响。其间因革演化之迹，显然可见。

——陈寅恪：《元白诗笺证稿》，1～9页，北京，生活·读书·新知三联书店，2001。

四、选　题

选题意义　专论第一步工作即为选题，选题为专论之决定性基础，选题完成，则志趣之方向、研究之范围、形式之需要、资料之取舍、工程进度之安排，大致全有一定依据。而且专论成就高下，有否把握，亦以选题为重要步骤。换言之，如选题不适当不妥善，决将影响专论之成功与价值。故言及专论，当以选题列为首要工作。不论自然科学社会科学，一切研究学问之工作，均以选题为起步。正如沙尔非米尼所言，世上没有研究全部问题之人，各门学问学者均必须对其研究对象先做一个抉择：

这一切都是真实的。但是没有一个科学家，不是必须选择某种事实作他的研究科目而不顾其他一切的。没有人能研究一切事物。一个科学家所能合理期望的唯一目的，就是仅在求知他所从事研究的那些事实。史学家，无异于科学家，在选择这一类事实而非另一类事实为研究对象时，是作一个必要的抉择，而非一种武断的割裂。

何炳松亦主张，研究开始即须首先立主题：

吾人于搜罗史料之余，既知梗概，乃可将考证所得之迹，加以审查。第一，定主题之界限；第二，分史事之时期；第三，定史事之去取；第四，定各部因果之关系；第五，明陈迹之变化；第六，定史事之重轻；第七，定烘托材料之多寡。

选择主题，不但出于史家兴趣与偏好，固然不免主观抉择。抑且史家群趋之对象，往往为时代风气所影响所支配。不惟在所难免，而且实为普遍现象。施亨利即清楚指出，一时代之重大问题，引起一时代学者之广泛注意：

我们而且要更进一步说，现在的事实是激起史家研究的对象。为什么半世纪以来经济史和社会史得到重大发展呢？为什么人们存心地去研究劳动组织史、工商业进化史及资本主义的起源呢？这是由于现实社会中经济的和社会的事实一天天地重要，资本劳动间的问题到处都发生。大战后兑换的混乱及价格的提高，引起了历史家的研究十六世纪的钱币革命，得到更确切的了解。

许冠三亦批评到现代史学界在科学派史家之主张与提倡之下一般趋势，多只注意小问题，而忽略重大问题上选择与研究：

> 科学派史学家却很少注意大规模往事间的相互联系，更不去解释历史的变动，特别是大规模的变动，也不愿写作以大规模往事为题材的史著。小规模事实的确定对于史学研究本身以及有关科学研究，虽有重大的意义，但对于整个社会的直接用途却微不足道。事实搜求派的史学家显然取消了一些问题，并规避了对社会大众直接服务的责任。

选题性质 选题亦可分为若干属性，端看取决之重点，可以略述于后：

一、开创性。最佳之选题，为从事研究开创性之问题。所谓开创性，大体指论题本身开创性之发现或提出。此则前无因袭，并实际具有研究价值之问题。

二、实验性。此为由选题而应用一种新设计新方法，亦具有研究开创性，然在于新方法处理方式之实验。论题本身未必为新，但因新的实验而使之有新境界新结论产生，故亦具有重大价值。

三、突破性。此类可能为旧问题，可能极普通而易见，但选定论题与研究分析，自一新角度获得不平凡之结论，超越于常说旧说，足以深服人心，自有重大价值。

四、总结式。此类选题为结账之大综合，即问题有众广之讨论文字，有众广之不同立说，但只缺少统一贯穿综合纵观之通体融会与论断。取之为题，完成研究。此必须于旧存诸说作选择清厘，折中至当，凡吸取与批驳，均必须一一交代清楚，解释明白。

五、补充式。此类论题前人已有成说，然觉其有重大遗漏，或资料不足，或立论偏颇，则此题可另起炉灶，自立探讨，但不可于他人前作，毫不提及。

六、翻案式。选旧有论题，彻底推翻常说，针对旧有解释，提出完全相反意见，另立独创观点，以改变世俗观点。此为近六十年来学界最盛风气，然多流于大言欺人，虽不免惊世骇俗，而实质上仍未能坚定其新说。

七、其他。以上六种性质之外，余则蹈袭陈说，拾人牙慧，东抄西补，改头换面，均不足以鼓励从事，虽流俗甚盛，学者则不可不戒。

选题之限制 选题之慎于始，可免枉费时日劳力。选题宗旨确定之外，尚须顾及客观条件之限制。此则在选题之同时计虑在内。其一般限制，大致为：

一、论题之发展性与可持续性。即一论题确定之际，须了解有无重大之发展弹性。换言之：第一，此一论题本身有无更多之发展阶段；第二，其本身可否再发展其他方向之相关问题；第三，其本身能否产生若干独立之新问题；第四，此论题将涉及之其他论题。如发展性有相当广，自是佳题，否则太孤立，自是一种局限。

二、资料之局限。论题之选择，固可以有重大意义，如资料奇缺，则亦无从着手。遭遇资料短缺，则亦无法完成研究。

三、时忌之限制。若干论题，可以极富意义，但可能当时为某种时忌，资料多不公开，讨论也不能畅所欲言。此类研究亦不易展开。

四、其他条件之限制。如语文，如地区，如某种特殊知能之局限，则选题亦必受限制（如必须音乐、绘画、工程等特技，戏剧、舞蹈、技能等知能）。

论题之取决　选题取决，主要在于个人，一切最后责任，亦由个人承担，指导老师仅能辅助，但只尽力协助，成败仍在个人。然而指导老师关系最大，盖老师须有清楚之衡量，须熟悉中外研究行情，须积极提供参考资料，须对于不能选择之问题，有具体之劝戒。

选题问题是对初学作专论者言，并非一般学者如此。在治学有素者言，接触与发现之问题，毕生做不尽，人非选题，而问题自存在。可使学者基于知识良心，非加以解决不可。迫于文化存续、学者天赋，实不能逃避解决此类想到见到之问题。是以学者研究，孜孜不倦，问题层出叠见，倾毕生精力，尽瘁于斯，犹觉时不我与。当不至发生无问题可做之情。至在初学者，方入门径，故须教师指导。

尚有一事必须注意，不但问题性质各具特色，即是资料本身亦各有特性。方法不可拘泥，尤须针对问题性质思考适当之处置方法。近人尚有于中国近代史方面日日用考证辨伪方法处置资料，何啻于取沧海之水运回河源，彼固白耗精力，徒令文献资料中多堆几册废纸。学者入门研究不可不察。对于运用方法之警觉，可举甘特所言：

> 各个主题皆具独特的分析方式，纵然有些史学方法的问题与主题有关，但刚入门的学生在心理上要具有坚实的基础。

各时代问题性质不同，资料内容重轻、详略、多寡、体制、款式种种个性，尤有极大差别，学者选题，亦须考量处置方法，否则必至凿枘不入，事倍功半。

——王尔敏：《史学方法》，227～231页，桂林，广西师范大学出版社，2005。

我认为研究工作，为把稳起见，最好多做具体问题，少讲抽象问题。研究具体问题，用可靠史料，下深功夫，一定能获得可观的成绩，而且所获成绩比较容易站得住脚，不易被人否定，也就是说较易成定论。但抽象问题，虽然同样用可靠史料，同样下深刻功夫，但所获成绩就不一定能站得住脚，也就不易成为大家都能接受的定论……

然则大家都搁置抽象问题不去研究吗？我实并无此意……若是对于抽象问题实有浓厚兴趣，又自信天分极高，能透视常人所不能窥视，自亦可以从事抽象问题的研究，不过要特别警觉，谨慎从事！天分高，功夫深又能谨慎，所得成果，纵不能得到公认的承认，但若能真正成一家之言，也就是一项成就！

……

我想讲大问题是应该的，尤其要重视我前文所说的关乎国计民生的重大问题，但也要用小问题的方法去做。选做小问题也可以，但要注意到这个小问题是否对于某个重大问题极有关系，或是其一部分。那末问题虽小，但可供他人将来研究大问题之用，这也是一项积极意义，但这种意义因去大问题的关系愈远而愈消失！至于研究应该做重要的大问题或大问题有关的小问题，则要视各人的才行、兴趣、环境等等之不同而各异，不能一概而论。而且偶尔作些不相干的小问题，作为自己娱乐的小玩艺，也无不可。

此外我还有个想法，青年时代，应做小问题，但要小题大做；中年时代，要做大问题，并且要大题大做；老年时代，应做大问题，但不得已可大题小做……

选择论题，自然要先度量自己的长处何在，千万不能盲目的看到好题目就做……材料是最基本的因素。选择一个论题，先当留意关于这一论题的材料是否充分到足以圆满的解决问题，得到成果。不但如此，而且也要预先想到，自己是否有力量控制这些材料。

——严耕望：《治史三书》，48～56页，上海，上海人民出版社，2008。

五、写作和定稿

现在人写论文大都采取夹叙夹议体，材料与论述联为一贯。翻开所有论著，几乎无不如此，一似为写论文必遵之固定体式。个人意见，却不以为然……

我认为写普通论文，一律采用此种体式固无不可。若写研究性论文，则当因题目内容而异，因材料情况而异，因自己研究与写作详略深度而异，以及因准备供给何人阅读而异。换言之，研究性论文写作体式，当因应各种情况之不同而有所变通，不能拘守一种固定方式……

史学论文最重要的是搜录材料，等到材料搜集得很完备时才开始撰写，这样可以一气呵成。写完之后，只能续作补订，若要大改，就很麻烦。……尤忌找到一点材料，有了一点意见，就抢急捉笔，将来材料增加了，再来修补，陆续增加，就陆续的补订。那除非是作者本无中心意见，或者只是编排材料，不须严密组织的文章则可。若是须要严密组织的论著，就一定要将所有材料尽可能的搜集齐全始能动笔。

……

然而文章初稿写成之后又一定要改。必要时且要不怕麻烦，不惜大改。因为初稿往往只是讲出大致意旨，或论证主体，也可说文章的粗坯，很可能有毛病（论证错误），或有漏洞（不够精密），或者还有可进一层讲的地方，这一切都待改订时的审核与补充。而且最好初稿写成之后，打铁就热，马上审核补充。因为由排比材料到初稿写成，脑海中对此问题已有深度了，再进一步不难。若写成初稿就搁置下来，那末你的脑筋慢慢从问题曲折中退了出来，对于材料也生疏了，以后再去审核补订，就较困难。所以要即时再追下去，直到当时自觉已不能再改进了，才放下来。此时最好仍不发表，过些时也许又发现材料或新的意见，可再来一次二次乃至多次的补订，那就最好。

——严耕望：《治史三书》，65～82页，上海，上海人民出版社，2008。

（1）了解行情　摸清你要研究的题目前人是否研究过，研究的成果如何？有哪些需要补充或修订？是否需要重新做？不要盲目上马，避免重复劳动。这就要经常翻阅史学论文索引或报刊索引一类的工具书。

（2）收集资料　主要是收集原始的即第一手的资料。这一工作，在平时读书时就应随手做，不应在确定题目后才开始，但确定题目后更应全力以赴。资料一般是写在卡片上，要把资料的出处即书名、版本、卷数、页数都注明以备查对。最好在卡片上面加个小标题，这就概括了资料的内容，便于应用。引录旁人的意见时，也应该抄下出处。

（3）草拟大纲　打好框架设计，先说什么，后说什么，要合于事实发展的自然顺序，做到条理清楚，结构谨严。

（4）动手写作　这是最后的也是最重要的一步。要求：①观点鲜明，围绕你想说明的主题（论点）进行论证，不要含糊不清。②层次分明，不是一下就说完，而是一步一步地进行论证，合乎逻辑地得出结论。③文字通顺简练，不说废话、空话，不掺水分。不要求华丽的辞藻，但必须合乎文法，没有语病，朴实、明白。④原始材料要引用恰当，不要长篇照抄，变成“资料汇编”，应尽量用自己的话概括原文，并注明出处。非引用原文不可的，要选择典型的话，不应大段地抄。⑤引用旁人的意见或与旁人相同的论点，要注明是引用谁的或谁已有此论点，以免有掠美或剽窃之嫌。⑥初稿写完后要多看几遍，对文章的结构、论点、材料、文字各方面进行调整、检查、核对和推敲。

——杨志玖：《和历史系同学谈怎样写论文》，见《历史知识》编辑部：《学史入门》，167～168页，北京，中华书局，1988。

史学上的美与善，从历史文章的美与善开始。历史文章要雍容尔雅，叙述一项往事，其事亟待针砭，而遣词用语，不可戏谑轻佻，或充满暴戾之气。如《明史·杨靖传》附严德珉事云：

吴人严德珉，由御史擢左佥都御史，以疾求归，帝怒，黥其面，谪戍南丹。遇赦放还，布衣徒步，自齿齐民，宣德中犹存。尝以事为御史所逮，德珉跪堂下，自言曾在台勾当公事，晓三尺法。御史问何官？答言洪武中台长所谓严德珉是也。御史大惊，揖起之。次日往谒，则担囊徙矣。有教授与饮，见其面黥，戴敝冠，问老人犯何法？德珉述前事，因言先时国法甚严，仕者不保首领，此敝冠不易戴也！乃北面拱手，称圣恩云。

只就事实缕述，雍容祥和，不着一丝攻击的痕迹，而明初明太祖屠戮士大夫的一幅惨景，完全描绘出来了。再如《汉书·张苍传》云：

苍免相后，口中无齿，食乳，女子为乳母，妻妾以百数，尝孕者不复幸。年过百余岁乃卒。

没有大声疾呼，痛责张苍荒诞，老而不死，只从容的将事实叙述出来，针砭之意，已经在其中了。

叙事以外，历史上的解释，往往新陈代谢，新说对旧说起反动。纠前人之谬，发千载之覆，新说由之而产生，而其基本精神是反动的。由此而表现到文字上，自易充满攻击或戏谑气氛。一说之出，即睥睨千古，往往是一种极常见的现象。因此文字要雍容，语气要谦和，前人之说有误，委婉的列举论证辨析；时贤之论乖谬，虚心的与之细细讨论。如此则一片祥和之气，洋溢于字里行间，读者自易有美与善的感受。不然，文章中弥漫杀气，以讽刺的文字戏弄异己，以暴虐的文字攻讦古人，选词务求其苛，笔锋唯求其锐，恶毒谩骂的语句，甚而出于其间，那么由此影响到社会，影响到广大的人群，意气相争，杀伐相寻，睚眦之怨必报，纤介之隙难容，又岂不是极自然的发展？所以历史文章的美与善，是史学上美与善的起点。在这方面，钱竹汀所论最为精当，如云："史非一家之书，实千载之书，袪其疑乃能坚其信，指其瑕益以见其美，拾遗规过，匪为龂龁前人，实以开导后学。而世之考古者，拾班范之一言，擿沈萧之数简，兼有竹素烂脱，豕虎传讹，易斗分作升分，更日及为白芨，乃出校书之陋，本非作者之譽，而皆文致小疵，目为大创，驰骋笔墨，夸曜凡庸，予所不能效也。更有空疏措大，辄以褒贬自任，强作聪明，妄生疻痏，不卟年代，不揆时势，强人以所难行，责人以所难受，陈义过高，居心过刻，予尤不敢效也。”又云：“学问乃千秋事，订讹规过，非以訾毁前人，实以嘉惠后学。但议论须平允，词气须谦和，一事之失，无妨全体之善。不可效宋儒所云，一有差失，则余无足观耳。郑康成以祭公为叶公，不害其为大儒；司马子长以子产为郑公子，不害其为良史。言之不足传者，其得失固不足辩；既自命为立言矣，千虑容有一失，后人或因其言而信之，其贻累于古人者不少。去其一非，成其百是，古人可作，当乐有诤友，不乐有佞臣也。”所以郑渔仲的批评班固：“班固，浮华之士也，全无学术，专事剽窃。”“固之自为书也几希，往往出固之胸中者，古今人表耳，他人无此谬也。”“迁之于固，如龙之于猪。”是一种訾毁，议论有失平允，词气有失谦和，自然没有美与善的感受，这也无怪钱氏极不满意于宋儒了！

——杜维运：《史学方法论》，267～269页，北京，北京大学出版社，2006。

第二节　史学书籍的编著

一、确定阅读对象

上大夫壶遂曰：“昔孔子何为而作春秋哉？”太史公曰：“余闻董生曰：‘周道衰废，孔子为鲁司寇，诸侯害之，大夫壅之。孔子知言之不用，道之不行也，是非二百四十二年之中，以为天下仪表，贬天子，退诸侯，讨大夫，以达王事而已矣。’子曰：‘我欲载之空言，不如见之于行事之深切著明也。’夫春秋，上明三王之道，下辨人事之纪，别嫌疑，明是非，定犹豫，善善恶恶，贤贤贱不肖，存亡国，继绝世，补敝起废，王道之大者也。《易》著天地阴阳四时五行，故长于变。《礼》经纪人伦，故长于行。《书》记先王之事，故长于政。《诗》记山川谿谷禽兽草木牝牡雌雄，故长于风。《乐》乐所以立，故长于和。《春秋》辩是非，故长于治人。是故《礼》以节人，《乐》以发和，《书》以道事，《诗》以达意，《易》以道化，《春秋》以道义。拨乱世反之正，莫近于《春秋》。《春秋》文成数万，其指数千。万物之散聚皆在《春秋》。《春秋》之中，弑君三十六，亡国五十二，诸侯奔走不得保其社稷者不可胜数。察其所以，皆失其本已。故《易》曰‘失之豪厘，差以千里’。故曰‘臣弑君，子弑父，非一旦一夕之故也，其渐久矣’。故有国者不可以不知《春秋》，前有谗而弗见，后有贼而不知。为人臣者不可以不知《春秋》，守经事而不知其宜，遭变事而不知其权。为人君父而不通于《春秋》之义者，必蒙首恶之名。为人臣子而不通于《春秋》之义者，必陷篡弑之诛，死罪之名。其实皆以为善，为之不知其义，被之空言而不敢辞。夫不通礼义之旨，至于君不君，臣不臣，父不父，子不子。夫君不君则犯，臣不臣则诛，父不父则无道，子不子则不孝。此四行者，天下之大过也。故《春秋》者，礼义之大宗也。夫礼禁未然之前，法施已然之后。法之所为用者易见，而礼之所为禁者难知。”

——《史记·太史公自序》。

予童年有志读史，然至老究未尝一卒读者何也？盖予性最拙，读时不能遽解，待解移时辄忘；又识字甚少，时须考证。且少以足疾发，六经、诸子无心涉猎，都邑山川不一游览，纵有志读史，亦尤聋者之无闻，盲者之无见，故读未终篇辄生厌倦。此予所以究未尝一卒读也。虽然，予既有志读史矣，而欲待博群书以悉其所闻，历名山大川以穷其所见，度必不能。然则予将作如何读法而后可邪？常观世之乐于读史者，类多颖悟绝人之士，一目数行俱下，一览终身不枉；读时不求甚解，会心在牝牡骊黄之外。故观史务求其详，论史必归于雅，而若予之拙著，欲求读史之法宁简毋详，宁陋毋雅，庶乎其得之邪？

周子静专、星若，予忘年友也。弱冠工举子业，而尤邃史学。乙酉岁，携其手辑纲目全编以示予读史之法，予遂与二子复相编辑，不间祁寒暑者殆六载。苦简篇之汗漫，为之摘要而删繁；虑大义之不明，为之提纲而挈领。典故则捃摭源流，详笺细释，不必腹具经笥，胸藏史镜，而了若指掌。舆地则溯厥沿革，援古证今，不必南浮北过，西至东渐，而宛如在目。分泾别渭，辨淄知渑，则圈殊星列，妍媸烂然，而游移上下之见不设也。沉奥屈曲之句，险怪奇涩之文，则点读分明，钩黈截然，而聱牙涩吶之苦不形也。迨夫字画较毫厘，音声辨纤悉，务绝讹以袭讹、谬以承谬之弊，则鲁鱼亥豕之误，杖杜伏猎之羞，殆可免矣。至若睹此而失彼，记乙而忘甲，则注不胜注，解不胜解；失注则遗，复解仍晦，乃立见前见后法，如呼醉使醒，警梦使觉，则全部神理首尾贯穿，不犹全体血脉上下流通也哉。予乃今而知读史之法，其在是乎？

予因之有感矣。向有志读史而未能一卒读，乃欲求一读史之法而不可得，得与二子共相编辑以迄成书，纵不能博群书以悉其所闻，历名山大川以穷其所见，以视予前日之耳无闻而目无见者，大有径庭。然后知观史之不欲，论史之不明者，非尽天资迟钝，庸师误人，亦由编辑成书者引导无方而致然也。

二子嘱予镂版行之世，予曰：“是书未可遽以问世也，姑以私便检阅，自备遗忘，藏之家塾以课弟子已耳。”适予友人朱子圣怀亦寄予《明纪钞略》一编，遂续辑而并付之梓，再阅岁工始竣。二子复谓予曰：“若得大人先生序引，则是书可行，且能及远。”予谓既无卓绝千古之识，论定百代之兴亡，复鲜著作辩论之才，品陟人事之得失，而徒沾沾于句栉字比，审音训义之末，是殆兔园学究之所为，行且不能，何望及远？颜曰“易知录”。同予之拙者几人，鲜不病予之简而笑予之陋也。

康熙五十年秋七月十五日，山阴吴乘权楚材题于尺木堂。

——（清）吴乘权：《纲鉴易知录·原序》，北京，中华书局，1960。

二、明确书著编写的任务、目的

紧接着就发生了一场灾难。究竟是偶然发生的，还是由于皇帝的罪行所引起的，还很难说。两种说法都各有其支持者。现在来看，这是罗马城所经历过的一次最为恐怖、最具破坏性的火灾。最先开始燃烧的大竞技场，是在比邻着帕拉提努斯山和凯利乌斯山的地方。火是从堆积着易燃商品的商店里烧起来的，借着风势火猛烈地燃烧起来，大火持续不断地烧着，很快就将整个大竞技场烧毁了。因为那里没有任何可以抵挡火灾的用围墙围起来的大房子和神庙，也没有任何其他类似的建筑。一开始，大火猛烈地将平坦的地区都吞噬了，接着就烧到了山上，再接着又烧回到了低地。任何抵抗措施都不能赶上它的蔓延速度。而古老的罗马那狭窄而又曲折的街道以及不规则的建筑又加快了火势的蔓延。

到处都是惊恐哭叫的妇女，到处都是无助的老人、孩子；有的只管自己的安全在逃命，也有的在无私地帮着那些病弱的人或等着他们赶上，不论是走得快的还是走得慢的同样都加重了这一混乱。当人们回头看的时候，猛烈的火焰就会从其前面或四周扑过来。当他们逃到一个邻近地区之时，大火也会接踵而至，即使那些他们认为是远离危险的地区，原来也已经被火焰所包围了。最终，他们确实也不知哪里可以逃生或如何逃生了，于是就拥挤到乡下的大道上，或趴在田野里。有些人已经把所有的东西都丢光了，甚至包括每天的口粮，在这种情况之下，即使可以逃生的人也宁愿死去。其他一些人也是如此的心情，因为他们不能把自己的亲人从火灾之中救出来。没有人敢去救火。许多试图救火的人都被那些发出威胁的人所制止了。还有一些人竟然在公开地将火乱投，他们喊叫着说，他们是奉命这样做的。也许他们确实已接到了命令，也许这样做是为了可以趁火打劫。

这时尼禄正在安提乌姆。直到大火扑向了他建筑用来把帕拉提努斯山和迈开纳斯花园联结起来的那幢房屋的时候他才回到了罗马。很快要烧光帕拉提努斯山以及他自己的宫殿的大火看来是不可能扑灭了。为了收容那些无家可归的大量的逃亡者，尼禄将玛尔斯广场、阿格里帕的那些公共建筑物，甚至是自己的花园都开放了。尼禄还建立了许多紧急收容所来收容那些无家可归的难民。食品从奥斯蒂亚和邻近的各城市运来了，粮食的价格则是降到了每磅不到1/4谢司特尔提乌斯。然而这些措施，尽管对人民群众有利，却没有收到相应的效果。因为有一个谣言到处在散播，说当大火在焚烧的时候，尼禄却早已登上了自己私人舞台，而且他唱起了特洛伊被毁的故事，将当前的灾难与古时候的灾祸进行了比较。

第六天，凶猛的大火在造成了大量的毁坏之后，随之碰到了一片空地和空旷的天际，蔓延到了埃司克维里埃山山脚下的火终于停了下来。但是，在人们的惊恐完全平静下来，或重新获得希望之前，在城内人口较为稀疏的地方，又发生了一些火灾。在这些地方造成的人员伤亡相对较少。但是神庙和用于休息的柱廊所造成的毁坏却更严重。这一次新的火灾引起了更大的非议，因为它是从埃米里乌斯区提盖里努斯的房子那儿开始燃烧的。民众开始相信尼禄野心勃勃，想建立一座以他的名字命名的新城市。

在罗马的十四个区之中，只有四个区保持得完好无损。三个区已经被夷为平地。其他七个区则只剩下了烧焦的、破烂的断垣残壁。要想计算一下被火灾损坏的私人住宅、房区、神庙，将是一件十分困难的事情。其中包括一些远古时代的神庙，例如谢尔维乌斯·图里乌斯所建筑的月神庙，伊凡德尔为赫尔克里士神所建的大祭坛和神庙，罗木鲁斯为了还愿而为朱庇特·斯塔托尔修建的神庙，努玛圣地，包括罗马人民的家神的维司塔圣所。在所有的损失物之中，还包括因战争获胜而掠得的珍贵战利品、希腊的艺术杰作，以及古老的罗马天才们所作的不朽的文献记录、重建的罗马城所具有的所有的金碧辉煌都不能阻挡老一辈人对于那些不可恢复的东西的怀念。有人指出，火灾发生在7月19日，而这一天正好是谢洛尼人攻占并焚烧罗马城的日子。另有一些人经过精心计算得出，这两次大火是被同样的年代、月份、日子所隔开的。

但是尼禄却趁国家处于灾难之机而为自己修了一座新的宫殿。这座宫殿的惊人之处，不在于具有早已为人民所熟知的例如黄金和珠宝等奢侈品，而在于那些草地、湖泊以及处处由林地、空地所组成的人造的乡间景色。尼禄的建筑师和工程师是谢维路斯和凯列尔，以他们所具有的精心和厚颜无耻的勇气，不顾大自然的规律，尽其可能地试验他们的技艺。

他们还耗费掉了一位皇帝的财富。因为他们设计从阿维尔努斯湖到台伯河河口的地方，跨过那石质的海岸和那些绵延的大山，开凿一条可以通航的运河。唯一可以向运河提供水源的是彭普提努斯沼地。其余都是悬崖和干涸的地方。而且即使能够在这儿开凿一条通道，所需要付出的劳动的艰辛也是令人所无法忍受的，而且也没有理由来说明白为什么要这样做。但是尼禄却要极力完成这一令人难以置信的工程；于是他努力要把与阿维尔努斯湖相连的那些小山凿通。他这一徒劳无益的工程在今天还可以看到。

——［古罗马］塔西佗：《罗马帝国编年史》（三），贺严、高书文译，1053～1059页，北京，中国社会科学出版社，2007。

三、确定分期与断限

夫书之立约，其来尚矣。如尼父之定《虞书》也，以舜为始，而云“粤若稽古帝尧”；丘明之传鲁史也，以隐为先，而云“惠公元妃孟子”。此皆正其疆里，开其首端。因有沿革，遂相交互，事势当然，非为滥轶也。过此已往，可谓狂简不知所裁者焉。

夫子曰：“不在其位，不谋其政。”若《汉书》之立表志，其殆侵官离局者乎？考其滥觞所出，起于司马氏。案马《记》以史制名，班《书》持汉标目。《史记》者，载数千年之事，无所不容；《汉书》者，纪十二帝之时，有限斯极。固既分迁之记，判其去取，纪传所存，唯留汉日；表志所录，乃尽牺年，举一反三，岂宜若是？胶柱调瑟，不亦谬欤！但固之踳驳，既往不谏，而后之作者，咸习其迷。《宋史》则上括魏朝，《隋书》则仰包梁代。求其所书之事，得十一于千百。一成其例，莫之敢移；永言其理，可为叹息！

当魏武乘时拨乱，电扫群雄，锋镝之所交，网罗之所及者，盖唯二袁、刘、吕而已。若进鸩行弑，燃脐就戮，总关王室，不涉霸图，而陈寿《国志》引居传首。夫汉之董卓，犹秦之赵高，昔车令之诛，既不列于《汉史》，何太师之毙，遂刊于《魏书》乎？兼复臧洪、陶谦、刘虞、孙瓒生于季末，自相吞噬。其于曹氏也，非唯理异犬牙，固亦事同风马，汉典所具，而魏册仍编，岂非流宕忘归，迷而不悟者也？

亦有一代之史，上下相交，若已见它记，则无宜重述。故子婴降沛，其详取验于《秦纪》；伯符死汉，其事断入于《吴书》。沈录金行，上羁刘主；魏刊水运，下列高王。唯蜀与齐各有国史，越次而载，孰曰攸宜？

自五胡称制，四海殊宅。江左既承正朔，斥彼魏胡，故氐、羌有录，索虏成传。魏本出于杂种，窃亦自号真君。其史党附本朝，思欲凌驾前作，遂乃南笼典午，北吞诸伪，比于群盗，尽入传中。但当有晋元、明之时，中原秦、赵之代，元氏膜拜稽首，自同臣妾，而反列之于传，何厚颜之甚邪！又张、李诸姓，据有凉、蜀，其于魏也，校年则前后不接，论地则参商有殊，何与魏氏而横加编载？

夫《尚书》者，七经之冠冕，百氏之襟袖。凡学者必先精此书，次览群籍。譬夫行不由径，非所闻焉。修国史者，若旁采异闻，用成博物，斯则可矣。如班《书·地理志》，首全写《禹贡》一篇。降为后书，持续前史。盖以水济水，床上施床，徒有其烦，竟无其用，岂非惑乎？昔春秋诸国，赋诗见意，《左氏》所载，唯录章名。如地理为书，论自古风俗，至于夏世，宜云《禹贡》已详，何必重述古文，益其辞费也？

若夷狄本系，种落所兴，北貊起自淳维，南蛮出于槃瓠，高句丽以鳖桥获济，吐谷浑因马斗徙居。诸如此说，求之历代，何书不有？而作之者，曾不知前撰已著，后修宜辍，遂乃百世相传，一字无改。盖骈指在手，不加力于千钧；附赘居身，非广形于七尺。为史之体，有若于斯，苟滥引它事，丰其部帙，以此称博，异乎吾党所闻。

陆士衡有云："虽有爱而必捐。"善哉斯言，可谓达作者之致矣。夫能明彼断限，定其折中，历选自古，唯萧子显近诸。然必谓都无其累，则吾未之许也。

——（唐）刘知幾：《史通·断限第十二》，上海，上海古籍出版社，2008。

历史科学没有历史过程的分期是不可思议的。分期是把一定民族、国家、地区或整个人类所特有的历史过程形成和发展的各阶段基本内容从本质上确定下来。

……

关于历史的科学分期，在科学共产主义创始人的早期著作——《德意志意识形态》中已勾画出最初的轮廓。在这部著作中，把社会历史发展的阶段明确规定为依次更替的所有制形式：部族的、古代的、封建的和资产阶级的。在那里，首次提出了经济史，即物质生产的发展程度是一切历史过程分期基础的问题。1859 年对这个原理作了重要的更准确的说明：生产力决定生产关系（《政治经济学批判》序言）。这里已直截了当地说到社会经济形态。从上下文来看，指的是社会发展历史上的一定阶段。我们在马克思为《资本论》第 1 卷第 1 版写的序言中可以读到这样一句话："我的观点是：社会经济形态的发展是一种自然历史过程。"

……

分期问题的复杂性在于，很难确定这样一个统一的标准，它既能为世界历史过程又能为区域史或地区史提供一个合理的分期法。毫无疑问，社会经济形态的学说任何时候都是对历史进行科学分期的指针。同时，不能不考虑到，社会经济形态的更替不是同时发生的，因而，社会革命也发生在不同的历史时期。

——［苏］E. M. 茹科夫：《历史方法论大纲》，王瓘译，143～150 页，上海，上海译文出版社，1988。

由于对中国封建社会历史发展的客观规律的不同认识，由于在中国封建社会史的分期标准上还没有一个基本一致的看法，也由于在另外一些问题（如中国古代史分期问题）上的意见分歧，近三十年来，史学界在关于中国封建社会内部分期的具体划分上，提出了许多种不同的主张。

（一）二分法。这种意见主张把中国封建社会史划分为两个时期。持西周封建说的王玉哲同志主张：西周至春秋为一期，战国至鸦片战争前为一期，前者是领主经济时期，后者是地主经济时期；而于地主经济时期，应以秦统一和黄巾大起义作为划分小段的界标。持战国封建说的郭沫若同志认为：隋唐五代以前，是封建制度的上行阶段，北宋以后是封建制度的下行阶段。在“上行阶段”，农民起义都是“‘取而代之’主义者”，在“下行阶段”，农民起义就提出了“均贫富”“均田”“均产”等号召。胡如雷同志“同意郭老根据农民起义的阶段性特点把中国封建社会史划分成两个历史时期”，但他对“上升”“下降”的说法表示异议，而改称为“前期”和“后期”。前期自战国至五代，包括战国、秦汉、魏晋南北朝、隋唐五代四个段落；后期自北宋至明清，包括宋辽金元、明清两个段落。在前期，“农民起义的纲领性口号主要把斗争矛头指向封建皇帝和地主政权”；在后期，农民起义“却把打击地主经济的斗争口号公开写在自己斗争的旗帜上”，这是两期六段说。侯外庐同志认为：“大概地说，中国封建社会可以分为前期和后期两个阶段。前期从商鞅变法起，又可以以战国末秦、汉之际为过渡，两汉作为一个阶段；魏、晋、南北朝、隋为一个阶段。后期可以隋和唐初为过渡，从中唐至明中叶为一个阶段，明代中叶，即自十六世纪中叶以后，至一八四〇年为又一个阶段。唐代则以建中两税法为转折点，以黄巢起义为枢纽，处在由前期到后期的转变过程中。”这是两期四段说。还有两期（段）五段（期）说，即：公元前四七五年—公元一三五一年为封建社会上升阶段。它包含四个时期：一，封建社会建立和奴隶制残余逐步消灭——战国秦汉时期；二，门阀统治、各族人民反奴役斗争和民族融合——东汉末魏晋南北朝时期；三，勋格地主统治，农民反兼并斗争，商品经济开始发展——北魏分裂和隋唐时期；四，地主政权基础扩大，农民的均贫富等贵贱斗争和商品经济继续发展——唐末五代宋辽金元时期。公元一三五一年—一八四〇年鸦片战争为封建社会下降阶段，即资本主义因素的萌芽——明清时期。此外，还有一些同志分别提出以隋末农民起义为界标、以唐代两税法（公元七八〇年）为界标、以唐末农民起义为界标，来划分封建社会的前期和后期，等等。

（二）三分法。这种意见主张把中国封建社会史划分为三个时期。持西周封建说的范文澜同志主张把中国封建社会史划分为三个时期四大段：初期封建社会——自西周至秦统一，为第一大段；中期封建社会的前段——自秦至隋统一，为第二大段；中期封建社会的后段——自隋至元末，为第三大段；后期封建社会——明至清鸦片战争以前，为第四大段。束世澂同志则主张划分为三个时期十四个段落：一，早期世纪时期——从武王克殷到西周灭亡，是我国封建制的形成时期，其中第一段落从周初至周穆王；第二段落从西周中年至西周灭亡。二，封建制发展时期——从平王东迁到五代，包括封建割据阶段和中央集权阶段。封建割据阶段有两个段落，第一段落从平王东迁到春秋末年，第二段落是战国时代；中央集权阶段可分为六个段落，从秦统一到黄巾起义为第一段落，从汉献帝即位到西晋统一为第二段落，西晋的统一为第三段落，东晋到隋为第四段落，隋唐两代为第五段落，第六段落是唐末五代。三，封建制衰落时期——君主专制政制形成阶段，可分为四个段落即两宋、元、明、清。还有同志主张从西周到鲁国的"初税亩"为封建制形成期，从"初税亩"到明代的"一条鞭法"为封建制的发展期，从"一条鞭法"以后是封建制的衰亡期。

持战国封建说的同志也提出了许多"三分法"的主张。一九五八年，天津师范大学历史系中国古代中世史教研组提出"二黄分期"的主张，以黄巾起义和黄巢起义为界标，把中国封建社会史划分成三个大段。这个主张，在一九六一年由漆侠同志执笔写成的《中国封建社会历史分期问题》一文里，又得到进一步的阐发。这就是：自战国至黄巾起义（公元前四七五年—公元一八四年）为封建社会第一大段，其间又可以秦的统一和赤眉起义的终结为界标，划分为三个小段落。自黄巾大起义至黄巢大起义（公元一八四年—八八四年）为封建社会第二大段，其间以黄巾起义至隋的统一为本段前期，特点是形成封建割据，地方政权居于优势地位；以隋的统一至黄巢起义失败为本段后期，特点是形成封建统一局面，中央集权再度加强，安史之乱以后，地方藩镇势力又一度抬头。自黄巢大起义至鸦片战争前（公元八八四年——八四〇年）为封建社会第三大段，而本段又可以分为四个时期，公元八八四年——二七九年是第一个时期；公元一二七九年—元末农民战争是第二个时期；公元一三六八年—明末农民战争是第三个时期；自明末农民战争到一八四〇年前是第四个时期。以上，凡三个大段九个时期。近年，漆侠同志从封建经济制度史的角度，分别把这三个大段称作战国、秦、汉时期，其特点是封建制度确立、封建依附关系发展阶段；魏、晋、隋、唐时期，其特点是庄园农奴制阶段；宋、元、明、清时期，其特点是封建租佃制占主导地位的阶段。另外还有同志主张，战国到西汉为封建社会初期，东汉到五代为中期，北宋到鸦片战争前为后期。还有同志主张，公元前四七五年—公元一〇七年（东汉永初元年），为封建社会的形成和确立阶段；公元一〇七年——五二二年为发展阶段，其间公元一〇七年—七五五年为第一期（世族地主经济时期），公元七五五年——五二二年为第二期（庶族地主经济时期）；公元一五二二年——八四〇年为衰落阶段。还有同志主张，战国到黄巾起义为封建社会早期（即形成时期）；黄巾起义到红巾起义为中期（即发展时期）；红巾起义到鸦片战争前为晚期（即逐步解体时期）。还有同志主张，战国到南北朝为封建社会早期（自然经济盛行时期）；隋唐到明初为中期（行会制度形成时期）；明中叶到鸦片战争前为封建社会晚期（资本主义萌芽出现时期）。还有同志主张，公元前四七五年—公元六一八年为封建社会早期；公元六一八年——三六八年为封建社会发展时期；公元一三六八年—一八四〇年为封建社会落后时期。近几年来，持战国封建说的同志，又提出几种“三分法”的主张。例如：林甘泉同志认为，“中国封建社会的上升阶段相当于战国到西汉前期”；“从西汉后期到明中叶，是封建社会的迟缓发展阶段”；“明代中叶以后，由于资本主义萌芽产生，封建社会开始进入它的衰落阶段。”童超同志认为，“中国封建社会经历了前期（战国至唐初叶）、中期（唐中叶至明中叶）和后期（明中叶至一八四〇年）三个发展阶段。”周銮书同志认为，中国封建社会“从公元前四七五年前后至唐代两税法（七八〇年）公布前后为第一阶段；从唐代两税法公布前后至明代一条鞭法（一五八一年）公布前后为第二阶段；从明代一条鞭法公布前后至一八四〇年鸦片战争为第三阶段。”等等。

（三）四分法。这种意见主张把中国封建社会史划分为四个时期，而在提法上，有的称作早期、成长期、发展期和晚期，有的称作形成时期、发展时期、螺旋式发展时期和逐步解体时期，也有的径自称作一、二、三、四阶段。百石同志主张：“长达二千三百多年的中国封建社会，可划分为如下四个阶段。第一阶段自公元前五世纪到公元一世纪初（包括战国、秦和西汉）；第二阶段自公元一世纪到公元七世纪初（包括东汉、魏、晋、南北朝、隋）；第三阶段自公元七世纪到十五世纪中叶（包括唐、宋、元和明初）；第四阶段包括明末清初到鸦片战争为止。”第一阶段是“封建大土地所有制逐步发展和封建制度与奴隶制残余剧烈斗争的阶段”，第二阶段是“大土地所有制发展到高峰和开始转向衰落的阶段”，第三阶段是“中国封建社会高度发展的阶段”，第四阶段是中国封建社会的“最后一个阶段”。关履权同志和周乾荣同志都主张以黄巾起义、黄巢起义和红巾起义为界标，把中国封建社会划分为四个时期：“从战国时期到黄巾起义（公元前四七五年—公元一八四年）是封建社会的早期”；“从黄巾起义后到黄巢起义（公元一八四年—八八四年）是封建社会的成长期”；“从黄巢起义后到元末红巾起义（公元八八四年——三六八年）是封建社会的发展期”；“从元末红巾起义后到鸦片战争前（公元一三六八年——八四〇年）是封建社会的晚期”。另外，有的同志主张：从春秋战国之际到东汉末年是封建社会的初期，“当时生产工具的改良、生产关系的变化及思想繁荣等方面，正是封建社会形成的象征”；从黄巾起义到唐代中叶的安史之乱为封建社会的成长阶段，“主要特征是国家直接掌握了大量的土地……耕种土地的农民

（或士兵）要向国家交纳一定的户调田租”；从安史之乱到明代中叶嘉靖、万历年间为封建社会的发展期，大地主势力渐次形成，高度中央集权国家的建立，手工业、商业的发展和进步，“使中国的封建社会达到了一个相当高的水平”；从明代中叶到一八四〇年鸦片战争以前，是我国封建社会的末期，其主要标志是资本主义生产方式在封建社会内开始萌芽及其在经济、政治、思想方面的种种反映。还有同志主张，把中国封建社会划分成形成、发展、螺旋式发展、逐次解体四个时期，或形成、确立、发展、逐渐瓦解四个时期。上述这些主张，都是在五十年代末、六十年代初提出来的。七十年代后期，白寿彝同志提出了关于四分法的新的主张，即：“从公元前二二一年到公元二二〇年，中间经历了秦、西汉和东汉三个皇朝，是中国封建社会的成长时期”；“从二二〇年到九〇七年，中间经历了三国、西晋、东晋、南北朝的分裂时期和隋唐皇朝，是中国封建社会的发展时期”；“从九〇七年到一三六八年，是中国封建社会的进一步发展时期。在这时期，先有五代十国，继有辽、西夏、金跟北宋、南宋的分立，后有元的统一”；“从一三六八年到一八四〇年经历了明朝及清朝的大部分年代，是中国封建社会的衰老时期。”后来，白寿彝同志把他的这个见解完全写入他所主编的《中国通史纲要》一书，并进而作了详细的阐述。

关于中国封建社会史分期的具体主张，除上述二分法、三分法、四分法外，还有同志主张五分法与六分法，即主张把中国封建社会史划分为五个时期与六个时期。例如，由陈光中、臧嵘同志编写、邱汉生同志审定的初级中学课本《中国历史》第一册、第二册，即采取五分法：一，封建社会的形成和初步发展——战国、秦、汉；二，封建国家的分裂和民族大融合——三国、两晋、南北朝；三，封建社会的繁荣——隋、唐；四，民族融合的进一步加强和封建经济的继续发展——辽、宋、夏、金、元；五，统一的多民族国家的巩固和封建制度渐趋衰落——明、清（鸦片战争以前）。又如，由翦伯赞同志主编的《中国史纲要》一书，即把中国封建社会史划分为六个时期：一，中国封建社会的开端，包括西周、春秋、战国；二，封建地主经济发展和封建统一国家形成、确立时期，包括秦、汉；三，北方各民族的封建割据和南方封建经济发展时期，包括三国、两晋、南北朝；四，封建经济向上发展和统一国家的重建时期，包括隋、唐；五，封建经济继续发展和民族矛盾扩大时期，包括五代十国、宋、辽、金、元；六，封建经济的高度发展，包括明、清（鸦片战争以前）。此外，还有同志主张以历代农民起义为界标，把中国封建社会史划分为九个时期，等等，这里就不一一详述了。

——瞿林东：《中国封建社会内部分期的几种观点》，见《历史知识》编辑部：《建国以来史学理论问题讨论举要》，88～96页，济南，齐鲁书社，1983。

四、确定史书的体裁和结构

三、五之代，书有《典》《坟》，悠哉邈矣，不可得而详。自唐、虞以下迄于周，是为《古文尚书》。然世犹淳质，文从简略，求诸备体，固已阙如。既而丘明传《春秋》，子长著《史记》，载笔之体，于斯备矣。后来继作，相与因循，假有改张，变其名目，区域有限，孰能逾此！盖荀悦、张璠，丘明之党也；班固、华峤，子长之流也。惟此二家，各相矜尚。必辨其利害，可得而言之。

夫《春秋》者，系日月而为次，列时岁以相续，中国外夷，同年共世，莫不备载其事，形于目前。理尽一言，语无重出。此其所以为长也。至于贤士贞女，高才俊德，事当冲要者，必盱衡而备言；迹在沉冥者，不枉道而详说。如绛县之老，杞梁之妻，或以酬晋卿而获记，或以对齐君而见录。其有贤如柳惠，仁若颜回，终不得彰其名氏，显其言行。故论其细也，则纤芥无遗；语其粗也，则丘山是弃。此其所以为短也。

《史记》者，纪以包举大端，传以委曲细事，表以谱列年爵，志以总括遗漏，逮于天文、地理、国典、朝章，显隐必该，洪纤靡失。此其所以为长也。若乃同为一事，分在数篇，断续相离，前后屡出，于《高纪》则云语在《项传》，于《项传》则云事具《高纪》。又编次同类，不求年月，后生而擢居首帙，先辈而抑归末章，遂使汉之贾谊将楚屈原同列，鲁之曹沫与燕荆轲并编。此其所以为短也。

考兹胜负，互有得失。而晋世干宝著书，乃盛誉丘明而深抑子长，其义云：能以三十卷之约，括囊二百四十年之事，靡有遗也。寻其此说，可谓劲挺之词乎？案春秋时事，入于左氏所书者，盖三分得其一耳。丘明自知其略也，故为《国语》以广之。然《国语》之外，尚多亡逸，安得言其括囊靡遗者哉？向使丘明世为史官，皆仿《左传》也，至于前汉之严君平、郑子真，后汉之郭林宗、黄叔度，晁错、董生之对策，刘向、谷永之上书，斯并德冠人伦，名驰海内，识洞幽显，言穷军国。或以身隐位卑，不预朝政；或以文烦事博，难为次序。皆略而不书，斯则可也。必情有所吝，不加刊削，则汉氏之志传百卷，并列于十二纪中，将恐碎琐多芜，阑单失力者矣。故班固知其若此，设纪传以区分，使其历然可观，纲纪有别。荀悦厌其迂阔，又依左氏成书，剪截班史，篇才三十，历代褒之，有逾本传。

然则班、荀二体，角力争先，欲废其一，固亦难矣。后来作者，不出二途。故晋史有王、虞，而副以干《纪》，《宋书》有徐、沈，而分为裴《略》。各有其美，并行于世。异夫令升之言，唯守一家而已。

——（唐）刘知幾：《史通·二体第二》，上海，上海古籍出版社，2008。

《尚书》一变而为左氏之《春秋》,《尚书》无成法而左氏有定例,以纬经也。左氏一变而为史迁之纪传,左氏依年月而迁书分类例,以搜逸也。迁书一变而为班氏之断代,迁书通变化,而班氏守绳墨,以示包括也。就形貌而言,迁书远异左氏,而班史近同迁书。盖左氏体直,自为编年之祖;而马、班曲备,皆为纪传之祖也。推精微而言,则迁书之去左氏也近,而班史之去迁书也远。盖迁书体圆用神,多得《尚书》之遗;班氏体方用智,多得官礼之意也。

……

迁《史》不可为定法,固《书》因迁之体,而为一成之义例,遂为后世不祧之宗焉。三代以下,史才不世出,而谨守绳墨,待其人而后行,势之不得不然也。然而固《书》本撰述而非记注,则于近方近智之中,仍有圆且神者,以为之裁制,是以能成家,而可以传世行远也。后史失班史之意,而以纪表志传,同于科举之程式,官府之簿书,则于记注撰述,两无所似,而古人著书之宗旨。不可复言矣。史不成家,而事文皆晦,而犹拘守成法,以谓其书固祖马而宗班也,而史学之失传也久矣!

——(清)章学诚:《文史通义校注·书教下》,叶瑛校注,北京,中华书局,1985。

窃谓今日治史要端,厥当先从通史入门。中国今日尚无一部适合于时代需要之通史,但以研读通史之方法治史,为又一事。此两事虽属相关,然无第一事仍不妨其可有第二事。

窃谓治史者当先务大体,先注意于全时期之各方面,而不必为某一时期某些特项问题而耗尽全部之精力,以偏见概全史。当于全史之各方面,从大体上融会贯通,然后其所见之系统,乃为较近实际。其所持之见解,乃得较符真实。而其对于史料之搜罗与考订,亦有规辙,不致如游魂之无归。治古史本求通今,苟能于史乘有通识,始能对当身时务有贡献,如是乃为史学之真贡献。不致将史学埋没于故纸簏中,而亦不致仅为一时之政客名流宣传意见之利用品。

——钱穆:《略论治史方法》,见《中国历史研究法》,153页,北京,生活·读书·新知三联书店,2001。

通过广泛、深入的讨论,大多数学者赞同用一种综合创新的史体,认为这样做,最能实现修成一部反映当代中国学术水平的巨著、一部经得起历史检验的传世之作这一定位——这就是清史体裁体例调研工作以来在学术上最重要的收获。

综合体作为史书体裁的名称,早已见诸史学史专家的著述之中,其内涵就是指用多种体裁互相配合来撰修历史。综合清史体裁体例讨论中多数专家的意见，这种综合体的主要特征可以概括为：以传统纪传体为基本框架，充分吸收现代章节体和传统纪事本末体、编年体等史书体裁的优点，多种体裁综合运用，互相配合，融合为一体。其主要优点是：能突出历史演进的主线，又有丰富的内容，足以反映历史的复杂性、生动性。在形式上，综合体又不拘一格，可以根据撰写通史或断代史的需要，在大体以纪传体为基本框架的前提下，灵活变通。而能否达到“融为一体”的炉火纯青的境界得到学术界基本认同，是检验其创新体裁成败的首要标准。

我们认为，大多数专家学者赞同以综合体来纂修清史，是有其深刻的理论依据和历史依据的。

第一，新修清史体裁采用综合体，是中国历史编纂学发展的大势所趋，是近世以来史学家前后踵接、不断探索的自然归宿。

司马迁创立的史书体裁，后来一般称之为“纪传体”，实则《史记》体裁是以纪、表、书、世家、列传五体构成；又，一般认为这种体裁是以记人为主，以别于以记年和记事为主的其他体裁，实则《史记》五体并用，是要写出社会演进各方面的情状。这是我们站在今天的时代高度，重新审视两千余年前这份珍贵的史学遗产所应明确把握的。

生活于清朝乾嘉时期的章学诚，是毕生究心于历史编撰的流变得失、精于辨析体例的出色的史学评论家。章学诚辨析体例的一个重要创见，是指出纪传体的缺陷在于难以反映史事演进的大势：“纪传之书，类例易求而大势难贯。”章氏进而认为，此一缺陷正好从纪事本末体得到弥补，于是明确地提出了“仍纪传之体而参本末之法”，为改革史书编撰的方向。章氏这一改革历史编撰方案的精蕴，就是保留纪传体总体框架诸体配合、容量广阔的优势，而又借助纪事本末体载明史事之来龙去脉、起讫自如的长处，力求能够显示历史演进之大势。这是一项体现出深刻的辩证智慧、眼光远大的设想，昭示着历史编撰上将出现重大的突破。

20世纪历史编撰的主要趋势是，由于西方近代章节体史学著作的传入，这种体裁形式与中国近代学术所要求的体系性、层次性、连贯性的思维方式相吻合，因而得到广泛流行，这是人所共见的。20世纪历史编撰还有一种重要趋势，这就是自20世纪初章学诚、梁启超，至20世纪八九十年代罗尔纲、白寿彝对新综合体的探索和处理。

同在20世纪初年，章太炎和梁启超都为探索用一种新的综合体裁撰写中国通史而努力。章太炎于1900年写作《中国通史略例》，明确地采用章学诚的主张，吸收了纪事本末体的特点而对纪传体加以改造。章太炎自觉地继承章学诚的主张，认为此乃“大势所趋”。他所设想的十篇记，就是吸取纪事本末体的优点设立的。

梁启超在同一时期的探索，与章太炎有异曲同工之妙。梁启超创新的体裁以载记、年表、传记、志略四者配合而成。在此体系中，载记明显是主干部分，其作用是叙述一个时期的主要事件和历史大势，各个时期的载记连接起来，就是从纵的方面叙述历史演进的主线。与章太炎的十篇记相比较，载记有可能叙述得更加系统。年表、志略、传志都与载记配合，这与章太炎的设想有颇多类似之处，而又明显地前进了一大步。还应指出的是，梁氏设立载记，是对纪事本末体的创造性运用。他能这样做，是因为他既能看到纪事本末体的优点，又能看到其不足。他说："纪事本末体与吾侪理想之新史学最相近，抑或旧史界进化之极轨也。"他的载记就是把范围扩大，力图说明事件之间的联系和历史大势。比起一百年前章学诚的设想来，梁氏的办法已有了很大的推进。

章太炎、梁启超在20世纪初体裁创新的努力，无疑是近代学术史上很有意义的事情。我们由此可以得出这样的认识：从章学诚"辨析体例"到章太炎、梁启超构建新的中国通史体系，他们努力的方向是共同的，即一再提出新综合体的设想，并向前推进，重视体裁创新的传统在近三百年中得到可贵的发扬。

罗尔纲先生长期从事太平天国史的研究，他自20世纪40年代末起，即经历了由继承纪传体到自觉地进行改造的艰巨过程，至80年代中期，又受到学术界新的研究成果的启发，因而确定一种"多种体裁结合而成的综合体裁"，撰写成四卷本的《太平天国史》。全书系以叙论、纪年、表、志、列传五部分组成。罗尔纲先生认为：应用这种"多种体裁结合而成的综合体裁"来撰著，"使一部史书既有理论性的阐述，又有丰富的内容，与一般用西方体裁的史书往往陷于有骨无肉干巴巴的境地迥异。它是可供今天史家撰著史书应用的一种体裁"。

白寿彝先生长期在史学史园地上辛勤耕耘，对如何对传统史书体裁取其精华、弃其糟粕，如何根据时代发展的需要进行历史编撰的创新，他有特别深刻的见解。对于要用综合体裁来写历史的问题，他尤有精辟的论述："断代史和通史的撰写，都必须按照不同的对象，采取不同的体裁，同时又能把各种体裁互相配合，把全书内容融为一体。""今天我们要采用综合的体裁来写历史，不只是要吸收古代史家的长处，还应该超过他们。"1989年，《中国通史》"导论卷"出版，白寿彝先生在书中专设了"论历史编撰"一章，阐述史书体裁的继承、改造和创新问题，阐明"我们应该发展综合运用的优良传统，多体裁配合、多层次地反映历史"这一总的著述宗旨。他构想《中国通史》采用序说、综述、典志、传记四个部分互相配合的新的综合体裁，绘制了多层面的设计蓝图。

20世纪晚期罗尔纲的《太平天国史》和白寿彝主编的《中国通史》在体裁上的创新，与章学诚的改革主张和章太炎、梁启超的探索，有着密切的内在联系。以章学诚的改革主张发其端，经过三百年史学家的逐步探索，取得了可贵的经验，向我们昭示了采用综合体裁是历史编撰客观的逻辑发展。

第二，采用综合体作为新修清史的体裁，能够较好地解决继承和创新的关系问题，体现出撰写大型史书在编撰方法上的连续性。

20世纪不少有识史家都兼具在体裁上勇于创新和重视对传统史学的精华加以继承这两种学术品格，并且越到后来，对于历史著作既应表现历史演进大势，又应多角度和立体式地表现历史的丰富性这一要求，越有自觉的认识，综合创新体裁之所以为大多数专家学者所赞同，其深刻理由正在于此。

第三，采用综合体纂修清史，也是对中西史书体裁优点的融合。

在近代以前，中国历代正史一直沿用纪传体。20世纪以后，从西方传入的章节体成为史书体裁的主流，这是历史编撰的一个重大的进步，因为章节体能综合社会中政治、经济、军事、外交、文化等各项因素，连贯式、分阶段和动态式叙述历史，并且能写出史家透过历史表象对历史发展本质性东西的看法。如今，把章节体的优点糅合到纪传体史书的框架之中，采用综合体，是在新的更高的层次上将中西史书体裁的优点加以融合。由于综合体容量广阔、互相补充、写法生动多样，因此能将大量的学术研究新成果囊括其中，甚至一些近现代西方史家提出的新观念，如整体史、叙述史、问题史等，在书中的不同部件中也能相应地有所体现。

——国家清史编纂委员会体裁体例工作小组：《清史编纂体裁体例工作总结（2003年10月）》，见国家清史编纂委员会体裁体例工作小组：《清史编纂体裁体例讨论集》，北京，中国人民大学出版社，2004。

五、注意文字表述

文胜质则史。

——《论语·雍也》。

微而显，志而晦，婉而成章，尽而不污，惩恶而劝善。

——《左传·成公十四年》。

书曰："某人某人会于澶渊，宋灾故。"尤之也。不书鲁大夫，讳之也。

——《左传·襄公三十年》。

为尊者讳，为亲者讳，为贤者讳。

——《公羊传·闵公元年》。

其事则齐桓、晋文，其文则史。

——《孟子·离娄下》。

善序事理，辨而不华，质而不俚，不虚美，不隐恶。

——《汉书·司马迁传》。

迁文直而事核，固文赡而事详。若固之序事，不激诡，不抑抗，赡而不秽，详而有体，使读之者亹亹而不厌。

——《后汉书·班彪列传》。

文患其事尽于形，情急于藻，义牵其旨，韵移其意。虽时有能者，大较多不免此累，政可类工巧图缋，竟无得也。常谓情志所托，故当以意为主，以文传意。以意为主，则其旨必见；以文传意，则其词不流。然后抽其芬芳，振其金石耳。

——《宋书·范晔传》。

若夫原始要终，纪情括性，其言微而显，其义皎而明，然后可以茵蔼缇油，作程遐世者也。

——《晋书·列传》。

原夫载籍之作也，必贯乎百氏，被之千载，表征盛衰，殷鉴兴废，使一代之制，共日月而长存，王霸之迹，并天地而久大。是以在汉之初，史职为盛，郡国文计，先集太史之府，欲其详悉于体国；必阅石室，启金匮，抽裂帛，检残竹，欲其博练于稽古也。是立义选言，宜依经以树则；劝戒与夺，必附圣以居宗；然后诠评昭整，苛滥不作矣。然纪传为式，编年缀事，文非泛论，按实而书。岁远则同异难密，事积则起讫易疏，斯固总会之为难也。或有同归一事，而数人分功，两记则失于复重，偏举则病于不周，此又铨配之未易也。故张衡摘史班之舛滥，傅玄讥《后汉》之尤烦，皆此类也。

若夫追述远代，代远多伪。公羊高云传闻异辞，荀况称录远详近，盖文疑则阙，贵信史也。然俗皆爱奇，莫顾实理。传闻而欲伟其事，录远而欲详其迹。于是弃同即异，穿凿傍说，旧史所无，我书则传。此讹滥之本源，而述远之巨蠹也。至于记编同时，时同多诡，虽定哀微辞，而世情利害。勋荣之家，虽庸夫而尽饰；迍败之士，虽令德而常嗤；理欲吹霜煦露，寒暑笔端，此又同时之枉，可为叹息者也。故述远则诬矫如彼，记近则回邪如此，析理居正，唯素臣乎！

若乃尊贤隐讳，固尼父之圣旨，盖纤瑕不能玷瑾瑜也；奸慝惩戒，实良史之直笔，农夫见莠，其必锄也：若斯之科，亦万代一准焉。至于寻繁领杂之术，务信弃奇之要，明白头讫之序，品酌事例之条，晓其大纲，则众理可贯。然史之为任，乃弥纶一代，负海内之责，而赢是非之尤，秉笔荷担，莫此之劳。迁固通矣，而历诋后世。若任情失正，文其殆哉！

——《文心雕龙·史传第十六》。

才、学、识三者，得一不易，而兼三尤难。千古多文人而少良史，职是故也……虽然，史所贵者义也，而所具者事也，所凭者文也。孟子曰："其事则齐桓、晋文，其文则史，义则夫子自谓窃取之矣。"非识无以断其义，非才无以善其文，非学无以练其事，三者固各有所近也，其中固有似之而非者也。记诵以为学也，辞采以为才也，击断以为识也，非良史之才、学、识也。虽刘氏之所谓才、学、识，犹未足以尽其理也……能具史识者，必知史德。德者何？谓著书者之心术也。夫秽史者所以自秽，谤书者所以自谤，素行为人所羞，文辞何足取重！魏收之矫诬，沈约之阴恶，读其书者，先不信其人，其患未至于甚也。所患夫心术者，谓其有君子之心，而所养未底于粹也。夫有君子之心，而所养未粹，大贤以下，所不能免也。此而犹患于心术，自非夫子之《春秋》，不足当也。以此责人，不亦难乎？是亦不然也。盖欲为良史者，当慎辨于天人之际，尽其天而不益以人也。尽其天而不益以人，虽未能至，苟允知之，亦足以称著述者之心术矣。而文史之儒，竞言才、学、识，而不知辨心术以议史德，乌乎可哉？

……

然而心术不可不虑者，则以天与人参，其端甚微，非是区区之明所可恃也。夫史所载者事也，事必藉文而传；故良史莫不工文，而不知文又患于为事役也。盖事不能无得失是非，一有得失是非，则出入予夺相奋摩矣；奋摩不已，而气积焉。事不能无盛衰消息，一有盛衰消息，则往复凭吊主流连矣；流连不已，而情深焉。凡文不足以动人，所以动人者，气也；凡文不足以入人，所以入人者，情也。气积而文昌，情深而文挚；气昌而情挚，天下之至文也。

——（清）章学诚：《文史通义校注·史德》，叶瑛校注，北京，中华书局，1985。

史也者，非纪一人一姓之事也，将以述一民族之运动、变迁、进化、堕落，而明其原因结果也，故善为史者，必无暇龂龂焉褒贬一二人；亦绝不肯龂龂焉褒贬一二人。何也？褒贬一二人，是专科功罪于此一二人，而为众人卸其责任也。上之启枭雄私天下之心，下之堕齐民尊人格之念，非史家所宜出也。吾以为一民族之进化堕落，其原因绝不在一二人。以为可褒则宜俱褒，以为可贬则宜俱贬。而中国史家，只知有一私人之善焉恶焉功焉罪焉，而不知有一团体之善焉恶焉功焉罪焉。以此牖民，此群治所以终不进也。吾非谓书法褒贬之必可厌，吾特厌夫作史者以为舍书法褒贬外，无天职无能事也。

——梁启超：《新史学·论书法》，见《饮冰室合集·饮冰室文集之九》，北京，中华书局，1989。

刘敬者，齐人也。汉五年，戍陇西，过洛阳，高帝在焉。娄敬脱挽辂，衣其羊裘，见齐人虞将军曰："臣愿见上言便事。"虞将军欲与之鲜衣，娄敬曰："臣衣帛，衣帛见；衣褐，衣褐见：终不敢易衣。"于是虞将军入言上。上召入见，赐食。

已而问娄敬，娄敬说曰："陛下都洛阳，岂欲与周室比隆哉?"上曰："然。"娄敬曰："陛下取天下与周室异。周之先自后稷，尧封之邰，积德累善十有余世。公刘避桀居豳。太王以狄伐故，去豳，杖马箠居岐，国人争随之。及文王为西伯，断虞芮之讼，始受命，吕望、伯夷自海滨来归之。武王伐纣，不期而会孟津之上八百诸侯，皆曰纣可伐矣，遂灭殷。成王即位，周公之属傅相焉，乃营成周洛邑，以此为天下之中也，诸侯四方纳贡职，道里均矣，有德则易以王，无德则易以亡。凡居此者，欲令周务以德致人，不欲依阻险，令后世骄奢以虐民也。及周之盛时，天下和洽，四夷乡风，慕义怀德，附离而并事天子，不屯一卒，不战一士，八夷大国之民莫不宾服，效其贡职。及周之衰也，分而为两，天下莫朝，周不能制也。非其德薄也，而形势弱也。今陛下起丰沛，收卒三千人，以之径往而卷蜀汉，定三秦，与项羽战荥阳，争成皋之口，大战七十，小战四十，使天下之民肝脑涂地，父子暴骨中野，不可胜数，哭泣之声未绝，伤痍者未起，而欲比隆于成康之时，臣窃以为不侔也。且夫秦地被山带河，四塞以为固，卒然有急，百万之众可具也。因秦之故，资甚美膏腴之地，此所谓天府者也。陛下入关而都之，山东虽乱，秦之故地可全而有也。夫与人斗，不搤其亢，拊其背，未能全其胜也。今陛下入关而都，案秦之故地，此亦搤天下之亢而拊其背也。"

高帝问群臣，群臣皆山东人，争言周王数百年，秦二世即亡，不如都周。上疑未能决。及留侯明言入关便，即日车驾西都关中。

于是上曰："本言都秦地者娄敬，'娄'者乃'刘'也。"赐姓刘氏，拜为郎中，号为奉春君。

汉七年，韩王信反，高帝自往击之。至晋阳，闻信与匈奴欲共击汉，上大怒，使人使匈奴。匈奴匿其壮士肥牛马，但见老弱及羸畜。使者十辈来，皆言匈奴可击。上使刘敬复往使匈奴，还报曰：“两国相击，此宜夸矜见所长。今臣往，徒见羸瘠老弱，此必欲见短，伏奇兵以争利。愚以为匈奴不可击也。”是时汉兵已逾句注，二十余万兵已业行。上怒，骂刘敬曰：“齐虏！以口舌得官，今乃妄言沮吾军。”械系敬广武。遂往，至平城，匈奴果出奇兵围高帝白登，七日然后得解。高帝至广武，赦敬，曰：“吾不用公言，以困平城。吾皆已斩前使十辈言可击者矣。”乃封敬二千户，为关内侯，号为建信侯。

高帝罢平城归，韩王信亡入胡。当是时，冒顿为单于，兵强，控弦三十万，数苦北边。上患之，问刘敬。刘敬曰：“天下初定，士卒罢于兵，未可以武服也。冒顿杀父代立，妻群母，以力为威，未可以仁义说也。独可以计久远子孙为臣耳，然恐陛下不能为。”上曰：“诚可，何为不能！顾为奈何？”刘敬对曰：“陛下诚能以嫡长公主妻之，厚奉遗之，彼知汉适女送厚，蛮夷必慕以为阏氏，生子必为太子。代单于。何者？贪汉重币。陛下以岁时汉所余彼所鲜数问遗，因使辩士风谕以礼节。冒顿在，固为子婿；死，则外孙为单于。岂尝闻外孙敢与大父抗礼者哉？兵可无战以渐臣也。若陛下不能遣长公主，而令宗室及后宫诈称公主，彼亦知，不肯贵近，无益也。”高帝曰：“善。”欲遣长公主。吕后日夜泣，曰：“妾唯太子、一女，奈何弃之匈奴！”上竟不能遣长公主，而取家人子名为长公主，妻单于。使刘敬往结和亲约。

刘敬从匈奴来，因言“匈奴河南白羊、楼烦王，去长安近者七百里，轻骑一日一夜可以至秦中。秦中新破，少民，地肥饶，可益实。夫诸侯初起时，非齐诸田，楚昭、屈、景莫能兴。今陛下虽都关中，实少人。北近胡寇，东有六国之族，宗强，一日有变，陛下亦未得高枕而卧也。臣愿陛下徙齐诸田，楚昭、屈、景，燕、赵、韩、魏后，及豪桀名家居关中。无事，可以备胡；诸侯有变，亦足率以东伐。此强本弱末之术也”。上曰：“善。”乃使刘敬徙所言关中十余万口。

叔孙通者，薛人也。秦时以文学征，待诏博士。数岁，陈胜起山东，使者以闻，二世召博士诸儒生问曰：“楚戍卒攻蕲入陈，于公如何？”博士诸生三十余人前曰：“人臣无将，将即反，罪死无赦。愿陛下急发兵击之。”二世怒，作色。叔孙通前曰：“诸生言皆非也。夫天下合为一家，毁郡县城，铄其兵，示天下不复用。且明主在其上，法令具于下，使人人奉职，四方辐辏，安敢有反者！此特群盗鼠窃狗盗耳，何足置之齿牙间。郡守尉今捕论，何足忧。”二世喜曰：“善。”尽问诸生，诸生或言反，或言盗。于是二世令御史案诸生言反者下吏，非所宜言。诸言盗者皆罢之。乃赐叔孙通帛二十匹，衣一袭，拜为博士。叔孙通已出宫，反舍，诸生曰：“先生何言之谀也？”通曰：“公不知也，我几不脱于虎口！”乃亡去，之薛，薛已降楚矣。及项梁之薛，叔孙通从之。败于定陶，从怀王。怀王为义帝，徙长沙，叔孙通留事项王。汉二年，汉王从五诸侯入彭城，叔孙通降汉王。汉王败而西，因竟从汉。

叔孙通儒服，汉王憎之；乃变其服，服短衣，楚制，汉王喜。

叔孙通之降汉，从儒生弟子百余人，然通无所言进，专言诸故群盗壮士进之。弟子皆窃骂曰："事先生数岁，幸得从降汉，今不能进臣等，专言大猾，何也?"叔孙通闻之，乃谓曰："汉王方蒙矢石争天下，诸生宁能斗乎？故先言斩将搴旗之士。诸生且待我，我不忘矣。"汉王拜叔孙通为博士，号稷嗣君。

汉五年，已并天下，诸侯共尊汉王为皇帝于定陶，叔孙通就其仪号。高帝悉去秦苛仪法，为简易。群臣饮酒争功，醉或妄呼，拔剑击柱，高帝患之。叔孙通知上益厌之也，说上曰："夫儒者难与进取，可与守成。臣愿征鲁诸生，与臣弟子共起朝仪。"高帝曰："得无难乎？"叔孙通曰："五帝异乐，三王不同礼。礼者，因时世人情为之节文者也。故夏、殷、周之礼所因损益可知者，谓不相复也。臣愿颇采古礼与秦仪杂就之。"上曰："可试为之，令易知，度吾所能行为之。"

于是叔孙通使征鲁诸生三十余人。鲁有两生不肯行，曰："公所事者且十主，皆面谀以得亲贵。今天下初定，死者未葬，伤者未起，又欲起礼乐。礼乐所由起，积德百年而后可兴也。吾不忍为公所为。公所为不合古，吾不行。公往矣，无污我!"叔孙通笑曰："若真鄙儒也，不知时变。"

遂与所征三十人西，及上左右为学者与其弟子百余人为绵蕞野外。习之月余，叔孙通曰："上可试观。"上既观，使行礼，曰："吾能为此。"乃令群臣习肄，会十月。

汉七年，长乐宫成，诸侯群臣皆朝十月。仪：先平明，谒者治礼，引以次入殿门，廷中陈车骑步卒卫宫，设兵张旗志。传言"趋"。殿下郎中侠陛，陛数百人。功臣列侯诸将军军吏以次陈西方，东乡；文官丞相以下陈东方，西乡。大行设九宾，胪传。于是皇帝辇出房，百官执职传警，引诸侯王以下至吏六百石以次奉贺。自诸侯王以下莫不振恐肃敬。至礼毕，复置法酒。诸侍坐殿上皆伏抑首，以尊卑次起上寿。觞九行，谒者言"罢酒"。御史执法举不如仪者辄引去。竟朝置酒，无敢讙哗失礼者。于是高帝曰："吾乃今日知为皇帝之贵也。"乃拜叔孙通为太常，赐金五百斤。

叔孙通因进曰："诸弟子儒生随臣久矣，与臣共为仪，愿陛下官之。"高帝悉以为郎。叔孙通出，皆以五百斤金赐诸生。诸生乃皆喜曰："叔孙生诚圣人也，知当世之要务。"

汉九年，高帝徙叔孙通为太子太傅。汉十二年，高祖欲以赵王如意易太子，叔孙通谏上曰："昔者晋献公以骊姬之故废太子，立奚齐，晋国乱者数十年，为天下笑。秦以不蚤定扶苏，令赵高得以诈立胡亥，自使灭祀，此陛下所亲见。今太子仁孝，天下皆闻之；吕后与陛下攻苦食啖，其可背哉！陛下必欲废嫡而立少，臣愿先伏诛，以颈血污地。”高帝曰：“公罢矣，吾直戏耳。”叔孙通曰：“太子天下本，本一摇天下振动，奈何以天下为戏！”高帝曰：“吾听公言。”及上置酒，见留侯所招客从太子入见，上乃遂无易太子志矣。

高帝崩，孝惠即位，乃谓叔孙生曰：“先帝园陵寝庙，群臣莫习。”徙为太常，定宗庙仪法。及稍定汉诸仪法，皆叔孙生为太常所论著也。

孝惠帝为东朝长乐宫，及间往，数跸烦人，乃作复道，方筑武库南。叔孙生奏事，因请间曰：“陛下何自筑复道高寝，衣冠月出游高庙？高庙，汉太祖，奈何令后世子孙乘宗庙道上行哉？”孝惠帝大惧，曰：“急坏之。”叔孙生曰：“人主无过举。今已作，百姓皆知之，今坏此，则示有过举。愿陛下原庙渭北，衣冠月出游之，益广多宗庙，大孝之本也。”上乃诏有司立原庙。原庙起，以复道故。

孝惠帝曾春出游离宫，叔孙生曰：“古者有春尝果，方今樱桃孰，可献，愿陛下出，因取樱桃献宗庙。”上乃许之。诸果献由此兴。

太史公曰：语曰“千金之裘，非一狐之腋也；台榭之榱，非一木之枝也；三代之际，非一士之智也”。信哉！夫高祖起微细，定海内，谋计用兵，可谓尽之矣。然而刘敬脱挽辂一说，建万世之安，智岂可专邪！叔孙通希世度务，制礼进退，与时变化，卒为汉家儒宗。“大直若诎，道固委蛇”，盖谓是乎？

——《史记·刘敬叔孙通列传》。

隋炀帝至江都，荒淫益甚，宫中为百余房，各盛供张，实以美人，日令一房为主人。江都郡丞赵元楷掌供酒馔，帝与萧后及幸姬历就宴饮，酒卮不离口，从姬千余人亦常醉。然帝见天下危乱，意亦扰扰不自安，退朝则幅巾短衣，策杖步游，遍历台馆，非夜不止，汲汲顾景，唯恐不足。

帝自晓占候卜相，好为吴语；常夜置酒，仰视天文，谓萧后曰：“外间大有人图侬，然侬不失为长城公，卿不失为沈后，且共乐饮耳！”因引满沉醉。又尝引镜自照，顾谓萧后曰：“好头颈，谁当斫之？”后惊问故，帝笑曰：“贵贱苦乐，更迭为之，亦复何伤！”

帝见中原已乱，无心北归，欲都丹阳，保据江东，命群臣廷议之。内史侍郎虞世基等皆以为善；右候卫大将军李才极陈不可，请车驾还长安，与世基忿争而出。门下录事衡水李桐客曰：“江东卑湿，土地险狭，内奉万乘，外给三军，民不堪命，恐亦将散乱耳。”御史劾桐客谤毁朝政。于是公卿皆阿意言：“江东之民望幸已久，陛下过江，抚而临之，此大禹之事也。”乃命治丹阳宫，将徙都之。

时江都粮尽，从驾骁果多关中人，久客思乡里，见帝无西意，多谋叛归。郎将窦贤遂帅所部西走，帝遣骑追斩之，而亡者犹不止，帝患之。虎贲郎将扶风司马德戡素有宠于帝，帝使领骁果屯于东城，德戡与所善虎贲郎将元礼、直阁裴虔通谋曰："今骁果人人欲亡，我欲言之，恐先事受诛；不言，于后事发，亦不免族灭，奈何？又闻关内沦没，李孝常以华阴叛，上囚其二弟，欲杀之。我辈家属皆在西，能无此虑乎？"二人皆惧，曰："然计将安出？"德戡曰："骁果若亡，不若与之俱去。"二人皆曰："善！"因转相招引，内史舍人元敏、虎牙郎将赵行枢、鹰扬郎将孟秉、符玺郎牛方裕、直长许弘仁、薛世良、城门郎唐奉义、医正张恺、勋侍杨士览等皆与之同谋，日夜相结约，于广座明论叛计，无所畏避。有宫人白萧后曰："外间人人欲反。"后曰："任汝奏之。"宫人言于帝，帝大怒，以为非所宜言，斩之。其后宫人复白后，后曰："天下事一朝至此，无可救者，何用言之！徒令帝忧耳！"自是无复言者。

赵行枢与将作少监宇文智及素厚，杨士览，智及之甥也，二人以谋告智及；智及大喜。德戡等期以三月望日结党西遁，智及曰："主上虽无道，威令尚行，卿等亡去，正如窦贤取死耳。今天实丧隋，英雄并起，同心叛者已数万人，因行大事，此帝王之业也。"德戡等然之。行枢、薛世良请以智及兄右屯卫将军许公化及为主，结约既定，乃告化及。化及性驽怯，闻之，变色流汗，既而从之。

德戡使许弘仁、张恺入备身府，告所识者云："陛下闻骁果欲叛，多酝毒酒，欲因享会，尽鸩杀之，独与南人留此。"骁果皆惧，转相告语，反谋益急。乙卯，德戡悉召骁果军吏，谕以所为，皆曰："唯将军命！"是日，风霾昼昏。晡后，德戡盗御厩马，潜厉兵刃。是夕，元礼、裴虔通直阁下，专主殿内；唐奉义主闭城门，与虔通相知，诸门皆不下键。至三更，德戡于东城集兵得数万人，举火与城外相应。帝望见火，且闻外喧嚣，问何事。虔通对曰："草坊失火，外人共救之耳。"时内外隔绝，帝以为然。智及与孟秉于城外集千余人，劫候卫虎贲冯普乐布兵分守衢巷。燕王倓觉有变，夜，穿芳林门侧水窦而入，至玄武门，诡奏曰："臣猝中风，命悬俄顷，请得面辞。"裴虔通等不以闻，执囚之。丙辰，天未明，德戡授虔通兵，以代诸门卫士。虔通自门将数百骑至成象殿，宿卫者传呼有贼，虔通乃还，闭诸门，独开东门，驱殿内宿卫者令出，皆投仗而走。右屯卫将军独孤盛谓虔通曰："何物兵势太异！"虔通曰："事势已然，不预将军事；将军慎毋动！"盛大骂曰："老贼，是何物语！"不及被甲，与左右十余人拒战，为乱兵所杀。盛，楷之弟也。千牛独孤开远帅殿内兵数百人诣玄览门，叩阁请曰："兵仗尚全，犹堪破贼。陛下若出临战，人情自定；不然，祸今至矣。"竟无应者，军士稍散。贼执开远，义而释之。先是，帝选骁健官奴数百人置玄武门，谓之给使，以备非常，待遇优厚，至以宫人赐之。司宫魏氏为帝所信，化及等结之使为内应。是日，魏氏矫诏悉听给使出外，仓猝际制无一人在者。

德戡等引兵自玄武门入，帝闻乱，易服逃于西阁。虔通与元礼进兵排左阁，魏氏启之，遂入永巷，问："陛下安在？"有美人出，指之。校尉令狐行达拔刀直进，帝映窗扉谓行达曰："汝欲杀我邪？"对曰："臣不敢，但欲奉陛下西还耳。"因扶帝下阁。虔通，本帝为晋王时亲信左右也，帝见之，谓曰："卿非我故人乎！何恨而反？"对曰："臣不敢反，但将士思归，欲奉陛下还京师耳。"帝曰："朕方欲归，正为上江米船未至，今与汝归耳！"虔通因勒兵守之。

至旦，孟秉以甲骑迎化及，化及战栗不能言，人有来谒之者，但俯首据鞍称罪过。化及至城门，德戡迎谒，引入朝堂，号为丞相。裴虔通谓帝曰："百官悉在朝堂，陛下须亲出慰劳。"进其从骑，逼帝乘之；帝嫌其鞍勒弊，更易新者，乃乘之。虔通执辔挟刀出宫门，贼徒喜噪动地。化及扬言曰："何用持此物出，亟还与手。"帝问："世基何在？"贼党马文举曰："已枭首矣！"于是引帝还至寝殿，虔通、德戡等拔白刃侍立。帝叹曰："我何罪至此？"文举曰："陛下违弃宗庙，巡游不息，外勤征讨，内极奢淫，使丁壮尽于矢刃，女弱填于沟壑，四民丧业，盗贼蜂起；专任佞谀，饰非拒谏；何谓无罪！"帝曰："我实负百姓；至于尔辈，荣禄兼极，何乃如是！今日之事，孰为首邪？"德戡曰："溥天同怨，何止一人！"化及又使封德彝数帝罪，帝曰："卿乃士人，何为亦尔！"德彝赧然而退。帝爱子赵王杲，年十二，在帝侧，号恸不已，虔通斩之，血溅御服。贼欲弑帝，帝曰："天子死自有法，何得加以锋刃！取鸩酒来！"文举等不许，使令狐行达顿帝令坐。帝自解练巾授行达，缢杀之。初，帝自知必及于难，常以罂贮毒药自随，谓所幸诸姬曰："若贼至，汝曹当先饮之，然后我饮。"及乱，顾索药，左右皆逃散，竟不能得。萧后与宫人撤漆床板为小棺，与赵王杲同殡于西院流珠堂。

——《资治通鉴·唐纪一》。

马克思主义历史科学首先考虑的则是完善和纯洁历史学家的语言这个相对来说比较平常但却是真正紧迫的任务。而且这一任务绝不应依靠简单化（即术语学和概念论）的方法，而应通过对作者的基本理论进行更精确的解释，更清楚的阐述乃至论证来解决。

马克思主义经典作家曾为科学语言的精确性和纯洁性进行了不懈的斗争。他们的理论根据是，历史学家明确的阶级立场和他们所使用的术语，亦即他们的"语言"有着不可分割的联系。列宁曾对科学共产主义创始人为反对"学究式地玩弄"新奇的名词、"古怪的术语"、狡猾的"主义"而进行的不懈斗争给予极高的评价。马克思和恩格斯为了在社会科学领域内坚决贯彻唯物主义，曾经毫不留情地"把胡言乱语、冠冕堂皇的谬论以及想在哲学上'发现''新'路线和找出'新'方向的无数企图当作垃圾清除掉。这类企图的胡诌瞎说的性质，玩弄哲学上的新'主义'的烦琐把戏，用诡辩辞令混淆问题实质，不能明白认识两个基本派别的斗争，这一切都是马克思和恩格斯在毕生活动中竭力攻击的对象”。

——［苏］E. M. 茹科夫：《历史方法论大纲》，王瓘译，216～217页，上海，上海译文出版社，1988。

六、文字既有科学性又有可读性

夫史之称美者，以叙事为先。至若书功过，记善恶，文而不丽，质而非野，使人味其滋旨，怀其德音，三复忘疲，百遍无斁，自非作者曰圣，其孰能与于此乎？昔圣人之述作也，上自《尧典》，下终获麟，是为属词比事之言，疏通知远之旨。子夏曰：“《书》之论事也，昭昭然若日月之代明。”扬雄有云：“说事者莫辨乎《书》，说理者莫辨乎《春秋》。”然则意指深奥，诰训成义，微显阐幽，婉而成章，虽殊途异辙，亦各有差焉。谅以师范亿载，规模万古，为述者之冠冕，实后来之龟镜。既而马迁《史记》，班固《汉书》，继圣而作，抑其次也。故世之学者，皆先曰《五经》，次云《三史》，经史之目，于此分焉。

尝试言之曰：经犹日也，史犹星也。夫杲日流景，则列星寝耀；桑榆既夕，而辰象粲然。故《史》《汉》之文，当乎《尚书》《春秋》之世也，则其言浅俗，涉乎委巷，垂翅不举，懘籥无闻。逮于战国已降，去圣弥远，然后能露其锋颖，倜傥不羁。故知人才有殊，相去若是，校其优劣，讵可同年？自汉已降，几将千载，作者相继，非复一家，求其善者，盖亦几矣。夫班、马执简，既《五经》之罪人；而《晋》《宋》杀青，又《三史》之不若。譬夫王霸有别，粹驳相悬，才难不其甚乎！

然则人之著述，虽同自一手，其间则有善恶不均，精粗非类。若《史记》之《苏》《张》《蔡泽》等传，是其美者。至于《三、五本纪》《日者》《太仓公》《龟策传》，固无所取焉。又《汉书》之帝纪，《陈》《项》诸篇，是其最也。至于《淮南王》《司马相如》《东方朔传》，又安足道哉！岂绘事以丹素成妍，帝京以山水为助。故言媸者其史亦拙，事美者其书亦工。必时乏异闻，世无奇事，英雄不作，贤俊不生，区区碌碌，抑惟恒理，而责史臣显其良直之体，申其微婉之才，盖亦难矣。故扬子有云：“虞、夏之书，浑浑尔；商书，灏灏尔；周书，噩噩尔；下周者，其书憔悴乎？”观丘明之记事也，当桓、文作霸，晋、楚更盟，则能饰彼词句，成其文雅。及王室大坏，事益纵横，则《春秋》美辞，几乎翳矣。观子长之叙事也，自周已往，言所不该，其文阔略，无复体统。洎秦、汉已下，条贯有伦，则焕炳可观，有足称者。至若荀悦《汉纪》，其才尽于十帝；陈寿《魏书》，其美穷于三祖。触类而长，他皆若斯。

夫识宝者稀，知音盖寡。近有裴子野《宋略》、王劭《齐志》，此二家者，并长于叙事，无愧古人。而世之议者皆雷同，誉裴而共诋王氏。夫江左事雅，裴笔所以专工；中原迹秽，王文由其屡鄙。且幾原务饰虚辞，君懋志存实录，此美恶所以为异也。设使丘明重出，子长再生，记言于贺六浑之朝，书事于侯尼干之代，将恐辍毫栖牍，无所施其德音。而作者安可以今方古，一概而论得失？

夫叙事之体，其流甚多，非复片言所能觇缕，今辄区分类聚，定为三篇，列之于下。

夫国史之美者，以叙事为工，而叙事之工者，以简要为主。简之时义大矣哉！历观自古，作者权舆，《尚书》发踪，所载务于寡事，《春秋》变体，其言贵于省文。斯盖浇淳殊致，前后异迹。然则文约而事丰，此述作之尤美者也。始自两汉，迄乎三国，国史之文，日伤烦富。逮晋已降，流宕逾远。寻其冗句，摘其烦词。一行之间，必谬增数字；尺纸之内，恒虚费数行。夫聚蚊成雷，群轻折轴，况于章句不节，言词莫限，载之兼两，曷足道哉？

盖叙事之体，其别有四：有直纪其才行者，有唯书其事迹者，有因言语而可知者，有假赞论而自见者。至如《古文尚书》称帝尧之德，标以“允恭克让”；《春秋左传》言子太叔之状，目以“美秀而文”。所称如此，更无他说，所谓直纪其才行者。又如《左氏》载申生为骊姬所谮，自缢而亡；班史称纪信为项籍所围，代君而死。此则不言其节操，而忠孝自彰，所谓唯书其事迹者。又如《尚书》称武王之罪纣也，其誓曰：“焚炙忠良，刳剔孕妇。”《左传》纪随会之论楚也，其词曰：“荜路蓝缕，以启山林。”此则才行事迹，莫不阙如，而言有关涉，事便显露，所谓因言语而可知者。又如《史记·卫青传》后，太史公曰：“苏建尝责大将军不荐贤待士。”《汉书·孝文纪》末，其赞曰：“吴王诈病不朝，赐以几杖。”此则传之与纪，并所不书，而史臣发言，别出其事，所谓假赞论而自见者。然则才行、事迹、言语、赞论，凡此四者，皆不相须。若兼而毕书，则其费尤广。但自古经史，通多此颣。能获免者，盖十无一二。

又叙事之省，其流有二焉：一曰省句，二曰省字。如《左传》宋华耦来盟，称其先人得罪于宋，鲁人以为敏。夫以钝者称敏，则明贤达所嗤，此为省句也。《春秋经》曰：“陨石于宋五。”夫闻之陨，视之石，数之五。加以一字太详，减其一字太略，求诸折中，简要合理，此为省字也。其有反于是者，若《公羊》称郄克眇，季孙行父秃，孙良夫跛，齐使跛者逆跛者，秃者逆秃者，眇者逆眇者。盖宜除“跛者”已下句，但云“各以其类逆”。必事加再述，则于文殊费，此为烦句也。《汉书·张苍传》云：“年老，口中无齿。”盖于此一句之内去“年”及“口中”可矣。夫此六文成句，而三字妄加，此为烦字也。然则省句为易，省字为难，洞识此心，始可言史矣。苟句尽余剩，字皆重复，史之烦芜，职由于此。

盖饵巨鱼者，垂其千钧，而得之在于一筌；捕高鸟者，张其万罝，而获之由于一目。夫叙事者，或虚益散辞，广加闲说，必取其所要，不过一言一句耳。苟能同夫猎者、渔者，既执而罝钓必收，其所留者唯一筌一目而已，则庶几骈枝尽去，而尘垢都捐，华逝而实存，滓去而瀋在矣。嗟乎！能损之又损，而玄之又玄，轮扁所不能语斤，伊挚所不能言鼎也。

夫饰言者为文，编文者为句，句积而章立，章积而篇成。篇目既分，而一家之言备矣。古者行人出境，以词令为宗；大夫应对，以言文为主。况乎列以章句，刊之竹帛，安可不励精雕饰，传诸讽诵者哉？自圣贤述作，是曰经典，句皆韶、夏，言尽琳琅，秩秩德音，洋洋盈耳。譬夫游沧海者，徒惊其浩旷；登太山者，但嗟其峻极。必摘以尤最，不知何者为先。然章句之言，有显有晦。显也者，繁词缛说，理尽于篇中；晦也者，省字约文，事溢于句外。然则晦之将显，优劣不同，较可知矣。夫能略小存大，举重明轻，一言而巨细咸该，片语而洪纤靡漏，此皆用晦之道也。

昔古文义，务却浮词。《虞书》云："帝乃殂落，百姓如丧考妣。"《夏书》云："启呱呱而泣，予不子。"《周书》称"前徒倒戈"，"血流漂杵"。《虞书》云："四罪而天下咸服。"此皆文如阔略，而语实周赡。故览之者初疑其易，而为之者方觉其难，固非雕虫小技所能斥苦其说也。既而丘明受《经》，师范尼父。夫《经》以数字包义，而《传》以一句成言，虽繁约有殊，而隐晦无异。故其纲纪而言邦俗也，则有士会为政，晋国之盗奔秦；邢迁如归，卫国忘亡。其款曲而言人事也，则有犀革裹之，比及宋，手足皆见；三军之士，皆如挟纩。斯皆言近而旨远，辞浅而义深，虽发语已殚，而含意未尽。使夫读者望表而知里，扪毛而辨骨，睹一事于句中，反三隅于字外。晦之时义，不亦大哉！洎班、马二史，虽多谢《五经》，必求其所长，亦时值斯语。至若高祖亡萧何，如失左右手；汉兵败绩，睢水为之不流；董生乘马，三年不知牝牡；翟公之门，可张雀罗，则其例也。

自兹已降，史道陵夷，作者芜音累句，云蒸泉涌。其为文也，大抵编字不只，捶句皆双，修短取均，奇偶相配。故应以一言蔽之者，辄足为二言，应以三句成文者，必分为四句。弥漫重沓，不知所裁。是以处道受责于少期，子升取讥于君懋，非不幸也。

盖作者言虽简略，理皆要害，故能疏而不遗，俭而无阙。譬如用奇兵者，持一当百，能全克敌之功也。若才乏俊颖，思多昏滞，费词既甚，叙事才周，亦犹售铁钱者，以两当一，方成贸迁之价也。然则《史》《汉》以前，省要如彼；《国》《晋》已降，烦碎如此。必定其妍媸，甄其善恶。夫读古史者，明其章句，皆可咏歌；观近史者，悦其绪言，直求事意而已。是则一贵一贱，不言可知，无假榷扬，而其理自见矣。

昔文章既作，比兴由生。鸟兽以媲贤愚，草木以方男女，诗人骚客，言之备矣。洎乎中代，其体稍殊，或拟人必以其伦，或述事多比于古。当汉氏之临天下也，君实称帝，理异殷、周；子乃封王，名非鲁、卫。而作者犹谓帝家为王室，公辅为王臣。盘石加建侯之言，带河申俾侯之誓。而史臣撰录，亦同彼文章，假托古词，翻易今语。润色之滥，萌于此矣。

降及近古，弥见其甚。至如诸子短书，杂家小说，论逆臣则呼为问鼎，称巨寇则目以长鲸。邦国初基，皆云草昧；帝王兆迹，必号龙飞。斯并理兼讽谕，言非指斥，异乎游、夏措词，南、董显书之义也。如魏收《代史》，吴均《齐录》，或牢笼一世，或苞举一家，自可申不刊之格言，弘至公正之说。而收称刘氏纳贡，则曰“来献百牢”；均叙元日临轩，必云“朝会万国”。夫以吴征鲁赋，禹计涂山，持彼往事，用为今说，置于文章则可，施于简册则否矣。

亦有方以类聚，譬诸昔人。如王隐称诸葛亮挑战，冀获曹咎之利；崔鸿称慕容冲见幸，为有龙阳之姿。其事相符，言之谠矣。而卢思道称邢邵丧子不恸，自东门吴已来，未之有也；李百药称王琳雅得人心，虽李将军恂恂善诱，无以加也。斯则虚引古事，妄足庸音，苟矜其学，必辨而非当者矣。

昔《礼记·檀弓》，工言物始。夫自我作故，首创新仪，前史所刊，后来取证。是以汉初立槥，子长所书；鲁始为髽，丘明是记。河桥可作，元凯取验于毛《诗》；男子有笄，伯支远征于《内则》。即其事也。案裴景仁《秦记》称苻坚方食，抚盘而诟，王劭《齐志》述洛干感恩，脱帽而谢。及彦鸾撰以新史，重规删其旧录，乃易“抚盘”以“推案”，变“脱帽”为“免冠”。夫近世通无案食，胡俗不施冠冕，直以事不类古，改从雅言，欲令学者何以考时俗之不同，察古今之有异？

又自杂种称制，充牣神州，事异诸华，言多丑俗。至如翼犍，道武原讳；黑獭，周文本名。而伯起革以他语，德棻阙而不载。盖厖降、蒯聩，字之媸也；重耳、黑臀，名之鄙也。旧皆列以《三史》，传诸《五经》，未闻后进谈讲，别加刊定。况齐丘之犊，彰于载讖；河边之狗，著于谣咏。明如日月，难为盖藏，此而不书，何以示后？亦有氏姓本复，减省从单，或去“万纽”而留“于”，或止存“狄”而除“厍”。求诸自古，罕闻兹例。

昔夫子有云：“文胜质则史。”故知史之为务，必藉于文。自《五经》已降，《三史》而往，以文叙事，可得言焉。而今之所作，有异于是。其立言也，或虚加练饰，轻事雕彩；或体兼赋颂，词类俳优。文非文，史非史，譬夫乌孙造室，杂以汉仪，而刻鹄不成，反类于鹜者也。

——（唐）刘知幾：《史通·叙事第二十二》，上海，上海古籍出版社，2008。

三代以上之为史，与三代以下之为史，其同异之故可知也。三代以上，记注有成法而撰述无定名，三代以下，撰述有定名而记注无成法。夫记注无成法，则取材也难；撰述有定名，则成书也易。成书易，则文胜质矣；取材难，则伪乱真矣。伪乱真而文胜质，史学不亡而亡矣。良史之才，间世一出，补偏救弊，惫且不支。非后人学识不如前人，《周官》之法亡，而《尚书》之教绝，其势不得不然也。

——（清）章学诚：《文史通义校注·书教上》，叶瑛校注，北京，中华书局，1985。

历史家的首要任务是如实叙述。如果他像阿塔薛西斯的医师那样，在君王面前发抖，或者希望以歌功颂德来博得紫袍、金链、骏马的赏赐，他就一定不能做到这点。一个优秀历史家，像色诺芬、修昔底德之流，绝不肯这样卑躬屈节。他可能怀有个人的仇怨，可是他更加重视国家的利益，视真理重于私仇宿恨；他也可能有他所喜爱的人物，可是他不会饶恕他们的过失。我再说一遍：历史唯有如此方为历史；一个作家一旦着手著史，他就必须只对真理馨香顶礼，绝不膜拜其他神灵；一切神灵都不在他眼内，他的唯一原则和坚定信念是：绝不考虑今日的听众，而只想到未来的读者。

凡是斤斤追求眼前利益的历史家，都应当被视为谄媚者；而历史科学久已证明：谄媚与历史水火不相容，正如涂脂抹粉与体育训练背道而驰一样。亚历山大的一件轶事就是中肯的说明。他对他的史传家说："唉，奥涅斯克里图，我多么希望我死后能够复活一霎间，看看你的废话给后人留下什么印象，今人赞扬和欢呼你的作品是别有用心的。这是他们向我献媚取宠的手段。"这个道理也说明了为什么荷马所写的阿喀琉斯事迹，尽管充满夸张，有些人却深信不疑；他们之所以相信荷马诚实的一大保证，是因为他的人物是已死的人，他没有撒谎的动机。

所以，我的模范历史家是这样的人：他无所畏惧，清廉正直，独立自主，坦白诚实，是非分明，不为一己的爱憎所左右，不因怜惜或敬佩而笔下留情；他是大公无私的判官，对谁都不怀恨，但是对谁都不徇情；他是放眼世界的作家，目中无帝皇将相，绝不考虑他们的喜怒，而如实记载他们的事迹。

修昔底德是我们崇高的典范：他明白希罗多德之所以博得荣誉，他用九位诗神的名字命名他的九卷著作。他分清了好史家和劣史家的界限：史家的作品应该成为千秋百世的财产，而不应徒为目前沽名钓誉；他们应该把信史留给后人，而不应向今人哗众取宠。他以实用来衡量历史作品，他规定了英明历史家所应树立的奋斗目的：这就是说，假如历史可能重演的话，往事不忘便是今事之师。

这些就是历史家所应遵守的原则。至于措辞和风格，他不应从雄辩家的武库中拿起雄词巧辩的利器，把他的作品武装到牙齿，而应该采取更沉着的态度。他的材料应该均匀而细密，他的词汇应该是妇孺能解，他的叙述应该尽可能地清楚。

我们既然认为历史精神的目的在于坦率诚实，从而历史风格也应该相应地力求平易流畅，明若晴空，既要避免深奥奇僻的词句，也要避免粗俗市井的隐语，我们希望俗人能了解，文士能欣赏。词藻应该雅尔不滥，毫无雕琢的痕迹，才不使人有浓羹烈酒之感。

历史家的气质不能不有一点诗人的风度；历史正如诗歌一样，是需要运用一些高昂脱俗的调子的，尤其是当写到两军对垒和海陆战争的时候，那时它就需要诗的和风吹送征帆，帮助远航凌波破浪。然而，史家措辞必须有所节制，只能把风格稍为提高一点以配合主题的壮丽，切不可耸人听闻，常常要记住适可而止。

历史家的最大危险是诗兴勃发陷入迷狂；此时此际，他应该临崖勒马，因为著史有如驯马，纵缰放任定必危身；此时此际，他就应该勒紧马头，稳坐鞍上，慢步前进，庶不至于难以控制。

至于调度你的字句，最可取的方法是在散漫的粗声暴响和连绵的急管繁弦之间采取中庸之道，前者显然是罪过，后者也使人生厌。

搜集资料不应粗心大意，而必须惨淡经营，反复调查：如果有可能，历史家应该亲临其境，目睹其事；不然的话，他也应该采用不偏不颇的报告，选择那些不会因偏见而夸大或贬抑的口证。在这场合，历史家就得要运用他的判断力来衡量种种可能性了。

素材已经完备或者差不多了，历史家就要作出撮要，写下全书的草稿和未经分部的轮廓，然后予以详细的调整和安排。这之后，他就可以加以修饰，润色词句，改善节奏。

历史家的地位应该正如荷马所写的宙斯眼观全局，时而观察密细亚的国土，时而注视色雷斯的牧场。历史家也是如此：他应该时而观察自己的同胞，高瞻远瞩，告诉我们，我们毕竟是怎么样，他又时而观察波斯人；时而在作战的时候，他就要同时注视两方。当两军对垒时，他的眼睛不是盯住一师一旅，一兵一将（除非他要描写一个冒死冲锋的英雄或者一个壮烈牺牲的守将）；他应该首先注意到将军们，他应该记载他们鼓励士气的讲话，他们所作的部署，部署的动机和作战的计划。当交战开始时，他应该写出战局的鸟瞰，指出胜败的交替，缕述两方的进退。

然而，一切描写都要有节有度；任何主题都不应过分发挥，话长则令人生厌，途长则把马骑死；要注意轻重恰当的比例，不要顾此失彼，挂一漏万，而要操纵自如，指挥若定。他可以在某一事件上予以发挥，然后立刻转到另一更值得注意的大事上，既已写的笔墨酣畅，他就可以回转过来，补述以前丢下的事件；总之，他要灵活转移，双管齐下，务使两条线索平行发展，或者倏往忽来，翱翔于字里行间，从亚美尼亚飞向米太，从米太直下意卑里亚，然后鸟倦知还，又回到意大利，正在要紧的关头，总是及时而来，及时而去。

历史家务使自己的头脑有如一面明镜，清光如洗，纤尘不染，照见人脸，丝毫不爽；这样，他才能如实反映出生活的现实，既不会歪曲真相，又不会使之失色。历史家撰述史实，不像小学生写空想的文章：历史家要讲的事件已经摆在他的面前，既然是真实的事件，他就不得不如实直陈；所以历史家的任务，是把现成的事实加以整理，用文字记录下来，他不需要虚构他所叙述的事情，而只需要考虑叙述的方法。我们可以说，历史家正如斐狄亚斯、普拉西忒里、阿尔卡门之流的伟大雕刻家。他们也不需要创造他们所用的金银象牙等等材料，这些材料都是现成的，采自雅典、伊里斯、亚各斯等地方；他们只需要把材料雕成形象，去除尘垢，加以琢磨，镶上象牙，贴上金饰，他们的艺术就在于此——在于材料的处理、历史家的能事也是如此：他的艺术在于给复杂错综的现实事件赋以条理分明的秩序之美，然后以尽可能流畅的笔调把这些事件记载下来。如果听众或者读者觉得有如亲历其境，目击其事，而且称赞作者的技巧，那么历史家的雕像就算达到完美的境界，他的劳动就不是白花了。

当一切素材已经准备好了，历史家也可以直陈史实，不用加上正式的序言，如果他没有必要用序言来说明一些问题的话；但是在这场合他也必须把历史大事的来龙去脉讲得清清楚楚，这种方法谓之“以事代序”。

演讲家的开场白往往提出三点要求：历史家使用正式序言则可以省略其中之一，换句话说，他不必要求读者的善意，而只要求他的注意和虚心。要获得读者的注意，就必须点明所述的事件本身是极其重要的，足以说明国家的命运，或者关系到读者的事业和抱负；至于虚心，作品本身若果行文清楚，自然可以使读者虚心听取；要做到这点，作者可以先把历史大事作出正确的撮要和阐明其前因。

这种性质的序言，最优秀的历史家曾经使用过，例如，希罗多德的序言：“我希望这段史实不会随着时光流逝而湮没无闻，因为它是重大的惊人的事件，说明了希腊人的胜利和蛮族的败绩。”又如，修昔底德的序言：“我深信此次战争比以前任何大战更为重大而且难忘，因为在战争的过程中确实发生了重大的灾难。”

这种序言视乎主题的性质而长短不等，序言之后，应该自然而然转入记事，因为其余的正文从头至尾不过是一篇长记事文而已，所以它必须具有记事文的优点——平易流畅，首尾含接，不急不缓，始终如一；我已经说过，行文的清楚一半是依赖措词，一半凭借叙事的连贯以达到。因为，虽然各部分必须自成一个整体，但是一事述完，另一事必须接踵而至，正如长链上一环紧接一环，彼此不可分离，而不是徒然像一束丝线；后事不仅是在前事之后，而且是前事的一部分，两端彼此交混。

文笔简洁在任何时候都是优点，尤其是在内容丰富的场合；这个问题不仅是修辞的而且是本质的问题，我认为，解决的方法是简单扼要地处理不重要的细节，而对主要的事件则给予充分的发挥；真的，许多枝节最好是省略。譬如，盛筵宴客，杯盘杂陈，山珍海味，嘉肴美酒，无所不有，那时候你就不要连厨下残余的咸菜豆羹也一起端出来。同样，许多琐屑的事情大可以不写。

主要的一点是：山河城堡的描写不宜过多；你不要给读者这样的印象，以为你舞文弄墨，夸夸其谈，而不顾历史的发展。只须轻描淡写，但求色彩鲜明，你就可以急转直下，以免堕入这个陷阱，你要珍惜你的笔墨。在这方面，伟大的荷马是一个好榜样：他虽然是诗人，可是他轻轻一笔就勾画出坦塔罗斯、伊克西安、提托斯等等形象；设使诗人帕忒尼奥斯，欧福里安，或者卡里马科斯处在他的地位，你试想他们要花去几多行诗来描写坦塔罗斯企图饮水，又再花几多行诗来刻画伊克西安在轮上旋转呢？更好的榜样是修昔底德：他惜墨如金，一经点明一部战机或攻城利器，厄披波利碉堡的结构或叙拉古湾港的形势（这种说明是必要而且有用的），他便立刻转入下文。你也许会以为他描写瘟疫的那段未免冗长，但是你必须承认那是由于主题的需要；这样，你会体会到他的文笔简洁，他绝不是流连忘返，不过题材的重要性使他不得不稍为栖迟罢了。

假如你必须插入一篇演讲词，第一个条件是它应该适合讲者的身份和情况的需要，第二个条件是（让我再说一次）“明晰清楚”，但是在这两种情形下你都有畅所欲言的权利，以表现你的雄辩才能。

一褒一贬则不然：你必须慎重下笔，要避免吹毛求疵以及提供证据，常常要行文简洁，不要使人生厌，须知历史人物不是受审的罪犯。若果我不提出警告，恐怕你会陷于忒奥庞波斯的恶名，他喜欢破口谩骂，若有其事，俨然有如法庭起诉人，不像历史家。

有时候也会有这样的情形：你不得不讲到一些离奇的事迹，此种事迹你只须简单地提一提，让读者自己去判断，不必保证其属实；历史家不用负上此种责任，也不要表示偏信。

然而，我要请你记住的一般原则，而且我不离口地提及的是：写历史不要只看到今日读者的爱憎而哗众取宠，应该以流芳百世为标的，为后世读者而写作，向他们要求报酬，这报酬是甚么呢？让他们这样谈论你吧：“他真是一个人物，独立自主，直言不讳，刚直不阿，无一言不是真实。”一个有见识的历史家宁取此种实名，而不取眼前的浮誉。

你知道克尼多斯伟大建筑家的故事吗？他建筑一座灯塔，规模宏大，美丽绝伦，灯塔的光辉警告出海远航的船艘，以免它们在巴莱托尼亚海角触礁，据说在那个地方遇难者无一幸免。灯塔落成之后，他把自己的名字刻在石碑上，可是用石膏盖住，然后刻上当朝君主的名字。他深深知道，岁月流逝，石膏和刻文定必脱落，那时就会露出如下的碑志：

> 但愿远航舟人皆得皇天庇佑。
> 克尼多斯人狄西芬之子索斯特拉图
> 修建此塔。

显然，他不是注目于朝露人生的当时当地，而是放眼于千载之后的今日，只要这座灯塔耸立海上，他的艺术就永垂不朽！

所以，历史家撰史，也应该如此：他应该追求真理，而不阿谀显贵，应该把希望寄托于未来的世代，而不争取君主的恩宠。

这就是我衡量历史杰作的尺度。如果有人采取这尺度，善哉，我不枉作此文；如果无人过问，我也不枉在城冈上滚过我的木桶！

——［古希腊］卢奇安：《论撰史——论现实议的艺术》，见章安祺：《缪灵珠美学译文集》第一卷，203～209页，北京，中国人民大学出版社，1998。

现在让我们离开这些一般性的和相当零碎的考虑，来谈谈历史著作应当如何写，才能在非历史专业的读者中产生尽可能好的效果这个问题。这里首先有一个极其简单的要求：历史著作必须是有趣味的。我的意思是说，历史著作必须不仅使那些由于某种特殊原因而希望知道某些系统的历史事实的人感到兴趣，而且使那些以读诗歌或读好小说的态度去读历史的人，都感到兴趣。这就首先要求，历史学家对他所叙述的事件和他描述的人物应该怀有感情。当然，历史学家不应该歪曲事实，这是绝对必要的；但要他不偏袒他著作中所叙述的冲突和斗争的某一方，则并无必要。一个历史学家对一个党并不比另一个更为偏爱，而且不允许自己所写的人物中有英雄和坏人，从这个意义上来说的不偏不倚的历史学家，将是一个枯燥无味的作家。如果要让读者感兴趣，就必须允许他在戏剧性的事件中有所偏袒。如果这会使一个历史学家变得片面，那末唯一的补救办法就是去寻找持有相反偏见的另一位历史学家。……我无法知道这两种叙述哪一种更真实，但是我知道掩盖真相的叙述是十足乏味的。我不喜欢某些现代历史学家所具有的一种倾向，这就是冲淡每一种戏剧性的事件，并且企图证明英雄并不真的那么英勇，坏人也并不真的那么坏。对戏剧性事件的爱好，无疑地能把一个历史学家引入歧途；但是有大量地戏剧性事件却并不需要故弄玄虚，虽然只有文学技巧才能够把它们传达给读者。

"文学技巧"是一个笼统地、一般性的用语，也许值得赋予它以一种较为专门的意义。首先，从这个词的狭义上来说，得有文体，特别是词藻和文采。某些词，特别是为科学的目的而创造的那些词，只有刻板的意义。如果你在某一页上看见了"四面体"这个词，你就会立即感到厌烦。但是"金字塔"却是一个优美而丰富多彩的词，它使法老和阿兹台克人浮现于你的脑际。文采是依附于情绪的：强烈的感受会自然而然在文采和变化多端的形式中表现出来。因此除了其他因素以外，一个作家还需要有某种新鲜的感觉，这种感觉易于为疲劳和必须查证据典所毁坏。我认为——虽然这也许是一个达不到的理想——一个历史学家在实际上撰述某一篇章之前，他应该对材料了如指掌，这样他就绝不会因为要考证所说的事实而不得不停下笔来。我的意思并不是说，考证是不必要的，因为人人都会被记忆所骗，但考证活动应该是在写作之后而不是在写作期间。文体，如果是好的，乃是作家感情方式的十分个人化的表现；而正因为如此，所以模仿哪怕是最令人赞美的文体，也是非常之糟的。

——［英］罗素：《论历史》，何兆武等译，60～62页，桂林，广西师范大学出版社，2001。

七、史学书籍编著的基本程序、过程

夫文史之籍，日以繁滋，一编刊定，则征材所取之书，不数十年，尝失亡其十之五六，宋、元修史之成规，可覆按焉。使自注之例得行，则因援引所及，而得存先世藏书之大概，因以校正艺文著录之得失，是亦史法之一助也。且人心日漓，风气日变，缺文之义不闻，而附会之习，且愈出而愈工焉。在官修书，惟冀塞责，私门著述，苟饰浮名。或剽窃成书，或因陋就简。使其术稍黠，皆可愚一时之耳目，而著作之道益衰。诚得自注以标所去取，则闻见之广狭，功力之疏密，心术之诚伪，灼然可见于开卷之顷，而风气可以渐复于质古，是又为益之尤大者也。然则考之往代，家法既如彼；揆之后世，系重又如此；夫翰墨省于前，而功效多于旧，孰有加于自注也哉？

——（清）章学诚：《文史通义校注·史注》，叶瑛校注，北京，中华书局，1985。

通史之修，其便有六：一曰免重复，二曰均类例，三曰便铨配，四曰平是非，五曰去牴牾，六曰详邻事。其长有二：一曰具剪裁，二曰立家法。其弊有三：一曰无短长，二曰仍原题，三曰忘标目。何谓免重复？夫鼎革之际，人物事实，同出并见。胜国亡征，新王兴瑞，即一事也；前朝草窃，新主前驱，即一人也。董卓、吕布，范、陈各为立传，禅位册诏，梁、程并载全文，所谓复也。《通志》总合为书，事可互见，文无重出，不亦善乎？何谓均类例？夫马立《天官》，班创《地理》；《齐志·天文》，不载推步；《唐书·艺文》，不叙渊源。依古以来，参差如是。郑樵著《略》，虽变史志章程，自成家法；但六书七音，原非沿革，昆虫草木，何尝必欲易代相仍乎？惟通前后而勒成一家，则例由义起，自就隐括。《隋书·五代史志》，梁、陈、北齐、周、隋。终胜沈、萧、魏氏之书矣。沈约《宋志》、萧子显《南齐志》、魏收《魏志》，皆参差不齐也。何谓便铨配？包罗诸史，制度相仍；惟人物挺生，各随时世。自后妃宗室，标题著其朝代；至于臣下，则约略先后，以次相比。《南、北史》以宗室分冠诸臣之上，以为识别。欧阳《五代史》，始标别朝代。然子孙附于祖父，世家会聚宗支。《南、北史》王谢诸传，不尽以朝代为断。一门血脉相承，时世盛衰，亦可因而见矣。即楚之屈原，将汉之贾生同传；周之太史，偕韩之公子同科；古人正有深意，相附而彰，义有独断，末学肤受，岂得从而妄议耶？何谓平是非？夫曲直之中，定于易代。然晋史终须帝魏，而周臣不立韩通；虽作者挺生，而国嫌宜慎，则亦无可如何者也。惟事隔数代，而衡鉴至公，庶几笔削平允，而折中定矣。何谓去牴牾？断代为书，各有裁制，详略去取，亦不相妨。惟首尾交错，互有出入，则牴牾之端，从此见矣。居摄之事，班殊于范；二刘始末，刘表、刘焉。范异于陈。统合为编，庶几免此。何谓详邻事？僭国载纪，四裔外国，势不能与一代同其终始；而正朔纪传，断代为编，则是中朝典故居全，而藩国载纪乃参半也。惟南北统史，则后梁、东魏悉其端，而五代汇编，斯吴、越、荆、潭终其纪也。凡此六者，所谓便也。何谓具剪裁？通合诸史，岂第括其凡例，亦当补其缺略，截其浮辞，平突填砌，乃就一家绳尺。若李氏《南》《北》二史，文省前人，事详往牒，故称良史。盖生乎后代，耳目闻见，自当有补前人，所谓凭藉之资，易为力也。何谓立家法？陈编具在，何贵重事编摩？专门之业，自具体要。若郑氏《通志》，卓识名理，独见别裁，古人不能任其先声，后代不能出其规范。虽事实无殊旧录，而辨名正物，诸子之意，寓于史裁，终为不朽之业矣。凡此二者，所谓长也。何谓无短长？纂辑之书，略以次比，本无增损，但易标题，则刘知幾所谓"学者宁习本书，怠窥新录"者矣。何谓仍原题？诸史异同，各为品目，作者不为更定，自就新裁。《南史》有《孝义》而无《列女》，详《列女》篇。《通志》称《史记》以作时代，《通志》汉、魏诸人，皆标汉、魏，称时代，非称史书也。而《史记》所载之人，亦标《史记》，而不标时代，则误仍原文也。一隅三反，则去取失当者多矣。何谓忘题目？帝王、后妃、宗室、世家，标题朝代，其别易见。臣下列传，自有与时事相值者，见于文词，虽无标别，但玩叙次，自见朝代。至于《独行》《方伎》《文苑》《列女》诸篇，其人不尽涉于世事，一例编次。若《南史》吴逵、韩灵敏诸人，几何不至于读其书不知其世耶？凡此三者，所谓弊也。

《说文》训通为达，自此之彼之谓也。通者，所以通天下之不通也。读《易》如无《书》，读《书》如无《诗》。《尔雅》治训诂，小学明六书，通之谓也。古人离合撰著，不言而喻。汉人以通为标目，梁世以通入史裁，则其体例，盖有截然不可混合者矣。杜佑以刘秩《政典》为未尽，而上达于三五，《典》之所以名通也。奈何魏了翁取赵宋一代之掌故，亦标其名谓之《国朝通典》乎？既曰国朝，画代为断，何通之有？是亦循名而不思其义者也。六卿联事，职官之书，亦有通之义也。奈何潘迪取有元御史之职守，亦名其书谓之《宪台通纪》耶？又地理之学，自有专门，州郡志书，当隶外史。

——（清）章学诚：《文史通义校注·释通》，叶瑛校注，北京，中华书局，1985。

无论采用何种体裁，及何种文艺，凡有意作史，必须先定计划而后动笔，此即属于编制的问题。凡材料之丰富，批评之正确，固属重要，而篇章之分配，组织之适宜，亦不可轻视。范蔚宗与其甥书曰“既造后汉，转得统绪”。范氏之书固称良史，其实应该先定统绪，而后造后汉。大约欲作史书，先须知范围与材料之关系。唐人李延寿因参修宋齐梁陈周隋诸书，熟悉各朝史料，而后定意作南史北史。宋人徐梦莘因欲作三朝北盟会编，而后搜集徽钦高三朝与金人和战之史料。李氏是先知史料，而后引起作书之兴趣，徐氏是先有意作书，而后从事史料之搜求。自古以来之著作家，不出此二种。然此二种人作书之始，皆必先定本书之如何编制，自不待言。著作之高下，固视其内容之价值为定，而其编制之合宜与否，亦大有影响于其价值。班固之文笔变化，虽不及司马迁，而汉书之编制整齐，却过于史记。此为世人之公论，非一人之私言。故凡著作如能编制合宜，在读者即能感觉便利。古人或不注意于此，而在今人则甚为重视。前人称汉书“赡而不秽，详而有体”。此为作史之正轨。

凡为著书，固必规定计划，然必须先有一种概想，而后能草定内容与外形之大略。然如何引起概想，仍是先决的问题。盖概想为著作之起始，而此项概想之来源，或得之师友，或得之自己，则随个人之环境而不同。美人F. M. Fling所著 *The Writing of History* P. 126 谓“读书可以引起选题之概想，而具此概想以读书，又可应用新证以修改概想，再如此往复进行，由事实到概想，由概想到事实，以至材料齐备而概想完全”。所谓概想，即 General conception。而在 P. 162 又谓之为建设的想象（Constructive imagination），凡著作之初必须知此。盖必先有概想，而后有建设。

英人 C. G. Crump 所著 *History and Historical Research* P. 120 至 P. 122 谓作书之工作，有数种层次，最宜注意，兹分为五项如下，可作为初学著作者之指导。

（1）选定题目（Select a Subject）

(2) 制定大纲(Make a Sketch)

(3) 搜集材料(Collect Materials)

(4) 写为笔记(Make Notes)

(5) 做成文论(Expand into a Treatise)

此五项工作，固为作书者之一定程序，而见诸应用，皆未易言。例如有志著作之先，必以选定题目为要。然题目太宽，则不易见好，题目太狭，则不易成功。材料太多，则不易处理，材料太少，则不足应用。固于选题之先，又必预计材料之有无，及工作之难易，而后作定。定题之后，即须制定大纲。此项大纲不可太详，亦不可太略。据此大纲，固为搜集材料之骨干，而材料增加，亦有修改大纲之可能。故大纲可利用，而不可拘守。在搜集材料之先，必须知各种材料之所在，则又以目录的知识为要。然高等著作必具人所不知之材料，又不能以目录的知识为足。在搜集材料之时，自当随手笔记。但须归纳门类，以便取用，又须分别等次，以便取去。至此，则取各种材料，加以连贯，加以组织，即可扩充为著作。至于著作之长短，固视题目之大小而定，而亦因材料之多少而定。

法国人 Langlois and Seignobos 所著 *Introduction to the Study of History*，P. 303 谓历史著作应分二类：(一) 为专题的论文(Monograph)；(二) 为综述的著作(General Work)，此二类之性质，根本不同，而在有志著作之先，必须详细辨明。所谓专题的论文者，皆是就一单个的事实，或制度，或传记，而编定之。少或数千言，多不过一卷或一册而止。所谓综括的著述者，皆是就一整个的事实，或制度，或传记，而编定之。少或一卷，多或数十卷数百卷不定。试为举例如下：如万斯同河源考是专题的论文，而郦道元水经注是综括的著述。又如王应麟汉志考是专题的论文，而班固汉书是综括的著述，凡专题论文之做成，应当穷尽所有之材料，而综括著述之做成，又当取材于各种有关系之专题论文。在西国此项专题论文甚多，大抵皆由各种专家作成。如聚集许多专题论文而编著综括著述，其事不难，例如已有许多分期的专史，则编为总合的通史，其事甚易。反之，例如尚无分期的专史，则编为总合的通史，其事甚难。在中国现时专题论文尚不足用，故综括著述甚难成功。

美国人 F. M. Fling 所著 *The Writing of History*，P. 136 谓 "Facts and facts alone do not constitutes history"，此所谓"历史不是只由许多事实堆积而成"，而事实之外，大有事在。例如关于史料之处理，及前后彼此之关系，皆是。彼因谓作史应当注意者有二项要点如下：

(1) 论理的统合(Logical Unity)

(2) 因果的关联(Causal Connection)

所谓"论理的统合"者，即谓在著作之整体内，必须具有统合的主意。凡作史，无论所用事实多少，皆以扶助此“统合”为主。所谓“因果的关联”者，即谓在事实之叙述内，必须具有关联的线索。凡作史，无论所用事实多少，皆以表现此“关联”为主。如能处处注意全体的统合，及前后的关联，方是彼此照应，而成为有组织的著作。然则历史绝不是由许多事实凑集而成，而是用许多事实以显出前后因果的关联，并助成整个事实的统合。在前引 Fling 之书 P. 135 又指出下列二点：

（1）明了某项事实，以做成历史全体之部分。

（2）运用各项部分事实，以做成复杂之全体。

由此而知历史之做成，是整体而包含部分（Whole Consisting of Parts）。其部分事实既皆有彼此因果的关系，则此做成之整体，乃是完全有组织的整体（Organic Whole）。如此做成之后，虽不必一字不可更动，而却是一事不可删去。不然，则前后事实失其关系，而历史的整体亦无由考见。盖任何人类历史，及任何历史的分期，皆自有前后的牵联，及彼此的关系，皆是整个的全体。如只知堆积事实，而不注意其前后彼此关联，西语谓此为“String of Beads”最为史家所忌。故在搜集材料之时，必先辨别何项事实能用为做成整体之部分，及何项事实不能用为做成整体之部分。及至搜集部分事实足用之后，又必研究如何运用各部分实事，以做成前后有关联有组织之整体。

章学诚文史通义史注篇曰，“在官修书，惟冀塞责，私人著述，苟饰浮名。或剽窃成书，或因陋就简。使其术稍黠，皆可愚一时之耳目，而著作之道益衰，诚得自注，以标所去取，则见闻之广狭，功力之疏密，心术之诚伪，灼然可见于开卷之顷，而风气可以渐复于质古”。此言著书必须注意说明材料之来源，及去取之标准，在编制上诚为重要。凡作史总以见信于人为要，如不注明材料来源，及去取标准，则上文所谓“见闻之广狭，功力之疏密，心术之诚伪”，皆不可见，而其书亦自无可信之价值。前引 Langlois 之书 P. 194 谓“如不能得其材料之来源，则其记载为无用”。此言甚为重要，而惜为世人所不注意。古代史官修史，意在统一史料，故不注明取材何处，此是官书的性质如此。然宋人之书，如司马光资治通鉴，此是官书。李焘续通鉴长编，李心传建炎以来系年要录，皆是私著。然皆附著考异，即所以说明材料来源及去取标准，此可为作史者之正轨。凡引用书籍，注明原书编卷，此为吾国乾嘉学派的遗法。西人如此，又须注明页数，且及出版地点年月，其方法尤为谨严。

近世西方著作，皆以注明材料来源，及附列参考书目为要，已见上文。美国德国著作家于此最为注意。尤足为吾人师法。前引 Fling 之书 P. 160～171 讨论此事甚详，并分为二类如下：

（甲）附注 Footnotes（附在每页下者）

（1）引用他书的篇页（Citation of Volume and Page）

(2) 引用史料的原文 (Quotation in Exact Language)
(3) 根据考辨的结果 (Discussion of the Evidence)
(乙) 附录 Appendixes (附在篇末或者书末者)
(1) 参考的书目 (Bibliography)
(2) 关系的文件 (Documents)
(3) 重要的考辨 (Critical Discussions)

郑樵通志总序曰,“古之学者左图右书,不可偏废”。又曰“即图而求易,即书而求难”。此言著书必须附有图象也。汉书艺文志内之书,多附有图。惜后之作者,皆重记载而轻图象,以致许多文化物品形状皆不可详。如古人之舆服志,有说而无图,令人明了不易。宋人之博古图,有图而不精,令人钦赏无由,凡此皆是不重图象之过。西方史书之编制,多附著名人古物之画片。至于疆域形势,战争策略,多附著详细地图,而尤以美国之印刷品为不惜工本。此不但取便研究,且可引起兴趣。又如吾国古人著作,其目录皆列在书末,如淮南子、史记、汉书,尚可考见。后人始将目录改列在书首,此较古词为便利。然吾国前人只知目录之用,而尚不知索引之用。近世西方著作愈趋便利,于书首必有目录 (Contents),于书末必附索引 (Index),且有用详细目录,及详细索引者,即目录每项下又分细目,索引每项下又分细注之类,尤便于检寻。此亦编制之进步,吾人可以取法。

——陆懋德:《史学方法大纲》,113~119 页,北京,北京师范大学史学研究所资料室,1980。

章学诚在《文史通义·书教上》里曾提出“撰述”和“记注”的区别。他说:“三代以上,记注有成法而撰述无定名;三代以下,撰述有定名而记注无成法。”所谓“记注”,按章学诚的意思是:“古人之于典籍,不惮繁复周悉,以为记注之备也。即如六典之文,繁委如是,太宰掌之,小宰副之,司会、司书、太史又为各掌其贰,则六典之文,盖五倍其副贰,而存之于掌故焉。其他篇籍,亦当称是。”从他的这些话,可知“记注”是指官府档案或原始的官方记录;这些,又都是限于一定的官方职掌。所谓“撰述”,他指的是:在“官礼废而注记不足备其全”的情况下,出现的各种体裁的史书,如《春秋》《左传》《史记》《汉书》等。他说的“成法”,是指制度而言;“定名”,指的是“一定之例”,即史书的体裁。这是第一次把史料性的记录和创作性的撰述互相区别,是章学诚在论史书编撰方面的一个重要的见解。我们所说的“编”和“著”,在一定的意义上讲,就是章学诚说的“记注”和“撰述”。不过,我们讲编、著,比章学诚讲记注、撰述,在范围上更宽,在要求上也更高,不应作同等对待。所谓“编”,不只限于当时的官方记录,还应包括当时私家的大量笔录，以及后人所作的大量的历史材料的编集。而这种编集工作不是一般的材料汇集，应是能比较清楚地表述历史的发展过程的工作。所谓“著”，应不只是要求“著为一定之例”，即要有一定的体裁，而且还要求有理论的指导，要求有创造性的历史见识。

……

我们所说的编和著各自承担的任务，跟章学诚的这些看法很有关系，但也不尽相同；我们对“方以智”和“圆而神”，也应有新的认识。编，主要任务是汇集丰富的历史知识；著，主要任务是阐发独到的历史见解。“方”，是说作者必须讲究一定的体例，使其可以具备各方面的记载，作到“赅备无遗”；“智”，是说作者应有相当的知识水平，使其所编之书表达或储存丰富的历史知识，作到“智以藏往”。“圆”，是说作者在著述方法上应有“别识心裁”，不为成例所拘，但又不是不要体例，而是能对各种体例运用自如，大胆创新；“神”，是说作者在著述思想上的远见卓识，作到“神以知来”。“方以智”和“圆而神”，是对史书的编和著的很高的要求。要达到这样的要求是很不容易的，但也不是不能做到的。

编著之分，又不可以作形式论。就是说，它们之间也并不是截然分开的。如《通鉴纪事本末》《明儒学案》《绎史》等书，均于编辑现成的材料之中见创作新意。而《史记》《汉书》《通典》《资治通鉴》等书，也不能没有材料的编辑或借用前人编辑的材料。在现在的许多史书中，编和著有时也难得分开，似乎“方以智”和“圆而神”也不容易加以区别。这种情况是有的，但我们总还是可以从主要方面判断出它们在编撰上的性质的。

区别编和著，对于修史的工作是有重要意义的。首先，可以据此确定史书在编撰上的性质。一般地说，这对于各种体裁的史书来说，都是适用的。其次，可以根据编和著的不同性质，分别用“方以智”和“圆而神”的要求来提高史书的编撰水平。章学诚在谈到他的《文史通义·书教》篇时说：“其以圆神、方智定史学之两大宗门，而撰述之书不可律以记注一成之法。又（司马）迁书所创纪传之法，本自圆神，后世袭用纪传成法不知变通，而史才、史识、史学转为史例拘牵，愈袭愈舛，以致圆不可神，方不可智”。他的这些话，对于今天的史书编著工作还是可以引以为借鉴的。

——白寿彝：《史学概论》，141～145页，银川，宁夏人民出版社，1983。

清史稿艺文志尚未之见，多有议其义例不合者。此志体裁本难尽善，而尤易舛误者，但据书名著录而不悉其内容，则部居必致凌越。如书目答问以宣和遗事入史部，而不知其为小说也。即以寒家而言，先高祖仲雅府君讳云璈，著书满家，选学胶言、四寸学、垂绥录，世多有之，类别不难。清吟阁书目载有抄本人事投瓶录，有六册之多，但云内分三十二类，竟不知为何书。以子孙著录祖父书，尚且其难若此，何况他人。清代之书，译籍如制造局所译西书，外国进呈者如朔方备乘所载俄文书籍外，尤以禁毁一类最难理董。除一二后来有覆本者，大都有其目而无其书。间或禁网疏漏，出入灰烬之余，亦不过沧海之一沤耳。释道二藏，前人所译，固不必列，而清代著述又不宜略。且佚经舶来及敦煌出土者，尤以释藏为多。藏文佛经明内府已有之，酌中志所载番经一藏一百四十七函是也，清代又续有增释。卫藏通志曾列一目，然亦未备。他若八旗文人之著述，以及满洲蒙古未译之书，殆非先事采访不可。副刊所评辑佚之书善矣。辑佚固有，再辑三辑者孰详孰略岂可漫无区别。有辑本在前而原书晚出者，自当略辑本而载原书。亦有辑本在前，原书晚出而仍不完者，则又不能不两载。又有原书具在而但辑其佚文者，其原书不甚通行，辑者于其中抽出数类，别本单行，则又不得以佚论矣。晚季著述，名于艺苑，可入著录者实难缕指。虽其人尚存，而一生事业已毕，即亦可以见收。盖不传其人者，所以示断限之严而存其书者，亦所以弥未济之缺。又如杨守敬辈，曾挂名新代仕版，自不应滥入传中。而遗书传世，实亦有其不朽者在。岂可因其人而废其书，且诸人所著大都成于清代。全唐文于徐铉之作，凡在南唐者一字不遗。入宋以后则不录，必援往例，固亦未尝无其比也。至于不入列传著家，详注爵里，隋唐二志，成规可循，关系史体最大。全谢山上明史馆说帖曾详言之，惜乎不用。总之此评实足为朱君之诤臣，后有续修者所当奉为圭臬也。惟评中称于清史馆编纂官某君处见清史稿十数册，仆则以为史局备书，似未可遽目之为官。当日史馆初开，同征诸人皆由馆长以礼敦聘。馆中服务虽分总纂、纂修、协修、校对兼协修四等，而实与政府官制不同。友人有以清史协修署衔者，仆尝规之，谓今之府厅州县开局修志，亦有纂修协修诸名目，未闻自署府志局协修者。明修元史所征聘皆草泽之士，如胡翰诸人，载记具存，亦未闻人以元史馆修撰称之也。而杨维桢以修礼乐书聘至京，叙例既定，即乞还山。宋濂送之以诗曰：“不受君王五色诏，白衣宣至白衣还。”清风亮节，又岂与朝所得而官之者。此虽涉笔之偶踈，然评家方以史学论世，绳愆匡缪，则于史法宜素讲。当时馆友固有以政府要职兼史务者，而白衣领史，实亦不乏其人。仆客游京洛，将及十年，载笔东华，授经北胄，存遗献于皇余，庶斯文于圣灭。硁硁自矢，未尝受霸庭一阶一级，诚以亡国孑余。名在旧府，义不可以贰官故也。今之修史，与清初大异。清初修史，非授官翰林不得入局。即无职人员，如姜宸英等，亦支七品俸，称翰林院纂修官。惟万季野馆于总裁所，不署衔，不支俸，往还名刺但称布衣而已。仆不洁去就，徒以文献所寄，勉就絷维。虽谢石园之高，差免娄东之愧，异时知旧，倘哀我之不辰，幸勿以此衔加我，则冢中枯骨霑惠多多矣。公知我者，辄复言之，世祖行遁，晚近艳传，仆于拙编后传，力辨其不然。顷读梅村清凉山赞佛诗，乃得一佳证。此诗前二章皆叙董鄂贵妃事，第三章前半假天人传语，劝其脱屣尘寰。后云："房星竟未动，天降白玉棺。惜哉善财洞，未得夸迎銮。"据史记天官书，房星注主车驾，乘舆未驾而玉棺遽降，洞既未号迎銮，山岂曾传驻跸，尚得谓袈裟新换、弓箭虚埋耶？故第四章末句以"色空两不住"作结。全诗主要可谓微而显矣。盖章皇信佛，当时或有讹为不死之说者。如木陈和尚骨龛侍香记一书，乾隆中以其妖妄禁毁，关涉斯秘，当必甚多。宫监闲谈，诗人雅咏，瑶池黄竹之谣，苍梧白云之想，妙笔写来，疑是疑非，是皆文章狡狯处。若以鸿都方士之寓言，解作西山老佛之信史，梅村有知，宁不齿冷。自集览房星注，引晋书天文志云，房四星为明堂天子布政之宫，后人不察，遂误以为帝座未移解之。传兹缪说，考晋书天文志，但云房为天驷，其明堂天子布政之宫，乃指角外三星。不知靳氏何以引彼而不引此，此不可不辨也。曩岁尹石公为言，京师有发现顺治二十一年题本者。题本为寻常咨达内阁之件，断无圣祖践阼已逾四年，仍署先皇年号之理。纵使重晖在上，而金銮密记，外廷无得预闻，岂宜章明较著，形之章奏。颇疑本是顺治十一年题本，好事者于其中添加二字，以欺人耳。近世谈杂事秘辛者，最喜影附野闻，增成故实，冀炫庸众。俗语不实，流为丹青，此皆稗官白话阶之历也。吾独奈之何，只颂道祺不一。

——张尔田：《与大公报文学副刊编者书》，载《学衡》，第六十六期。

历史该怎样作法呢？那在理论上是无疑义的。第一，当先搜集材料。第二，当就所搜集得的材料，加以考订，使其正确。然后第三，可以着手编纂。

学术论著的写作必然地要分为搜集资料与撰述为文两个阶段，今亦分先后来讲：

史事的要搜辑、订正，是永无穷期的。外行的人，往往以为"历史的材料，是一成不变的。至多（一）有新发见的事实，加一些进去；（二）旧材料不完全，不正确的，被发见了，则加以补充，加以订正，如此而已。这两者都不能多，所以历史的材料，从大体上可以说是固定的，无甚变动"。这种见解，其实是错误的；历史上的年代如此之长，事实如此之多，即使我们所搜辑的范围，和从前人一样，亦不易有完备之日。何况研究的范围，是时时变动的，无论你方法如何谨严，如何自许为客观，人于研究范围之内的，总是反映着其时代所需要。一物有多少相，是没有一定的，有多少人看，就有多相。看的人没有了，就相也没有了……所以史学一日不息，搜辑之功亦即一日而不息。这话或者说得太玄妙些，然即使浅而言之，现代各种科学勃兴，我们从前不甚注意，不甚了解的事实，现在知其重要的何限？岂能屏诸研究范围之外？然则史学的范围，安得而不扩充？范围扩充，搜辑的工作，安能不随之而增加呢？科学的进步永无止境，史家搜辑的工作，自亦随之而无穷了。

至于订正，则从前人的记载错误的，见解不正确的，浅而言之，即随处可见。此等或可说：终有订正至正确的一日，而有的或竟无法可想了，则订正亦似有穷期。其实亦不然。真正客观的事实，是世界上所没有的。真正客观的事实，只是一个一个绝不相联属之感觉，和做影戏所用的片子一般，不把它联属起来，试问有何意义？岂复成为事实？所谓事实，总是合许多小情节而成，而其所谓小情节，又是合许多更小的情节而成，如是递推，至于最小，仍是如此。其能成为事实，总是我们用主观的意见，把它联属起来的。如此，世界上安有真客观的事实？既非客观，安得云无变动？这话或者又说得太玄妙些，然而一件事实的真相，不但限于其外形，总得推见其内部，这总是人人可以承认的，如此，则因社会状况的不同，人心的观念即随之而变，观念既变，看得事情的真相，亦就不同了。史事的订正，又安有穷期呢？

搜辑永无穷期，订正永无穷期，历史的当改作，即已永无穷期，何况历史不是搜辑、考订了便算了事的，还要编纂成功，给大家看，而看的人的需要，又是随时不同的，然则历史安得不永远在重作之中呢？以上所说的都是原理……

考订史事的方法，外形上记载的同异，是容易见得的，只要搜辑得完备，校勘得精细。但现在所当致力的，殊不限于此。大抵原始的史料，总是从见闻而来的，传闻的不足信，人人能言之，其实亲见者亦何尝可信？人的观察本来容易错误的。即使不误，而所见的事情稍纵即逝，到记载的时候，总是根据记忆写出来的，而记忆的易误，又是显而易见的。况且所看见的，总是许多断片，其能成为一件事情，总是以意联系起来的，这已经搀入很大的主观的成分。何况还有没看见或忘掉的地方，不免以意补缀呢？这种错误，是无论何人不能免掉的，如其要免掉，那就世界上没有史事了。这还是得之于见的，其得之于闻的，则传述者又把这些错误一一加入。传达多一次，则其错误增加一次。事情经过多次传述，就无意间把不近情理的情节删除或改动，而把有趣味的情节扩大起来。看似愈传述愈详尽，愈精彩，实则其不可信的成分愈多。这还是无意的，还有有意的作伪。那便是：（一）伪造假的事实，（二）抹杀真的事实……（三）无所为而出于游戏性质的……辨伪之法，近人论者颇多，此书为篇幅所限，不再详述，以上所述，实在还都是粗浅的，若论其精微的，则凭你一意求真，还是不能免于不确实，虽然你已小心到十二分。因为人的心理，总有一个方向，总不能接受和这方向相反的事情。所以又有许多真确而有价值的事情，为你所视而不见，听而不闻了。心理上这种细微的偏见，是没有彻底免除的可能的；就要洗伐到相当的程度，也很不容易。读《文史通义》的《史德》篇可见。史事的不足信如此，无怪史学家说，“历史只是大家同意的故事”

了。史学家为求真起见，在这上面，就得费掉很大的工夫。

史料的真伪，鉴别得、考订得觉其大体可信了，然后我们可进而批评史事，历史上任何事件，把现在的眼光看起来，总觉得其不甚可信。明明是个大公无私的人，反说得他诈伪阴险；明明是件深曲隐蔽之事，说来反觉得其浅显易明；这些真是随处可见。而只知其外表，不知其内容的，更不知凡几。读史者于此，往往模模糊糊，不加注意；或则人云亦云；其偶有所见的，又或痛诋古人的错误，其实此亦不然。一件事，所能看见的，总只是外形，其内容如何，总得由观察者据着外形去推测。我们该尽我们考证之所能，推测之所至，尽量的把史事的真相阐发出来。不过推测总只是推测，不能径认为事实而已。在这一点上，昔人著述的体例，未尽善处很多，实有改良的必要。

——吕思勉：《历史研究法》，89～98页，台北，五南图书出版公司，1995。

我常说，上古史中古史的任何问题，资料都不集中，不能说某一问题只看某某几部书就足够了，资料分布的现象非常零碎，那个时代及相关时代的任何书中都有一点，但都很片段，最详的资料大都不过几百字，少则几个字，有时只有关键性的一两个字，所以要彻底研究某一问题，非把能够看到的书全部看过不可，唐代交通问题就是个标准的例子。

为了研究唐代交通及其他地理问题，我先看两《唐书》，因为这是研究唐代历史的最基本史料。就史料言，任何时代的任何书籍的内容都偏向某一方面，只有正史，虽也偏多政治军事史料，但比较起来，仍是较为全面的涉及各方面，所以研究中国古史的某一朝代的历史，必然的要先看正史，唐代自不例外。两《唐书》之外，就是《通鉴》及有关唐代的政书、地书、别史、杂史、子书、科技、佛藏、杂著、笔记、小说、诗文、石刻、类书等，以及敦煌资料（就已整理出版者而言）与其他考古资料，这些书籍的时代断限，以唐人所写为主，其次宋人著作及隋以前人的著作，大约自汉代到唐五代人的著作，绝大多数都已过目，其次宋人讲唐代的著作也大多看过，近人著作大约只以考古报告为主，其次为中日学人关于边疆史的研究论著。在这些任何书中，发现有关交通问题（不限于唐代）的资料，纵然只是一句几个字，也抄录下来，不轻易放过。不过我录材料尽量以简捷而不失作者原意为原则，不滥抄太多。如遇太长的资料，一时甚难节录，就只记其内容大略，注明某书某卷某页，待临时查用。我在史语所的末期（至一九四六年夏天为止，约有三四年）可有一名书记帮助抄录资料，我看书时发现史料，用小笺条记明自某页某行某字起至某行某字止，插在书页中，由书记代抄，但我必再亲自检勘一过。当材料录下来时，往往在重要字旁加圈点记号（或用红笔），或在适当空白处加注几个字，说明内容要点，或当时意见，备将来用时之参考，当时并不深究。在这样勤力的仔细的搜录过程中，不知发现多少意想不到的宝贵资料，这也是研究工作的一大乐趣。

这项工作自一九四七年开始至一九六六年才开始撰述工作。在这二十年中，当然还写些别的论著，但主要搜集工作是唐代人文地理，尤其是其中的交通地理问题。我在搜集材料时，只将资料一条条的写录下来，分交通与其他人文地理两类储存，并不详细分类，因为预备先写交通，所以凡涉及两方面的材料，就先放在交通类。迄撰述前夕，写录的交通史料，估计约有七八万张，有时一张中录有两三条材料。

……

这项工作，自一九六六年开始迄今已二十余年。我写此书的方法是以区分卷，以路线为篇。即每区为一卷，每卷包括若干条路线。所以在开始撰述时，先将材料按地区及水运与交通制度分为十大类，就是三都、关内、河陇碛西、秦岭、山南剑南、河东河北、河南淮南、江南岭南、河运海运及交通制度十类。写作次序虽不完全与此次序相同，但大体依此顺序进行。当分类时，若是一条材料关涉两区时，先放入预备先写的一区中。在开始某一区域的撰写之前，又就本区资料按路线分为若干小类，然后逐条路线撰写。

在每条路线动笔撰述时，大体先提出证据，说明这条路线当经过什么府州，途程若干里。这一点主要采取两项方法：其一，据唐代与宋初志书、《元和志》《通典》（《州郡典》）、《寰宇记》及《旧唐·志》所纪各府州至长安、洛阳的里程及各相邻接府州间之里距，核算各府州至长安、洛阳当中经一些什么府州。因为各志书记载往往不同，且有矛盾脱讹处（中国数字极易形讹。故须极细心的工作）。其二，举出实际史例，如用兵路线，或当时某人曾行此路。此两项方法，有时可互相补助。路线大体定了，然后再考途程所经的详细情形，诸如县、军、镇、戍、关津馆驿、峡谷地形，亦颇及历史事迹、民族互市种种情形。每条路线的材料自以唐代为主，但亦涉及秦汉魏晋南北朝，且偶及宋代。此固由于为讲明唐代，有上下贯串明其承袭之必要，亦以便利唐代以外之史学工作者可资参考。

在撰写时，定线只是大体工作，除了少数路线如乌兰官道（长安凉州道之北线）、滇越道等定线困难之外，大多还算是不太难解决的问题。而最麻烦的工作是途程所经详细情形之考证，为精益求精，往往一个小地名花费两三千字三番五次的改易，不能定稿。这也许是过于求真的毛病。

下面再详一点谈我写此书时讨论问题的方法与经验。

前面说，在写录材料时只作标记注明当时意见，并不深究，等到排比材料，开始撰写了，因为材料有时感到太少，彼此脱节难作穿贯，有时又感到材料太多，往往纠缠不清，或竟彼此牴牾冲突，难作判断。有些处又显材料本身不合理，但亦不能主观的轻易的弃而不顾。这些处都会使人感到难以下笔。所以论文写作阶段实际上比搜集资料阶段要困难得多。我常说论证文字，有述证与辩证两类。述证文章的写作比较容易，主要工作在搜集资料，资料准备好了，排比材料即可成文，较为省事，但述证文的写作实际上等于较高级的编辑工作，在论文写作上，是比较低层次的；辩证性的论文，才是比较高层次的论文，在写作技术上，写作过程上，比较难得多。但纯辩证性的论著只限于较短的论文，长不过几万字，大著作大都是参合两种性格的论著，而述证的分量总比较多。我这部书有些处是述证性的，有些处是辩证性的，遇到上述种种困难情形，就必须用辩证方式来解决，运用缜密思考，在繁杂中寻出头绪，在冲突中辨其是非，或者游刃两者之间，化冲突为融合，在不合理中说明其何以不合理，有错误，甚至要说明其错误之故。在这样复杂思考过程中，通常还要临时查书。有时就已录材料复查原书，仔细看其上下文，有时翻查工具书，如《读史方舆纪要》《大清一统志》《水经注图》、清代与现今较详地图等等；（这些工具书往往又有可查的工具书，如《纪要》《一统志》都有索引。）有时寻查其他可能相关史料作辅证。寻查相关史料，大多要凭联想力，有时也利用工具书。这种查书工作，有时有重大发现，可以帮助解决问题，有时完全落空，白耗很多时间。不过我从不气馁，再想别的办法解决问题。我所谓“无孔不入”，在辩论问题时，就往往用得到。

在写作时，一项问题的解决往往不是一时可以达成正确结论的。有时成稿当时，自己已怀疑这项结论未必正确；或者只是大体如此，尚不精确。有时自己以为正确不应有问题了。不论自己以为已很正确，或者尚有可疑，文成之后仍要随时思考，是否还可作别样解释；更要随时留意是否尚有别的材料可作更好的证据，或者可凭以修正原结论，使能更为精确；或者可作反证，足以把原先的结论完全推翻。所以此书各篇写成之后，都经过不只一次的增补或修正，就是在期刊中初步发表，也多半不是真正的初稿了。就现已出书的前五卷中，正篇五十三文、附篇九文，大半都已在期刊中发表过，但在这次正式出版前，除了极少数的两三篇之外，我都大加修改过。有些篇改得太多，必得部分重抄；有些篇更是完全重新改作。原来结论虽然大体维持不变，但也有自己推翻旧结论重立新结论处。所以此次正式出版各篇内容，与以前发表的论文比较，很多论证更见精密，也有些断语已完全不同。而且有些问题，以前论著中曾先后提出不同的推论，这次改订出版，论断又有不同。兹举一两例如下：

例如天德军与沃野镇故城。二十年前，我写《北魏六镇考》据《寰宇记》四九云州云中县条引《入塞图》及《元和志》四天德军条，约略推论镇城约在E108°·N41°30′地区，军城在镇城南六十里。一九七二年写《唐代长安北通丰州天德军驿道考》(《香港中文大学中国文化研究所学报》第六卷一期)作较详密推论，拟定天德军城在今乌兰鄂博(E108°30′·N41°17′—20′)或稍东。……到一九八四年十二月无意中看到张郁《唐王逆修墓志考释》(《内蒙古文物考古》创刊号，1981年)虽然仍无地图，亦未标经纬度，但对于此墓位置报告较详，是在乌梁素海东岸前后乌拉山所形成之明岸川西端。我根据此项线索再检视ONC-F-8图及民国地图集，其地当在乌兰鄂博东南，E109°·N41°西北，乌梁素海之东北岸。沃野镇即在其北六十里也。所以二十年中，我对于此问题已依据材料获取情况，先后作四次讨论，定其地望。

再举一例，百牢关的位置。《元和志》说此关在西县西南三十步，(地志记距离往往以步记)《舆地纪胜》说三十里。我在一九六七年写《通典所记汉中通秦川驿道考》初稿，从三十里之说，明年定稿改从三十步说……今检《分门集注杜诗》卷四《夔州歌》，《集注》师氏引《图经》云百牢关“故基在今兴元西县泥口化检玉观山下，傍临白马河……河之西南，壁山相对六十里不断，嶓冢汉江水流其间，与白马河会……”(《新刊校定集注杜诗》卷三二杜田《补遗》引《图经》较略)是关正当白马河与嶓冢汉水上源之会流处，是在西县之西三十里之铁证，决非三十步。但该篇编入卷三，其时已印毕，无法再改，所幸第四卷《金牛成都驿道篇》仍提到百牢关，此时虽也付印且二校定稿，但仍商之印刷厂在三校稿中补此一条，了却一宗疑案。(看原书页八六七、九〇五)

以上两例，一个几度推论，逐步接近史实，一个反复论证，终于探得真相。如此事例甚多，这不过举其最标准者耳。

此外我在此书写作过程中，深深体验到两条经验：第一，做深入精细的工作，要有绝大的耐性。在搜集资料时，固然要能耐烦的持恒的长期工作，不能躁急，尤其在写作时，更要有耐性。往往翻开繁杂纷乱的一大堆材料，一时摸不着头脑，不知如何处理。但不要心急，只要能耐烦的慢慢的思考摸索，绝大多数都能找出一个合理的处理方法。有时本以为乱杂无章，脱讹百出的材料，却原来也自有线索可寻。得到线索后，那些杂乱的材料却可能变为极宝贵的材料……第二，对于同一史料，仔细分析与粗略了解，差别极大。粗略了解，只能得其模糊粗略的概念，甚至认识错误；必须仔细分析始能很准确的了解其真相……

此外我想附带谈谈此书写作形式的问题。我写论著，不但自己写得非常认真，不敢随便说话，同时也注意给读者便利。为了便利读者，所以在体裁上很注意，务期读者容易掌握线索，易于了解与利用。这部书考据繁复，可讥为烦琐史学，但为彻底解决问题且以取信读者，又不得不花费如此多篇幅来证实我的论点。但文章实在太繁了，若用一般“常行体”，必然使读者如坠五里雾中，一时摸不着线索，所以采用“纲目体”，而且纲文用大号字，目文用小号字，以期醒目易辨（过去逐篇发表，限于期刊本身体例，不便用大小字分别纲目，易使读者有些迷惑）。在行文中，所有材料考证，都放在目文中，纲文只就目文中诸般小结论连贯起来，为一篇简要散文，全无考证气味。这样能使读者易于接受，便于利用。又各篇中，有些每篇绘制一图，有些数篇合绘一图，可谓将纲文地图化，更便读者能直觉领受，易于运用。每册之末，附刊《纲文古地名引得》，以增加检读之便。为了古今地名常有改易，纲文中所有古地名，皆用括弧注明今地。但今地名将来亦可能改易，彼时读者仍会感到困难，固有些地名，尤其边疆地名，注明经纬度，将来地名纵有变易，读者仍可据经纬度推知其地之所在。只可惜为事势所限，不可能全部注明，凡此种种，皆为读者着想，增加读者之便利。

——严耕望：《我撰唐代交通图考的动机与经验》，见《严耕望史学论文集》（下），1489～1497页，上海，上海古籍出版社，2009。

如果真历史是一种能从内部证实的历史，因而是一种合乎理想的当代的和当前的历史；如果靠见证的历史缺乏真实性，但又不是假的，而是既非假的也非真的（不是一种现在是，而是一种过去是）；那末，人们便会发出一个合理的疑问：从批判地挑出的和“被认为真的”证据得出的那些车载斗量的命题虽然没有被证实，或许永远不能被证实，但在最严肃的历史研究中也被人所采用，它们到底是怎样起源的并有什么作用呢。

当我们编写名为对立的一致那一学说的历史或编写名为《坟墓》那一诗篇的历史时，红衣主教库查的拉丁文和福斯科洛的韵文显然是属于我们的，思想和实际的词句都是属于我们的，我们自己向自己念出了它们，同时，那些历史事实的确凿性也是合乎逻辑的真理。但是，《论无知之学》之写成于1439年年底与1440年年初之间和福斯科洛的诗篇之写成于诗人在法国长期服兵役回到意大利以后则是有证明为据的，对于那些证明，我们只能说它们应当被认为是有效的，因为它们已在一定程度上得到了核实，但我们不能认为它们是真的。对它们不论是加多少聪明才智也不能阻止另一种文件或一种旧文件的更好的释义来摧毁它们。然而人们在研究库查和福斯科洛的作品时谁也不能不利用保存至今的有关其作者的传记性材料。

有一位受人敬仰的当今的方法论者曾想把对这类证据的信念建立在一种对过去的心灵感应上，即建立在一种几乎是灵魂附体的复苏方式上。但是，这种信念的来历是极其神秘的，需要加以大胆的和古怪的解释才行，而那种解释甚至贺拉斯笔下的犹太人也是不会置信的。反之，这个问题的内容是可以从我们的私人日常生活的形成过程中观察到的。例如，我们把我们的某些活动记在日记本上或结算账目。过了一些时候，那些事实从记忆中消失了，我们使自己确认那些事实曾经发生过并应被视为真正的唯一办法就是我们的记载所提供的证据：文献可以作证；我们要相信那书面记载。我们以同样的态度对待别人根据其日记或账本所说的话。我们假定，事情写下来了，事情是真的。毫无疑问，这种假定和其他一切假定一样，事实上可能是错误的，因为那种记载可能是在心不在焉或存有幻念的时候记下来的，也可能记得太晚，那时对事实的记忆已经不准确了，不确凿了，也可能是随心所欲地记下来的或存心欺骗别人的。但正因如此，人们对于书面证据并不是总是盲目地置信；我们审查它的真相，我们用其他书面证据和它对照，我们考查作者或证人的诚实性和准确性。正因如此，刑法才要对涂改证件或伪造证件的人加以刑罚和处分。虽则这种种精细的和严厉的预防措施在某些情况下并不能防止舞弊、欺诈和错误（同样，为了处罚犯人所设的法院常常让犯人不受处分而得释放，有时处分了无辜的人），但整个说来，文件和证据是符合真实情况的；人们认为，它们是有益的和值得加以支持与鼓励的，因它们所必然会产生的害处较之它们所能防止的害处小得多。

人类可以说在大规模地做着人们在日常私人生活中所做的事情，人类使自己解除了无量数的事实的负担，把它们安顿在身外，在那里，它们可以作为一种不能证实的文件性证明而以一种弱化的形式恢复过来，但整个说来，我们可以把它们看作真的并当作真的来用。因此，历史信念不是心灵感应或灵魂附体术的结果，而是一种明智的经济性贮备的结果，它有精神继续使之真实化。我们就是这样理解那种旨在防止窜改和歪曲的历史著作的，我们就是这样理解那种历史著作之所以同意某种确凿的证明的，它把那种证明看作“在现有的科学状况下应当被认为是真的”，而把其余的证明分别看作不确实的、不概确实的，以及看作很确实的，即期望在日后再加研讨中有时会予以同意。最后，这种历史著作也说明了对“苛求”的厌恶，苛求不满足于经常使批判变细致而对最真的和最有根据的证明的价值发出争辩。原因是，它这样一来就破坏了正规的游戏规则，它充其量只能提醒那些易于忘记它的人说，以证据为依据的历史归根到底完全是一种外在的历史而绝不是根本的、真正的历史，根本的、真正的历史是当代的和当前的。

“核实过的”证据的这种来历或性质已然包括了关于它的作用的另一种问题的答案。显而易见，它不能论定真历史，也不能取代真历史，而只能以次要的细节去补充真历史，那些次要的细节是值不得力求活在心里或完全存在心里的，因为那样就势必有害于对我们最关重要的东西。最后，《论无知之学》究竟写得早一些还是写得晚一些，那是可以由对库查诺斯的这一种思想或那一种思想所作的不同解释而很好地加以确定的，但这种确定并不影响对立的一致那一学说对形成逻辑科学所起的作用。至于《坟墓》是不是福斯科洛在到法国以前写成的或计划好的，这毫无疑问会使我们对于诗人的心灵与天才逐步发展的表达有所改变，但对他的伟大诗赋我们很难改变一点我们的解释方式。有些人因为某些细节方面缺乏可以证实的确凿性，或因还有不确凿或令人怀疑的地方，就对历史的真实性表示失望，他们很像一个人忘记了自己的这一年或那一年的编年史就以为他不知道当年情况下的自己一样，当前的情况一方面是他的过去的复现，另一方面又含有他现在所真正想要知道的一切的过去。但是，在另一方面，被认为真的核实过的证据可以刺激我们更加仔细地去搜索我们自己，这是对我们通过分析和沉思所得到的东西的一种充实，也是对我们的思想的一种确认或证明，它们是不可忽视的，尤其当真实的证据与核实过的证据彼此相符时是如此。因为害怕某些核实过的证据可能是错误的，或因核实过的证据都具有一种外在的和多少有点一般笼统的性质，因而拒绝核实过的证据所提供的帮助和便利，那就等于拒绝人类的权能，这样就会犯下笛卡儿和马勒白朗士所犯的罪过。这种大拒绝不关心对历史的理解，也无助于对历史的理解。有关与有助的是，绝不应当让根据——包括人类的权能在内——去代替人类的思想，在任何情况下，人类思想占第一位。

——［意］贝奈戴托·克罗齐：《历史学的理论和实际》，傅任敢译，106～109页，北京，商务印书馆，1982。

【相关论著目录】

1. 《论语·雍也》。
2. 《左传·成公十四年》。
3. 《左传·襄公三十年》。
4. 《公羊传·闵公元年》。
5. 《孟子·离娄下》。
6. 《史记·太史公自序》。
7. 《汉书·司马迁传》。
8. 《后汉书·班彪列传》。
9. 《宋书·范晔传》。
10. 《文心雕龙·史传》。
11. 《史通·断限》。
12. 《史通·二体》。
13. 《史通·叙事》。
14. 《资治通鉴·进书表》。
15. 《文史通义·书教》。

16.《文史通义·史德》。

17.《纲鉴易知录》。

18. 白寿彝：《史学概论》，银川，宁夏人民出版社，1983。

19. 陈寅恪：《元白诗笺证稿》，北京，生活·读书·新知三联书店，2001。

20. 杜维运：《史学方法论》，北京，北京大学出版社，2006。

21. 何炳松：《通史新义 历史研究法》，长春，时代文艺出版社，2009。

22. 梁启超：《中国历史研究法》，北京，人民出版社，2008。

23. 梁启超：《中国历史研究法补编》，北京，中华书局，2010。

24. 吕思勉：《历史研究法》，台北，五南图书出版股份有限公司，2002。

25. 钱穆：《中国历史研究法》，北京，生活·读书·新知三联书店，2001。

26. 王尔敏：《史学方法》，桂林，广西师范大学出版社，2005。

27. 严耕望：《治史三书》，上海，上海人民出版社，2008。

28. 赵吉惠：《历史学方法论》，成都，四川人民出版社，1987。

29. [古希腊] 希罗多德：《历史》(上下册)，王以铸译，北京，商务印书馆，1959。

30. [古罗马] 塔西佗：《罗马帝国编年史》，贺严、高书文译，北京，中国社会科学院出版社，2007。

31. [美] 鲁宾孙：《新史学》，何炳松译，桂林，广西师范大学出版社，2005。

32. [英] 罗素：《论历史》，何兆武等译，桂林，广西师范大学出版社，2001。

33. [意] 见奈戴托·克罗齐：《历史学的理论和实际》，傅任敢译，北京，商务印书馆，1982。

34. [苏] E. M. 茹科夫：《历史方法论大纲》，王瓘译，上海，上海译文出版社，1988。

35.《历史知识》编辑部：《建国以来史学理论问题讨论举要》，济南，齐鲁书社，1983。

36. 国家清史编纂委员会体裁体例工作小组：《清史编纂体裁体例讨论集》，北京，中国人民大学出版社，2004。

【材料解析题】

1. 阅读下列材料并回答问题。

夫文史之籍，日以繁滋，一编刊定，则征材所取之书，不数十年，尝失亡其十之五六，宋、元修史之成规，可覆按焉。使自注之例得行，则因援引所及，而得存先世藏书之大概，因以校正艺文著录之得失，是亦史法之一助也。

且人心日漓，风气日变，缺文之义不闻，而附会之习，且愈出而愈工焉。在官修书，惟冀塞责，私门著述，苟饰浮名。或剽窃成书，或因陋就简。使其术稍黠，皆可愚一时之耳目，而著作之道益衰。诚得自注以标所去取，则闻见之广狭，功力之疏密，心术之诚伪，灼然可见于开卷之顷，而风气可以渐复于质古，是又为益之尤大者也。然则考之往代，家法既如彼；揆之后世，系重又如此；夫翰墨省于前，而功效多于旧，孰有加于自注也哉？

——（清）章学诚：《文史通义校注·史注》，叶瑛校注，北京，中华书局，1985。

（1）材料中作者认为中国传统著述有什么弊端？

（2）作者认为史注的作用和益处是什么？

参考答案：

（1）作者认为传统著述缺乏史注，从而导致出现抄袭附会之现象，使著作之道日益衰落。

（2）作者认为史注的作用在于标注史料的取舍，从而使闻见之广狭、功力之疏密、心术之诚伪可以体现出来，而其最大的作用则在于风气可以渐趋朴实。

2. 阅读下列材料并回答问题。

我认为研究工作，为把稳起见，最好多做具体问题，少讲抽象问题。研究具体问题，用可靠史料，下深功夫，一定能获得可观的成绩，而且所获成绩比较容易站得住脚，不易被人否定，也就是说较易成定论。但抽象问题，虽然同样用可靠史料，同样下深刻功夫，但所获成绩就不一定能站得住脚，也就不易成为大家都能接受的定论……

然则大家都搁置抽象问题不去研究吗？我实并无此意……若是对于抽象问题实有浓厚兴趣，又自信天分极高，能透视常人所不能窥视，自亦可以从事抽象问题的研究，不过要特别警觉，谨慎从事！天分高，功夫深又能谨慎，所得成果，纵不能得到公认的承认，但若能真正成一家之言，也就是一项成就！

——严耕望：《治史三书》，48页，上海，上海人民出版社，2008。

（1）材料中作者提倡研究具体问题还是抽象问题？理由是什么？

（2）你认为应该研究抽象问题还是具体问题？

参考答案：

（1）作者认为最好多做具体问题，少讲抽象问题。因为作者认为研究具体问题，用可靠史料，下深功夫，一定能获得可观的成绩，而且所获成绩比较容易站得住脚，不易被人否定，也就是说较易成定论。

（2）开放性问题。言之有据，成理即可。

3. 阅读下列材料并回答问题。

马克思主义历史科学首先考虑的则是完善和纯洁历史学家的语言这个相对来说比较平常但却是真正紧迫的任务。而且这一任务绝不应依靠简单化（即术语学和概念论）的方法，而应通过对作者的基本理论进行更精确的解释，更清楚的阐述乃至论证来解决。

马克思主义经典作家曾为科学语言的精确性和纯洁性进行了不懈的斗争。他们的理论根据是，历史学家明确的阶级立场和他们所使用的术语，亦即他们的"语言"有着不可分割的联系。列宁曾对科学共产主义创始人为反对"学究式地玩弄"新奇的名词、"古怪的术语"、狡猾的"主义"而进行的不懈斗争给予极高的评价。马克思和恩格斯为了在社会科学领域内坚决贯彻唯物主义，曾经毫不留情地"把胡言乱语、冠冕堂皇的谬论以及想在哲学上'发现''新'路线和找出'新'方向的无数企图当作垃圾清除掉。这类企图的胡诌瞎说的性质，玩弄哲学上的新'主义'的烦琐把戏，用诡辩辞令混淆问题实质，不能明白认识两个基本派别的斗争，这一切都是马克思和恩格斯在毕生活动中竭力攻击的对象"。

——［苏］E. M. 茹科夫：《历史方法论大纲》，王瓘译，216～217页，上海，上海译文出版社，1988。

（1）作者的主要观点是什么？

（2）根据材料，马克思和恩格斯如何在社会科学领域贯彻唯物主义？

参考答案：

（1）马克思主义历史科学首先考虑的是完善和纯洁历史学家的语言这个相对来说比较平常但却是真正紧迫的任务。要解决这个任务，必须对基本理论进行更精确的解释，更清楚的阐述乃至论证。

（2）马克思和恩格斯为了在社会科学领域内坚决贯彻唯物主义，曾经毫不留情地"把胡言乱语、冠冕堂皇的谬论以及想在哲学上'发现''新'路线和找出'新'方向的无数企图当作垃圾清除掉"。